职业院校双元制教学用书
汽车机电工职业培训教材

学习领域 12——

车身、舒适和安全系统的诊断和维护

主　编　赵超越
副主编　吴顺利　张剑峰

電子工業出版社
Publishing House of Electronics Industry
北京 • BEIJING

内容简介

本书借鉴了德国“双元制”职业教育模式，采用“工作任务”的编排形式，图文并茂，通过9个任务：拆装汽车的车身附件、检查汽车的事故损伤、钣金修复汽车车身、涂装修复汽车车身、装饰汽车、熟悉汽车的舒适系统、维修改装汽车座椅、维修汽车空调、熟悉维修和改进汽车抗碰撞安全系统，详细介绍了汽车车身和安全舒适系统，不仅有大量结构和原理知识，还有更多维修和改装内容，帮助读者更好地了解和维修改造汽车。

图书在版编目（CIP）数据

车身、舒适和安全系统的诊断和维护 / 赵超越主编. —北京：电子工业出版社, 2014.9
职业院校双元制教学用书. 汽车机电工职业培训教材. 学习领域12
ISBN 978-7-121-14029-7

Ⅰ. ①车… Ⅱ. ①赵… Ⅲ. ①汽车－车体－故障诊断－中等专业学校－教材②汽车－安全装置－故障诊断－中等专业学校－教材③汽车－车体－车辆修理－中等专业学校－教材④汽车－安全装置－车辆修理－中等专业学校－教材 Ⅳ. ①U472.4

中国版本图书馆CIP数据核字（2011）第132421号

策划编辑：杨宏利　投稿邮箱：yhl@phei.com.cn
责任编辑：郝黎明
印　　刷：三河市鑫金马印装有限公司
装　　订：三河市鑫金马印装有限公司
出版发行：电子工业出版社
　　　　　北京市海淀区万寿路173信箱　　邮编 100036
开　　本：787×1092　1/16　印张：20.25　字数：518.4千字
版　　次：2014年9月第 1 版
印　　次：2014年9月第 1 次印刷
定　　价：38.00 元

凡所购买电子工业出版社图书有缺损问题，请向购买书店调换。若书店售缺，请与本社发行部联系，联系及邮购电话：（010）88254888。

质量投诉请发邮件至zlts@phei.com.cn，盗版侵权举报请发邮件至dbqq@phei.com.cn。

服务热线：（010）88258888。

丛书编委会

序

世界上闻名遐迩、独具特色的德国“双元制”职业教育模式，被誉为德国经济腾飞的秘密武器。这一模式的最大特征，是学校和企业合作办学、知识学习与职业实践紧密结合。多年以来，“双元制”成为世界各国争相学习和借鉴的样板。

中国改革开放伊始，就与德国开展了职业教育合作。时至今日，已成功走过30年。还是在1990年，中国建设行业的职业院校，就在教育部和职业技术教育中心研究所的大力支持和指导下，与汉斯·赛德尔基金会等德国有关机构合作，开始在建设行业进行职业教育改革实验。在我国，城市交通和出租车、汽车租赁行业曾由建设部主管。1996年，全国公交公司系统所属技工学校，在赛会职业教育专家弗乐尔（Albrecht Flor）先生的具体指导下，开展了汽车维修专业的教学改革试点。

任何一类教育的人才培养方案，其核心都是课程。课程是职业教育作为一种类型教育的最本质体现。要提高教学质量，职业教育的教学改革必须首先进行课程改革。20世纪80年代末、90年代初，随着科学技术的飞速发展，生产工艺的改进，德国于1996年在职业教育领域着手进行工作过程导向的“学习领域”的课程改革。这是一种以个体在企业里的工作过程为主线，以学生在实际工作过程中制定计划、采取行动并能最终对行动结果进行评价的能力培养为目标，在教学过程中实现实践教学与理论教学的一体化，并把技能与知识及价值观的教育紧密结合在一起的课程方案。基于工作过程的“学习领域”课程取代了传统的分科课程，创立了真正体现职业教育特有的职业属性的课程模式。2003年5月16日，按照这一改革思想，德国各州文教部长联席会议颁布了新一轮基于学习领域设计的“汽车机电一体化工教学大纲（草案）”。2004年，几乎与德国同步，中国建设教育协会就在赛会长期专家弗乐尔（Albrecht Flor）、施罗德（Carlito Schroeder）和短期专家戴因伯克（August Deinböck）、克勒贝尔（Sven-Olaav Kleber）和布伦贝格（Josef Bremberger）的指导下，组织全国8所汽车类职业院校，与德国同类职业学校合作，开展“汽车机电一体化工”专业的改革试点。试点院校借鉴德国经验，强化校企合作办学，每所试点院校都与10家以上的企业建立了紧密的合作关系，一些院校的合作企业甚至达到30多家。

5年教改实验的成果表明，学生在专业教学、实践教学和企业顶岗培训的过程中，既掌握了相关专业技能和专业知识，又在社会能力和方法能力的培养上卓有成效，综合素质大大提高。2007—2009年，10所试点院校近1000名毕业生，不仅参加了我国劳动部门的职业资格考试，而且也参加了德国工商行会海外部上海代表处（AHK in Shanghai）组织的考试，80% 以上的考生取得了我国劳动部门的职业资格证书以及德国行业协会认可的职业资格证书，走上了工作岗位，受到企业界的普遍欢迎。

学习领域课程方案所指的工作过程，是一个能覆盖职业资格、工作任务和职业活动的系统。它以工作过程作为职业教育课程开发的主线，突显了职业教育的职业性、实践性与开放性的特点。这是因为：其一，工作过程是一个清晰的结构，任何一个具体的工作过程，都有着明晰的步骤、环节、程序，具有可操作的“抓手”；其二，工作过程是一个动态的结构，同一个职业的不同时段或同一个时段的不同职业，其工作过程是不同的。特别是，工作过程不仅是具体的，形而下的；而且又是抽象的，形而上的。因为，任何一个人，在完成任何一个具体的工作任务之中，尽管具体的工作过程大相径庭，但其思维过程的完整性却是一致的。由此，从变化的具体的工作过程之中寻求相对不变的“思维的工作过程”，由具体获得一般，实现能力的内化，进而应对新的具体的工作过程，实现能力的迁移。这就从逻辑的、方法论的角度，解决了一个关于职业教育课程结构相对的“静”与职业变化绝对的“动”两者之间的矛盾。由此，我们可以推论：一个职业之所以成为一个职业，是因为其具有特殊的工作过程。这一逻辑推理的结果表明，以工作过程作为课程内容序化的依据，突破了职业教育课程开发的瓶颈。

显见，在中德职业教育合作 30 年的进程中，只有善于把握“双元制”职业教育模式中所蕴涵的“魂”，并将其本土化，才能取得成效，才是合作的应有之义。这套中德合作编写的“汽车机电工职业培训”教材，是在中德双方专家的共同指导下，对那些辛勤工作在职业教育改革一线教师编制的工作页及其教学实践经验予以总结、加工和概括的结果。我们相信，这套教材对提高汽车行业一线技能型人才的技能和专业水平，对汽车行业的职业教育改革，将会起到积极的推动作用。

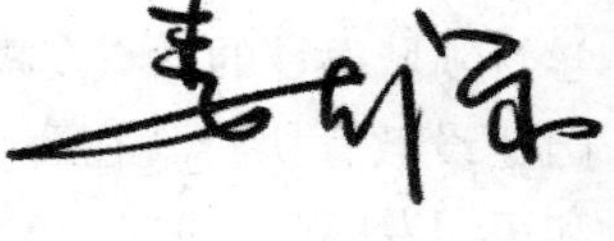

前　言

本书是“汽车机电工职业培训教材”的最后一本，主要介绍汽车车身和安全舒适系统的维修与改装知识。

汽车是一个系统化的整体，车身是汽车的四大组成部分之一，是其他部分的安装基础。汽车机电工在维修发动机、底盘和电气设备过程中，经常要涉及相关车身零部件的拆装甚至改造。

另一方面，随着人们生活水平的提高和社会生产的发展，越来越多的车主不再满足于直接使用千篇一律的量产汽车，而是要求汽车生产或维修企业按其要求改变车身颜色、改变车内外装饰、加装或改装各种器件，甚至直接改变车身气动外形；即使对车身以外的其他部分进行改造，往往也要在车身上重新开孔，就算丝毫不动车身，也将增加车身负荷。

在正常使用中，车身的自然损坏不太明显，但时间长了也会发生变色、变形、锈蚀、变质或破裂，使车身美观性和密封性变差；任其继续发展，强度和刚度也降低；而当发生交通事故时，车身部分一般都会有或轻或重的损坏，更应当经常检查并及时修复。

虽然，车身维修工作中的整形和涂装等作业，应当由受过专门培训并取得专业技术资格证书的钣金工和喷漆工完成；但由于钣喷作业劳动强度大、工作环境差和技能要求高等种种原因，目前大部分汽修企业内的专业钣喷工普遍相对缺乏，所以车身维修工作中的车身附件和内外饰件拆装等辅助作业往往要由机电工负责，甚至一些机电工改行成了收入更高、就业更容易的钣喷工；至于发动机、底盘和电器的维修改造涉及的车身拆装和其他简单作业，更常常归为汽车机电工的本职工作。

所以汽车机电维修工也必须学习一些汽车车身维修和改造方面的知识和技能。

为了从技术上减少汽车盗抢案件，防止交通事故发生或者减小发生时事故的损失，现代汽车都安装有各种安全系统；另外为了提高驾乘人员的舒适度，汽车上的舒适装置也受到越来越多的关注，在个性化改造过程中，安全舒适装置的改造也占有很大份额。因此汽车机电维修工也必须学习一些汽车安全舒适装置知识。

本书所提供的空白工作计划表和记录表仅作为样表，具体使用中可根据需要自制。

在本书编写过程中，参考了多年积累的许多资料，特别是在互联网上的资料，编者在此向各位同行一并表示感谢！

因编者水平有限，时间匆忙，难免有错漏之处，欢迎各位专家批评指正，以便及时修正。

编 者

2014 年 6 月

目　　录

工作任务 1　拆装汽车的车身附件 1
工作任务 2　检查汽车的事故损伤 34
工作任务 3　钣金修复汽车车身 51
工作任务 4　涂装修复汽车车身 70
工作任务 5　装饰汽车 103
工作任务 6　熟悉汽车的舒适系统 122
工作任务 7　维修改装汽车座椅 163
工作任务 8　维修汽车空调 198
工作任务 9　熟悉维修和改进汽车抗碰撞安全系统 242

工作任务 1

拆装汽车的车身附件

导 向

一、车间任务

一辆汽车被海关缉私部门查扣，请协助将其车身各部分无损拆开，以便检查有无夹带走私物品，然后照原样装复。

二、学习目的

（一）了解不同类型汽车车身的结构特点。

（二）初步掌握汽车车身各个零部件的形状、位置、名称和作用。

（三）学会正确拆装汽车车身附件。

三、基础知识

（一）汽车车身的作用：汽车车身用以安置驾驶员、供乘客乘坐或装载货物；乘用车车身还起到部分或全部车架的作用，是其他部件和零件的安装基础。

（二）汽车车身的价值：一般乘用车车身占汽车自重和造价的 40% ~70%，客车占 50% ~80%，集装箱和专用车占 60% ~90%。

（三）汽车车身的分类和特点：

1. 车身结构可按承载方式分为非承载式、承载式和半承载式车身三种类型。

（1）非承载式车身如图 1-1 所示，又称有车架式车身。

1）非承载式车身的特点是具有明显强壮的车架，车身与车架通过弹性元件连接，车身仅承受本身和所装载客货的重力和汽车行驶时的惯性力与空气阻力。而发动机和底盘各部件的重力及这些部件工作时的作用力，以及汽车行驶时道路对汽车的外加载荷等都由车架承受。车架有边梁式、中梁式和综合式等形式，其中边梁式车架如图 1-2 所示，是采用最广泛的一种车架。

图1-1 非承载式车身

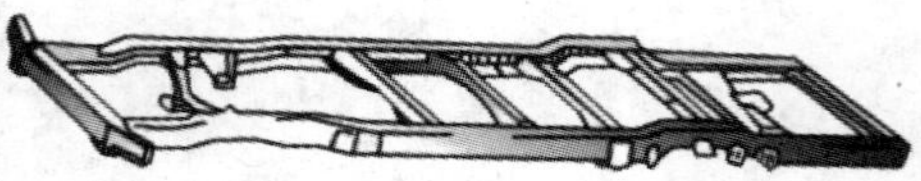

图1-2 边梁式车架

2）边梁式车架由两根长纵梁及若干根短横梁铆接或焊接成形，纵梁主要承负弯曲载荷，一般采用具有较大抗弯强度的槽形钢梁，也有采用钢管的，但多用于轻型车架上。

① 一般纵梁中部受力最大，因此设计者一般将纵梁中部的截面高度加大，两端的截面高度逐渐减少，这样一来可使应力分布均匀，同时也减轻了质量。

② 横梁有槽形、管形或口形，以保证车架的扭转刚度和抗弯强度。横梁还用以安装发动机、变速器、车身和燃油箱等。为适应不同的车型，横梁布置有多种形式，如为了提高车架的扭转刚度采用 X 形布置的横梁。边梁式结构简单，工艺要求低，制造容易，使用广泛。但由于粗壮的大梁纵贯全车，影响整车布置和空间利用率，大梁的横截面高度使车厢离地距离加大，乘客上下车不方便，另外质量也大，整车行驶经济性变差。这些缺点对小客车、乘用车是缺点，但对于越野车可能就是优点，因为越野车要求有很强的通过性，行驶崎岖路面时要有较大的离地间隙，而非常颠簸的道路会令车体大幅扭动，只有带刚性车架的承载式车身结构才能抵御这种冲击力。因此越野车上普遍采用非承载式车身。

3）非承载式车身的优点如下。

① 负载引发的振动通过车架传递到车身，有橡胶坐垫在车身与车架之间隔离振动，有的车身与车架间也有减振器，因而车内安静、乘坐平稳舒适。

② 车身的离地距离通常较高，行驶在不平道路时，车身的下表面受到保护，在碰撞时大量能量被车架吸收，安全性能好。

③ 悬架和传动部件可很快地装配在基座车架上。

（2）承载式车身如图 1-3 所示，也称无车架式车身。

其周围虽然一般也有“骨架”，但这部分的分布不集中，强度也较小，必须与蒙皮等共同承担载荷。

图1-3　承载式车身

车身的底架就是发动机和底盘各总成的安装基础。全部载荷都由车身来承受。其优点是抗弯，抗扭刚度较高，质量轻，地板高度较低，能更有效地利用厢内空间。乘用车多采用这种结构。

（3）半承载式车身，如图 1-4 所示。

其结构特点是车身与车架用焊接法或螺栓刚性连接。二者成为一体而承受载荷。它实质上是另一种无车架车身。

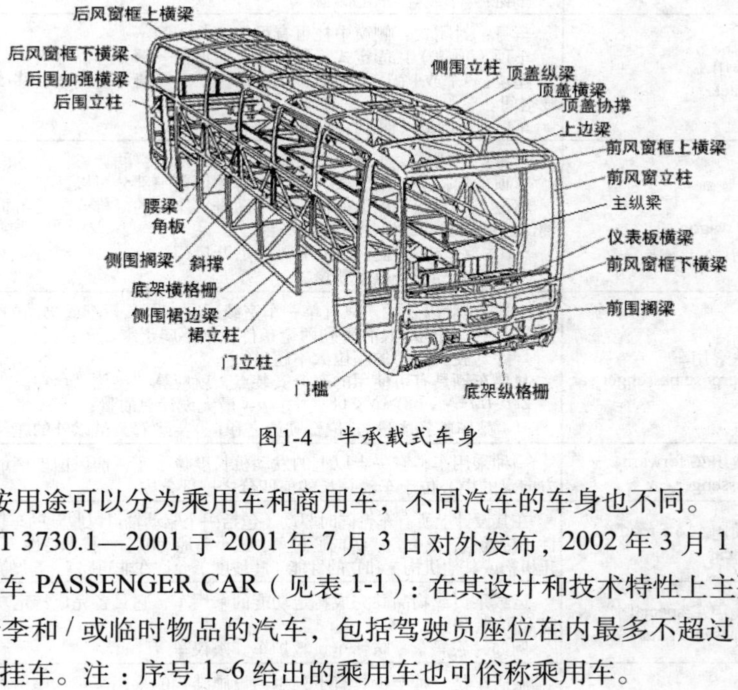

图1-4　半承载式车身

2．汽车按用途可以分为乘用车和商用车，不同汽车的车身也不同。

国标 GB/T 3730.1—2001 于 2001 年 7 月 3 日对外发布，2002 年 3 月 1 日正式实施。

（1）乘用车 PASSENGER CAR（见表 1-1）：在其设计和技术特性上主要用于载运乘客及其随身行李和 / 或临时物品的汽车，包括驾驶员座位在内最多不超过 9 个座位。它也可牵引一辆挂车。注：序号 1~6 给出的乘用车也可俗称乘用车。

表1-1　乘用车 PASSENGER CAR

序　号	术　语	定　义
1	普通乘用车 saloon（sedan）	车身：封闭式，侧窗中柱有或无。 车顶（顶盖）：固定式，硬顶。有的顶盖一部分可以开启（天窗）。 座位：4个或4个以上座位，至少两排。后座椅可折叠或移动，以形成装载空间。 车门：2个或4个侧门，可有一后开启门

续表

序　号	术　语	定　义
2	活顶乘用车 convertible saloon	车身：具有固定侧围框架的可开启式车身。 车顶（顶盖）：车顶为硬顶或软顶，至少有两个位置：1.封闭；2.开启或拆除。可开启式车身可以通过使用一个或数个硬顶部件和/或合拢软顶将开启的车身关闭。 座位：4个或4个以上座位，至少两排。 车门：2个或4个侧门。 车窗：4个或4个以上侧窗
3	高级乘用车 pullman saloon（pullman sedan）（executive limousine）	车身：封闭式。前后座之间可以设有隔板。 车顶（顶盖）：固定式，硬顶。有的顶盖一部分可以开启。 座位：4个或4个以上座位，至少两排。后排座椅前可安装折叠式座椅。 车门：4个或6个侧门，也可有一个后开启门。 车窗：6个或6个以上侧窗
4	小型乘用车coupe	车身：封闭式，通常后部空间较小。 车顶（顶盖）：固定式，硬顶。有的顶盖一部分可以开启。 座位：2个或2个以上的座位，至少一排。 车门：2个侧门，也可有一个后开启门。 车窗：2个或2个以上侧窗
5	敞篷车 convertible（open tourer）（roadster）（spider）	车身：可开启式。 车顶（顶盖）：车顶可为软顶或硬顶，至少有两个位置：第一个位置遮覆车身；第二个位置车顶卷收或可拆除。 座位：2个或2个以上的座位，至少一排。 车门：2个或4个侧门。 车窗：2个或2个以上侧窗
6	舱背乘用车 hatchback	车身：封闭式，侧窗中柱可有可无。 车顶（顶盖）：固定式，硬顶。有的顶盖一部分可以开启。 座位：4个或4个以上座位，至少两排。后座椅可折叠或可移动，以形成一个装载空间。 车门：2个或4个侧门，车身后部有一仓门
7	旅行车 station wagon	车身：封闭式。车尾外形可提供较大的内部空间。 车顶（顶盖）：固定式，硬顶。有的顶盖一部分可以开启。 座位：4个或4个以上座位，至少两排。座椅的一排或多排可拆除，或装有向前翻倒的座椅靠背，以提供装载平台。 车门：2个或4个侧门，并有一个后开启门。 车窗：4个或4个以上侧窗
8	多用途乘用车 multipurpose passenger car	上述7车辆以外的，只有单一车室载运乘客及其行李或物品的乘用车。但是，如果这种车辆同时具有下列两个条件，则不属于乘用车： 1. 除驾驶员以外的座位数不超过6个； 只要车辆具有可使用的座椅安装点，就应算“座位”存在。 2. $p-(M+N\times 68)>N\times 68$式中：$p$—最大设计总质量； M—整车整备质量与1位驾驶员之和；N—除驾驶员以外的座位数
9	短头乘用车 forward control passenger car	一种乘用车，它一半以上的发动机长度位于车辆前风窗玻璃最前点以后，并且方向盘的中心位于车辆总长的前四分之一部分内
10	越野乘用车 off-road passenger car	在其设计上所有车轮同时驱动（包括一个驱动轴可以脱开的车辆），或其几何特性（接近角、离去角、纵向通过角，最小离地间隙）、技术特性（驱动轴数、差速锁止机构或其他机构）和它的性能（爬坡度）允许在非道路上行驶的一种乘用车
11	专用乘用车 special purpose passenger car	运载乘员或物品并完成特定功能的乘用车，它具备完成特定功能所需的特殊车身和/或装备。 例如，旅居车、防弹车、救护车、殡仪车等
12	旅居车 motor caravan	旅居车是一种至少具有下列生活设施结构的乘用车：①座椅和桌子；②睡具，可由座椅转换而来；③炊具设施；④储藏设施
13	防弹车 armoured passenger car	用于保护所运送的乘员和/（或）物品并符合装甲防弹要求的乘用车
14	救护车 ambulance	用于运送病人或伤员并为此目的配有专用设备的乘用车
15	殡仪车 hearse	用于运送死者并为此目的而配有专用设备的乘用车
注：定义中的车窗指一个玻璃窗口，它可由一块或几块玻璃组成（如通风窗为车窗的一个组成部分）		

（2）商用车辆 COMMERCIAL VEHICLE（见表 1-2）：在设计和技术特性上用于运送人员和货物的汽车，并且可以牵引挂车。乘用车不包括在内。

表1-2 商用车辆 COMMERCIAL VEHICLE

序 号	术 语	定 义
1	客车 bus	在设计和技术特性上用于载运乘客及其随身行李的商用车辆，包括驾驶员座位在内座位数超过9座。 客车有单层的或双层的，也可牵引一挂车
（1）	小型客车 minibus	用于载运乘客，除驾驶员座位外，座位数不超过16座的客车
（2）	城市客车 city-bus	一种为城市内运输而设计和装备的客车。这种车辆设有座椅及站立乘客的位置，并有足够的空间供频繁停站时乘客上下车走动用
（3）	长途客车 interurban coach	一种为城间运输而设计和装备的客车。这种车辆没有专供乘客站立的位置，但在其通道内可载运短途站立的乘客
（4）	旅游客车 touring coach	一种为旅游而设计和装备的客车。这种车辆的布置要确保乘客的舒适性，不载运站立的乘客
（5）	铰接客车 articulated bus	一种由两节刚性车厢铰接组成的客车。在这种车辆上，两节车厢是相通的，乘客可通过铰接部分在两节车厢之间自由走动
（6）	无轨电车 trolley bus	一种经架线由电力驱动的客车。 这种电车可指定用作多种用途
（7）	越野客车 off-road bus	在其设计上所有车轮同时驱动（包括一个驱动轴可以脱开的车辆）或其几何特性（接近角、离去角、纵向通过角，最小离地间隙）、技术特性（驱动轴数、差速锁止机构或其他机构）和它的性能（爬坡度）允许在非道路上行驶的一种车辆
（8）	专用客车 special bus	在其设计和技术特性上只适用于需经特殊布置安排后才能载运人员的车辆
2	半挂牵引车 semitrailer towing vehicle	装备有特殊装置用于牵引半挂车的商用车辆
3	货车 goods ehicle	一种主要为载运货物而设计和装备的商用车辆，它能否牵引一挂车均可
（1）	普通货车 general purpose goods vehicle	一种在敞开（平板式）或封闭（厢式）载货空间内载运货物的货车
（2）	多用途货车 multipurpose goods vehicle	在其设计和结构上主要用于载运货物，但在驾驶员座椅后带有固定或折叠式座椅，可运载3个以上的乘客的货车
（3）	全挂牵引车 trailer towing vehicle	一种牵引牵引杆式挂车的货车。 它本身可在附属的载运平台上运载货物
（4）	越野货车 off-road goods vehicle	在其设计上所有车轮同时驱动（包括一个驱动轴可以脱开的车辆）或其几何特性（接近角、离去角、纵向通过角，最小离地间隙）、技术特性（驱动轴数、差速锁止机构或其他形式的机构）和它的性能（爬坡度）允许在坏路上行驶的一种车辆
（5）	专用作业车 special goods vehicle	在其设计和技术特性上用于特殊工作的货车。例如，消防车、救险车、垃圾车、应急车、街道清洗车、扫雪车、清洁车等
（6）	专用货车 specialized goods vehicle	在其设计和技术特性上用于运输特殊物品的货车。例如，罐式车、乘用车运输车、集装箱运输车等

（3）挂车 TRAILER：就其设计和技术特性需汽车牵引才能正常使用的一种无动力的道路车辆，用于载运人员和/或货物或特殊用途。

① 牵引杆挂车DRAW—BAR TRAILER（见表1-3）：至少有两根轴的挂车，具有以下特点：A轴可转向；B通过角向移动的牵引杆与牵引车连接；C牵引杆可垂直移动到底盘上，因此不能承受任何垂直力。具有隐藏支地架的半挂车也称为牵引杆挂车。

表1-3 牵引杆挂车DRAW－BAR TRAILER

序 号	术 语	定 义
1	客车挂车 bus trailer	在其设计和技术特性上，用于载运人员及其随身行李的牵引杆挂车
2	牵引杆货车挂车 goods draw-bar trailer	在其设计和技术特性上用于载运货物的牵引杆挂车
3	通用牵引杆挂车 general purpose draw-bar trailer	一种在敞开（平板式）或封闭（厢式）载货空间内载运货物的牵引杆挂车
4	专用牵引杆挂车 special draw-bar trailer	一种牵引杆挂车，按其设计和技术特性用作：①需经特殊布置后才能载运人员和/（或）货物；②只执行某种规定的运输任务。（例如，乘用车运输挂车、消防挂车、低地板挂车、空气压缩机挂车等，不限于本表所列）

② 半挂车 SEMI-TRAILER（见表 1-4）：车轴置于车辆重心（当车辆均匀受载时）后面，并且装有可将水平或垂直力传递到牵引车的联结装置的挂车。

表1-4 半挂车 SEMI-TRAILER

序 号	术 语	定 义
1	客车半挂车bus semi-trailer	在其设计和技术特性上用于载运乘客及其随身行李的半挂车
2	通用货车半挂车 general purpose goods semi-trailer	一种在敞开（平板式）或封闭（厢式）载货空间内载运货物的半挂车
3	专用半挂车 special semi-trailer	一种半挂车，按其设计和技术特性用作：①需经特殊布置后才能载运人员和（或）货物；②只执行某种规定的运输任务。（例如：原木半挂车、消防半挂车、低地板半挂车、空气压缩机半挂车等，不限于本表所列）
4	旅居半挂车 caravan semi-trailer	能够提供活动睡具的半挂车

③ 中置轴挂车 CENTRE AZLE TRAILER（见表 1-5）：牵引装置不能垂直移动（相对于挂车），车轴位于紧靠挂车的重心（当均匀载荷时）的挂车，这种车辆只有较小的垂直静载荷作用于牵引车，不超过相当于挂车最大质量的 10%或 1000 N的载荷（两者取较小者）。其中一轴或多轴可由牵引车来驱动。

表1-5 中置轴挂车CENTRE AZLE TRAILER

序 号	术 语	定 义
1	旅居挂车 caravan	能够提供活动睡具的中置轴挂车

（4）汽车列车 COMBINATION VEHICLES（见表 1-6）。

表1-6 汽车列车 COMBINATION VEHICLES

序 号	术 语	定 义
1	乘用车列车 passenger/car railer combination	乘用车和中置轴挂车的组合
2	客车列车 bus road train	一辆客车与一辆或多辆挂车的组合。各节乘客车厢不相通，有时可设服务走廊
3	货车列车 goods road train	一辆货车与一辆或多辆挂车的组合
4	牵引杆挂车列车 draw-bar tractor combination	一辆全挂牵引车与一辆或多辆挂车的组合
5	铰接列车 articulated vehicle	一辆半挂牵引车与具有角向移动连接的半挂车组成的车辆
6	双挂列车 double road train	一辆铰接式列车与一辆牵引杆挂车的组合

续表

序 号	术 语	定 义
7	双半挂列车 double semi-trailer road train	一辆铰接式列车与一辆半挂车的组合。两辆车的连接是通过第二个半挂车的连接装置来实现的
8	平板列车 platform road train	一辆货车和一辆牵引杆货车挂车的组合；在可角向移动的货物承载平板的整个长度上载荷都是不可分地置于牵引车和挂车上。为了支撑这个载荷可以使用辅助装置。这个载荷和/（或）它的支撑装置构成了这两个车辆的连接装置，因此不允许挂车再有转向连接

3．按车厢数量分为三厢式、两厢式和单厢式。

“车厢”是指独立的、不相通的、封闭的空间。

（1）乘用车车身。包含三厢式、两厢式和单厢式，这里的“厢”，一般是指“发动机舱”、“驾乘室”和“行李厢”。

① 三厢乘用车如图 1-5 所示。

图1-5　三厢乘用车

它的驾乘室位于中部，行李厢明显向后突出，其安全性能好；前后基本对称，抗横风稳定性也较好。

② 两厢乘用车如图 1-6 所示。

图1-6　两厢乘用车

其行李厢与驾乘室两部分相通成一室，可以增大车内空间或减小后悬从而减小汽车的总长度。

③ 一厢乘用车如图 1-7 所示，三部分相通成一室。

图1-7　一厢乘用车

（2）商用车车身。

① 客车车身一般为一厢式，如图 1-8 所示。过去曾经有过许多全挂式客车拖车，现

在多已被带有服务通道的铰接式客车列车所取代。

一般客车从外部看都应属于一厢式，虽然有的在车下设有行李厢甚至厕所，有的在车顶或车外设有行李架，还有的发展成为如图 1-9 所示的双层客车和如图 1-10 所示的半挂铰接式客车列车。

图1-8 普通客车车身

图1-9 双层客车

图1-10 半挂铰接式客车列车

② 带独立发动机舱的两厢式长头客车如图 1-11 所示，虽然空气阻力小而且抗前方碰撞安全性好，但因空间利用率低而且驾驶员视野差并不常用。

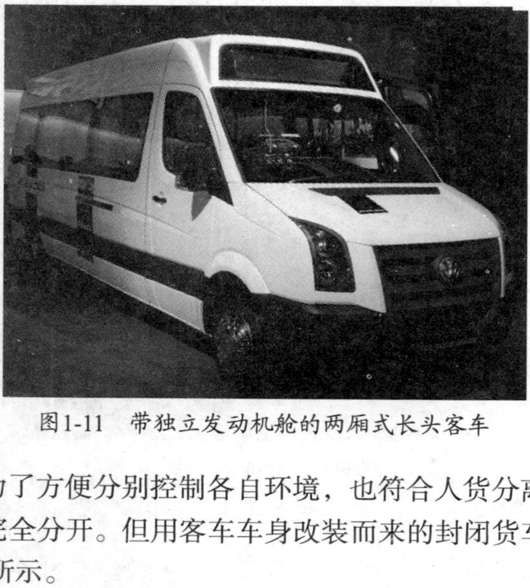

图1-11 带独立发动机舱的两厢式长头客车

（3）货车车身。为了方便分别控制各自环境，也符合人货分离的安全要求，货车驾驶室与货厢往往都要完全分开。但用客车车身改装而来的封闭货车，驾驶室与货厢可以部分相通，如图 1-12 所示。

图1-12　用客车车身改装的“封闭货车”

货车驾驶室多采用非承载式无骨架的全金属壳体结构，如图 1-13 所示，它是由薄钢板压型件连接而成的。

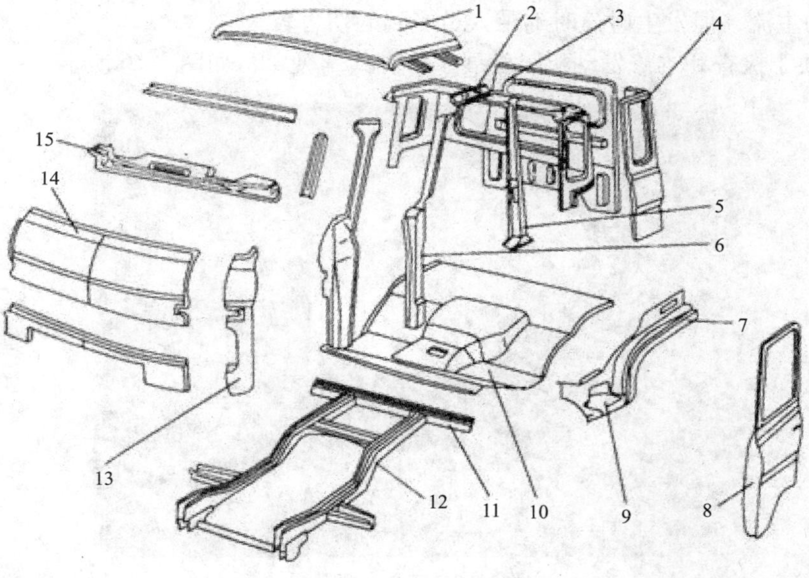

1—顶板；2—加强板；3—后围板；4—侧围板；5—后柱；6—前柱；7—前轮罩；8—车门；9—踏板；
10—底板；11—副车架后横梁；12—副车架；13—前侧围板；14—前围板；15—刮水器支架

图1-13　非承载式货车驾驶室

货车的驾驶室按外形可分为长头驾驶室、半长头驾驶室、平头驾驶室、可翻式驾驶室、加长驾驶室。

① 长头驾驶室，是指位于发动机之后的货车驾驶室，如图 1-14 所示，从而构成三厢长头货车。它的优点是：a. 结构坚固，前碰撞安全性好；b. 便于检查和维修发动机；c. 驾驶室与发动机隔离，夏季不会过热，废气也不容易窜入驾驶室；d. 前部呈流线形，空气阻力小。

② 平头驾驶室，是指发动机隐藏在驾驶室后下部的货车驾驶室，如图 1-15 所示，看上去属于两厢货车。

图1-14　长头驾驶室货车

图1-15　平头驾驶室货车

它的优点是：a. 汽车的长度和轴距较小，可减小汽车总长度，提高机动性，同时减轻汽车整备质量；b. 驾驶员视野开阔，盲区小，因此，平头驾驶室逐渐成为载货汽车驾驶室的主流，但发生碰撞时驾乘人员受到的伤害较大。

③ 为便于检查和维修发动机，发展了可翻式驾驶室，如图 1-16 所示。

图1-16　可翻式驾驶室

④ 半长头驾驶室盖住一部分发动机舱，另一部分发动机舱突出于前部，介于长头和平头驾驶室之间。

⑤ 加长驾驶室，是指将普通驾驶室加长的货车驾驶室。普通驾驶室中，只设一排座位；加长驾驶室，就是在这排座位的后面加长，再设第二排座位或卧铺。加长驾驶室常见的形式是再设第二排座位，在我国，叫做双排座驾驶室，如图 1-17 所示。它可以作为客货两用汽车使用，也可以搭载装卸人员，十分方便。前一时期，在我国非常流行。加长驾驶室的另一种形式是再设一个卧铺。卧铺可以是单层的，也可以是双层的。在国外的长途载货汽车中，这种形式十分流行。进行长途运输时，一般由两个驾驶员轮流驾驶，

其中一个就可以在卧铺上休息。

图1-17 双排座加长驾驶室

货车车身按货箱形式可分为篷式、栏板式、自卸式、平板式、箱式和罐式等，如图 1-18 所示。

图1-18 篷式、栏板式、自卸式、平板式、箱式和罐式货车

4．按主要承载结构的材料不同，车身可分为：占大多数的钢铁车身，正在快速发展的铝合金车身，还有探索中的碳纤维和工程塑料车身。

@信 息

一、乘用车车身是由外部覆盖件和内部钣金件经冲压、焊接而成的空间结构，主要包括车身壳体、车门、车窗、车身内外装饰件、座椅以及空气调节装置和车身附件等。

（一）乘用车车身壳体的外形如图 1-19 所示，为了减少高速行驶时的空气阻力采取了许多措施。

图1-19　乘用车车身外形减小风阻的措施

车身造型设计是一门很大的学问，其中重要的内容就是风阻问题。

平常说的风阻大都是指汽车的外部与气流作用产生的阻力。实际上，流经汽车内部的气流也对汽车的行驶构成阻力。研究表明，作用在汽车上的阻力是由5个部分组成的。

1．外形阻力，是指汽车前部的正压力和车身后部的负压力之差形成的阻力，约占整个空气阻力的58%；

2．干扰阻力，是指汽车表面突出的零件，如保险杠、后视镜、前牌照、排水槽、底盘传动机构等引起气流互相干扰产生的阻力，约占整个空气阻力的14%；

3．内部阻力，是指汽车内部通风气流、冷却发动机的气流等造成的阻力，约占整个空气阻力的12%；

4．由高速行驶产生的升力所造成的阻力，约占整个空气阻力的7%；

5．空气相对车身流动的摩擦力，约占整个空气阻力的9%。

针对第一、二种阻力，乘用车车身应该尽量设计成流线形，横向截面面积不要太大，车身各部分用适当的圆弧过渡，尽量减少突出车身的附件，前脸、发动机舱盖、前挡风玻璃适当向后倾斜，后窗、后顶盖的长度、倾角的设计要适当。此外，还可以在适当的位置安装导流板或扰流板。通过研究汽车外部的气流规律，不仅可以设计出更加合理的车身结构，还可以巧妙地引导气流，适当利用局部气流的冲刷作用减少车身上的尘土沉积。

针对第四种阻力，要设法降低行驶中的升力，包括使弦线前低后高，地板尾部适当上翘，安装导流板和扰流板等措施。

一部分外部气流被引进汽车内部，可能会在一定程度上减少外部气流对汽车的阻力，但气流在流经内部气道时也会产生摩擦、旋涡损失。研究汽车内部的气流规律，可以尽量减少内部气阻，有效地进行冷却和通风。利用气流分布规律，还可以巧妙地把发动机的进气口安排在高压区，提高进气效率，减少高压区附近的涡流，同时把排气口安排在低压区，使排气更加顺畅。

风阻是建立在汽车整体结构上的概念，某型号车的最佳几何参数，在其他型号上是不适用的。一个小小的改动往往对整体产生很大的影响。技术书籍上的数据都是在严格规定的试验条件下，对特定范围的汽车进行测试的结果。离开了这些前提条件，数据就是荒谬的，所以交管部门严禁私自改变汽车外观形状，在汽车改装时必须注意。

（二）车身壳体。乘用车车身壳体的主要零部件如图 1-20 所示，车身壳体是一切车身部件的安装基础，通常是指纵、横梁和支柱等主要承力元件以及与它们相连接的钣件共同组成的刚性空间结构。客车车身多数具有明显的骨架，而乘用车车身和货车驾驶室则没有明显的骨架。车身壳体通常还包括在其上敷设的隔音、隔热、防振、防腐、密封等材料及涂层。一般由发动机罩、顶盖、地板、行李厢盖、前后翼板 、散热器框、门窗、支柱、侧梁、门槛、保险杠、车轮罩等构成。

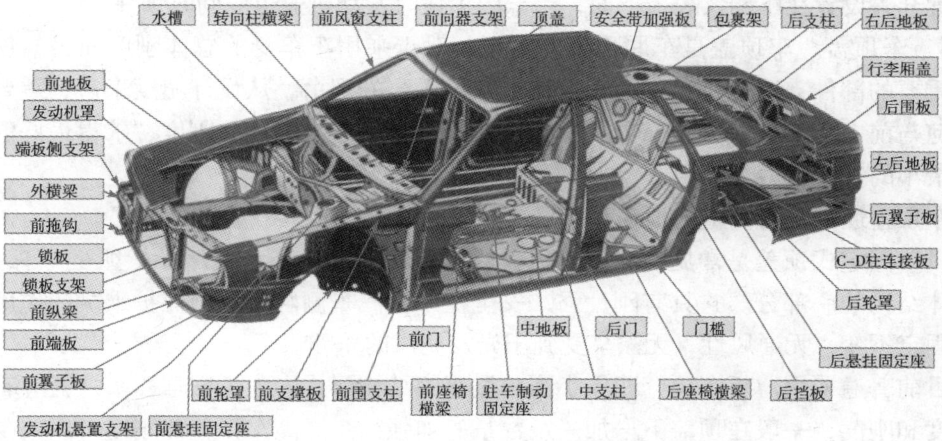

图1-20　乘用车车身壳体的主要零部件

乘用车车身壳体的车前钣金件如图 1-21 所示，安装绝大部分机械部件，结构最复杂，也是重大事故中最易损坏的部分。

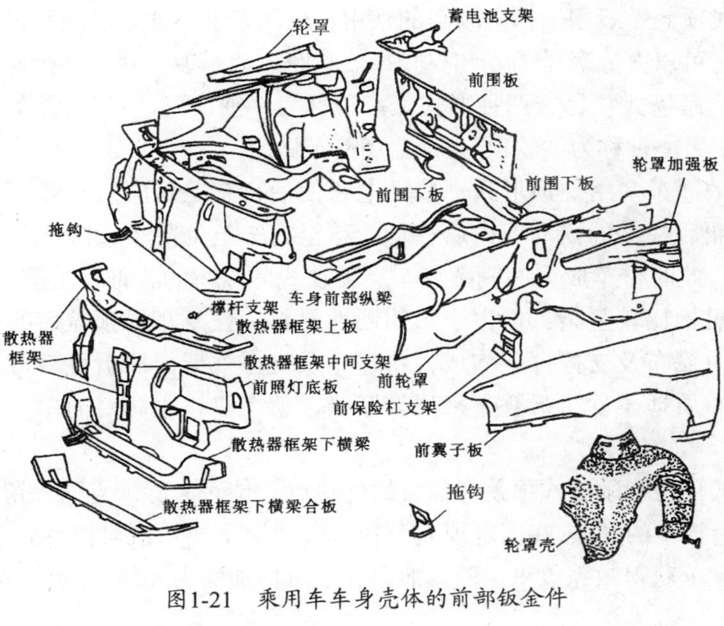

图1-21　乘用车车身壳体的前部钣金件

1．发动机盖（又称发动机罩）。发动机盖是最醒目的车身构件，是买车者经常要察看的部件之一。对发动机盖的主要要求是隔热隔音、自身质量轻、刚性强。发动机盖一般由外板和内板组成，中间夹以隔热材料。内板起到增强刚性的作用，其几何形状由厂家选取，基本上是骨架形式。发动机盖开启时一般是向后翻转，也有小部分是向前翻转。向后翻转的发动机盖打开至预定角度，不与前挡风玻璃接触，应有一个约为10mm的最小间距。为防止在行驶时由于振动自行开启，发动机盖前端要有保险锁钩锁止装置，锁止装置开关设置在车厢仪表板下面，当车门锁住时发动机盖也应同时锁住。

2．车顶盖。车顶盖是车厢顶部的盖板。对于乘用车车身的总体刚度而言，顶盖不是很重要的部件，这也是允许在车顶盖上开设天窗的理由。从设计角度来讲，重要的是它如何与前、后窗框及支柱交界点平顺过渡，具有一定的强度和刚度，求得最好的视觉感和最小的空气阻力。

车顶盖通常分为固定式顶盖和敞篷式顶盖两种。

（1）固定式顶盖是常见的乘用车顶盖形式，属于轮廓尺寸较大的大型覆盖件，是车身整体结构的一部分。它具有刚性强，安全性好，汽车侧翻时起到保护乘员的作用；缺点是固定不变，无通风性，无法享受到阳光及兜风的乐趣。

目前普遍采用薄板车顶，四周小圆角过渡的结构形式。为了安全，车顶盖应有一定的强度和刚度，一般在顶盖下增加一定数量的加强梁。提高车顶盖的刚度可以减少振动噪声，对行驶宁静非常重要。采用有一定曲率半径的车顶盖，形状趋向拱形，是提高车顶盖刚性的措施；保证车顶盖前、后横梁的刚度，也可以提高车顶盖的刚性；增大侧窗的面倾斜度和曲率，构成一个近似梯形的内笼结构，可以减少车顶盖的横向跨距，增加刚度。为阻止外界温度的传导，顶盖内层还敷设绝热衬垫材料。

（2）敞篷式顶盖一般用于档次较高的乘用车或跑车上，通过电动和机械传动移动部分或全部顶盖，可以充分享受阳光和空气，体验兜风的乐趣。缺点是机构复杂，安全性和密封性较差。敞篷式顶盖有两种形式：一种称为“硬顶”，可移动顶盖用轻质金属或树脂材料做成；另一种称为“软顶”，顶盖用篷布做成。

目前新型敞篷车多用硬顶形式，按动电钮使后行李舱盖向后打开，顶盖自动折叠并随支柱（车厢后柱）的摆动而向后移动，移至行李舱处降下，降入行李舱内，然后合上行李舱盖，此时整车成为一辆敞篷车。硬顶式敞篷车的各部件之间配合相当精密，整个电控操纵机构比较复杂，但由于采用硬性材料，恢复车厢顶盖后的密封性较好。而软顶敞篷车由篷布及支撑框架构成，将篷布及支撑框架向后折叠就可以获得敞开式车厢。由于篷布质地柔软，折叠起来比较紧凑，整个机构也相对简单，但密封性及耐用性较差。

（3）固定式顶盖和敞篷式顶盖有各自的优缺点，能否去除缺点而保留两者优点？设计师想出了一个折中的办法，在固定顶盖上开窗口，即“天窗”，既可保持固定顶盖的优点，又可在一定程度上获得敞篷效果，两者兼顾，还可增加厢内光线。这种方式受到汽车消费者的欢迎，从 20 世纪 80 年代开始，开天窗的乘用车迅速流行起来。

一般来说，天窗主要由玻璃窗、密封橡胶条和驱动机构组成。开启的形式一般分为外滑板式、内滑板式及倾斜式。外滑板式的玻璃窗在顶盖上面滑动；内滑板式的玻璃窗在顶盖下面与篷顶内饰衬之间滑动；倾斜式的玻璃窗前端或后端向上倾斜呈开启状态。目前多采用后两种形式。

滑板式驱动机构由支架导轨、驱动电动机、减速齿轮器、离合器、钢索带、位置传感器及限位开关构成。整个驱动机构装置在车顶前面，由钢索带动玻璃窗在导轨上移动。当驱动机构工作时，限位开关可检测出玻璃窗全开、全闭、倾斜向上等状态，为防止发生玻璃窗移动时受阻导致电动机超负荷运转，还设置了超载保护离合器。

顶盖天窗设计中最重要的问题是防漏水。天窗内侧应设流水槽和嵌有密封橡胶条的框架，从缝隙漏入的水通过流水槽和排水管流出车外。移动玻璃窗一般为褐色，可反射阳光，内侧设有遮阳板，打开遮阳板后光线可射入车厢。

3. 行李厢盖。行李厢盖要求有良好的刚性，结构上基本与发动机盖相同，也有外板和内板，内板有加强筋。一些被称为“二厢半”的乘用车，其行李厢向上延伸，包括后挡风玻璃在内，使开启面积增加，形成一个门，因此又称为背门，既保持一种三厢车形状又能够方便存放物品。如果采用背门形式，背门内板侧要嵌装橡胶密封条，围绕一圈以防水防尘。行李厢盖开启的支撑件一般用钩形铰链及四连杆铰链，铰链装有平衡弹簧，使启闭厢盖省力，并可自动固定在打开位置，便于提取物品。

4. 翼子板。翼子板是遮盖车轮的车身外板，因旧式车身上该部件形状及位置似鸟翼而得名。按照安装位置又分为前翼子板和后翼子板。前翼子板安装在前轮处，必须保证前轮转动及跳动时的最大极限空间，设计者会根据选定的轮胎型号尺寸用“车轮跳动图”来验证翼子板的设计尺寸。后翼子板无车轮转动碰擦的问题，但出于空气动力学的考虑，后翼子板略显拱形弧线向外凸出。现在有些乘用车翼子板已与车身本体成为一个整体。但也有乘用车的翼子板是独立的，尤其是前翼子板，因为前翼子板碰撞机会比较多，独立装配容易整件更换。有些车的前翼子板用塑性材料（如塑料）做成。塑性材料具有缓冲性，比较安全。

5. 前围板。前围板是指发动机舱与车厢之间的主要隔离构件，它和地板、前立柱连接，安装在前围上盖板之下。前围板上有许多孔口，作为操纵用的拉线、拉杆、管路和电线束通过之用，还要配合踏板、方向机柱等机件安装位置。为防止发动机舱里的废气、高温、噪声窜入车厢，前围板上要有密封措施和隔热装置。在发生意外事故时，它应具有足够的强度和刚度。对比车身其他部件而言，前围板装配最重要的工艺技术是密封和隔热，具体就是隔热、隔音和隔振三隔性能，它的优劣往往反映了车辆运行的质量，对乘用车的舒适性有非常重大的影响。提高隔音和隔振性能，保证前围板的刚度尤为重要。前围板多采用叠层钢板材料，还通常采用前围板下部约 45° 角的斜壁设计，以达到最好的承受能力。前围板上冲压出制动踏板孔、油门孔、离合器孔、方向柱孔、线束及管路孔等各种装置的凸台或凹台，冲压出加强筋，以增强刚度。有些乘用车还在前围内壁上敷设覆层材料，以提高隔音和隔热性能。

6．车身外部装饰件。车身外部装饰件主要是指装饰条、车轮装饰罩、标志、浮雕式文字等。散热器面罩、保险杠、灯具以及后视镜等附件也有明显的装饰性。乘用车外部塑料附件如图 1-22 所示。

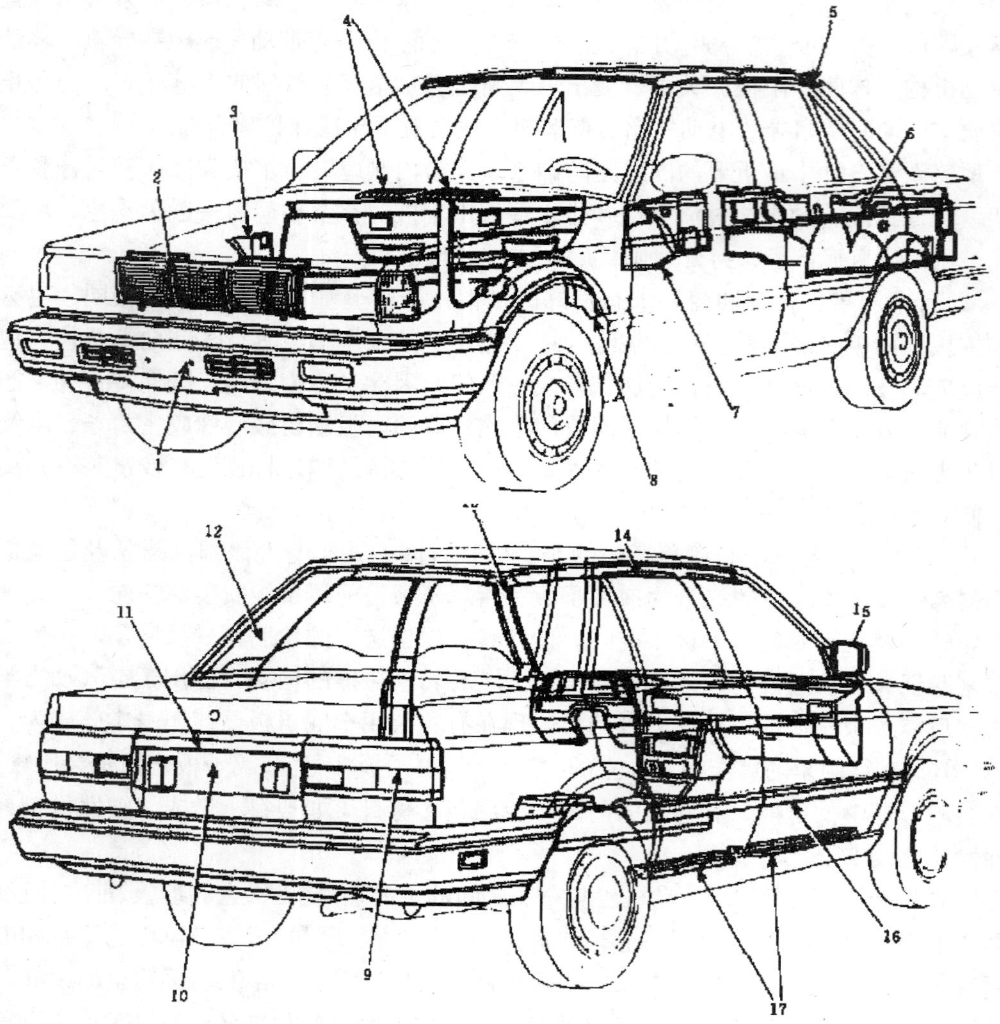

1—前保险杠横板（PP或PUR）；2—散热器格槽（ABS）；3—前围侧板面层（PP）；4—前围上盖板格槽面层（AAS）；5—后窗贴边（PP）；6—后备箱面层（PP）；7—后车轮罩覆盖层（PP）；8—前翼板防护层（PE）；9—后组合灯镜面（PMMA）；10—后板面层（ABS）；11—后备箱盖面层（ABS）；12—后支柱面层（PP）；13—风窗支柱覆盖层（PP）；14—上风窗贴边（PP）；15—后视镜（PP和ABS）；16—侧防护板镶条（PVC）；17—撑板（PP）

图1-22　乘用车外部塑料附件

7．乘用车的内饰件。汽车的大部分操作和显示装置在驾驶室内，如图 1-23 所示。

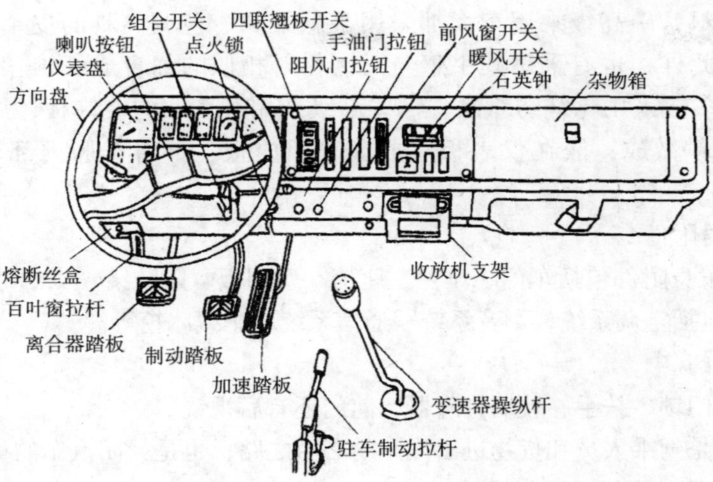

图1-23　驾驶室内部布置

内饰件一般是指乘用车车厢的隔板、门内装饰板、仪表板总成、扶手、地毯等零部件和材料。

相对于其他部件而言，内饰件只是一些辅助性的零配件，对车辆的运行性能没有什么影响。但它们要承担起减振、隔热、吸音和遮音等功能，对乘用的舒适性起到十分重要的作用。驾乘人员在车内直接感受内饰件的优劣，它们代表了整部车的形象，决定车的声誉和档次，决定着人们选择汽车的意向。

乘用车内饰件的质量取决于材料。以前乘用车内饰件多用金属、木材和纤维纺织品等材料，外观和质感都不甚理想，而且随着环境保护意识日趋增强，寻找一些可以回收再利用、安全性能高、加工方便的材料来代替传统的材料，已经成为各国汽车制造业的研究与开发的内容。目前，许多乘用车的内饰件已经逐步使用PP（聚丙烯）材料，这是一种工程热塑材料，它集结了韧性好、强度大、隔热好、质地轻、耐腐蚀、富有弹性、手感好和成本低等一系列优点，更重要的是PP材料是一种可以循环回收再利用的塑料，对环境保护大有裨益，因此受到人们的欢迎。

内饰件最大的部件是仪表板总成，也是乘用车车厢内最引人注目的地方。目前采用PP材料制造仪表板总成外壳已成主流，在欧洲每年生产仪表板要耗用12万吨热塑性材料，其中PP材料就占了5万吨，接近一半。据专家预测，这一比例还会继续扩大下去。目前欧洲已开发出一种气味小，不易老化，低密度和有更好的环境适应性的PP材料，应用在乘用车上面。

乘用车的安全性能是摆在首位的，防火性能也包括在内。选择和采用内饰件材料的重要依据之一，就是材料的阻燃性能。当然，当设计者依据阻燃标准选择内饰件材料时，追求舒适和美观仍是重点考虑的问题。

为了使乘用车车厢更加舒适和美观，车厢内的装饰材料有越来越高级的倾向。

例如坐垫面料，中高级乘用车大都采用手感柔和、色调高雅的皮革、呢绒、丝绸等天然材料。此外，也有采用其手感与天然材料相似的细合成纤维丝无纺布做面料。普通乘用车多数采用化纤纺织品，一些高级乘用车车厢的装饰板还用贵重的胡桃木、花梨木等材料做成，嵌在仪表板总成和车门内板上，将车厢内部点缀得别有一番情调。

二、车身附件

乘用车车身附件包括车门、车窗、座椅、遮阳板、防眩镜、点烟器、烟灰盒、各种密封件，还包括空调系统、影音系统、通信系统和车载冰箱等。

（一）车门。

1．带有门锁、扶手、玻璃升降器，前门还有后视镜。

2．车门是驾乘人员和货物进出汽车的必由之路，也是封闭汽车的重要组成部分。

3．不同车型的车门总数不同。

乘用车总门数，可作为汽车用途的标志。公务用途的乘用车一般都是四门；家用乘用车既有四门、两门，也有设有后门的三门和五门；而用于运动用途的跑车则都是两门；另外许多乘用车设有可开启的天窗，还有带整体活顶的。

货车的驾乘室一般为左右两门，个别客货两用车加长驾驶室开有四个门；货厢一般都设有后门和侧门，有的车顶也可开启。

客车最少的只有一扇前门（紧急时可开启或砸开车窗、天窗或专设的“安全门”），一般设置前后两个侧门或前中后共三个侧门，还有的再专设一个驾驶员门，个别的也有设后门的。

4．车门按其开启方式可分为以下几种。

（1）旋转门。车门借铰链安装在车身壳体上，并沿铰链旋转开关，按开门方向又可分为以下几个。

① 顺开式车门：沿平行于车门的前面竖立布置铰链，即使未关好门，在汽车行驶时仍可借气流的压力关上，比较安全；而且便于驾驶员在倒车时探身向后观察，故被广泛采用。

② 逆开式车门：沿平行于车门的后面竖立布置铰链，上下车方便，但因不够安全方便而用得已较少。

③ 侧开式车门：沿平行于车门的侧面竖立布置铰链，两厢车的后门用得较多，汽车的后门较高时常采用，开关门省力、占地较小，上下或装卸车方便，但开度过大时有剐蹭危险，铰链倾斜时不易在任意开度停留，铰链上下距离太小时不稳固，也不适合形状过于弯曲的车门。

④ 剪刀式车门：如图 1-24 所示，沿垂直于车门方向的水平短铰链上掀，像剪刀开合一样。侧向占地很小，但开关费力，往往只用于部分跑车。

图1-24 剪刀式车门

⑤ 上掀式车门：沿平行于车门的上方水平铰链上掀，方便进出，装运长货物必要时还可开门行车，广泛用作乘用车及轻型客车的后门和箱式货车的侧门，也应用于低矮汽车的侧门，缺点是开门费力，一般需加装助力装置，开门时占地也特大。其实三厢乘用车的行李厢盖也可以看作上掀式车门。

⑥ 下开式车门：沿平行于车门的下方水平铰链开关，打开的车门可以直接向下放置，不妨碍装卸货物，有的还可起到跳板的作用，装卸货物更加方便，多用于货车。

（2）折叠式车门。在侧开旋转门的基础上发展而来，往往向车内开启，宽大的门也能少占空间，控制简单，广泛应用于大、中型客车乘客门，其他车型也有用折叠门的。

（3）外摆水平移动式车门。它的优点是不占车内空间，而且车身侧壁与障碍物距离较小的情况下仍能全部开启，多用于客车。

5. 乘用车的顺开式车侧门如图 1-25 所示，一般由门体、车门附件和内饰盖板三部分组成。

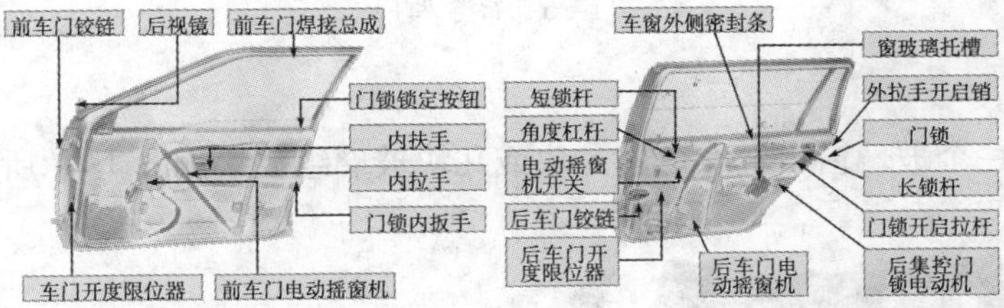

图1-25 乘用车的顺开式车侧门

（1）门体包括车门内板、车门外板、车门窗框、车门加强横梁和车门加强板。车门内板是各种附件的安装基础，其上装有门铰链、玻璃升降器、门锁、车门开度限位器、旋转窗和升降玻璃及导轨。为了装配牢固，内板局部还要加强。为了增强安全性，外板内侧一般安装防撞杆。内板与外板通过翻边、粘合、滚焊等方式结合，针对承受力不同，要求外板质量轻而内板刚性要强，能够承受较大的冲击力。乘用车车门还有暖气通道和立体声收音机的扬声器等。

（2）车门附件包括车门铰链、车门开度限位器、门锁机构及内外手柄、车门玻璃、玻璃升降机和密封条。

① 车门铰链是由铰链座和铰链轴组成的。它应当转动灵活，不滞涩，不会发出杂音，在汽车期望使用寿命内，应能保持其功能。车门的开启角度以 75° 为基础，不应当与车身有任何干涉。

② 门锁是重要的安全件。门锁由两个零件构成，一个零件固定在车门上，另一个零件固定在车身上，通过门闩阻止车门向外打开，通过简单的杠杆运动或压揿按钮的动作等将它们脱开。门锁必须工作可靠，在汽车碰撞时，能同时承受纵、横两个方向的载荷而不致使车门开启，从而避免了乘员被甩出车外，因而减少受重伤或死亡的危险。此外，在事故结束后，门锁应使车门仍能从车内外开启而便于救援。

目前，不能承受纵向载荷的舌簧式、钩簧式、齿轮转子式等门锁已经过时，而能同时承受纵横向载荷的转子卡板式门锁则被广泛采用。

（3）内饰盖板包括固定板、芯板、内饰蒙皮、内扶手。

6. 后备厢门也称行李厢门，如图 1-26 所示。

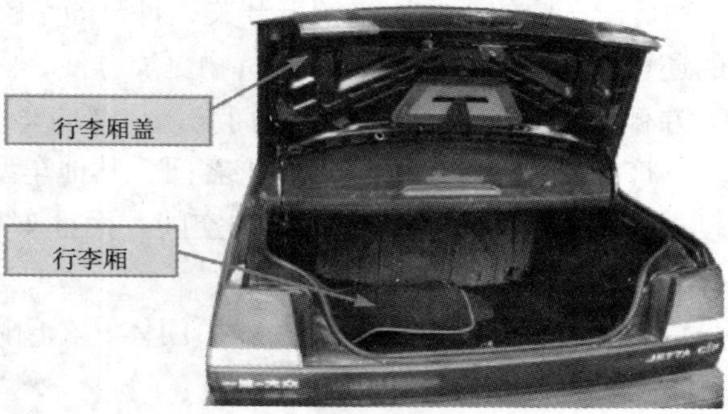

图1-26　行李厢门

（二）车窗。

1. 车窗指一个玻璃窗口，它可由一块或几块玻璃组成，如图 1-27 所示。

图1-27　车窗

2. 汽车的前后车窗通常采用视野开阔而又美观的曲面玻璃，往往采用粘接或镶嵌法固定，前车窗和一部分后风窗配有刮水器和洗涤器。侧车窗一般配有手动或自动升降器，也有推拉、翻转或固定的。

3．玻璃也是构成车身的重要附件，除光学性外，要求它具有一定的强度和破碎时不会四散伤人，还有隔音性、防紫外线、节能等特点。

（1）汽车挡风玻璃作为汽车安全部件的重要组成部分之一，它的安全性主要体现在以下三个方面。

① 光学性。汽车玻璃必须具备良好的光学性能，既要足够透明更要尽量减少失真，还要适度阻挡紫外线、红外线和过强可见光。低质量的汽车玻璃容易结雾和沾尘，往往造成行车事故。除此之外，配装刮水器和喷淋器，也可去除结雾和沾尘，目前汽车前挡风玻璃刮水器和喷淋器是标准配置，也有配装后挡风玻璃和前照灯玻璃的。

破损玻璃的光学性能更会发生恶化，严重妨碍视线，必须及时更换或修复。

防雨除雾蓝镜在生产过程中由于采用真空电镀技术，结合了特殊氟元素离子，并添加特别的耐磨剂，使其在前挡风玻璃上面形成一层超薄的特殊镀膜层，加大了镜面的密度，能够减少水珠的附着，产生较强的拒水效果，雨水落在车窗玻璃后，能迅速结成水珠并被行驶产生的风力吹走，从而达到不阻碍视野的功效，这使得驾驶者开车时不再需自己动手擦拭玻璃上的水珠，车速越快，这种除水效果也越明显。

② 支撑性。汽车挡风玻璃是汽车车顶刚性结构的重要支撑系统。当汽车发生翻车事故时，它可以防止汽车车体的进一步变形，从而保障司乘人员的安全。

③ 保护性。汽车挡风玻璃有一项重要的安全功能就是当车辆发生撞击事故时，挡风玻璃必须保留在车身上，保障司乘人员不被抛出车外；此外，挡风玻璃是司机右侧乘客位置的安全气囊在展开时的后支撑板，气囊打开时，人抵到气囊上，气囊冲压到玻璃上，玻璃承受了来自惯性、乘员和气囊的三重冲击，牢固的挡风玻璃粘合系统限制了气囊前移距离，保证了人员前冲空间，对人员起到保护作用；如果玻璃飞出，气囊外翻，人员前冲，气囊的保护作用就会极大降低，甚至失效。因此，目前安全带、安全气囊和汽车玻璃安装系统被称为汽车安全保护三要素。

玻璃粘接系统除了更高的强度要求外，还引入了高刚性要求，即单位变形需要更大的拉力。安全车身一般要求变形一倍时，粘接胶的拉力在 $26kg/cm^2$ 以上，约合整个车框承受十多吨的总拉力，从而使挡风玻璃和整个车身融为一体，有效抗击碰撞时的冲击。

（2）由于汽车行驶中有颠簸还可能有碰撞，必须选用安全玻璃，在国外和国内都规定夹层和钢化玻璃为安全玻璃。

① 夹层玻璃。夹层玻璃的中间层具有较高黏结性能和韧性，当夹层玻璃破碎时，碎片能够被牢牢地粘附在中间层上，能最大限度地降低玻璃碎片缓冲作用，并防止人体穿透玻璃，造成更大的伤害。

夹层玻璃除了具备上述最基本的性能外，还有越来越多的新型功能产品被研发出来并得到应用，如遮阳玻璃、电加热玻璃、天线玻璃、隔音玻璃、阳光控制玻璃、雨刷玻璃、屏显玻璃及憎水玻璃等。

现在有些客户在玻璃上进一步贴膜可以认为是一种补充夹层，但质量不好时会严重影响视线。

② 钢化玻璃。钢化玻璃不易破碎，破碎时，整块玻璃全部碎成蜂窝状的钝角小颗粒，不易伤人但严重影响视线。

钢化玻璃是应用于汽车上使用部位及使用量最多的产品。钢化玻璃可以使用在汽车上的车门、侧窗、三角窗、后窗及顶窗等任何部位。在一些大型客车上，必须配有钢化玻璃制作的安全逃生门，并且备有破碎工具。当遇到紧急情况时，乘客可以用破碎工具砸碎玻璃，迅速逃生。在许多乘用车辆上，后窗玻璃是用钢化玻璃制作的电加热玻璃和/或天线玻璃，即把电加热元件和/或天线元件用丝网印刷并烧结到玻璃上，通电后可以除雾、除霜，和/或接收电视电话（GMS）、收音机、GPS 等信号。

③ 区域钢化玻璃。区域钢化玻璃是指分区域控制玻璃钢化程度的一种钢化风窗玻璃，一旦破碎后在视区内保留有一定数量的形状规则的大碎片（面积为 $2\sim16cm^2$），可以提供一定的能见度和视野，驾驶员可以通过这个视区观察路面情况，采取措施防止二次事故（撞击）的发生。除此以外，区域钢化玻璃还有一个特点，当它受到人体头部以一定的速度冲击时，它能够被冲击破碎，释放部分冲击能量，以减少对人体头部的伤害。根据中国的国家标准，一些不以载人为目的的货车，特别是常在路况条件不太好的路面上行驶的货车往往使用这种玻璃。

④ 塑玻复合材料。塑玻复合材料是由一层或多层玻璃与一层或多层塑料材料复合而成的玻璃，可用于各种机动车风窗，安装后其面向乘客的一面为塑料层。当玻璃破碎时，塑料层可以直接降低玻璃碎片对司乘人员的伤害，与其他玻璃相比，塑玻复合材料的安全性相对更高。与相同厚度的夹层玻璃相比，塑玻复合材料是一种轻质材料，使用该种材料的机动车车身质量相对较轻。为确保整个安全玻璃材料在使用其间不会由于塑料层的老化而使其安全性能降低，人们对塑料层也提出了特别的要求：在经受一定的高、低温变化循环后，塑料层不应产生裂纹、脱胶等老化变质现象，即塑料层应具有一定的耐温度变化性；当机动车发生意外，引起车辆内饰材料燃烧时，塑料层燃烧速度不能过快，即应具备一定的耐燃烧性；塑料层还应能经受日常清洁时的摩擦及各种用于清洗剂的化学药品的侵蚀，即耐磨性及耐化学侵蚀性。目前，塑玻复合材料只用于一些较高档车辆上，使用量很小。

（三）座椅。

汽车座椅如图 1-28 所示。

图1-28　汽车座椅

1．现代汽车已经不是一个单纯的运载工具，它已经是“人、汽车与环境”的组合体。座椅作为汽车使用者的直接支承装置，在车厢部件中具有非同小可的重要性。汽车座椅的主要功能在于支撑司机和乘客的质量，衰减或缓和由车身地板传来的振动和冲击，为驾驶者提供舒适、安全、便于操纵和不易疲劳的驾驶座位。

2．目前，座椅按表面材质可分为真皮座椅、绒布座椅和真皮绒布组合座椅三种。乘用车座椅由坐垫、靠背、侧背支撑、头枕等组成，在某些货车驾驶室和客车车厢中还设置适应夜间长途行车需要的卧铺。为保证行车安全，在现代汽车上广泛采用对乘员施加约束的安全带、头枕、气囊以及汽车碰撞时防止乘员受伤的各种缓冲和包垫装置。

3．座椅设计的好坏，将对汽车的平顺性、乘坐舒适性、安全性以及操作方便性等产生很大的影响。座椅的动态特性，即缓和和衰减由车身传来的冲击和振动等性能，以及座椅的结构强度、刚度和寿命等问题。

（四）安全带。

安全带是最有效的防护装置，可以大幅度地降低碰撞事故的受伤率和死亡率。这一点已被国外大量使用实践证明。

最常用的三点式安全带的各个组成部分。带子由结实的合成纤维织成，包括斜跨前胸的肩带，绕过人体胯部的腰带。在座椅的外侧和内侧地板上各有一个固定点，第三个固定点位于座椅外侧车身支柱的上方。

绕过上方固定点的环状导向板，带子伸入车身支柱内腔并卷在支柱下端的收卷器内。乘员胯部内侧附近有一个插扣，插扣由插板（松套在带子上）和锁扣（与内侧地板固定点相连）两部分组成，该两部分插合后即可将乘员约束在座椅上。

按下插扣的红色按钮就能解除约束。收卷器有好几种结构形式，功能较完备的是紧急锁止式收卷器（ELR）。该种结构在正常情况下，安全带对人体上部并不起约束作用。当乘员向前弯腰时，带子可从收卷器经由上方固定点的导向板被拉出；而当乘员回复正常坐姿时，收卷器又会自动将带子收起，使带子随时保持与人体贴合。但在紧急情况下，即汽车减速度超过预定数值时或车身严重倾斜时，收卷器会将带子卡住从而对乘员产生有效的约束。

（五）气囊。

气囊在汽车正面碰撞时能防止乘员与其前方的物体撞击。气囊平时折叠在转向盘毂内或仪表板内，必要时可在极短时间（碰撞开始后 0.03~0.05s）内充满气体而呈球形，以填补乘员与室内物体之间的空间。气囊通常采用氮气。

气源可以是高压（约为 15MPa）钢瓶或是设置在气囊下方的气体发生器。装设在汽车内的碰撞传感器发出的信号可点燃电气雷管炸开高压钢瓶的封口或者点燃气体发生器内的气体发生剂，使气囊迅速充气。

为了可靠，电气雷管在外部电源断开 30s 内仍保证可以起爆，所以拆卸气囊电路应在断开蓄电池搭铁线 3~5min 后再开始操作才安全。

（六）汽车后视镜。

1. 汽车后视镜反映汽车后方、侧方和下方的情况，使驾驶者可以间接看清楚这些位置的情况，它起着“第二只眼睛”的作用，扩大了驾驶者的视野范围。

汽车后视镜属于重要安全件，它的镜面、外形和操纵都很讲究。后视镜的质量及安装都有相应的行业标准，不能随意。

2. 后视镜以安装位置划分，分有外后视镜、下后视镜和内后视镜。以用途划分，外后视镜反映汽车后侧方，下后视镜反映汽车前下方，内后视镜反映汽车后方及车内情况。用途不一样，镜面结构也会有所不同。一般后视镜镜面主要有两种，一种是平面镜，顾名思义镜面是平的，用术语表述就是“表面曲率半径 R 无穷大”，这与一般家庭用镜一样，可得到与目视大小相同的映像，这种平面镜常用做内后视镜，如图 1-29 所示。另一种是凸面镜，镜面呈球面状，具有大小不同的曲率半径，它的映像比目视小，但视野范围大，好像相机“广角镜”的作用，这种凸面镜常用做外后视镜和下后视镜，如图 1-30 所示。

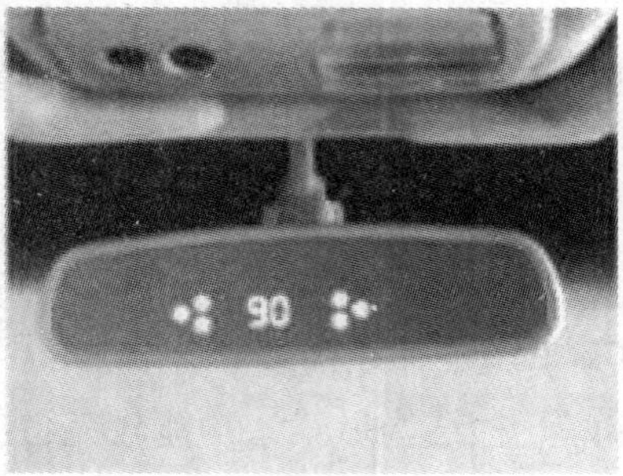

图1-29　内后视镜

图1-30　左侧外后视镜

乘用车一般装配外后视镜和内后视镜，大型商用汽车（大客车和大货车）一般装配外后视镜、下后视镜和内后视镜。

3．后视镜有一个视界的问题，也就是指镜面所能够反映到的范围。业界有视界三要素的提法，即驾驶者眼睛与后视镜的距离、后视镜的尺寸大小和后视镜的曲率半径。这三要素之间具有一定的关系，当后视镜的距离和尺寸相同时，镜面的曲率半径越小，镜面反映的视界越大。当镜面的曲率半径相同时，镜面的尺寸越大，镜面反映的视界越大。但是，事物总有两重性，虽然镜面的曲率半径越小，视野范围越大，但同时镜面反映的物体变形程度也越大，这有些像“哈哈镜”，往往会造成驾驶者的错觉。从行车安全的角度出发，有一个映像失真率的问题。行业标准规定，平面镜的失真率不得大于3%，凸面镜的失真率不得大于7%，要求不能反映有歪曲变形的实物图像。因此，镜面的曲率半径就有一个限制范围，行业标准规定外后视镜的曲率半径为$R1200$，内后视镜的曲率半径为无限大（平面镜）。

同时，后视镜也有一个反射率指标。反射率越大，镜面反映的图像越清晰。反射率的大小与镜内表面反射膜材料有关。汽车后视镜反射膜一般用银和铝为材料，它们的最小反射率为80%。高反射率在一些场合会有副作用，例如夜间行车在后面汽车前大灯的照射下，经内后视镜的反射会使驾驶者产生目眩感，影响行车安全。因此内后视镜一般采用棱形镜，虽然镜面也是平的，但其截面形状是棱形，它利用棱形镜的表面反射率与里面反射率不一样的特点，达到无目眩要求。白天采用反射率为80%的银质或铝质里面反射膜，晚上则用反射率只有4%左右的表面玻璃。为此，晚上只需略为将白天位置的内后视镜转动一下角度就行了。目前有一种自动变色的内后视镜，它的电子感光检测器能自动分辨外界的自然光和强加光源，通过电流变化在几秒钟内调节镜内的变色材料，从无色变到有色以调节内后视镜的反射率，从而解决目眩问题。

驾驶者眼睛与后视镜的距离，也就是后视镜的安装位置，直接影响到后视镜的视界、清晰程度和汽车轮廓尺寸，对行车安全很重要。因此，后视镜的安装位置要求达到行业标准的视界要求；后视镜应尽可能靠近驾驶者的眼睛，应方便驾驶者观察，头部及眼球转动尽量小；后视镜应安装在车身上下振动最小的位置上。以现在的乘用车为例，外后视镜主要装配在前车门上，控制方式有电动式和手动式。电动式外后视镜的镜片后面装有驱动机构，它由小型可逆式直流电动机、减速齿轮、电磁离合器组成，驾驶者在车内控制开关对外后视镜进行上下左右调整，调整范围在30°以内，并可以折叠。手动式外后视镜多采用杠杆式，驾驶者在驾驶座上摆动车门上相应的小手柄，即可上下左右调整镜面角度，这种手动后视镜的结构比较简单，一般装配在经济型乘用车上。

外后视镜外形轮廓不但影响车身的外观，而且影响车身的尺寸，行业标准有乘用车外后视镜的安装位置不得超出汽车最外侧250mm的规定。同时，由于一般乘用车的速度提高，风阻和噪声是设计者要考虑的重要问题，因此外后视镜外形轮廓要符合空气动力学，用圆滑的线条尽量减少风阻及风噪。

以上仅是后视镜的一般性介绍。目前一些汽车的外后视镜还具有除霜除雾功能和洗涤功能。由于外后视镜最外端面也就是汽车最宽的位置，因此有些车上外后视镜前端还增加了侧面转向灯，可以醒目提示汽车转弯方向。内后视镜的附加功能更多，在内后视镜后面装置集成芯片，利用液晶显示可将倒车雷达、来电显示、内外温度、汽车速度、胎压、CD及GPS显示等信息在内后视镜上反映出来。

随着科技的发展，用摄像系统代替后视镜已经成为一些厂家今后的新目标。它通过车辆两侧和车尾的摄像装置及红外线装置，将摄到的图像在后视显示屏上显示出来。例如，去年第七届北京国际车展上日产ideo概念车没有传统的后视镜，四周一共安装了14个摄像机（8个平面视图摄像机和6个环视摄像机），其作用除了能够帮助驾驶员确保行驶安全外，还能用来扩展信息和收集图像。整个仪表板是一个显示屏，显示了汽车后面及两侧的图像，代替了后视镜的作用。

（七）密封条。

车身有一个很重要的密封件，就是用合成橡胶制成的密封条，又称为防护性成型镶条。主要应用在车门门框、侧面车窗、前后挡风玻璃、发动机盖和行李厢盖上，起到密封的作用，另外也起到减振保护的作用。

密封条的制作材料主要是聚氯乙烯（PVC）、乙丙烯橡胶（EPDM）、合成橡胶改性聚丙烯（PP-EPDM）等，通过挤压成型或者注射成型等方法制成。

1. 车厢车门的密封条主要指门框的密封条和车门头道密封条。门框密封条顾名思义就是镶嵌在门框上的密封条。门框密封条不但要保证密封性，还要承受关门时的冲击力，因此它既要有弹性，也要有韧性，主要由密实胶基体和海绵胶泡管两部分组成。密实胶内含有金属骨架，起到加强胶条的定型和固定作用。海绵胶泡管柔软并富有弹性，起着受压变形，卸压反弹的功能。此外，有一些密封条的唇边部分由彩色胶构成或者贴有织物，色调美观有装饰作用。

车门头道密封条的结构有两种：一种为全海绵胶泡管，另一种由密实胶基体和海绵胶组成。这种密封胶粘贴或镶嵌在车门上，与门框密封条配合，以增加车门与车体的密封作用。车门头道密封条并不是每种乘用车都采用，如一些经济型乘用车就没有，这主要是从节省成本方面考虑的。

2. 发动机盖的密封条由纯海绵胶泡管或海绵胶泡管与密实胶复合构成，用于发动机盖同车身前部的密封。行李厢盖或者后背门的密封条由含骨架的密实胶基体和海绵胶泡管组成，能够承受一定的冲击力，保证后盖关闭时的密封。

3. 车窗密封条分为前后挡风玻璃密封条、车窗玻璃导槽密封条和车窗内外侧条。

前后挡风玻璃和固定侧窗的密封条原来由纯胶型条围接而成，它具有弹性也有相当的硬度，在挡风玻璃与车体之间起到垫托、固定与密封作用，现在为进一步提高强度、刚度和密封性大多已经改为直接用密封胶粘接。

车窗玻璃导槽密封条由不同硬度的密实胶组成，镶嵌入车身保证尺寸配合的精确性，达到密封防渗漏、隔声的作用。密封条的唇边还粘贴有植绒面，当玻璃上下或左右移动时可以降低玻璃与胶条之间的滑动摩擦，而且还可以降低噪声。这种密封条形式也用于天窗密封条。车窗内外侧条由纯胶型条或纯胶型条与塑料件复合构成，它带有植绒面，除了降低与玻璃的摩擦外，还起到装饰作用。

由于车门、车盖及车窗的几何形状比较复杂，在转角的地方常常要采用形状比较特殊的密封条。因此，车用密封条又有接角接头型和可变截面型等特殊密封条，常规密封条与特殊密封条通过模压加工两端相接或单端加接，可以满足整体密封条在转角部位及特殊形状部位的安装需要。

过去的密封条生产采用人工压模成型，工艺简陋落后，形状单一，多是H形。现在的密封条生产采用计算机控制下的挤压成型或者注射模压技术，包括复合挤出、可变口径挤出、微波硫化、表面喷涂等技术。例如，在计算机的控制下，可变口径挤出技术在密封条挤出过程中可以改变截面的大小和形状，形状多样，一气呵成。这样，密封条就能紧贴车身，密封效果好。

三、车身拆装工艺

（一）拆解注意事项。

1. 拆前认真了解车身结构、连接方式和正确拆装工艺，避免盲目拆卸造成意外损伤。由于追求美观，很多车都将车身部件的安装部位隐蔽起来，还设计了很多特别的卡扣，不熟悉车型及设计要耗费大量时间查找，很容易把零部件损坏，还有就是安装时无法将它复原或安装错误，因此在拆卸时一定要先认真观察，先查找并拆开所有可能隐蔽的固定螺钉和卡扣，再取零部件，严禁生拉硬撬造成损坏。

2. 为减少对汽车的非必要损坏，应尽量少拆或不拆，特别要减少对焊、铆、粘连接的拆卸，更要避免在应力集中部位切割。

3. 一般应按自简到繁、由表及内、先拆下后分解的原则确定拆解顺序。

4. 拆前必须核对或做好装配记号，边拆边记录，以便按原配合装配。

5. 边拆边检查，拆下的零部件必须妥善放置，避免脏污、损坏或混乱，特别是承载式车身壳体拆开前应先测量固定，以免弹开变形。

6. 汽车很多零部件，由于长年累月工作而磨损、腐蚀、老化或变形，造成强度变差阻力变大，必要时必须采取喷加松动液等特殊措施。

7. 拆卸固定螺钉之前应及早处理好管线。车身部件上附有许多导线或管路，能整体拆下或就近放置时尽量不拆断，但要注意不要过分折弯管线，特别要注意避免折弯硬管。必须拆断时须先收集内部液体或制冷剂等再拆，拆断时应选择原连接器处。

8. 合理选用工具和设备的种类和型号。尽量使用专用工具和设备，避免使用过硬或力量过大的工具，避免损坏零部件。

9. 注意文明生产，保持清洁，避免零部件、工具以及水和各种液体落地。

（二）装复注意事项。

1. 认真了解车身结构、连接方式和正确装复工艺，随时核对装配记录和记号，必要时先比对后固定，避免错装返工。

2．一般按照分解的逆顺序进行装复。

3．装前认真检查待装零部件，清洁润滑保护后装配，装后检查配合情况，必要时修整，及时解决问题避免返工。

4．合理选用工具和设备，按规定工艺顺序和转矩要求紧固。

（三）工作顺序。

1．车外观察、认识、拍照并记录。

2．车内观察、认识、拍照并记录。

3．查询记录各个系统的设定参数和密码后，拆下蓄电池搭铁线。

4．拆卸车轮、悬架、制动器、转向器、传动系和发动机（反复练习时可以只做一遍）。

5．拆卸发动机舱盖、行李厢盖和各个车门，并进一步分解。

6．拆卸前后和侧面保险杠。

7．拆卸翼子板等其他外部附件。

8．拆卸座椅，并可进一步分解。

9．拆卸控制操纵和仪表信号系统。

10．拆卸仪表板。

11．拆卸其他车内附件。

12．拆卸线束。

13．按相反顺序装复。

14．检查调整。

（四）车身作业工具与设备的安全使用要求。

车间使用的工具和设备有手动的、气动的和电动的三类。使用工具和设备基本的安全要求如下。

1．手动工具要保持清洁和完好。应经常清洁沾有油污和其他杂物的工具，检查其是否有破损，以免使用时发生机械事故，伤及人身。

2．使用锐利或有尖角的工具时应当小心操作，以免不慎划伤不应触及的部位或伤及人身。

3．专用工具只能用于专门的操作，不能移作它用。

4．不要将旋具、手钻、冲头等锐利工具放在口袋中，以免伤及本人或划伤汽车表面。

5．使用电动工具之前应检查是否接地，检查导线的绝缘是否良好。操作时，应站在绝缘橡胶地板上进行（或穿有绝缘靴）。

6．用气动或电动工具从事打磨、修整、喷砂或类似作业时，必须戴安全镜。

7．必须确认电动工具上的电路开关处于断开位置后，才允许接通电源。电动工具使用完毕，应切断电路，并从电源上拔下来。

8．清理电动工具在工作时所产生的切屑或碎片时，必须让电动工具停止转动，切勿在转动过程中用手或刷子去清理。

9. 任何操作都不宜过度探身，防止滑倒事故。

10. 气动工具必须在规定的压力下工作。当喷嘴处于末端时，用以吹除灰尘的压缩空气的压力应保持在 200kPa 以下。

（五）人身防护。

1. 头部的保护：将长发扎结在脑后，始终要戴安全帽才能从事修理作业。

2. 眼睛和脸部的保护：工厂各处均有飞扬的灰尘和碎屑，可能会伤及眼睛，必须佩戴护目镜和呼吸器，接触电弧时必须使用防护面罩。

3. 耳朵的保护：敲打金属板或喷砂时所发出的噪声，对人的听觉有不利的影响，重者会损伤耳膜，须戴耳塞。

4. 手的保护：应戴安全手套进行操作。

5. 脚的保护：应穿带有金属脚尖衬垫及防滑的安全工作鞋。

6. 身体的保护：按规定穿着相应工作服进行作业。

（六）拆装工具。

1. 通用设备和工具

（1）手动、气动或电动的扳手和螺钉旋具、钳子等通用工具，如图 1-31 所示。

（2）整车和大总成的举升器。

（3）汽车维修工具车，如图 1-32 所示。

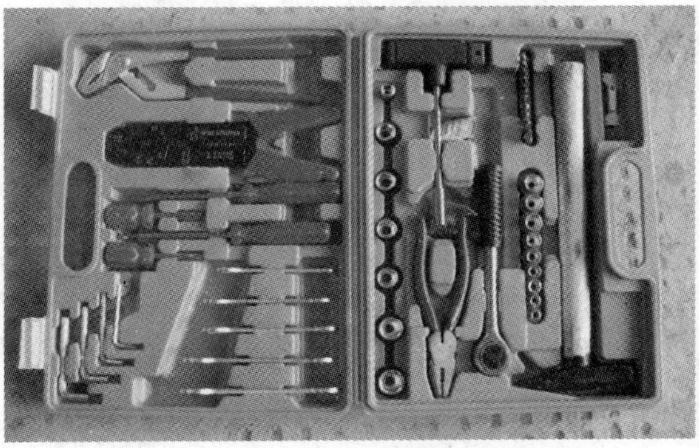

图1-31　手动通用工具

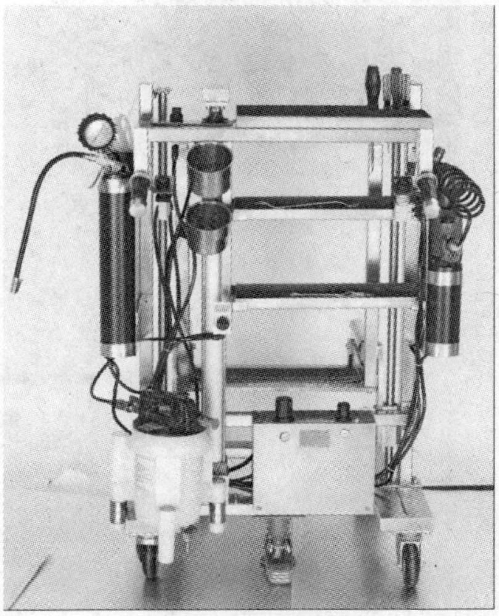

图1-32　汽车维修工具车

2. 专用设备和工具

（1）冲击螺钉旋具，如图 1-33 所示，把榔头的冲力转化成螺钉旋具的扭力，将难拆卸的螺钉轻松取出。

（2）弯头扳手，如图 1-34 所示，用于拆除隐蔽处的螺栓。

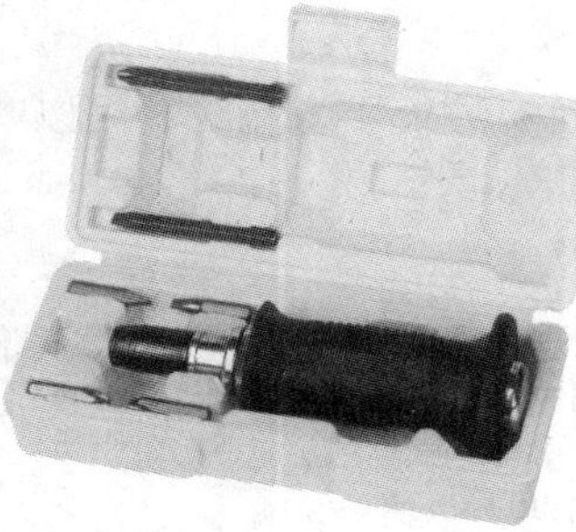

图1-33　冲击螺钉旋具

图1-34　弯头扳手

（3）专用撬棍和拉钩，如图 1-35 ~ 图 1-37 所示。

图1-35　车身小撬棍与拉钩

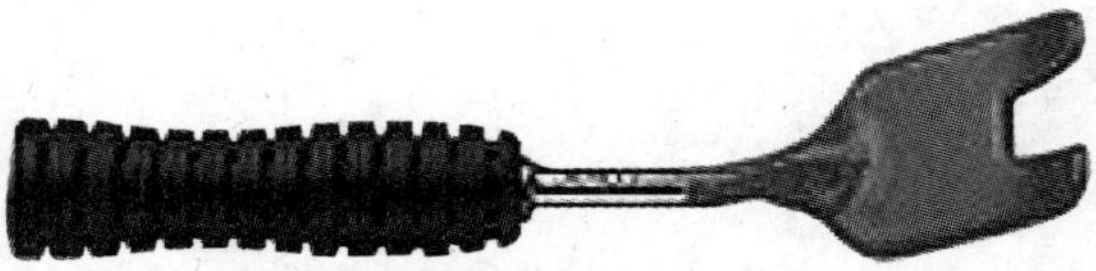

图1-36　叉形软头撬棍

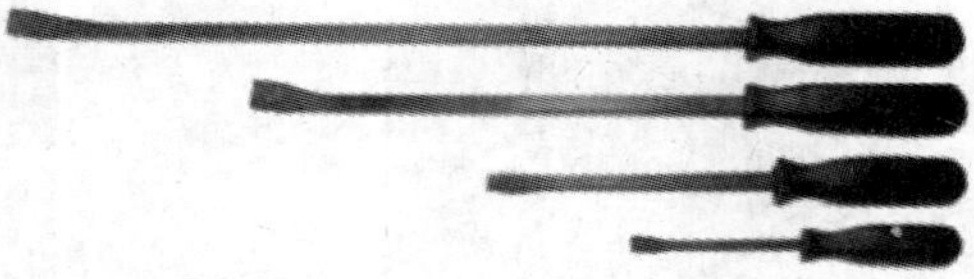

图1-37　一字撬棍组件

（4）内窥镜，如图 1-38 所示，用于观察隐蔽部位的结构。

（5）去焊点钻，如图 1-39 所示，钻头定位准确、操作方便、生产效率高，而且车身零部件变形和损伤小。

（6）玻璃拆卸工具，如图 1-40 所示。

图1-38 内窥镜

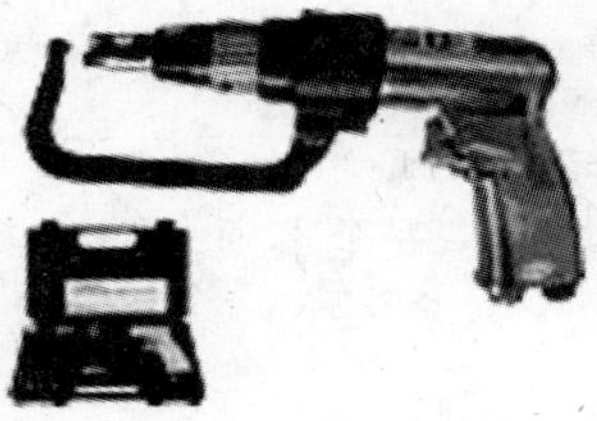

图1-39 去焊点钻

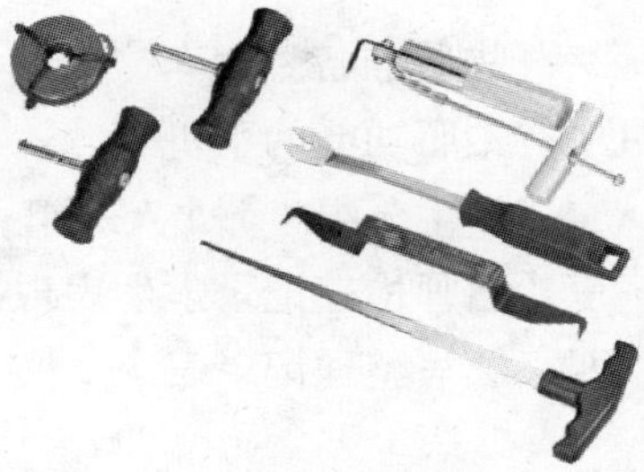

图1-40 挡风玻璃拆卸综合组

（7）松动液。用于帮助减小旧连接件的粘接阻力并防止拆卸过程中发生断裂事故。

计 划

一、根据导向知识与技术信息，在表1-7中列出工作计划。

表1-7 拆装汽车的车身附件计划

序 号	工 作 步 骤	工具/辅具	注 意 事 项
1			
2			
3			
4			
5			
6			
7			
8			
9			

二、计划要点参考见表1-8。

表1-8 拆装汽车的车身附件计划要点

序 号	工 作 步 骤	工具/辅具	注 意 事 项
1	查阅基础资料	仪器使用说明书、互联网等	
2	认真观看汽车车身总体结构并从各个角度拍照留存	技术资料、数码相机、测量用具	
3	认真观看汽车车身各个组成部分结构，拆下拍照留存与资料对照后装回	技术资料、数码相机、测量用具、内窥镜、拆装工具	记录密码和调整参数后断开蓄电池搭铁线； 小心拆装； 避免损坏
4	整理出该车车身图片资料库	计算机	
5			

实施

一、物质准备：汽车、简单测量用具、技术资料、照明灯、内窥镜、计算机和数码相机或有拍照功能的手机等。

二、学生分组：3~5 人一组，合作进行。

三、教师检查记录学生表现，特别是安全事项。

四、填写整理记录表 1-9。

表1-9 拆装汽车的车身附件记录表

品牌：		型号：			制造日期：
承载方式：		用途：			车厢数量：
图片号	缩略图	位置	作用	名称	装配情况
1		整车左视			
2		整车右视			
3		整车前视			
4		整车后视			
5		整车俯视			
6		整车仰视			
7		车顶			
8		前保险杠			
9		后保险杠			
10		左前翼子板与轮罩			
11		右前翼子板与轮罩			
12		左后翼子板与轮罩			
13		右后翼子板与轮罩			
14		发动机舱盖			
15		发动机舱			
16		进气格栅			
17		行李厢盖			
18		行李厢			
19		仪表盘			
20		左前门			
21		右前门			
22		左后门			
23		右后门			
24		地板			
25		驾驶座椅			
26		副驾驶座椅			
27		后排座椅			
28					

续表

图片号	缩略图	位置	作用	名称	装配情况
29					
30					
31					
32					
33					
34					
35					

检 验

一、比较工作记录。

二、组内互评互补。

三、各人整理补充资料。

展 示

一、展示个人工作计划和实施记录表和图片。

二、演示关键工作步骤。

三、教师讲评。

四、总结打分。

工作任务 2

检查汽车的事故损伤

导 向

一、车间任务

一辆汽车在交通事故中受损，请对损伤进行检查，并提出修理建议。

二、学习目的

（一）进一步了解汽车车身的结构特点。

（二）进一步熟悉汽车车身各个零部件的形状、位置、名称和作用。

（三）了解汽车车身及相关零部件的常见损伤。

（四）了解汽车保险的有关知识。

（五）掌握汽车事故损伤的规律。

（六）熟悉事故汽车进厂检查工作程序。

（七）能够初步判定可用、报废与需修零部件。

（八）了解事故车定损估价工作程序。

三、基础知识

（一）车身损伤。

交通事故属于意外事故，汽车驾驶员难以控制撞击方向和位置；而且发生交通事故时，往往仍处于运动状态，或者周围其他车辆或物体还在运动，除第一次接触外，还会出现第二次甚至更多次碰撞。

汽车车身常见损伤的原因和部位见表 2-1。

表2-1　汽车车身常见损伤的原因和部位

形　式	原　因	部　位
磨损	钣金件相互接触的表面，由于受力产生相对运动而引起磨损。所受的作用力越大，作用时间越长，材质表面硬度越低，则磨损越严重	（1）车身各铰链孔轴间的转动处。 （2）门锁锁舌与锁扣间的撞击和滑动。锁舌台肩限位板面间的间断撞击。 （3）玻璃升降器齿轮接触齿间的滑动。 （4）铰链孔轴松旷导致车门下沉后，门下表面与门框的摩擦。 （5）发动机罩下表面与散热器上表面及翼板上表面的振动接触和相对错动摩擦等。 （6）各钣金件螺栓松动后的螺栓孔磨损，造成孔径增大
腐蚀表层产生锈斑，涂膜起泡剥落	（1）金属表面积有泥水，发生氧化反应而引起锈蚀。 （2）焊修后，未经防锈处理而引起锈蚀。 （3）接触化学药品而发生化学腐蚀	（1）驾驶室后围下裙部夹层。 （2）各车门内外板下部底槽。 （3）各车门与门框之间的缝隙处。 （4）钣金件保护涂膜剥落或表面磷化处理层损坏处
裂纹和断裂	（1）钣金件在制作成型或焊接过程中，产生内应力。 （2）汽车行驶时，由于车身不断振动使钣金件承受交变载荷。 （3）汽车急加速、紧急制动和转急弯时，使车身承受惯性力、离心力的作用。 （4）汽车通过路况差的路面时，各钣金件承受扭转力作用	（1）翼子板固定支架点焊处和固定螺栓孔周围。 （2）车门内板前侧与加固板点焊处等存在焊接应力，易发生脱焊和焊点处板撕裂。 （3）车门铰链附近板剪口处。 （4）翼子板内外侧边缘。 （5）钣金件拐弯、折边和狭窄部位。 （6）驾驶室与车架连接部位。 （7）各门框前、后下角。 （8）螺栓孔磨损严重处
皱褶和凹凸	钣金件板受到撞击或挤压会引起机械损伤	散热器罩、发动机罩前端、左右翼板的前端和外侧以及车门外板
弯曲和扭曲	（1）车身受撞和挤压。 （2）汽车行驶振动的交变载荷。 （3）急加速、紧急制动、急转弯的惯性力。 （4）路况差的路面使车身扭转等	（1）骨架和支架远离固定点的部位，如门框框架。 （2）翼子板及其支架、发动机罩的侧缘。 （3）天窗盖框架及覆盖板。 （4）行李厢盖侧缘。 （5）侧窗框架

车身磨损、皲裂、腐蚀和老化等，开始时表现极轻微而且发展比较慢，可以暂时不修；但这种损伤发展的速度往往会越来越快，发展到一定程度时就会影响到汽车外观，乃至严重影响车身的强度和刚度，如图 2-1 所示，甚至直接导致事故发生。所以即使没有发生交通事故，大客车每 3~5 年，货车驾驶室每 5 年，乘用车每 6 年也要进行一次恢复性的车身大修。

图2-1　腐蚀

车身是碰撞时的直接受力和传力部分，也是承担碰撞损失的主要部分，车身的各种变形，都是在力的作用下引起的，除蠕变和疲劳断裂是长期作用形成的以外，大部分都是由于交通事故在瞬间形成的，轻则只损坏漆面，如图 2-2 所示；重则会引起碰撞部位的车身零部件以及发动机、底盘或汽车电气设备等其他系统零部件的严重变形、断裂，如图 2-3 所示。而且在撞击力的传递过程中，往往还会造成非碰撞部位的附加损伤。

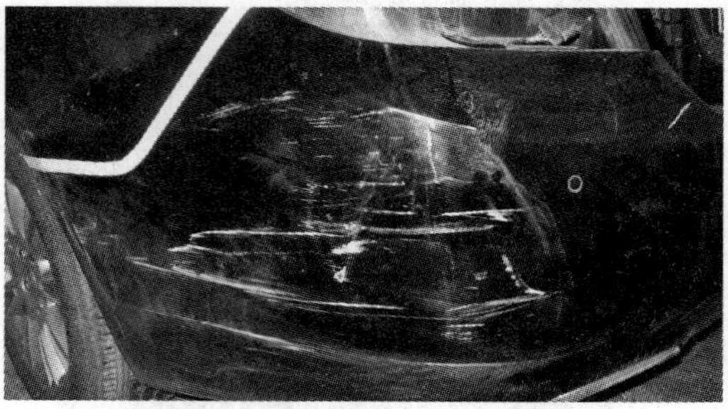

图2-2　划伤

图2-3　撞伤

汽车出现碰撞事故损伤后，不但外观不雅，而且强度和刚度变差，各部分之间的正常配合关系被破坏，影响到各种功能的正常发挥；另外保护层破坏会加快腐蚀损坏，强度和刚度减小将难以对抗再次的外力损伤，这些都会缩短汽车的使用寿命。所以必须及时全面检查和修复。

（二）汽车车身维修基础知识。

1. 汽车车身维修包括车身维护和车身修理作业：车身维护是指为维持汽车车身的完好技术状况或工作能力而进行的作业；车身修理是指为恢复汽车变差的技术状况或工作能力而进行的作业。

2. 车身维修的质量要求是：各种支架、连接板经过整修后安装位置正确，焊接强度可靠，螺栓连接牢固。同时外表面达到造型正确、线条分明、缝隙整齐、左右对称、圆顺光洁。

3. 车身维修也要贯彻“预防为主、定期检测、强制维护和视情修理”的原则。

4. 按照作业量车身修理可分为更换或修理个别零件的小修、对部分零部件的局部修理和对全部车身零部件检查修理的车身大修三类，必要时结合其他系统还要进行整车大修。

5. 汽车车身维修工艺流程。

1）进厂检验。汽车进厂维护和修理时，根据作业范围和驾驶员报修项目进行检验，将最终检验结果填写在报修单上，作为维修人员维修和竣工检验的主要依据。

2）钣金件分类及材料、配件的准备。车身钣金件拆卸后，经清洗、分解、检验，可分为需修件、可用件和报废件三类。对需修件则准备相关的材料或零配件；对报废件，或准备制作材料，或直接购置。钣金维修人员根据所需材料或零配件，填写审报单。在审报单上应填写材料或零配件的名称、规格（或型号）、数量等详细内容。

3）钣金件维修或加工制作成型。根据钣金件的形状，尺寸及精度要求进行修理或加工成型。加工成型有手工成型和机械成型两种。

4）连接与装配。将钣金件通过连接与装配组装成部件或总成。常见的连接方法有焊接、铆接、螺栓连接或自攻螺钉连接及塑料卡扣件连接等。自攻螺钉连接主要用于薄金属板料之间或薄金属板料与非金属制件的连接。由于螺钉本身具有较高的硬度，只需事先在金属板料上钻一相应的孔。卡扣件具有装配方便、表面美观、连接牢固等优点，在现代汽车车身上得到广泛应用，如客车、乘用车及载货汽车驾驶室的内装饰连接等。车身维修作业尤其是焊接时，应将卡扣件拆卸；用螺钉旋具撬起卡扣时，不能将其胀边损坏；采用挖补修理后，凡有卡扣孔的位置，都须重新钻孔；由于制造厂家及使用部位不同，卡扣件一般是不能互换使用的。

5）竣工检验。竣工后，由专职检验人员对维修质量进行检验，根据检验结果，将不合格的部位或项目反馈给钣金维修人员，再由钣金维修人员进行返修或调整，直至检验合格。

（三）汽车保险知识。

汽车车身属于汽车保险的标的范围，损伤后维修费用由相关各方按责任比例负担，主要由所投保的保险公司承担，但超出保险范围的费用要由事故责任人或车主负担，维修方案和费用应由相关车主和保险公司共同确认。

1．车身损失保险。

（1）条款中约定的灾害事故包括以下几类。

1）碰撞、倾覆、坠落。

2）火灾、爆炸。

3）外界物体坠落、倒塌。

4）暴风、龙卷风。

5）雷击、雹灾、暴雨、洪水、海啸。

6）地陷、冰陷、崖崩、雪崩、泥石流、滑坡。

（2）但保险车辆的下列损失和费用，保险公司不（在一般车身险中）负责赔偿（有些可另投附加险）。

1）自然磨损、朽蚀、故障、轮胎单独损坏。

① 自然磨损：指车辆由于使用造成的机件损耗。

② 朽蚀：指机件与有害气体、液体相接触，被腐蚀损坏。

③ 故障：由于车辆某个部件或系统性能发生问题，影响车辆的正常工作。

④ 轮胎单独损坏：保险车辆在使用过程中，不论何种原因造成轮胎的单独破损。不过由于自然磨损、朽蚀、故障、轮胎损坏而引起的保险事故（如碰撞、倾覆等），造成保险车辆其他部位的损失，保险人应予以赔偿。

2）玻璃单独破碎、无明显碰撞痕迹的车身划痕。

3）人工直接供油、高温烘烤造成的损失。

4）自燃以及不明原因引起火灾造成的损失。

自燃是指因本车电器、线路、供油系统发生故障或所载货物自身原因起火燃烧。即指没有外界火源，保险车辆也未发生碰撞、倾覆的情况下，由于保险车辆本车漏油或电器、线路、供油系统、载运的货物等自身发生问题引起的火灾。

5）遭受保险责任范围内的损失后，未经必要修理继续使用，致使损失扩大的部分。指保险车辆因发生保险事故遭受损失后，没有及时进行必要的修理，或修理后车辆未达到正常使用标准而继续使用，造成保险车辆损失扩大的部分。

6）车辆标准配置以外，未投保的新增设备的损失。

7）在淹及排气筒或进气管的水中启动，或被水淹后未经必要处理而启动车辆，致使发动机损坏。

8）保险车辆所载货物坠落、倒塌、撞击、泄漏造成的损失。

9）摩托车停放期间因翻倒造成的损失。指两轮摩托车或轻便摩托车停放期间由于翻倒造成的车辆损失。

2．汽车车身险的附加险。

汽车车身险的附加险包括全车盗抢险、玻璃单独破碎险、车辆停驶损失险、自燃损失险、火灾、爆炸、新增设备损失险、救助特约条款等。未投保汽车车身险的，不得投保上述相应的附加险。所投保的附加险必须在保单上列明。

3．交强险和第三者责任商业保险。

它们都只补偿除投保方和保险公司以外的第三者即事故对方的人身和财物损失。

（四）相关法律规定。

1.《中华人民共和国刑法》第三百零七条规定："以暴力、威胁、贿买等方法阻止证人作证或者指使他人作伪证的，处三年以下有期徒刑或者拘役；情节严重的，处三年以上七年以下有期徒刑。帮助当事人毁灭、伪造证据，情节严重的，处三年以下有期徒刑或者拘役。"若私自承修事故逃逸车辆，或不按实际情况确定维修范围甚至恶意消除或制造事故痕迹，将涉嫌"帮助当事人毁灭、伪造证据"！对于事故损坏的车辆，首先，必须查明事故因果关系；其次，应确认事故有关方面已经就事故责任和维修方法达成共识，严重事故还必须要有公安交通管理部门出具的处理材料才能接收修理；再次，必须保留完整记录，主动配合公安部门的检查取证，遇有可疑情况要及时报警。

2.《中华人民共和国民法通则》第五十八条规定："下列民事行为无效：……③一方以欺诈、胁迫的手段或者乘人之危，使对方在违背真实意思的情况下所为的；④恶意串通，损害国家、集体或者第三人利益的；⑤违反法律或者社会公共利益的；……⑦以合法形式掩盖非法目的的。无效的民事行为，从行为开始起就没有法律约束力。"

3.《中华人民共和国道路交通安全法》第十六条规定：任何单位或者个人不得有下列行为：

① 拼装机动车或者擅自改变机动车已登记的结构、构造或者特征；

② 改变机动车型号、发动机号、车架号或者车辆识别代号。

4.《中华人民共和国保险法》第一百一十六条规定："保险公司及其工作人员在保险业务活动中不得有下列行为：……④给予或者承诺给予投保人、被保险人、受益人保险合同约定以外的保险费回扣或者其他利益；⑤拒不依法履行保险合同约定的赔偿或者给付保险金义务；⑥故意编造未曾发生的保险事故、虚构保险合同或者故意夸大已经发生的保险事故的损失程度进行虚假理赔，骗取保险金或者牟取其他不正当利益；……。”

5.《中华人民共和国保险法》第一百二十九条规定："保险活动当事人可以委托保险公估机构等依法设立的独立评估机构或者具有相关专业知识的人员，对保险事故进行评估和鉴定。接受委托对保险事故进行评估和鉴定的机构和人员，应当依法、独立、客观、公正地进行评估和鉴定，任何单位和个人不得干涉。前款规定的机构和人员，因故意或者过失给保险人或者被保险人造成损失的，依法承担赔偿责任。”

6.《中华人民共和国保险法》第一百三十一条规定："保险代理人、保险经纪人及其从业人员在办理保险业务活动中不得有下列行为：①欺骗保险人、投保人、被保险人或者受益人；②隐瞒与保险合同有关的重要情况；③阻碍投保人履行本法规定的如实告知义务，或者诱导其不履行本法规定的如实告知义务；④给予或者承诺给予投保人、被保险人或者受益人保险合同约定以外的利益；……⑥伪造、擅自变更保险合同，或者为保险合同当事人提供虚假证明材料；⑦挪用、截留、侵占保险费或者保险金；⑧利用业务便利为其他机构或者个人牟取不正当利益；⑨串通投保人、被保险人或者受益人，骗取保险金；……。”

7. 《中华人民共和国保险法》第一百七十六条规定："投保人、被保险人或者受益人有下列行为之一，进行保险诈骗活动，尚不构成犯罪的，依法给予行政处罚：①投保人故意虚构保险标的，骗取保险金的；②编造未曾发生的保险事故，或者编造虚假的事故原因或者夸大损失程度，骗取保险金的；③故意造成保险事故，骗取保险金的。保险事故的鉴定人、评估人、证明人故意提供虚假的证明文件，为投保人、被保险人或者受益人进行保险诈骗提供条件的，依照前款规定给予处罚。”

8.《中华人民共和国保险法》第一百七十七条规定："违反本法规定，给他人造成损害的，依法承担民事责任。”

9.《机动车维修管理规定》第二十三条规定："机动车维修经营者不得擅自改装机动车，不得承修已报废的机动车，不得利用配件拼装机动车。托修方要改变机动车车身颜色，更换发动机、车身和车架的，应当按照有关法律、法规的规定办理相关手续，机动车维修经营者在查看相关手续后方可承修。”

10.《机动车维修管理规定》第二十六条规定："机动车维修经营者应当公布机动车维修工时定额和收费标准，合理收取费用。机动车维修工时定额可按各省机动车维修协会等行业中介组织统一制定的标准执行，也可按机动车维修经营者报所在地道路运输管理机构备案后的标准执行，也可按机动车生产厂家公布的标准执行。当上述标准不一致时，优先适用机动车维修经营者备案的标准。机动车维修经营者应当将其执行的机动车维修工时单价标准报所在地道路运输管理机构备案。机动车生产厂家在新车型投放市场后一个月内，有义务向社会公布其维修技术资料和工时定额”。

11.《机动车维修管理规定》第二十七条规定：“机动车维修经营者应当使用规定的结算票据，并向托修方交付维修结算清单。维修结算清单中，工时费与材料费应分项计算。维修结算清单格式和内容由省级道路运输管理机构制定。机动车维修经营者不出具规定的结算票据和结算清单的，托修方有权拒绝支付费用。”

12.《机动车维修管理规定》第三十条规定：“机动车维修经营者应当按照国家、行业或者地方的维修标准和规范进行维修。尚无标准或规范的，可参照机动车生产企业提供的维修手册、使用说明书和有关技术资料进行维修。”

13.《机动车维修管理规定》第三十一条规定：“机动车维修经营者不得使用假冒伪劣配件维修机动车。机动车维修经营者应当建立采购配件登记制度，记录购买日期、供应商名称、地址、产品名称及规格型号等，并查验产品合格证等相关证明。机动车维修经营者对于换下的配件、总成，应当交托修方自行处理。机动车维修经营者应当将原厂配件、副厂配件和修复配件分别标识，明码标价，供用户选择。”

14.《机动车维修管理规定》第三十二条规定：“机动车维修竣工质量检验合格的，维修质量检验人员应当签发《机动车维修竣工出厂合格证》（见附件2）；未签发机动车维修竣工出厂合格证的机动车，不得交付使用，车主可以拒绝交费或接车。

机动车维修竣工出厂合格证由省级道路运输管理机构统一印制和编号，县级道路运输管理机构按照规定发放和管理。”

15.《机动车维修管理规定》第三十三条规定：“禁止伪造、倒卖、转借机动车维修竣工出厂合格证。”

16.《机动车维修管理规定》第三十四条规定：“机动车维修经营者对机动车进行二级维护、总成修理、整车修理的，应当建立机动车维修档案。机动车维修档案主要内容包括：维修合同、维修项目、具体维修人员及质量检验人员、检验单、竣工出厂合格证（副本）及结算清单等。机动车维修档案保存期为两年。”

17.《机动车维修管理规定》第三十七条规定：“机动车维修实行竣工出厂质量保证期制度。汽车和危险货物运输车辆整车修理或总成修理质量保证期为车辆行驶20000公里或者100日；二级维护质量保证期为车辆行驶5000公里或者30日；一级维护、小修及专项修理质量保证期为车辆行驶2000公里或者10日……质量保证期中行驶里程和日期指标，以先达到者为准。机动车维修质量保证期，从维修竣工出厂之日起计算。”

18.《机动车维修管理规定》第三十八条规定：“在质量保证期和承诺的质量保证期内，因维修质量原因造成机动车无法正常使用，且承修方在3日内不能或者无法提供因非维修原因而造成机动车无法使用的相关证据的，机动车维修经营者应当及时无偿返修，不得故意拖延或者无理拒绝。在质量保证期内，机动车因同一故障或维修项目经两次修理仍不能正常使用的，机动车维修经营者应当负责联系其他机动车维修经营者，并承担相应修理费用。”

19.《机动车维修管理规定》第三十九条规定："机动车维修经营者应当公示承诺的机动车维修质量保证期。所承诺的质量保证期不得低于第三十七条的规定。"

20.《机动车维修管理规定》第五十一条规定："违反本规定，机动车维修经营者使用假冒伪劣配件维修机动车，承修已报废的机动车或者擅自改装机动车的，由县级以上道路运输管理机构责令改正，并没收假冒伪劣配件及报废车辆；有违法所得的，没收违法所得，处违法所得2倍以上10倍以下的罚款；没有违法所得或者违法所得不足1万元的，处2万元以上5万元以下的罚款，没收假冒伪劣配件及报废车辆；情节严重的，由原许可机关吊销其经营许可；构成犯罪的，依法追究刑事责任。"

21.《机动车维修管理规定》第五十三条规定："违反本规定，有下列行为之一的，由县级以上道路运输管理机构责令其限期整改；限期整改不合格的，予以通报：①机动车维修经营者未按照规定执行机动车维修质量保证期制度的；②机动车维修经营者未按照有关技术规范进行维修作业的；③伪造、转借、倒卖机动车维修竣工出厂合格证的；④机动车维修经营者只收费不维修或者虚列维修作业项目的；⑤机动车维修经营者未在经营场所醒目位置悬挂机动车维修经营许可证件和机动车维修标志牌的；⑥机动车维修经营者未在经营场所公布收费项目、工时定额和工时单价的；⑦机动车维修经营者超出公布的结算工时定额、结算工时单价向托修方收费的；⑧机动车维修经营者不按照规定建立维修档案和报送统计资料的；⑨违反本规定其他有关规定的。"

@ 信息

一、汽车车身损伤检查

（一）查验行驶证、事故处理文件和保险合同、汽车使用和维修记录，避免维修逃逸车或报废车，也避免修后发生维修费用纠纷。

（二）询问交通事故发生时汽车的速度和撞车或翻车的部位、方向及角度，了解被撞汽车的撞击次数、形式、位置和角度等情况，从而确定重点检查部位，如图 2-4 所示。

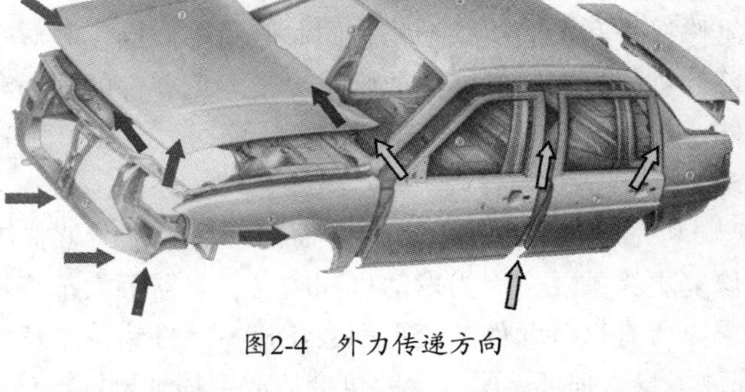

图2-4　外力传递方向

（三）一般以肉眼直接观察的方法可以确定碰撞损伤的部位和可能波及的区域，如图 2-5 所示。

图2-5　肉眼直接检查

对于车身表面变形，可以根据光照射钣金件的反射情况，以评估损坏程度及受影响面积的大小。稍微改变人的眼睛相对于钣金件的位置，即可看到微小的变形。还可以用手（最好戴上薄手套等以防受伤），从各个方向触摸受损的区域，根据手感确认变形，注意不要用任何压力。

注意：撞击后的车辆不仅是外表的损伤，虽然车辆在被撞击损伤后，直接看到的只是外表的损伤，甚至有的保险定损也经常只是对损坏的部位进行评估。其实不然，现在的汽车在车身设计上多数采用刚柔结合的设计原理，利用吸收分解理论来缓冲撞击力，保证乘客最大程度的安全，所以当车辆受到撞击后不仅是撞击部位的变形损坏，其整个车身的多处如大梁、悬架和发动机等部件也可能产生变形。有时，有些车辆前面受到撞击，经检测发现后部也发生了变形。遇到这种情况，如果在钣金维修中只是简单地修复被撞击部位，那么必定会对车辆的行驶带来隐患。因此在车辆受损之后需要观察车身受损状况，弄清楚碰撞时车身如何受力，力是如何沿着车体传递的，对损伤部位和相关区域的部件进行深入分析，进行科学的诊断，才能确定所有受损部位。检测过程中需要沿着碰撞路线系统检查相关部件的所有损伤，直到周边区域没有任何损伤痕迹为止。

为便于车身的维修操作和彻底检验损伤，同时避免维修操作时对零部件造成不必要的损伤，要对有关部件进行拆卸。拆卸的原则是尽量避免零件的损伤和毁坏，连接处的拆卸方法除用扳手外，还可以根据实际情况采用电钻、锯、錾和气割工具等。

（四）测量检查。

1．准确测量是顺利完成各种碰撞修复所必需的程序之一。就整体式车身来说，测量对于成功的损伤修复更为重要，因为发动机和底盘、电器等大都直接或间接装配在车身上，都有配合要求。所有这些元件的变形都会使机械元件错位，从而导致相关零部件损坏；即使各个零部件本身未损坏，配合变差也会造成磨损加剧、振动、异响和发热等。另外，从车主习惯、行驶证书和行驶安全角度考虑，车身各部分的修后尺寸也应当尽量与原车保持一致，而关键尺寸的配合公差必须控制在允许范围。

专业技师即使拥有丰富的事故车修复经验，但如果不能掌握车辆变形前后的精确数据，也就很难准确地制订修复方案，所以对事故车进行专业检测并得到准确的数据时才能使专业技师有的放矢。从车身大梁定位参数方面来讲，各种车型的数据参数是整个修复工作的依据，测量、定位、拉伸和检测都是在原车数据参数的基础上开展的，没有车身大梁定位参数，就无法做好修复工作。车身设计和制造时，就是以车身基准控制点作为组焊和加工的定位基准，同时也是修复工作中测量的基准，这些基准点的偏差将直接影响到汽车的各项性能。例如，前悬架支承点的偏离直接影响到前轮定位角和汽车轴距尺寸。同时，对于一些特殊尺寸，可以查阅车身数据资料。

2. 详细的损伤情况可用车身尺寸图相对车身上具体点的测量估测出来，这已成为一种被广泛应用的方法。

（1）车身尺寸测量基准面及基准中线如图 2-6 所示。

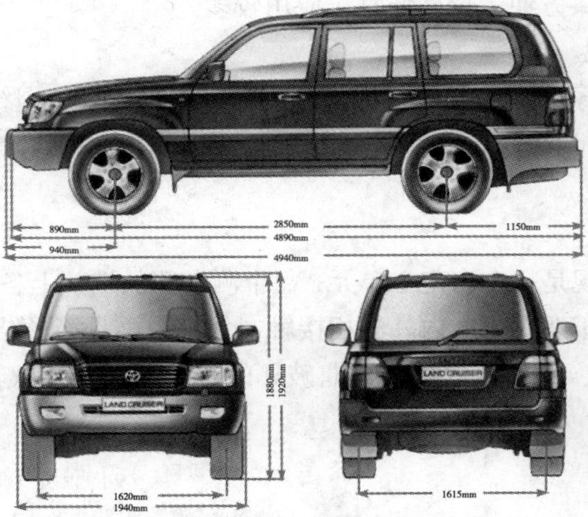

图2-6　车身尺寸测量基准面及基准中线

（2）车身、车架检验矫正时，常用到四个控制点，即前横梁、前围板横梁、后车门横梁、后车身横梁，如图 2-7 所示。

图2-7　常用控制点

（3）基准点，是车身尺寸手册中确定的关键点、螺栓、孔等。基准点间的距离可以进行测量。

测量点和测量公差要通过对损伤区域的检查来确定。一般引起车门轻微下垂的前端碰撞的损伤不会扩展越过汽车的中心，因而后部的测量就没有太多的必要。在碰撞发生较严重的位置，必须进行大量的测量以保证适当的调整顺序。但是，大量的测量记录也可能引起不必要的混淆。在整个修理过程中，不论是传统的承载式车身汽车还是非承载式车身汽车，测量是非常重要的。必须将受伤部位上的所有主要加工控制点对照生产厂家说明书进行复查，否则就不可能将汽车修复得令人满意。为了做到这些，钣金技师必须注意：①准确地进行测量；②多次测量；③重新核实所有的测量结果。

（4）测量工具。

1）皮尺、直尺和卡尺。

这些通用工具购买方便、价格便宜，应用较多。

2）样板和厚薄规。

一般汽车生产厂家的车身样板都属于商业秘密专利范围，但维修企业可以利用现成的完好部位自己制作低精度样板指导维修，有时就直接采用配合件作为模板通过检查配合间隙确定变形量。

3）车架自定心规。

每个车架自定心规是一个自定心单元，每个测量腿的端部上各有一个可滑动的销子，这样可以很方便地与车架边梁的内外侧相接触，无论边梁是箱形结构还是槽形结构。

检查车架的歪斜、下垂、弯皱和扭曲破坏的程度时，测量仪器的安装方法如图 2-8 所示。

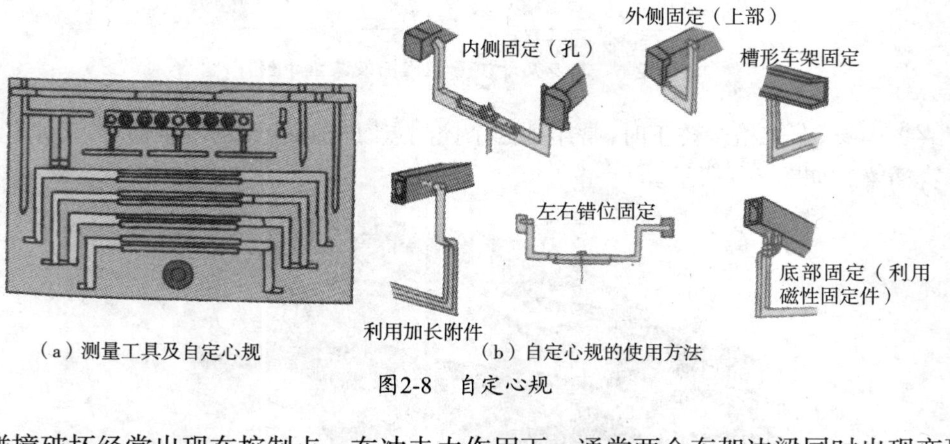

（a）测量工具及自定心规　（b）自定心规的使用方法

图2-8　自定心规

碰撞破坏经常出现在控制点。在冲击力作用下，通常两个车架边梁同时出现变形。但当车辆侧面撞击时，可能只有直接撞击边梁出现变形。当控制点处没有横梁时，这些点可以称为某区域，如前围板区域和后车门区域，如图 2-9 所示。

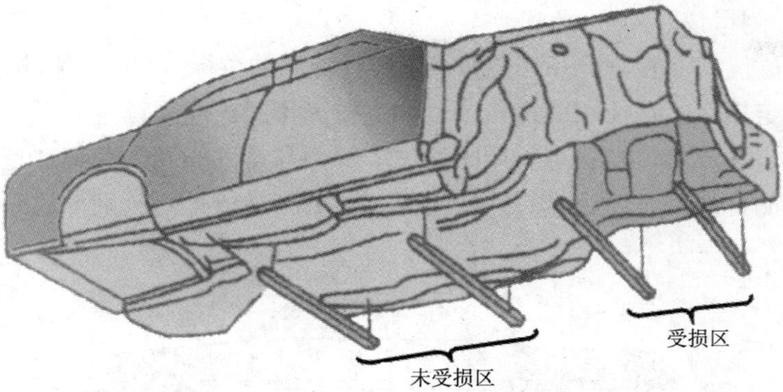

图2-9　前围板区域和后车门区域

把测量杆悬挂在车架主要基准尺寸测量点下（图中所示各点），通过测量杆的中心上下或左右扭转变形状况来检查，如图 2-10 所示。

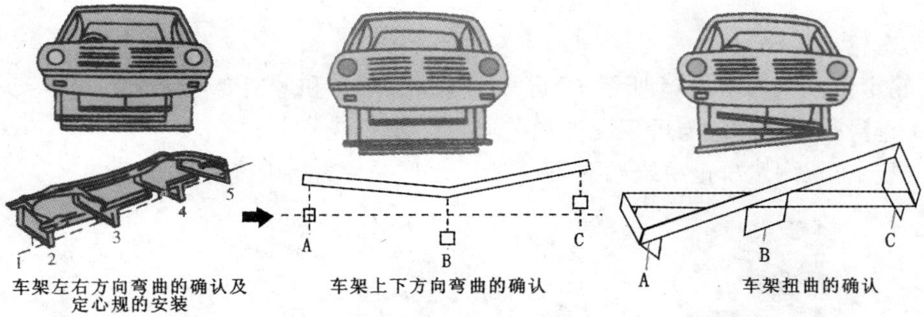

图2-10　定心规的应用

4）麦弗逊撑杆式测量仪。

许多车辆均采用麦弗逊式悬架。为了检查车辆前部零部件的中心线和位置，通常采用撑杆式自定心测量仪，如图 2-11 所示。它能够非常精确地测量滑柱座位置和其他前部零部件的位置，测量宽度尺寸时，将仪器安装在上横臂和轨道上，将下横臂中心线的瞄准销瞄准第二和第三号仪器的中心瞄准销。

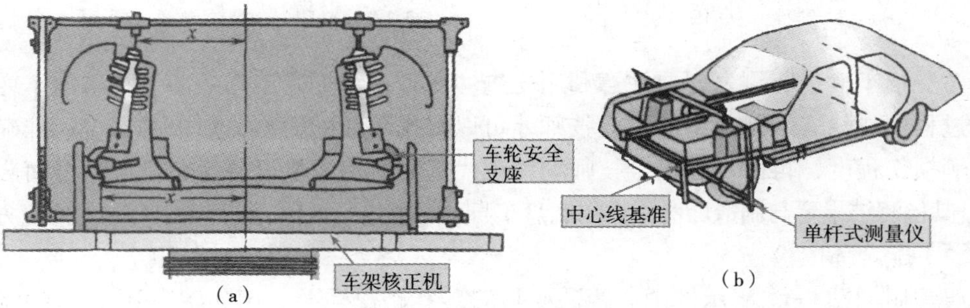

图2-11　撑杆式自定心测量

5）轨道式测量仪。

轨道式测量仪，如图 2-12 所示，相当于一种专用的游标卡尺，用来测量车身和车架，以便精确地确定损坏。在使用轨道式测量仪进行测量时，应采用生产厂家的车架和车身结构尺寸；轨道式测量仪器也可以用来测量零部件与基准线间的距离。首先将轨道式仪器调整到所需的合适的长度，然后让轨道式仪器的指针或量脚分别伸放到中心线和被测量的区域上。

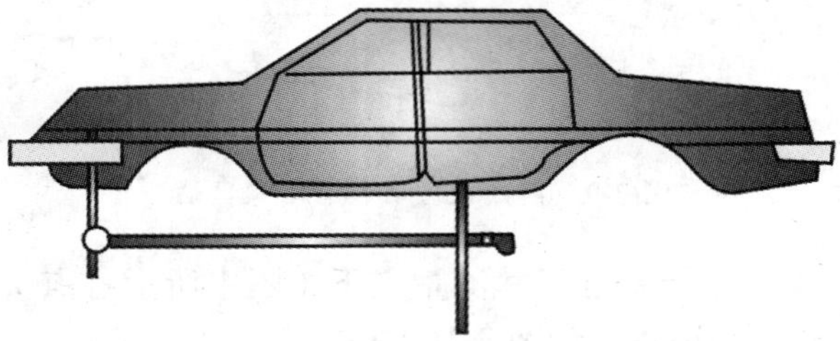

图2-12　轨道式测量仪

6）车轮定位仪。

车轮定位仪（如图 2-13 所示），也常用于检测车身和悬架变化情况。

7）车身、车架测量与矫正设备。

车身、车架测量矫正系统如图 2-14 所示，是一种高精确度的仪器系统。

图2-13　车轮定位仪

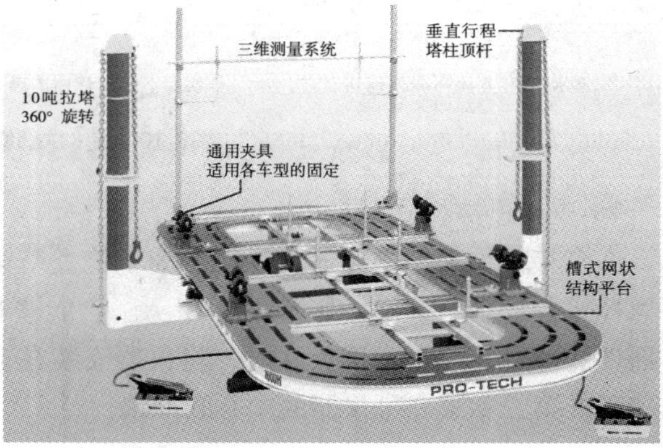

图2-14　车身、车架测量矫正系统

对受损车辆进行测量，要注意利用先进的测量系统提高工作效率。在事故车变形检测的过程中，只有经验丰富的专业技师才可以根据事故的大小，撞击的部位，准确地分析车辆损伤程度，再由专业钣金技师利用现代化的精密测量设备对车辆进行全面严格的检测，其检测结果要与制造厂商提供的底盘车身数据图进行对比，从而确定合理的修复方案。

（5）配合部位检查。

通常用如图 2-15 所示的中心距法测量安装孔距离误差；用如图 2-16 所示的对角线法测量平面度误差；用缝隙测量法检查门窗安装质量。

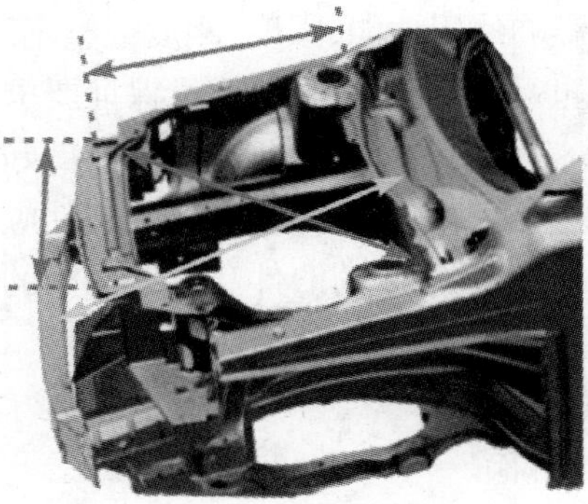

图2-15　发动机舱测量

图2-16　车门框和车窗测量

1）发动机罩和锁扣。合上发动机罩后，进行下述检查：

① 是否完全锁牢；

② 检查罩与挡泥板的间隙，同时检查高度上是否有较大误差；

③ 打开发动机罩检查，检查罩锁口是否平稳解脱，罩锁扣钢绳工作是否正常，罩铰链行程是否合适，罩支撑柱工作是否可靠。

2）车门：

① 检查门开闭时对其他部位有无挂碰，从打开直至停下应运转自如，门铰链工作状况良好，闭合时应能可靠地锁紧，闭合后立缝间隙应符合要求；

② 升起、降下门玻璃时应无异响，不发卡，无过重现象。

3）后行李厢：

① 开闭动作是否圆滑；

② 锁紧机构是否正常；

③ 铰链是否松旷；

④ 闭合时后行李厢盖与后挡泥板的间隙及高度差应符合要求。

（五）探伤检查。

必要时还可以用敲击法、渗透法、磁化法或透视法等进行探伤检查。

二、确定维修范围

（一）可用零部件。各项使用功能正常，与相关零部件配合良好、外观无肉眼可见的或有但处于允许范围内的破裂、变形或者色差的零部件；关键部位零部件还应保证无任何内部隐性损伤，强度和刚度都合格。进厂检查时对可用零部件必须仔细确认和记录，避免漏检而客户拒付维修费；在作业时必须保护好这些可用零部件，能不拆装就只保护而不拆卸，必须拆开时也要避免产生附加损伤。

（二）需修零部件。外观有损伤、变形或色差，影响整车形象、使用功能、强度或刚度，但经修理可以恢复良好，而且修理成本不太高的零部件。修复方法和质量要求应征得送修方意见。

（三）报废零部件。外观明显断裂或变形，严重影响使用功能、强度、刚度或整车形象，无法修复或修复成本高质量差不经济，或者经修理也不能达到送修方质量保证要求的零部件；有时要求必须成组更换或配件商只供应组件、部件或总成，即使个别件良好，也只能成组更换新件。报废件更换必须征得送修方同意且双方签字确认。新零部件应认真检查确认合适后再装复，外表零部件往往还要统一涂装；报废的旧件和成组采购的剩余件，原则上都应交送修方处理。

三、估价

（一）发票总金额＝工费＋材料费＋外加工费＋税额。

结算收费时，应将修理项目的工费、材料费、外加工费、税金在发票中分列清楚，经营者所使用的材料应开具行业专用材料明细表，所用工时开列行业专用施工单。

（二）工时费。

1）汽车维修经营者应根据本单位实际情况，参照本办法所公布的参考工时定额，编制本厂实际结算工时定额细目报交通局汽车维修管理处备案。经营者编制的结算工时定额细目应允许用户查阅。

2）汽车维修经营者在业务结算时，必须按本单位制定的工时定额、工时费率及专项加工收费标准。

3）工时费中含有利润，不得再另加利润。

4）工费＝工费率 × 工时定额。

（三）材料费。

1．需更换新零部件。要收取购置费及加价。

1）按出厂价进货的零配件加价率 30%；

2）按批发价进货的零配件加价率 15%；

3）按零售价进货的零配件不准加价出售，可收取 3%的代购手续费。

2．可以修复零部件。要收取工时费和辅料购置费。

3．可用零部件。不得收取材料费。

（四）外加工的工费是指修理汽车过程中实际发生的厂外加工费。

专项加工收费标准中含有工费、利润。专项加工收费应开具专项修理发票。

（五）税金按国家现行规定执行。

（六）各方分担维修费用的，也应合并统一计价后，再开发票。

计 划

一、在表 2-2 中列出工作计划。

表2-2　检查汽车的事故损伤计划

序　号	工作步骤	工具/辅具	注意事项
1			

续表

序　号	工作步骤	工具/辅具	注意事项
2			
3			
4			
5			
6			
7			
8			
9			
10			
11			

二、计划要点见表2-3。

表2-3　检查汽车的事故损伤计划要点

序　号	工作步骤	工具/辅具	注意事项
1	查阅基础资料	技术手册、互联网等	
2	接待客户、核对资料	座位、饮料、客户资料、技术资料、工单和计算机等	热情、礼貌
3	肉眼检查，必要时拆卸	数码相机、工作灯、防护用品、工单、拆装工具和计算机等	与客户及保险理赔员共同进行； 可在车间拆卸，拆前记录密码和调整参数后断开蓄电池搭铁线
4	测量检查	工单、拆装工具和计算机等	与客户及保险理赔员共同进行
5	确定维修项目、方法	计算机等	与客户及保险理赔员共同进行
6	费用预算	计算机	
7	签订维修合同	工单	三方签字
8	维修（本次暂不做）	维修设备	如发现新项目必须在协商后维修
9	竣工检验	检验设备	与客户及保险理赔员共同进行
10	收费交车		旧件一般交保险公司

实施

一、物质准备：事故后汽车、车身拆装工具、检测设备、钣金设备、涂装设备、技术资料、数码相机和计算机等。

二、学生分组：3人一组，轮流担任车主、理赔员和维修顾问。

三、教师检查记录学生表现，特别是安全事项。

四、实施检查并记录表2-4。

表2-4　检查汽车的事故损伤记录表

品牌			车型		生产日期	颜色		
Vin码			牌照号		发动机号	车身号		
车主			地址		电话	手机		
保险公司			保险险种		保单号	理赔员		
送修人			送修电话		送修时间	主修人		
事故描述					维修费用	竣工时间		
序　号	零部件名称	零部件编号	损坏情况	数　量	维修方法	维修效果	材 料 费	工 时 费
1								
2								
3								
4								
5								
6								
7								
8								
9								
10								
11								
12								
13								
14								
15								
总计			可用					
			维修					
			更换					

检　验

一、检查补充工作记录表。

二、组内比较互评。

三、各人自评经验教训。

展　示

一、最后修订完善个人计划和实施记录。

二、展示记录。

三、演示关键工作方法。

四、教师讲评。

五、总结打分。

工作任务 3

钣金修复汽车车身

导向

一、车间任务

一辆汽车的车身钣金件损伤严重，请予以修复。

二、学习目的

（一）初步学会汽车钣金件的修复工艺。

（二）进一步熟悉汽车车身知识。

三、基础知识

确定修理方法的原则。

（一）首先，要综合考虑整体维修质量。因为维修质量不仅影响到企业声誉，更关系到汽车的驾驶安全。

凡是与整体修复方案有关的因素，考虑得越周详越好，这样才能在后续的工作中有备无患。例如，局部拉伸时如何保证周边部位不受影响，切割和焊接时如何保证金属内部结构尽量不发生较大变化，以及使用何种钻孔、打磨工具保证作业质量等。

技术人员必须了解当今计算机辅助设计的车架结构知识，计算机辅助设计的车架对碰撞能量的吸收和传递方面的知识。除此之外，技术人员对车辆碰撞损伤程度的确认、需要更换的部件、需要修理的部位、修理方式的确定、设备工具的选用以及各种操作规范化等方面的知识都必须熟知，才能确保修复效果最佳化，进而提高客户满意度。

维修质量应达到如下要求。

（1）外形复原要求如下。

① 对于大面积的平滑结构，如发动机罩、行李厢盖、车身顶盖、车身侧面和车门等，

均要尽可能地恢复到原来的形状。

② 对于局部的复杂结构，圆角过渡处的楔形结构，也必须恢复到原来的形状。

③ 对称结构的一侧损坏时，要恢复到对称面的结构形状。

④ 对于两侧同时损坏的情况，应当恢复到原来的形状。当恢复到原来的形状确有困难时，也可按照维修人员的设计，适当改变原来的形状。

⑤ 可使车身外形与原形略有不同，如对某些车的前罩修复时，其转角过渡处可做适当改变，以达到易修和美观的双重目的，修复后甚至会给人一种新车型的外观感。但切忌画蛇添足、不伦不类。不但外形要对称好看，还要坚固耐用。

（2）汽车车身连续曲面的完整性和精致性要求如下。

① 对于车身侧面，从车头到车尾为前翼子板、前车门、后车门和后翼子板，延续达数米长，流线型曲面要连续过渡。

② 对于车身上面从前到后为发动机罩、前挡风玻璃、车顶盖、后窗玻璃、行李厢盖，曲面面积较大，延续很长，转折处要圆滑过渡，如侧面与上面、侧面与前罩、侧面与车尾都要圆滑过渡。

（二）应当尽可能降低维修成本。这不仅可以减少送修者的损失，同时还可在激烈的市场竞争中占据价格优势 。

有些小的轻微划痕等损伤可以暂时不修；大部分金属钣金件可修复，塑料装饰件甚至轻微破裂的挡风玻璃也可修复，而不必更换新件。

@信 息

一、车身钣金件修理方法

（一）整体更换法。

用于报废零部件，如图 3-1 所示为严重损坏的前大灯总成。

图3-1 严重损坏的前大灯总成

在拆前做好鉴定，拆时为重点保护其他相关零部件，对确认报废件可以切割。汽车车身附件严重损坏时往往整体更换，但上面所附的小零件如可用，应小心拆下检验后再利用。对于外露部分的颜色差别，可以与汽车一起再次喷涂面漆。

（二）局部更换法。

用于局部损坏严重不易修复但整体尺寸较大、价值较高或无配件供应的零部件。在车身壳体部分应用较多，图 3-2 所示为局部更换后的左后翼子板。

图3-2　局部更换后的左后翼子板

1．确定局部更换范围。

1）在保证维修质量的前提下，应尽量减小更换范围以减少维修费用。但多处损伤的零部件合并更换以减少拼焊量往往更经济；

2）更换部分往往有现成新配件供应，还可以由大配件割制；

3）有时是将切割下的局部整形后重新装复，不过强度和刚度都有所削弱，维修质量较差；

4）经批准也可以由其他报废车割制，但须认真检查其损坏情况，若已锈蚀，则不能再用；

5）必要时还能用板材直接制作或用其他部位零件改制，但技术要求高、人工成本大而其质量却不高，所以很少采用。

2．确认切割位置。

1）切割时车身接口处尺寸应与新件接口处尺寸重叠 19~25mm，以便搭接。

2）切割部位应兼顾到切换作业的难易程度，尽可能选择在结构平直简单、方便施工处。如是否便于切割，需拆装的相关零件多少与难易程度等。

3）对全承载式汽车而言，切割部位须避开车身设置的挤压区（如发动机舱、行李舱等）、悬架安装位置、尺寸参照基准孔、发动机和传动安装位置等。

4）切割部位避开构件加强板的支撑点，如加强腹板、加强盘等。

5）切割部位避开应力集中部位，并使构件切换后不造成新的附加内应力和应力集中。

① 切割线应该避开两构件垂直交接处，如图 3-3 所示。

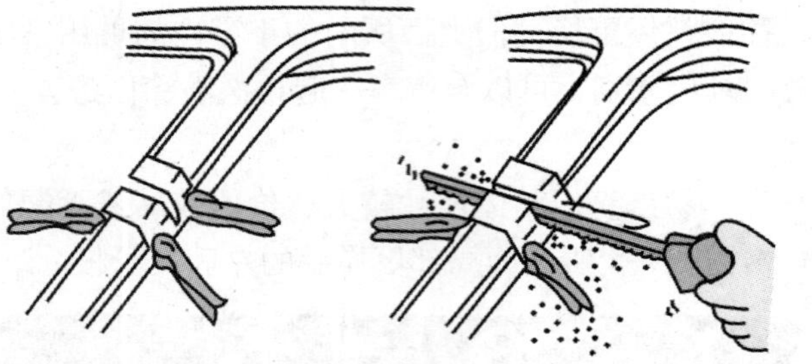

图3-3　切割位置

② 钣金件的搭接。常用于车架后纵梁、车厢地板、行李厢地板、门中立柱的连接，如图 3-4 所示。

③ 钣金件的偏置式对接。主要用于前门立柱、门中立柱及车架前纵梁的连接，如图 3-5 所示。

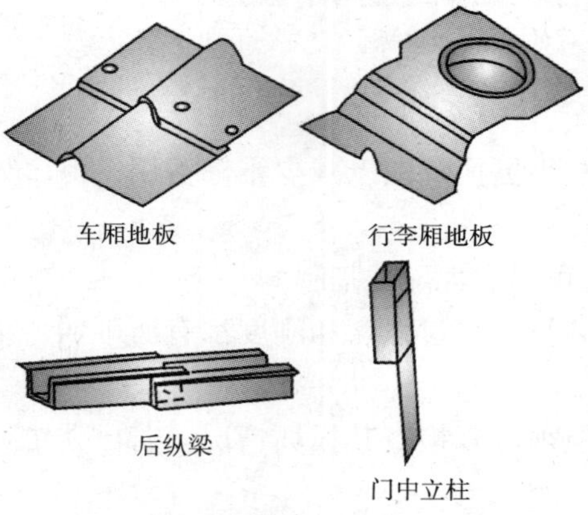

图3-4　钣金件的搭接

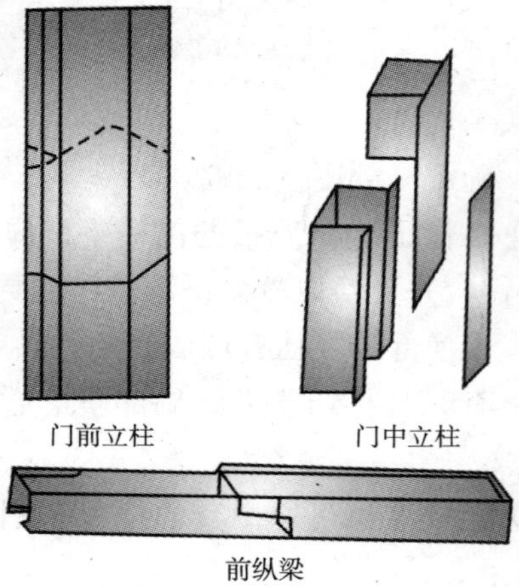

图3-5　钣金件的偏置式对接

④ 钣金件带嵌入板的对接。主要应用于管形件。当采用带嵌入板的对接方式时，在两连接截面间留与板材厚度相当的间隙，安装好嵌入板，用对接焊法把立柱连接成封闭状，再对立柱和嵌入板进行塞焊、点焊或铆接，如图 3-6 所示。

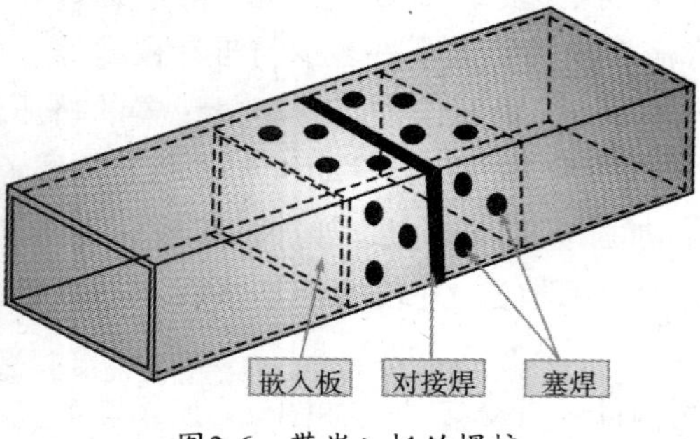

图3-6　带嵌入板的焊接

3．切割前准备。

1）从欲报废部分拆取可用件。

2）拆除影响作业的其他零部件。

3）对保留部分进行保护。

4．切割。

因维修批量小变化多，大部分为手持工具作业。

1）划切。速度快、不产生切削热，零部件变形也容易控制。主要用于薄的铝板、塑料或橡胶等软材料，但不适于过硬、过厚的零件。常在后方辅以垫件后用“壁纸刀”等刀片划切，也有用带强力拉紧装置的细钢丝切的。

2）剪切。剪切具有切面平滑、温度变化小和很少产生碎屑的优点，但速度较慢、剪切厚度有限、不易剪切空心材料而且剪切时边料会随着剪刀的移动而螺旋卷起变形。剪切常用手动剪刀（图 3-7）、电动剪刀或气动剪刀（图 3-8）。

（a）手剪刀

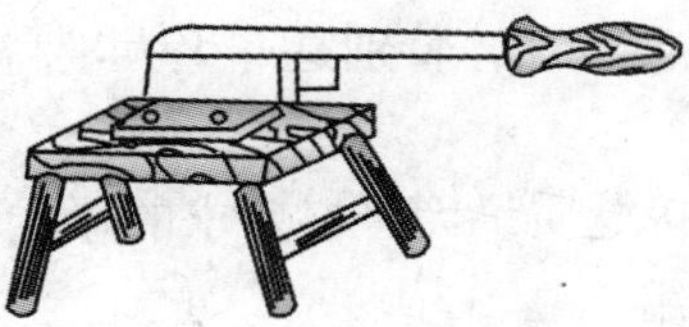
（b）台式剪刀

图3-7　手动剪刀

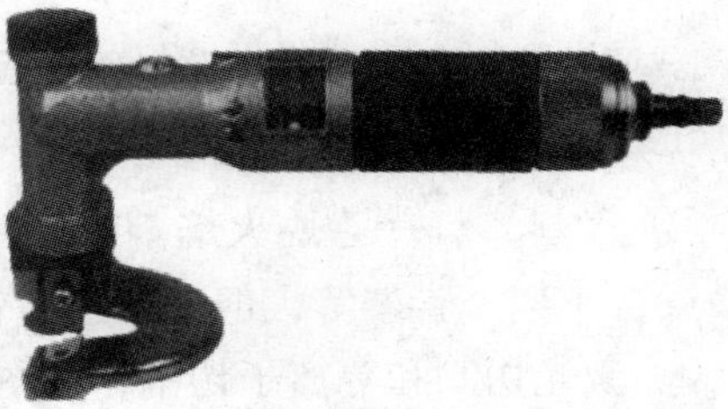
图3-8　气动剪刀

3）锯割。目前钣金件修理中多使用如图 3-9 所示的可调式手锯弓或如图 3-10 所示的手持式电动锯。

手锯弓常用锯条长度为 300 mm（锯条两端小圆孔中心距）、宽 10mm、厚 0.6mm。

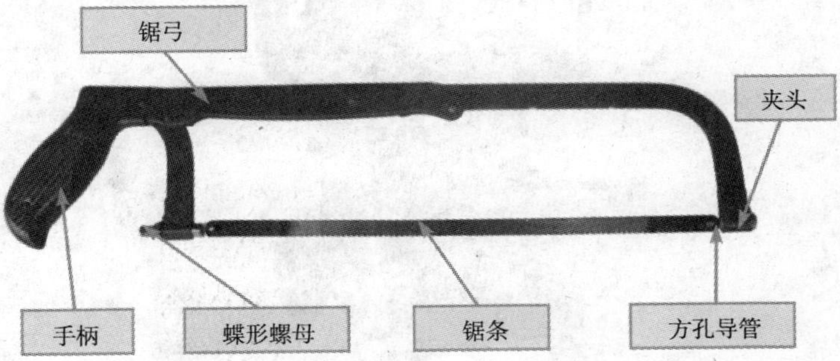

图3-9　可调式手锯弓

手持式电动锯，如图 3-10 所示，切割轨迹很好控制，一般切割钢材最大切断能力为 10mm（90° 垂直），也可切割方形孔或边缘要求不严的曲线，非常实用。

锯切温度较低，变形也较小，但速度慢、费力而且有碎屑。

4）磨削。常用盘式砂磨机，如图 3-11 所示，通常用的砂轮片粒度为 60#、80# 或 120# 等，一般常用的是 80#。

图3-10　手持式电动锯

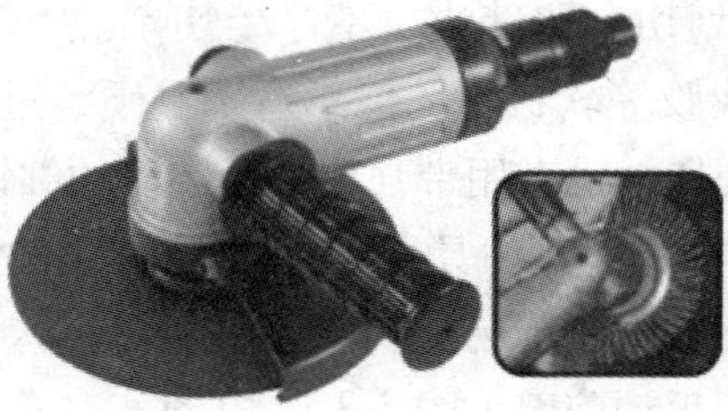

图3-11　手持式电动砂轮

磨削速度快而且省力，使用最普遍；但温度高，特别是产生大量高温磨屑，必须注意防火和人身与车辆安全。

5）气割。氧—乙炔火焰割锯，用于对接缝质量无严格要求的厚重部位，如车身底板横梁、车架、骨架等，但现在已经较少采用。

6）激光切割和等离子切割，如图 3-12 所示。虽然设备昂贵，但切口小而齐整，周围材料受热影响小，应用越来越多。

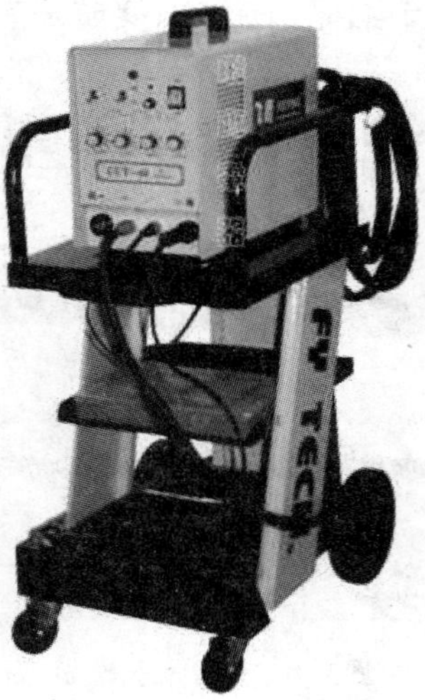

图3-12　等离子切割机

5. 接口整形。

1）用手锤和垫铁配合，还可采用钳子，矫正接口边缘的弯曲、翘曲、皱叠等缺陷，并进行检测、防锈和密封处理。

2）去除接口部位残留的焊接斑点。

3）用钢丝刷、沙布等清除接口周围的铁锈、油漆保护层等。

4）对车身一侧钣金件同样进行上述处理。

5）选择插接结构时，应制作嵌入板或者将一侧或两侧扩大或缩小。

6．拼接定位。

当换新件在车身上定位时，为防止换新件错位和移动，新换件的定位可用手虎钳、大力钳、临时点焊等方法。若不能使用夹钳固定，则可采用自攻螺钉固定，待焊接后，再拆自攻螺钉，并将螺钉孔用点焊填满，如图 3-13 所示。

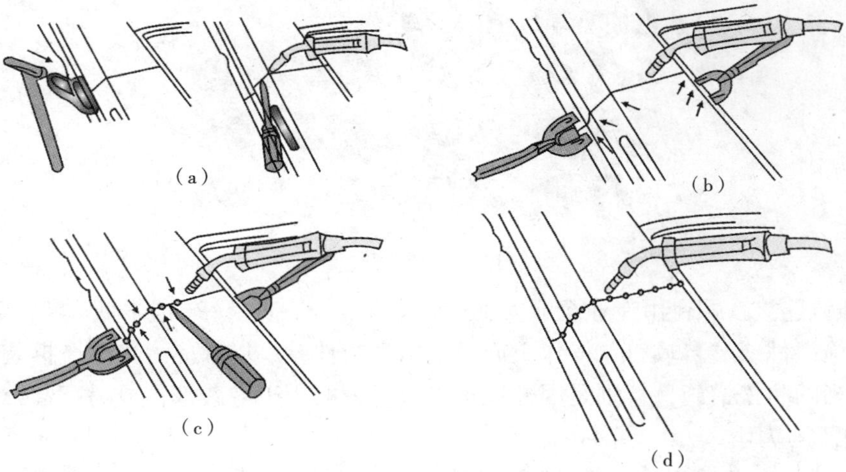

图3-13　拼接定位

步骤 a：用工具撬动底板，使接缝对平齐，如图 3-13（a）所示。

步骤 b：用夹子夹持工件，并在关键点上进行点焊定位，如图 3-13（b）所示。

步骤 c：用工具调整对缝高度差，并施点焊定位，如图 3-13（c）所示。

步骤 d：准备就绪，进行对接焊，如图 3-13（d）所示。

7．连接方法。

1）卡扣连接。成本低廉、拆装方便，这是车身各个附件间最常见的原装连接方式。

① 弹性卡榫连接。如图 3-14 所示，在一个零部件上预设弹性卡榫，另一零部件上设卡槽，利用卡榫弹性和形状尺寸定位，这种方式修理时单独制作太困难，但有时可借用。

② 附加卡扣连接。如图 3-15 所示，有了专业企业自动化生产的附加卡扣，车上只要简单地钻出圆孔或冲出方孔即可。

图3-14　弹性卡榫连接

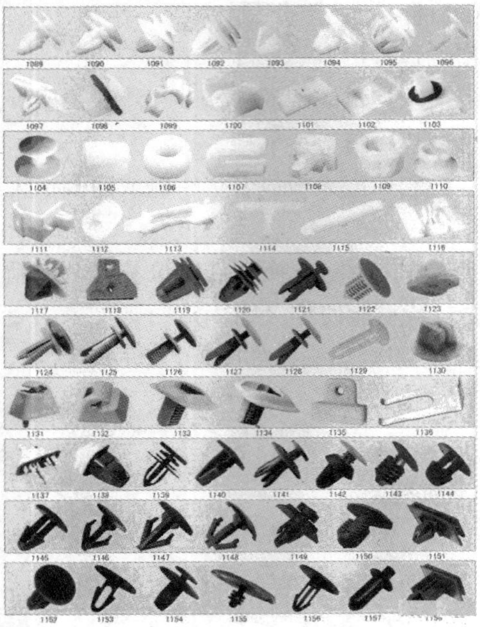

图3-15　附加卡扣

2）螺钉连接。螺钉由专业企业大批量自动化生产，质量好、成本低、可以反复拆装，若采用螺栓组件或“自攻钉”操作更简单；但密封性差、局部应力集中，拆装较慢还必须采取适当的防松措施，特别是因外观不平滑，一般用于隐蔽部位或另配装饰帽，常与卡扣连接配合应用。

3）铆接。一般采用冷铆，即利用铆钉杆部的轴向收缩而径向变粗产生的弹力形成径向预应力以抵抗剪切，两端钉头的形状起轴向连接作用；而热铆，利用预先加热的铆钉本身降温收缩的趋势形成轴向预紧力更有利于轴向固定；拉铆，如图3-16所示，用拉铆器夹住芯杆拉动就可使拉铆钉不断变粗并在零部件内部形成另一个不规则的铆钉头，使用特别方便。铆接比螺钉连接可靠但只能一次性使用，而且同样存在密封性差、局部应力集中和外观粗糙的缺点。

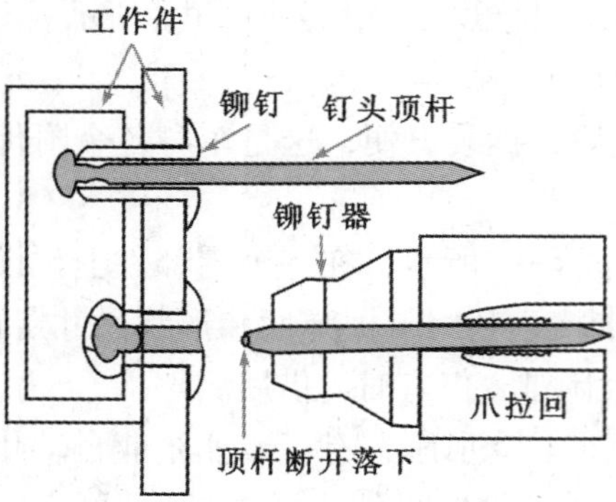

图3-16　拉铆钉

4）粘接。粘接不但能起到法向连接和密封作用，而且切向强度也很大，如现在越来越多的车窗固定玻璃都采用粘接，另外还可用黏接剂嵌平接缝。

5）搭扣（咬缝）连接。这是金属板材最传统的连接方法，如图 3-17 所示，在汽车制造时应用较多，但汽车零部件结构复杂，在修理过程中实现起来比较困难。

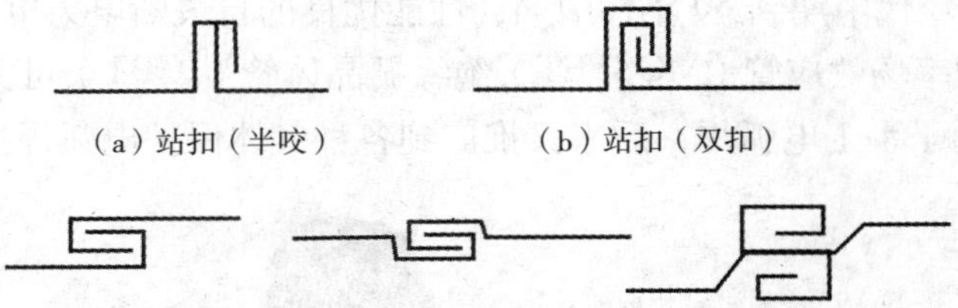

（a）站扣（半咬）　（b）站扣（双扣）

（c）卧扣（单咬）　（d）卧扣（咬缝）　（e）卧扣（双扣）

图3-17　搭扣连接

6）焊接。强度大、连接质量高，但热影响严重而且再拆卸困难。

① 钎焊。在一定意义上，可以把钎焊理解成采用特殊材料焊锡或铜等进行的粘接，母材不熔化、变形小，是热影响最小的焊接。有时还用直接在变形的板面涂锡后刮平代替对板材的整形。

② 电阻焊。利用电阻热量熔化局部接触处的金属进而焊接，常用的是点焊和滚焊。

A．点焊。在汽车制造和修理中都广泛采用。为减少其他连接部位旁路的电流损失，只能间隔一定间距逐点焊接，这对车身来说强度已经足够，而且应力被分散开来可靠性好，至于密封差的缺点可以由密封剂弥补。点焊操作常用设备为挤压式电阻点焊机，在焊接之前，应当把焊件表面整平。尽管不消除这种间隙也能进行焊接，但是焊点面积变小，造成焊接强度不足。图 3-18 所示为汽车修理中常用的手持式点焊钳。

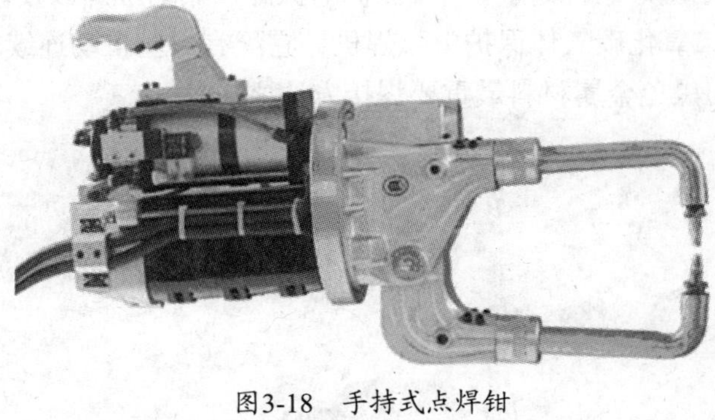

图3-18　手持式点焊钳

B．滚焊。焊接电流大，通电滚轮可以一次连续焊成整条焊缝，密封性好，在汽车生产中有应用；但焊接热变形大、应力易集中，所以在汽车修理中应用不多。

③ 电弧焊。手工电弧焊是利用焊条与工件间产生的电弧热将焊条和工件加热熔化而进行的焊接。电弧焊已有近百年的历史，早期采用蓄电池作为电源。20 世纪 20 年代初发明的工频变压器式弧焊机和直流弧焊发电机在随后近 50 年中一直是主要的弧焊设

备。20 世纪 50 年代末，功率半导体二极管开始用于焊接电源，所构成的弧焊整流器明显优于弧焊发电机。20 世纪 70 年代初，由晶闸管（SCR）构成的可控整流式弧焊机的出现标志着现代电力电子技术开始进入焊接电源设备领域。SCR 弧焊机，如图 3-19 所示，电气特性和工艺特性优于二极管整流弧焊机，是当时广泛应用的一种重要焊接电源设备。20 世纪 70 年代中期到 80 年代中期，性能优良的自关断电力电子开关器件：功率晶体管（GTR），功率场效应管（MOSFET），绝缘栅晶体管（IGBT），可关断晶闸管（GTO）等相继出现，应用于手工电弧焊，后来又推广到各种气体保护电弧焊接和切割方法。

图3-19　SCR弧焊机

但普通手工电弧焊，因焊缝又宽又深、内部缺陷严重、热影响严重、电磁干扰强烈，而且作业环境差，还要经常更换焊条，乘用车车身修理几乎不再用普通手工电弧焊，在汽车修理中仅一些厚大件用普通手工电弧焊。

目前多采用二氧化碳气体或惰性气体保护电弧焊、振动堆焊以及埋弧焊等。

图 3-20 所示为二氧化碳气体保护电弧焊机，它配有焊丝自动连续输送机构，可以连续焊接，目前已成为黑色金属材料最重要焊接方法之一。

图3-20　二氧化碳气体保护电弧焊机

图 3-21 所示为二氧化碳气体保护焊的多种用途。

（a）连续焊

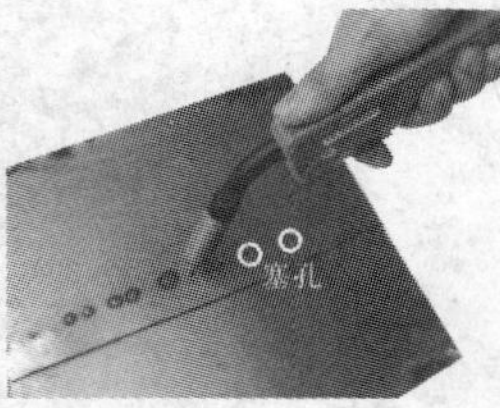

（b）塞焊

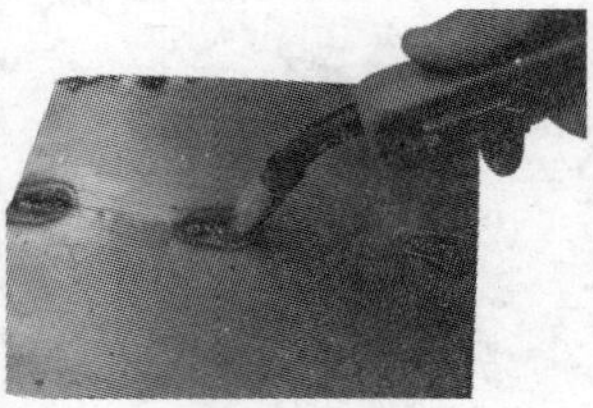
（c）连续点焊

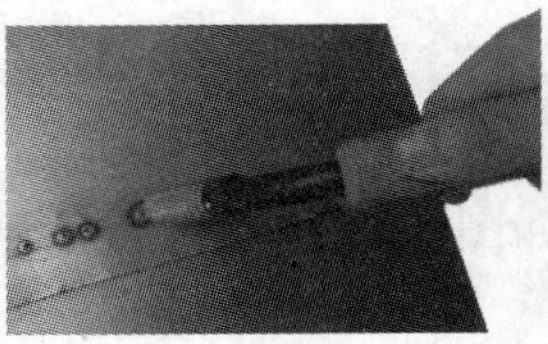
（d）点焊

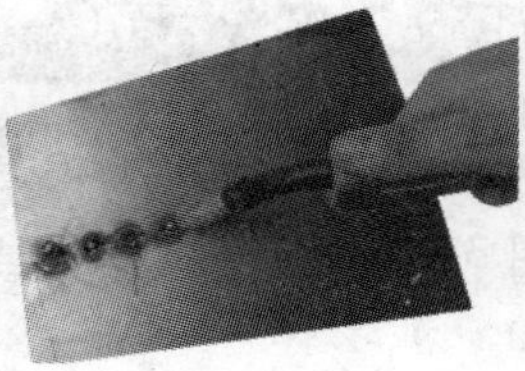
（e）搭接点焊

（f）定位焊

图3-21　二氧化碳气体保护焊的多种用途

表 3-1 所示为二氧化碳气体保护焊的调整参数。

表3-1　二氧化碳气体保护焊调整参数

参数名称	选择依据	选择方法
焊丝直径	焊丝直径可根据焊件厚度、焊缝空间位置和生产率等要求选择	当对平焊位置进行中厚板焊接时，可以采用ϕ1.6mm的焊丝；当对薄板或中厚板进行立、横、仰焊时，多采用ϕ1.6mm以下的焊丝
焊接电流	焊接电流可根据焊件厚度、焊丝直径、焊缝空间位置和所要求的熔滴过渡形式来选择	用ϕ0.8~ϕ1.8mm的焊丝，短路过渡焊接时，焊接电流在50~230A
电弧电压	用弧电压必须与焊接电流配合恰当。当电弧电压增大，则焊缝宽度相应增大，加强高和熔深减小；反之，当电弧电压减小，则焊缝宽度相应减小	在短路过渡焊接时，电弧电压在16~25V范围内；在采用ϕ1.2~ϕ3.0mm的焊丝进行粗滴过渡焊接时，电弧电压可在25~44V范围选择
焊接速度	随着焊接速度的加快，焊缝的宽度、加强高和熔深相应地减小；反之，焊接速度减慢	半自动焊的焊接速度在15~30m/h范围内；自动焊的焊接速度可稍快些，一般不超过40m/h
焊丝伸出长度	焊丝伸出长度是指焊接时焊丝伸出导电嘴的长度	焊丝伸出长度取决于焊丝直径。一般焊丝伸出长度约等于焊丝直径的10倍为宜
CO_2气体流量	CO_2气体流量应根据焊接电流、焊接速度、焊丝伸出长度及喷嘴直径来选择	当细丝CO_2气体焊时，CO_2气体流量为5~15L/min；当粗丝CO_2气体焊时，CO_2气体流量为15~25L/min
电源极性	直流反接与直流正接相比较，直流反接具有电弧稳定、飞溅少、熔深大的特点	为了保证CO_2气体保护焊的焊接质量，一般采用直流反接法，即焊件接负极，焊枪接正极
回路电感	焊接回路中的电感应根据焊丝直径、焊接流和电弧电压来选择	当使用ϕ0.6~ϕ1.2mm细丝时，电感值为0.01~0.16mH；当使用ϕ1.6~ϕ2mm粗细丝时，电感值为0.3~0.7mH

④ 气体火焰焊接。氧一乙炔火焰焊接设备如图 3-22 所示，此外也常用氧一液化气火焰焊接，它们不需要电源，移动方便，除焊接外，还常用于气割、预热或火焰校正。但必须注意预防气体火灾和爆炸事故。

图3-22　氧—乙炔火焰气体焊接设备

⑤ 塑料材料焊接。常使用如图 3-23 所示的电烙铁或如图 3-24 所示的热空气塑料焊炬。

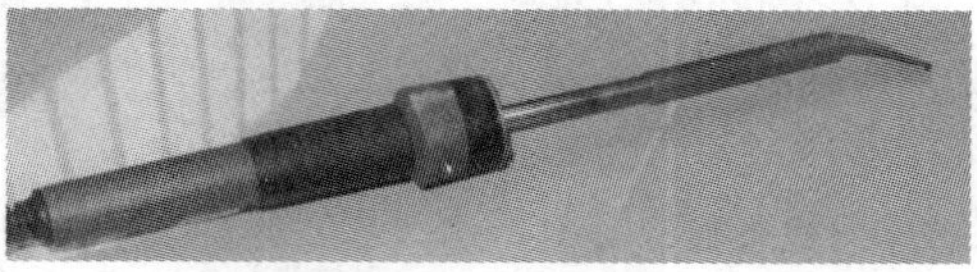

图3-23　电烙铁

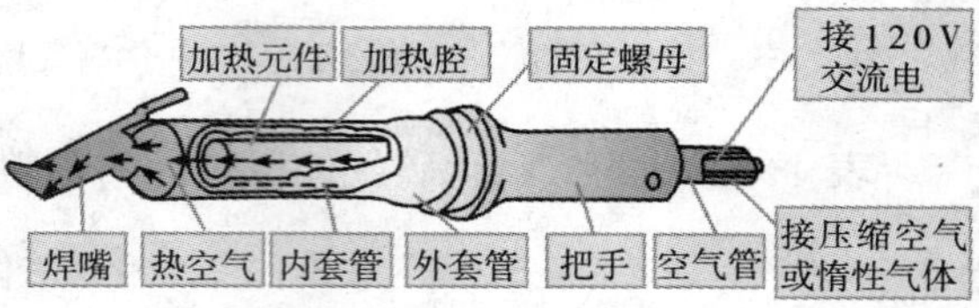

图3-24　热空气塑料焊炬

8．修整。

一般都采用砂轮机打磨，如图 3-25 所示。

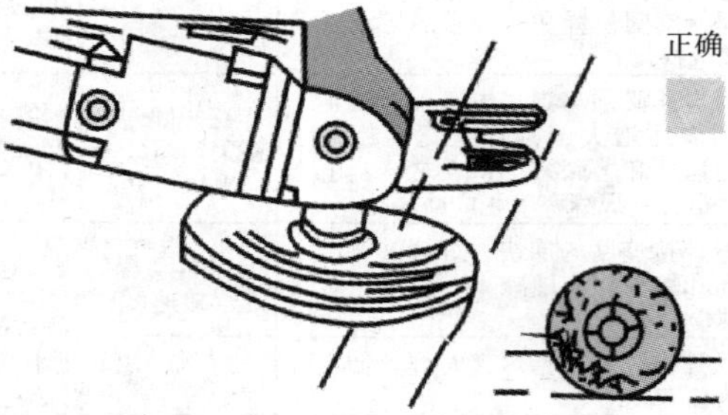

图3-25　打磨

9．涂覆。

为保持车身亮丽美观，同时保护内部钣金件免受腐蚀和磨损，并减小空气阻力，车身部件都要喷涂处理。

10．装复相关部件。

由于车身曾经发生过碰撞变形，即使已经修复，在装复相关部件时还难免会遇到困难，这时可以先松垮组装再逐步紧固，从而分散附加应力，必要时可对接触部位适当修磨或再次校正。

（三）直接修复法。

零部件原来的基础材料虽然有变形甚至破裂，但经修整后还可基本恢复标准的形状、强度和刚度时，可直接修复。

修复过程中，一定要注意保护相关零部件和待修件本身的未损伤部位，避免使其出现新的划伤、碰伤、烫伤或受力过大等损伤，一般可拆下相关零部件，待修复后再装回。

车身壳体严重变形常采用力学方法初步校正，必要时配合以火焰加热以减小阻力并避免开裂，对于轻微变形也可直接进行火焰校正，极小的变形还可直接由漆工遮盖修复。

1．常常采用牵拉法校正。

（1）表面变形轻微时，为了不破坏表面的涂层，常用如图 3-26 所示的吸盘或磁铁牵拉；对于细长的部件，也可以用皮带整体牵拉，这样成本最低。

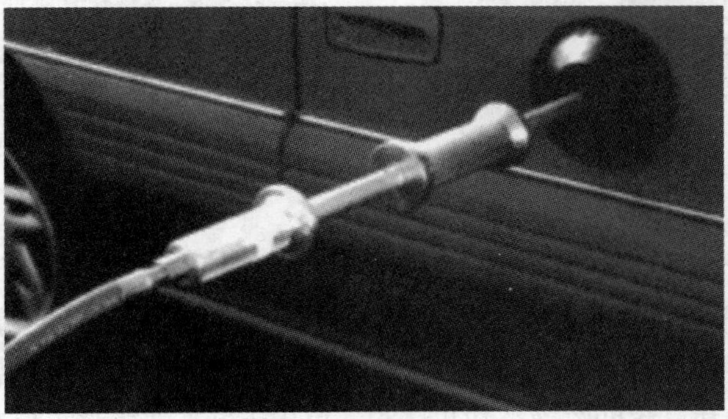

图3-26　吸盘

（2）仅面板变形较小时，不必拆卸，先磨去表面涂层，将三角片尖端熔植到零件表面，逐点牵拉后再扭断下来重复使用，范围较大时可熔植波形线材或者如图 3-27 所示成组圆垫圈后，一起牵拉。牵拉时一般要辅以锤击或火焰加热，牵拉后需打磨平整。

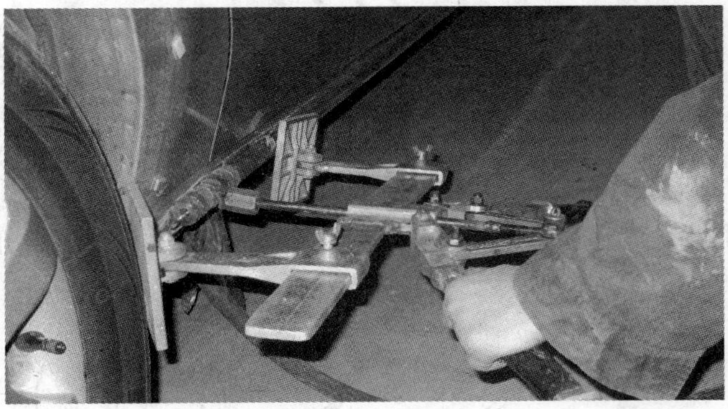

图3-27　熔植修复

（3）没有熔植设备时，也可以钻孔，后拧入自攻螺钉牵拉好后，再修补钉孔。

（4）严重变形的粗整形时，可直接用铁链或拉钩牵拉，如图 3-28 所示。

2．支撑法。

从背面加力，常用于内表面修理，一般用如图 3-29 所示液压支撑组合工具，也有用螺杆螺母式支撑工具的。

图3-28 用铁链牵拉

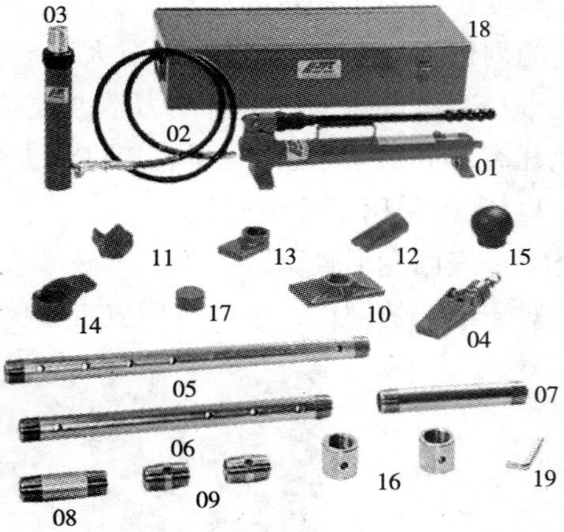

图3-29 支撑工具

3．垫撬法。

根据车辆变形部位和变形程度，利用有效空间，借助邻近部件支撑，以如图 3-30 所示的各种撬杠，利用杠杆原理进行整形修复。例如，轮胎罩外缘凹陷，可以借助轮胎的支撑作用，在撬杠下放一木块衬垫，将凹陷部分初步撬起，再用手锤、垫铁将折痕和凹凸不平处敲平。应用此法，车身不需解体，因而保持了原车安装质量，并提高工作效率，但使用范围受到限制。

图3-30 撬杠

4．锤击法。

（1）手锤。手锤是汽车钣金维修中的基本工具，它的形状很多，作用也不一样，如图 3-31 所示。

（a）扁头锤　（b）捅锤　（c）拱锤　（d）中间锤

图3-31 手锤

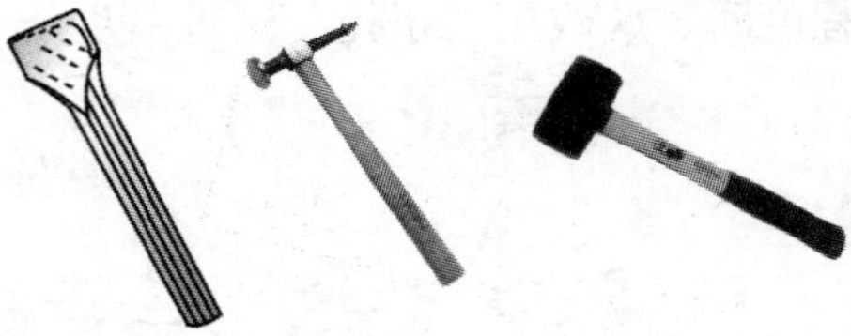

（e）平头锤　（f）鹤嘴锤　（g）橡胶锤

图3-31　手锤（续）

① 扁头锤：主要用于敲击平面，也可以敲击较深的凹陷和边缘拐角，如图 3-31（a）所示。

② 捅锤：主要用于直捅敲击弧形构件，也可以横击，还可以当撬具和垫铁使用，如图 3-31（b）所示。

③ 拱锤：主要用于圆弧形工件的整形和制作，如整修或配制小型车的轴端盖等，如图 3-31（c）所示。

④ 中间锤：为了使工件避免直接捶击受力不当，使用中间锤稳放在工件上，如图 3-31（d）所示，根据捶击需要，锤头可以做成其他各种形状。

⑤ 平头锤：用于修整线条和箱形角，如图 3-31（e）所示。

⑥ 鹤嘴锤：主要用于消除工件表面的小凹坑，如图 3-31（f）所示。

⑦ 橡胶锤：如图 3-31（g）所示，材质软，表面柔软，可重击不损伤敲击表面，而且无敲击火花，可用于防爆作业。另外也常用木锤、铜锤等。

钣金锤的操作注意事项：

1）通过训练掌握钣金锤的使用方法；

2）使用前擦净锤面及手柄上的油污，以免滑脱伤人；

3）检查手柄是否松动，以免锤头脱出造成事故。

（2）顶铁。顶铁是一种手持的铁砧，也称为垫铁或衬铁，如图 3-32 所示。

（a）　（b）　（c）　（d）　（e）

图3-32　顶铁

顶铁与手锤配合进行钣金修理作业的过程如图 3-33 所示，用顶铁法修整可分为“正托”和“偏托”两种方式。“偏托”法是直接用顶铁抵住最大凹陷处，使用木锤或尼龙锤敲击凹陷周围产生的隆起变形，即“深入浅出”地由最大凹凸变形处开始敲平，当局部凹凸变形被修平至一定程度时，应改用“正托”法进一步敲平。

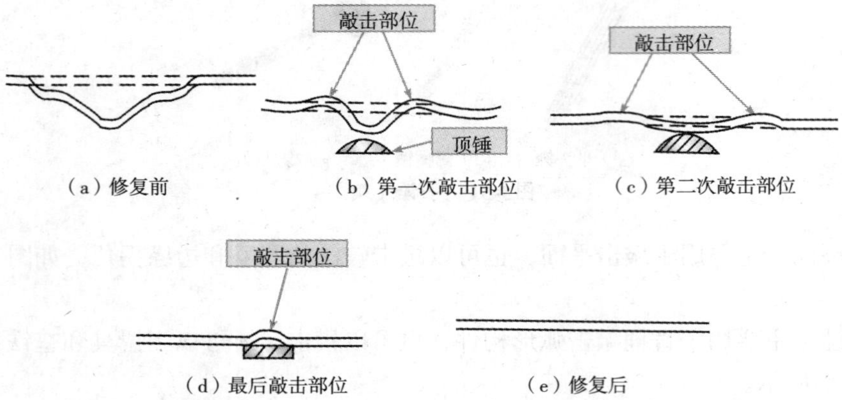

图3-33　顶铁与手锤配合

（3）匙形铁。匙形铁是车身修理的特殊工具，主要用于抛光金属表面，所以也叫修平刀，如图 3-34 所示，不同的匙形铁可与不同的面板形状匹配使用。

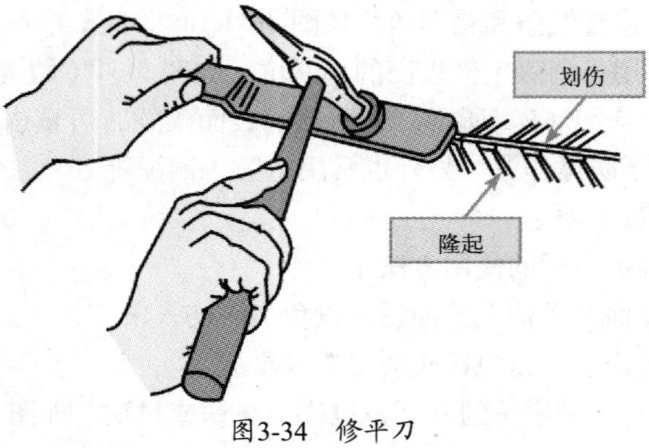

图3-34　修平刀

当面板背面的空间有限时，匙形铁也可当作顶铁或撬具使用，如图 3-35 所示。

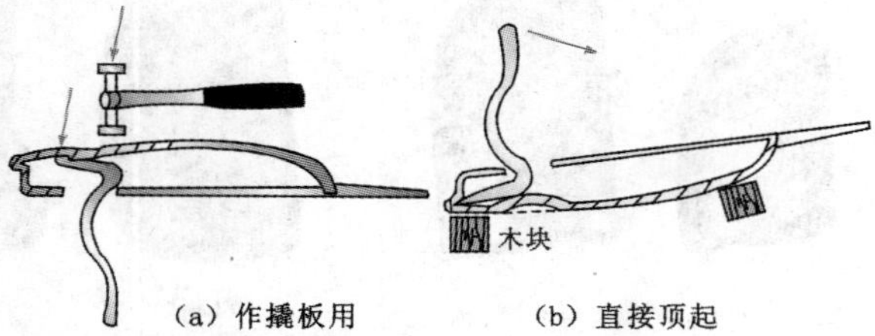

图3-35　匙形铁也可当作顶铁或撬具使用

5．火焰校正。

轻微变形也可单独进行火焰校正。原理是：利用火焰对工件局部加热至缨红色，但注意不要将板料熔化或烧穿；受热部分的材料体积膨胀而且流动性增强，但沿工件表面方向延伸的趋势受到周围冷硬部分的限制（必要时还可辅以捶击），因而主要在不受约束的垂直于工件表面的方向延伸；冷却时这部分材料的流动性变差，因而收缩趋势在各个方向相差不多，从而形成了以原加热点为中心的收缩应力，进而使材料沿表面回缩变形。

特别是最后校正时，往往需要用火焰“收火”消除突起的皱褶，用线状加热方式先从凸起两侧平的地方开始加热，再向凸起处围拢，加热次序如图 3-36 所示。说明：加热线长度一般为板宽的 1/3~1/2，加热线距离视凸起的高度而定，凸起越高，距离应越近，一般取 20~50mm。若经过第一次加热后还有不平，可重复进行第二次加热矫正，但加热线位置应与第一次错开。

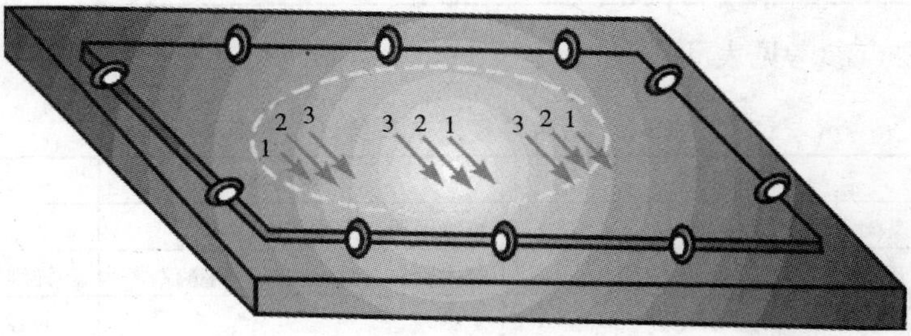

图3-36　收火

6．锉磨校正。

用于最后的表面平整作业，一般用如图 3-37 所示的钣金锉去掉局部凸出点或检查残余凹陷，锉凸起的表面，沿曲率最小的弧面的母线方向握住锉刀直推，或者以等于或小于 30° 角进行侧推；当所锉部位比较平时，以 30° 角握锉刀直推，或直握锉刀偏 30° 角斜推。也有直接使用打磨机的。

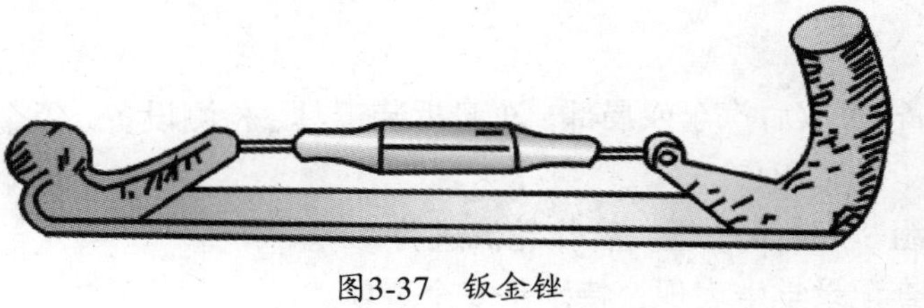

图3-37　钣金锉

计 划

一、根据导向知识与技术信息，在表 3-2 中列出工作计划。

表3-2　钣金修复汽车车身计划

序　号	工 作 步 骤	工具/辅具	注 意 事 项
1			
2			
3			

续表

序　号	工 作 步 骤	工具/辅具	注 意 事 项
4			
5			
6			
7			
8			
9			
10			
11			

二、计划要点参考见表 3-3。

表3-3　钣金修复汽车车身计划要点

序　号	工 作 步 骤	工具/辅具	注 意 事 项
1	查阅基础资料	维修手册、互联网等	
2	认真观看测量汽车并拍照留存	技术资料、数码相机、测量仪器	详细准确
3	确定维修项目、方法和预算	电脑	与客户及保险公司协商
4	拆卸保护（详细）	车间工具与设备、数码相机	记录密码和调整参数后断开蓄电池搭铁线
5	钣金修复（具体详细）	钣金工具与设备、数码相机	视情修理
6	装复检验	车间工具与设备	
7	费用核算	电脑	
8	交工		
9			

实施

一、物质准备：事故后汽车或局部、车身拆装工具、检测设备、钣金设备、技术资料、数码相机和电脑。

二、学生分组：3~5 人一组，合作轮流进行修理。

三、教师检查记录学生表现，特别是安全事项。

四、合作实施并记录表 3-4。

表3-4　钣金修复汽车车身记录表

序　号	工 作 步 骤	工具/辅具	注 意 事 项
1			
2			
3			
4			
5			
6			

续表

7			
8			
9			
10			
11			

检验

一、检查比较工作记录。

二、检查钣金维修操作规范。

三、对比维修前后照片，评价维修质量。

四、各人自评经验教训。

展示

一、最后修订完善个人计划和实施记录。

二、展示记录，演示关键工作步骤。

三、教师讲评。

四、总结打分。

工作任务4

涂装修复汽车车身

导向

一、车间任务

一辆汽车做完钣金修理后，请进行最后涂装。

二、学习目的

（一）了解车身涂料知识。

（二）初步掌握汽车车身涂装基本操作要点。

三、基础知识

（一）为保持车身亮丽美观，同时保护内部钣金件免受腐蚀和磨损，并减小空气阻力，车身部件都要涂装处理。

汽车总装厂通常所采用的涂装系统大体上可归纳为以下几类。

① 底漆 - 腻子 - 本色面漆，如图 4-1 所示。

② 底漆 - 腻子 - 中间涂料 - 本色面漆。

③ 底漆 - 腻子 - 中间涂料 - 单层金属闪光漆。

④ 底漆 - 腻子 - 中间涂料 - 金属闪光底色漆 - 罩光清漆。

⑤ 底漆 - 腻子 - 中间涂料 - 本色底色漆 - 罩光清漆。

⑥ 底漆 - 腻子 - 防石击中间涂料 - 中间涂料 - 金属闪光底色漆 - 罩光清漆。

⑦ 底漆 - 腻子 - 中间涂料 - 金属闪光底漆 - 底色漆 - 罩光清漆。

⑧ 底漆 - 腻子 - 防石击中间涂料 - 中间涂料 - 金属闪光底漆 - 底色漆 - 罩光清漆。

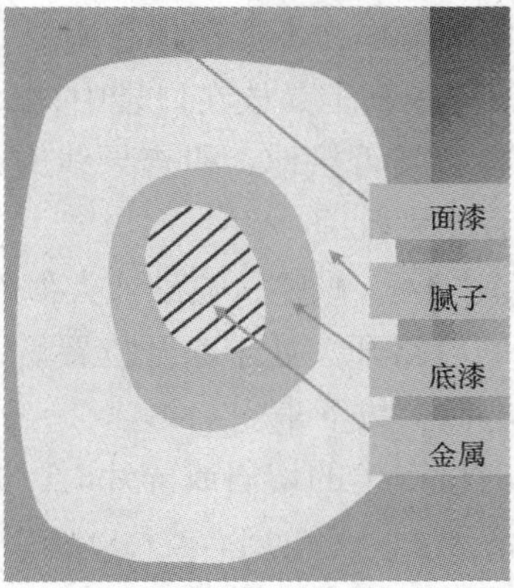

图4-1　简单涂层

（二）车身涂装质量是车身维修的最重要工艺，直接关系到汽车的外观质量，有些如图 4-2 所示的浅表损伤，甚至不用钣金修理直接涂装即可，另外许多非车身部件为了美观和防腐也需要涂装。

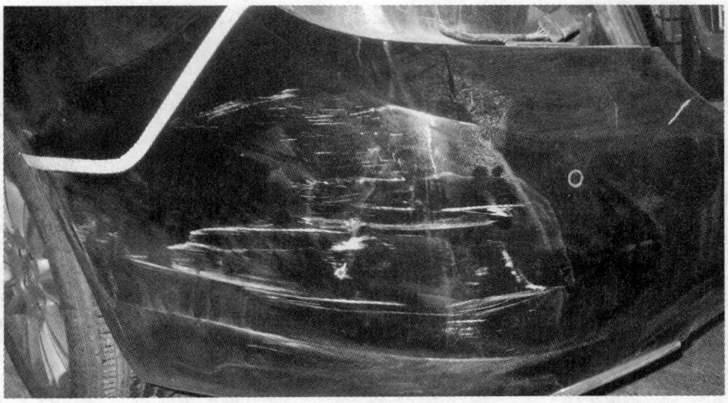
图4-2　浅表损伤

（三）涂装一般有以下几个步骤。

清洗→鉴定表面质量→表面处理→喷底漆→涂中间涂料→喷面漆→面漆层干燥（烤漆）→抛光、清洗→检验。

（四）喷涂作业安全防护。

1. 工具与设备的安全使用。

喷漆车间使用的工具和设备有手动的、气动的和电动的三类。使用工具和设备基本的安全要求如下。

（1）手动工具要保持清洁和完好。应经常清洁沾有油污和其他杂物的工具，检查其是否有破损，以免使用时发生机械事故，伤及人身。

（2）使用锐利或有尖角的工具时应当小心操作，以免不慎划伤不应触及的部位或伤及人身。

（3）专用工具只能用于专门的操作，不能移作它用。

（4）不要将旋具、手钻、冲头等锐利工具放在口袋中，以免伤及本人或划伤汽车表面。

（5）使用电动工具之前应检查是否接地，检查导线的绝缘是否良好。操作时，应站在绝缘橡胶地板上进行（或穿有绝缘靴）。

（6）用气动或电动工具从事打磨、修整、喷砂或类似作业时，必须戴安全镜。

（7）必须确认电动工具上的电路开关处于断开位置后，才允许接通电源。电动工具使用完毕，应切断电路，并从电源上拔下来。

（8）清理电动工具在工作时所产生的切屑或碎片时，必须让电动工具停止转动，切勿在转动过程中用手或刷子去清理。

（9）任何操作都不宜过度探身，防止滑倒事故。

（10）气动工具必须在规定的压力下工作。当喷嘴处于末端时，用以吹除灰尘的压缩空气的压力应保持在 200kPa 以下。

2．人身防护。

涂料、填料和稀料的挥发气体对人有麻醉作用，操作者长期接触会受到伤害。

（1）呼吸系统的安全与保护。

磨料的粉尘、腐蚀性溶液和溶剂所蒸发的气体、喷漆时的漆雾都给呼吸系统带来危害。呼吸保护器有三种：通风帽式（供气式）呼吸保护器、滤筒式呼吸保护器和防尘呼吸保护器。

1）通风帽式（供气式）呼吸保护器：这是一种可以防护吸入氰酸盐漆蒸汽和喷雾引起过敏的装置。

2）滤筒式呼吸保护器：对于喷涂磁漆、硝基漆以及其他非氰化物的油漆时，可以配戴滤筒式呼吸保护器。这种保护器由一个适应人的脸型并具有密封作用的橡皮面具构成。它包括可拆卸的前置过滤器和滤筒，可以滤去空气中的溶剂或喷雾。呼吸器还有进气和排气阀门，以保证呼吸顺畅进行。

3）防尘呼吸保护器：此类保护器可以防止喷砂灰尘被吸入，仅用于喷砂作业时配戴。喷漆时，不能用它代替前两种保护器使用。

2）人体其他部位的保护。

头部的保护：将长发扎结在头后，始终要戴安全帽才能从事喷漆或其他修理作业。

眼睛和脸部的保护：工厂各处均有飞扬的灰尘和碎屑，可能会伤及眼睛。

耳朵的保护：敲打钢板或喷砂时所发出的噪声，对人们的听觉有不利的影响，重者会损伤耳膜。

手的保护：为防止溶液、底漆及外层涂料对手的伤害，应配戴安全手套进行操作。

脚的保护：在喷漆作业时，应穿带有金属脚尖衬垫及防滑的安全工作鞋。

身体的保护：按规定穿着工作服进行作业。

（3）环境通风。

在作业区内从事喷漆作业，如使用腐蚀剂、脱脂剂，喷涂底漆和面漆时，都会排出有毒气体或颗粒，这不仅对人身体有害，而且对喷漆质量也有影响，所以喷漆必须使用如图 4-3 所示的通风喷漆房。喷漆作业的环保措施需经环保部门检测，允许之后方可开业运营。

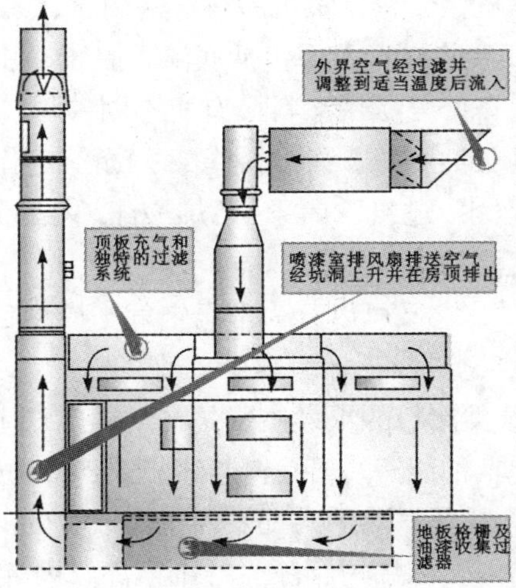

图4-3　喷漆房通风

3．溶剂和其他易燃物品的安全事项。

（1）不允许在喷漆车间抽烟和点燃明火（如火柴、打火机等）。

（2）在存放易燃性液体的场地上，应对火源实施严格的监控。

（3）输送桶装溶剂时，要用专用泵通过桶上的孔抽送，不允许侧倒装运。抽送完毕，应将容器盖关紧。

（4）用散装容器运送易燃溶剂时，要特别小心。溶剂桶应接地，以防静电引起火灾。

（5）用于喷漆的涂料，必须存放在金属柜中（切勿用木柜）。

（6）喷漆时按下列程序进行：喷漆之前移开手提灯；打开通风系统；开启喷漆处场地光源；清除可燃残余物；油漆干燥时保持通风。

（7）切勿在蓄电池附近打磨，以防蓄电池放出的氢气爆炸。

@ 信 息

一、涂料基本知识

（一）涂料的定义。涂料是涂于物体表面能形成具有保护、装饰或特殊性能的固态涂膜的一类液体或固体材料的总称。早期大多以植物油为主要原料，故有油漆之称。20 世纪 60 年代正式定名为涂料。

（二）涂料的分类。

1．按涂料性能：清油、清漆、厚漆、调合漆、磁漆、底漆、腻子、粉末涂料、大漆、乳胶漆、水性漆、电泳漆、光固化涂料、胶液等。

2．按涂层性能：透明漆、锤纹漆、裂纹漆、皱纹漆、闪光漆、防腐漆、防锈漆、保温隔热漆、耐热涂料、耐酸漆、耐碱漆、可剥涂料、高温涂料、耐油漆等。

3．按涂料产品用途：汽车涂料、铅笔漆、罐头漆、木器漆、家电涂料、自行车涂料、玩具涂料、机床涂料、工程机械涂料、农机涂料、锅炉漆、集装箱涂料、铁路车辆涂料、黑板漆、塑料涂料等。汽车涂装材料主要包括底漆、腻子、中间涂料及面漆。由于工艺的原因，汽车整车生产和汽车修复所用涂料又有所不同。

4．根据涂料的成膜物质：油脂漆、天然树脂漆、酚醛树脂漆、沥青漆、醇酸树脂漆、氨基树脂漆、硝酸漆、纤维素漆、过氯乙烯漆、乙烯酸漆、丙酯漆、环氧树脂漆、聚氨酯漆、元素有机漆、橡胶漆、其他漆等。

5．根据涂料的干燥形式，它又可以分为常温空气干燥型、溶剂挥发型、烘烤干燥型、双组份固化干燥型。

① 常温空气干燥型。这类涂料的干燥主要是在常温空气下，靠自身的氧化和聚合反应而形成坚硬的漆膜的。包括油脂漆、天然树脂漆、酚醛树脂漆、沥青漆、醇酸树脂漆。

② 溶剂挥发型。这类涂料是靠溶剂的挥发而干燥成膜的。涂料自身不会发生化学变化。包括硝基漆、过氯乙烯漆、乙烯树脂漆、纤维素漆、丙烯酸漆。

③ 烘烤干燥型。这类涂料的干燥，是靠成膜物质在高温作用下起交联反应而固化成膜的，包括氨基树脂漆、热固性丙烯酸漆、热固性环氧漆等。

④ 双组份固化型。双组份涂料的干燥，是靠固化剂的活性基团引起成膜物质中分子交联而固化成膜的。一般以常温干燥为主，也可低温（60~70℃）烘烤固化成膜。双组份涂料的干燥速度及涂膜性与环境温度和固化剂加入量有关，如固化剂加入量过多，干燥速度对某些涂料反而慢，且漆膜脆性大。因此必须按规定比例配比为好。双组份固化型涂料包括：环氧漆、聚氨酯漆、有机硅漆和橡胶漆。

（三）涂料的组成。汽车涂料一般由四种基本成分组成：成膜物质（树脂、油料）、颜料（包括体质颜料）、溶剂和添加剂。

1．成膜物质。是油漆的主体成分，其作用是使颜料保持明亮状态，使之坚固耐久并能粘附在物体表面，是决定油漆类型的物质。一般由干性油或半干性油改性的天然树脂（如松香）、人造树脂（如失水苹果酸树脂）、合成树脂类（如甲基丙烯酸甲酯、聚氨基甲酸乙酯、聚苯乙烯、聚氯乙烯等）制成。通常通过添加增塑剂和催化剂来调整、改进它的耐久性、附着力、防蚀性、耐磨性和韧性。

2．颜料。是油漆中两种不挥发物质之一，它赋于面漆色彩和耐久性，同时使油漆具有遮盖力，并提高强度和附着力，改变光泽，改善流动性和涂装性能。颜料颗粒的大小和形状也很重要，颗粒的大小对遮盖能力有影响，颗粒的形状对漆面强度有影响。这些颗粒大致呈球状，有些也呈杆状，杆状颗粒可以使油漆膜的强度提高。

3．溶剂。是油漆中的挥发成分，它的主要作用是能够充分溶解漆膜中的树脂，使油漆能正常涂抹。优质的溶剂能改善面漆的涂抹性能和漆膜特性，增强光泽，减小油漆网纹，从而减少抛光工作量，同时也有助于更精确地配色。除了油漆中已有的溶剂外，还用作稀释油漆，使它的黏度适合涂布要求的稀释剂。

4. 添加剂。近 10 多年来油漆工艺发生了巨大的变化，添加剂的使用也越来越常见。虽然添加剂在油漆中的比例不超过 5%，但它们起着各种重要作用。有能加速干燥并增强光泽的固化剂，有减缓干燥速度的缓凝剂，还有能减弱光泽的消光剂，有些添加剂起的是综合作用，即减少起皱、加速干燥、防止发白、提高耐化学物质的能力。

（四）汽车涂料涂层质量的技术指标。涂料的黏性、涂层附着力、颜色和外观、柔韧性、抗冲击强度、光泽、耐水性、耐热性、耐腐蚀性、耐候性、厚度等。

二、清洗

在涂装前后，必须各彻底清洗一次汽车，虽然涂装操作可能是车身的某一块板件或板件的某一部分，但涂装前仍需要彻底清洗整车上的泥土、污垢和其他异物，尤其注意门边框、行李厢、发动机罩缝隙和轮罩处的污垢，如果不清除干净，新油漆的漆膜上就可能会沾上很多污点。

1. 清洗目的。日常洗车目的是去除尘土、泥垢、静电、油污和其他污物，维修中洗车有时还要去除旧蜡、旧漆和旧腻子等。容易漏洗的部位，如图 4-4 所示，需人工把关。

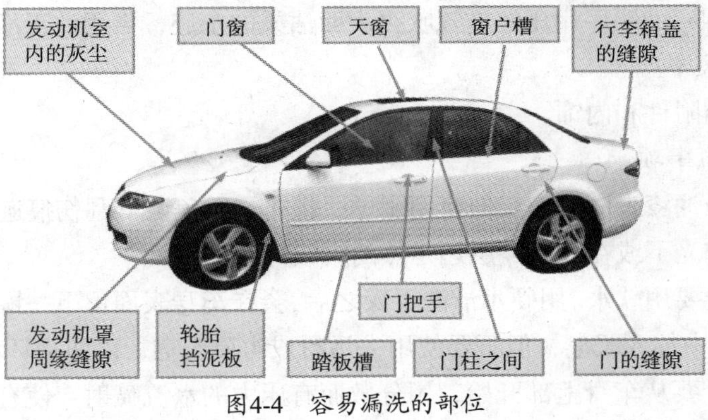

图4-4 容易漏洗的部位

2. 清洗设备。由于汽车表面经常有蜡渍、沥青和油迹，洗车时还要用到许多洗涤剂，因此洗车产生的废水不允许直接排入下水道，必须使用专业的水循环处理设备。汽车的外表清洗除驾驶员自己洗车和非正规的“马路洗车游击队”外，大部分企业已经采用洗车机。移动式小型洗车机主要是一个电动高压泵或蒸汽发生器，简单轻巧，但只能人工手握喷头操作，劳动强度大、条件差，而且效率低，在小企业应用较多；往复式洗车机又称龙门式洗车机，外形为龙门结构，主要洗车原理是：将车停在洗车房中心，设备在两根轨道上行走，完成整个洗车过程，主要特点是操作灵活，可随意选择清洗次数达到满意的洗车效果，可适应多种场地情况，节省使用面积，比较适合中小型洗车店，是中小型投资者的首选产品；隧道式为往复式洗车机的换代产品，也是目前国际市场的主流机型，工作原理是：由传送带带动汽车连续运动而洗车机不动，洗车速度快，还可以自动完成冲洗泥尘、喷洗涤剂、刷洗、冲洗和干燥等各个步骤，但价格较高，用于洗车量大的企业。

但汽车内部的清洗除一些织物的座套和塑胶地垫可拆下水洗外，绝大部分只能除尘和擦洗甚至干洗，虽有吸尘吸水机、蒸汽桑拿机等设备和各种各样的专用洗涤剂，人工操作仍很繁重。

3．人工清洗步骤（洗车时最好由两人配合进行，这样不但速度快而且移车时人看护引导）。

① 取出地毯清洗、晾干，清理烟灰盒、座垫等物品，车内吸尘。

② 关好车门窗。

③ 在开始清洗汽车之前将汽车表面淋湿。

④ 配制清洗液。

⑤ 用软海绵沾清洗液擦车。擦车的顺序是：车顶、挡风玻璃、发动机、保险杠、灯具、车的一个侧面（包括玻璃）、车身后部（包括玻璃、尾灯）、车身的另一侧（包括玻璃）以及车轮。

⑥ 按第 5 步规定的顺序冲洗整车，直到把清洗液冲洗干净。

⑦ 按冲洗相同的顺序用压缩空气吹去表面沾染的水迹，再用洗干净又拧半干的“鹿皮”（或绒布）擦干。

⑧ 清洗车内附件和内饰。

4．清洗注意事项。

① 清洁车身油漆表面时，切勿使用刷子、粗布，以免留下刮伤痕迹。

② 不要在阳光下或在表面漆层还是热的时候冲洗车身。

③ 清洗车身要用软水。用硬水清洗干燥之后，会在车身表面留下一圈圈痕迹或薄膜。清洗时可以在水中加入肥皂，但不要使用去污粉或劣质肥皂，以防损坏车身表面油漆。

④ 清洗时，要从车身上部开始，用分散而有压力的水流喷射，使有磨蚀作用的粗沙粒和坚硬的尘泥受浸润而被冲去，但要注意不要将水喷进锁孔内。再用软而清洁的海绵、软毛巾等从上而下地擦洗。擦洗时应经常将海绵在清水中洗涤，以免在油漆表面留下擦伤痕迹。

三、鉴定表面质量

如有变形先进行钣金校正。

1．目测评估：根据光照射钣金件的反射情况，以评估损坏的程度及受影响面积的大小。稍微改变人的眼睛相对于钣金件的位置，即可从侧面看到微小的变形。

2．触摸评估：从各个方向触摸受损的区域，一般顺手指方向感觉更灵敏。注意不要用任何压力，以免造成变形；应戴上手套（最好为棉质薄手套）检查，以免手上的油脂沾染车身表面并防止划伤人手。

3. 直尺评估：将一把直尺放在车身另一边没有被损坏的区域上，检查车身和直尺间的间隙；然后将直尺放在被损坏的车身钣金件上，评估被损坏的和未被损坏的车身板之间的间隙相差多少。如果在用直尺评估时，损坏件有凸出部分，将影响评估操作，此时可用冲子或鸭嘴锤，将凸起的区域敲平或稍低于正常表面。

4. 样板评估：直接选用或制作出损伤部位的检测样板，检查关键点能否吻合。

四、表面处理

车身待涂装表面的清洗主要采用有机溶剂清洗。它的作用是溶解和去除油脂、润滑油、污垢、石蜡、硅酮抛光剂以及手印等。

1. 一般清洗。

1）用干净的白布蘸清洗剂擦洗待涂装表面及其周围。

2）在汽车待涂装表面未干时，用清洁的白布擦干。注意随时更换干净的白布。

2. 清洗硅酮类化合物。

1）用干净的白布蘸清洗剂擦洗待涂的表面，如有必要，再用溶剂擦洗，然后用清洁的白布擦干。

2）用500号或600号砂纸打磨表面。

3）再次用干净的白布蘸溶剂擦洗表面，然后用干净的白布擦干。

注意：决不允许采用清洗剂擦洗塑料密封胶的表面；在对热塑性丙烯酸面漆（面漆的一种）表面进行清洗时，所用的溶剂说明书上一定要有“本清洗溶剂可以安全地在热塑性丙烯酸面漆上使用”的标志。

3. 除漆。

1）化学除漆法。化学除漆法是用脱漆剂（俗称去漆药水）清除旧漆膜。在过去油漆护理中，常用的脱漆剂主要是T—1、T—2脱漆剂。T—1脱漆剂为乳白色糊状液体，是由酮、醇、苯、酯类溶剂，再加适量的石蜡配制而成，主要用于清除油脂、酯胶漆、酚醛漆的旧漆膜。T—2脱漆剂由酮、醇、酯及苯等溶剂混合而成，溶胀漆膜的能力比起T—1来说稍强些，脱漆速度较快，主要用于清除油基漆、醇酸漆及硝基漆的旧漆膜。

近年又出现了以二氯甲烷为主要溶剂的F—4触变型脱漆剂和水冲型不燃脱漆剂等品种，可用来脱除环氧沥青、聚氨酯、环氧聚酰胺或氨基醇酸树脂等固化型涂料。该类脱漆剂不会引起燃烧，无须防火要求，完全适用于各种作业范围的现场。而且由于配方中加入少量增稠剂、挥发阻缓剂及活化剂等添加剂，使之适合于在垂直物面或特殊部位涂刷，不流挂、不滴流，特别适用于轻金属及其合金构件。

化学除漆法的具体操作程序是：涂脱漆剂前，把不需要除漆的部位用遮盖纸盖好，一般要盖二三层，所有缝隙也需盖上，防止上脱漆剂时渗入面板的下表面；使用脱漆剂时，先在漆面上稍稍画出痕道，可以使脱漆剂渗透得更快些；然后用漆刷将脱漆剂沿着一个方向在整个处理区刷上厚厚一层（注意不要把脱漆剂刷出了范围，同时也要注意脱漆剂对塑料有损害作用，一旦在塑料上残留下来，便很难清除干净，而造成新油漆难以附着）；一般来说，脱漆剂对大多数漆层都能很快起作用，但有些漆很牢固，如丙烯酸漆会变黏，很难除掉。这时需要涂几次脱漆剂，使用T—1、T—2脱漆剂时，要用铲刀将漆膜清除，而使用触变型脱漆剂时，待涂层松软后，可用铲刀或急水（或高压水）冲除。

施工时注意：利用脱漆剂清除旧漆面时，必须清除彻底，不能留下点滴旧漆痕迹（包括脱漆剂溶液）。因为脱漆剂都含有蜡质，残留在金属表面将会使新涂底漆腻子及面漆不能正常附着、干燥和固化，漆膜有“回粘”现象。清除时，应先用砂纸把残留旧漆膜打磨干净，然后用溶剂将整个金属表面揩擦干净（包括流淌到构件反面的脱漆剂残液）。另外还需注意，脱漆剂中的溶剂容易挥发且易燃烧，触变型脱漆剂对人体有麻醉作用。因此，在使用时应使施工现场通风良好，避免触及皮肤或眼睛引起刺激和灼伤，必须严格遵守安全规定。

2）火焰烤铲法。火焰烤铲法是用于旧漆膜中腻子较厚、清除旧漆膜较多的构件表面。是用一种喷灯先将旧漆烧软，随后用铲刀将旧漆膜铲除。喷灯有两种：一种是煤油喷灯，另一种是汽油喷灯。经火焰烤烘的旧漆面必须彻底清除干净，可用钢丝刷、砂纸打磨光，再用溶剂全面洗净，以防新涂膜起泡脱落。对大面积构件，特别是中央部位，不宜烘烤过长，以防温度过高而变形。

3）烧碱除漆法。烧碱（学名为氢氧化钠）主要适用于可拆卸的零部件清除旧漆膜。首先将固体的烧碱放入水中配制成一定浓度的液碱。然后将拆下来的零件放入经过加温后的浓烧碱液槽中，或用碱液有间隔地分多次涂刷于旧漆表面（一般为3~4遍），经过数10min的渗透后，漆膜软化，溶胀，再用铲刀、钢丝刷将旧漆除去后，用清水冲洗并立即用烤灯烘干，涂上除锈膜，防止生锈。

4）喷砂（喷丸）除漆法。该方法是利用压缩空气、高压水流、机械离心力将磨料、砂子、金属弹丸喷射到旧漆面上，借冲击和摩擦作用来清除旧漆。该法还可清除金属表面的锈蚀，但由于砂粒和金属弹丸会损伤铝、塑料等基材，因此不能在上述基材的构件上使用。近来，随着塑料砂球的出现，几乎所有类型的表面都可用喷砂工艺脱漆。

4. 除锈。

金属的腐蚀就是金属与氧气结合生成金属氧化物，即生锈。铁锈的形成主要有三种：漆膜自然损坏、碰撞损坏和修理加工损坏。

除锈的主要方法如下。

1）手工除锈。手工除锈主要依赖于铲刀、刮刀、尖头锤、钢丝刷、砂布、断锯条等工具，靠手工敲、铲、刮、刷、砂或柔性挫的方法来消除表面锈垢、氧化皮等。这是漆工传统除锈方法，也是最简便的方法。但是由于劳动强度过大、工作效率低，只能适用小范围的除锈处理。

2）机械除锈。机械除锈主要是利用一些电动风动工具来达到清除铁锈的目的。常用的电动工具如电动刷、电动砂轮，风动工具如风动刷等。电动刷和风动刷是利用特制圆形钢丝刷的转动，靠冲击和摩擦把铁锈或氧化皮清除干净，特别适宜于表面浮锈，但对较深锈斑很难除去。电动砂轮实际是手提砂轮机，分为圆盘式打磨机和双作用打磨机两种。用双作用打磨机可以除去轻度锈斑，而对重度锈斑，则要用圆盘式打磨机来打磨。它们是利用砂轮的高速旋转除去铁锈，并能用圆作机械脱漆，效果较好。特别对较深的锈斑，具有工作效率高、施工质量较好、使用方便等优点，是一种理想的除锈工具。但操作中须注意，不要把钢板打穿。

3）化学除锈。化学除锈以酸洗方式最具代表性。它利用酸性溶液与铁锈（金属氧化物）发生氧化反应生成盐类，使锈垢、氧化皮等溶解或脱落。常用的酸性溶液有硫酸、盐酸、硝酸等，酸液配制成质量分数为30%左右使用（注意在稀释浓硫酸时，应缓慢地把硫酸倒入容器的水中，因硫酸溶于水中时发生放热反应，必须不断地搅拌，切勿相反操作，以免引起爆炸，硫酸飞溅伤人），目前应用较广的是浸泡酸洗，部件在酸液中经过浸泡除锈以后，再经冷热水冲洗，并用弱碱溶液（如质量分数为5%~10%的氢氧化钠溶液）中和，再用水冲洗等工序擦干、烘干以防很快生锈。化学除锈不适合于局部作业，车身维修中只有零部件整体需要进行除锈时，才能使用此法。另外，经化学除锈的部件表面需要经粗糙处理或磷化处理，以增加金属表面与底漆的附着力。

4）火焰处理除锈。火焰处理除锈是利用气焊枪，对少量手工难以清除较深的锈蚀锈斑进行烧红，让高温使铁锈的氧化物改变化学成分而达到除锈的目的。此法目前很少使用，操作时必须注意不要让金属表面烧穿，以防止大面积处理时受热变形。

5．漆前修补。

对于车身局部锈蚀、轻度硬损伤等缺陷，如果一概挖补、敲平反而有些得不偿失。但不加以修补，而直接以腻子填充，其强度和耐腐蚀性均较差。漆前修补旨在有效地弥补这类缺陷。其方法主要有软金属填补和铝箔树脂板填补两种。

1）软金属填补。软金属填补（俗称挂锡）修补部件表面缺陷，具有附着力好、工艺简单和抗冲击能力强等优点，特别适用于修补发动机罩、车门、侧梁、门槛等部位。

挂锡是技术要求比较严格的操作，对部件的清洁不仅限于漆膜、油污的清除，还必须除去金属表面暴露于大气而形成的氧化膜。清洁的范围应比实际使用的稍大些。最好在打磨干净后的金属表面用汽油或酒精擦洗一遍，随后刷涂焊剂加热并及时抹去浮渣。没有挂锡的烙铁不能使用，焊前应先将烙铁打磨干净，然后加热到能使其挂锡的温度蘸焊剂并挂锡。当需要修补的面积较大时，可一并清理干净，再分成若干小块逐一挂锡。在挂锡过程中，注意钢板与焊料应同时均匀加热。为使表面平整，可一边加热填补一边用刮刀修整，使焊料填足又不至于高出周围金属板的表面，以便挂锡后对表面的修平。

修补用的焊料是锡铅合金，比例一般约为 7∶3。这一比例的锡铅合金加热到 183℃时即可开始熔化，继续加热至 253℃便全部熔化。挂锡操作时，应将焊料的加热温度控制在半熔状态下使用。温度过低时焊料不能与之焊接，温度过高时，则会造成焊料的流淌也挂不上。

在挂锡修补中，焊料过渡于焊件表面的方法有两种：一是用烙铁蘸焊料，然后直接施焊于焊接表面；二是手持条形焊料，借烙铁温度不断将焊料熔化在需要挂锡的金属表面部位。焊接终了还要及时修整并清洁金属表面，对不平整之处还可使用锉刀或刮刀等加以修平。

2）铝箔树脂板填补。在国外和进口的车身维修材料中，有一种被称为“铝箔树脂板”的新产品，是迄今为止最好的局部修补材料之一。其突出的优点是方便、快捷，并能获得良好的修补质量。铝箔上预涂合成树脂中，含有一定比例的金属粉以提高其强度。用铝箔树脂板修补车身金属表面时，应先将金属表面打磨清理干净，并用酒精先擦一遍。然后分别将金属表面和铝箔树脂板加热 50~60℃，随即趁热把铝箔树脂板贴在待修补部位。常温下经过 4~5min 的固化后，即可进行打磨。在敷贴铝箔树脂板时，应均匀用力压平，并使少量树脂由表层上铝箔的小孔中溢出少许为宜。

五、遮盖

每一次喷涂，都要对不喷部分进行遮盖，常用的遮盖材料为遮盖纸和遮盖胶带。

1）胶带的基本粘贴方法。粘贴带应选用质量好的，若质量差，使用后会出现开胶或粘贴剂残留等问题，造成不必要的麻烦。聚氨酯涂料需加热干燥，应使用耐热胶带纸。为降低成本并减少工作量，大面积部分应选用遮盖纸或遮盖布，如图 4-5 所示。

图4-5　喷漆前遮盖

2）装饰条和嵌条的遮盖。当用胶带粘贴装饰条、嵌条等表面时，用一只手的手指塞入胶带卷中间的孔中，把大拇指放在胶带的外面，控制胶带的方向。拉伸胶带时，胶带的粘贴面背向操作者。

3）风挡玻璃的遮盖。覆盖风挡玻璃时，主要使用 50cm 宽的纸，不够的部分再用 10~20cm 宽的纸粘贴上。四周用 12~15mm 宽的粘贴带粘住。

4）喷涂两种颜色时的遮盖。当汽车被喷涂成两种不同的颜色时，应首先喷涂一种颜色。油漆干燥后，用 19mm 的胶带把这种颜色的周边遮盖。有些车身喷漆工喜欢选用细胶带，因为细胶带薄，可以精确地把两种颜色的漆面分开，留下的条纹少。然后，把该颜色的漆层用合适尺寸形状的遮盖纸遮盖好。

5）反向遮盖法。反向遮盖和流线边缘遮盖法常用在局部板件需要喷漆的情况下。如果必须沿一个曲面流线型边缘进行遮盖时，必须使用遮盖胶带。

六、喷底漆

1. 底漆。汽车用底漆就是直接涂装在经过表面处理的本身部件表面上的第一道涂料，它是整个涂层的开始。

2. 根据汽车用底漆在汽车上的所用部位，要求底漆与底材应有良好的附着力，与上面的中涂或面漆具有良好的配套性，还必须具备良好的防腐性、防锈性、耐油性、耐化学品性和耐水性。当然，汽车底漆所形成的漆膜还应具有合格的硬度、光泽、柔韧性和抗石击性等机械性能。

3. 底漆分类。目前，世界汽车生产中绝大多数采用阴极电泳涂料（CED）。阴极电泳涂料具有优异的渗透性，可均匀覆盖工件凹陷部位，并有极强的防腐性，但修车一般无法采用，底漆是直接涂覆于施工物体表面的涂料，它是工件表面的基础用料，既是腻子层中间的用料，又是底层涂料与面漆连接用料。

（1）根据底漆使用目的不同可分为头道底漆、头二道合用底漆、二道底漆、表面封闭底漆等。

1）头道底漆：颜料含量最低，填充性能较弱，具有较强的附着力，较难被砂纸打磨。

2）二道底漆：具有最高的颜料含量，它的功能是填塞针孔、细眼等，具有良好的打磨性。

3）头二道合用底漆：颜料含量比头道底漆多，相对地说，胶黏剂含量较少，附着力不如头道底漆强，而具有较强的填充性能，往往被用做单独的底漆，也可充作头道底漆。

4）封闭底漆：含颜料成分较低，主要用于填平打磨痕迹，给面层涂料提供最大光滑度，使面层涂料丰满，并可防止产生失光、斑点等现象。

（2）根据材质，可分为：

1）酚醛底漆。酚醛底漆是由酚醛或改性酚醛树脂与颜料、体质颜色料等制成的，含颜料和体质颜料较多，漆液呈浆状。颜色有铁红、灰色、锌黄，有一定的防锈能力及良好的附着力，耐水性好，并能耐硝基漆的“咬底”。

2）沥青烘干底漆。沥青底漆是由天然沥、合成树脂与干性植物油一熬炼后加颜料、体质颜料制成的黑色浆状。由于防腐蚀性能及抗水防锈能力强，且有良好的抗石击性，在汽车中常用于车架、车轮、挡泥板等部件做底漆，特别是经过磷化处理的耐附着力更强。

3）醇酸底漆。这也是汽车上常用的一种底漆，是由改性醇酸树脂、防锈颜料、体质颜料制成的。具有良好的附着力和防锈能力，干燥较快，能耐硝基，过氯乙烯漆的咬底。

4）环氧酯底漆。此漆的漆膜坚硬耐久，附着力较好，加上烘烤干燥，可提高漆膜的防潮、防盐雾及防锈能力，常与 X06-1 磷化底漆配合使用。

5）过氯乙烯底漆。此漆具有耐油、耐候性和三防性能，但其附着力差，施工中常在 60~65℃温度中烘烤 2h，可增强附着力及其他性能。常在湿热地区、化工产品、车辆和公共汽车中应用。

6）磷化底漆（双组分涂料）。此漆可增加有机涂层和金属表面的附着力，防止锈蚀，延长有机涂层使用寿命。有色和黑色金属漆底漆前的打底，可代替金属表面的磷化处理，也可用做烘烤面漆的底漆。但由于涂膜很薄，不能单独作为底漆使用，而必须与其他底漆配套使用。

7）聚氨酯底漆（双组分涂料）。此漆具有良好的附着力、耐水性、耐热性、耐化学性和三防性能。

8）硝基底漆。此漆由硝化棉、改性树脂和颜料等组成，漆膜干燥快，易打磨，常用于汽车耐汽油和耐润滑油部件打底。

9）丙烯酸底漆。此漆是由甲基丙烯酸酯 - 甲基丙烯酰胺共聚树酯与锶铬黄等颜料和有机溶剂等组成。附着力强，耐候、耐热、防潮、防腐和防霉性能良好。

4．合适的底漆涂层使面漆耐久、美观，如果底漆涂层不好，面漆的外观就会受到影响，甚至出现裂纹或剥落。

汽车车身经过涂装前表面处理后，一般可以直接喷涂头道底漆，对经过酸洗除锈的金属表面，在粗糙处理后，可涂一层磷化底漆，或新劲合金底漆、英国 ICI 耐用浸蚀底漆、美国杜邦 810R 防猎锈浸蚀底漆。使金属表面与底漆之间增加附着力。头道底漆的目的用于金属表面的防锈和防腐，增加腻子与车身金属表面的黏着作用。在喷涂底漆时，一般根据车型选择底漆。施工中建议的选择方案如下。

（1）国产客车的底漆选用。修补一般的国产客车喷涂底漆时，钢铁表面用 F06—1 铁红酚醛底漆，铝及铝合金等轻金属用 F06—1 锌黄酚醛底漆。

（2）中高级或进口乘用车的底漆选用。可用“新劲”防护绿底漆、P565—888 2K 快速厚膜底漆，CICP082—28 防浮红底漆、2K 双组分底漆、“杜邦”30SR 硝基底漆、150S 风干底漆或 1020R 多用途高膜厚底漆、鹦鹉牌 285—16 热敏性隔绝底漆。具体可根据原进口国制造厂商标定涂料来选用。

底漆的施工要求：施工应以喷涂为主，要求涂刷均匀，无漏涂，无流痕。

七、涂中间涂料（又称打腻子）

1．腻子是由大量的填充料和以各种涂料为粘结剂所组成的一种黏稠的浆状涂料。用来填嵌工件表面的气孔、裂纹、擦伤等缺陷，以获得均匀平整的表面。常用的填充材料：滑石粉、重质碳酸钙、沉淀硫酸钡、石膏粉、黄丹或红丹。

2．刮腻子原理。对于不够平整的表面，特别是经过钣金处理后的表面，由于凸凹较大，底漆很难将其填平，应把足够的填充材料堆积到一个表面上，当填充物干燥、收缩后，可以对多余的填充物进行打磨，从而减小整个表面的不平度，便于施涂面涂层，如图 4-6 所示。

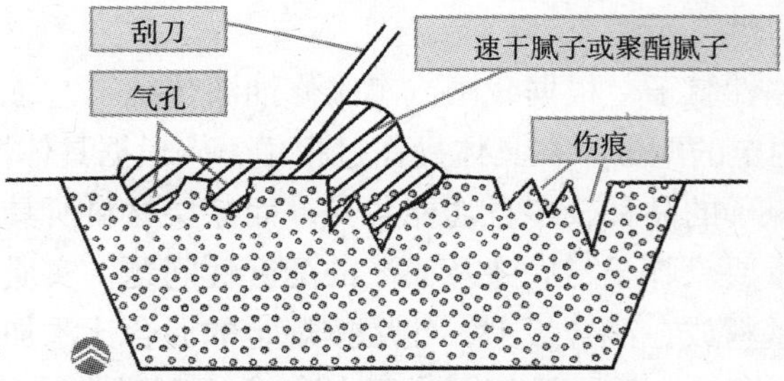

气孔和深的伤痕，用速干腻子或聚酯腻子填补。
用刮刀将腻子用力挤满空隙。

图4-6 刮腻子原理

3. 腻子的选用原则。腻子品种很多，有造漆厂制造的成品腻子，也有自行调制的油性腻子。在成品腻子中有常温干燥型、烘干型快干型腻子以及单组份和双组分腻子。使用时要结合具体施工对象，根据修复汽车的档次、损坏程度以及对外表面漆的要求灵活选用。

（1）要从涂料极性小来考虑其配套性。一般来说，极性大的材料其分子的结合力也越大；反之，极性小的材料其分子的结合力也越小。其中合成树脂类涂料（如氨基和环氧底漆、腻子、面漆等）的极性就大，而油基类涂料（如脂胶、酚醛底漆、腻子、面漆等）的极性就小，还有一种类型涂料（如醇酸底漆、腻子、面漆等）的极性介于前两者之间。一般底漆、腻子、面漆三者之间的极性应以相近或基本相近为宜，由此可获得可靠的附着力和层间结合力。

（2）根据填充层的厚度和用途等来考虑所选腻子。一般分为填充型、中间型和刮（喷）涂型。填充型腻子适用于填补构件表面上的较大凹陷或车身构件的接缝等。这种类型的腻子强度高、堆积性好，并且一次可刮较厚的涂层。而刮（喷）涂型腻子则适用于覆盖道痕、砂眼及构件表面上的较小的不平处，这种类型的腻子具有颗粒细腻、柔韧性好、易打磨和干燥后不变形等特点，但堆积性差。中间性腻子性能介于前两者之间。如果腻子选择得当，将会使构件表面达到平滑、匀顺、细致的目的，涂装面漆后能使漆面丰满、光泽突出。

（3）根据车型的不同选用腻子。国产客车大多用自制油性腻子。中、高级或进口乘用车多采用双组分原子灰，如新劲牌原子灰、幼滑原子灰、纤维原子灰、金属原子灰、合金原子灰、ICIP551—1050 原子灰、P551—1052 原子灰（万能原子灰）、P551—1059 原子灰、PPG 的 A656/663 多用途聚脂原子灰、A659 轻型聚酯腻子、A661 标准聚酯腻子、A662/A668 聚酯喷灰、鹦鹉牌 839—20 用途原子灰以及杜邦、关西原子灰等。

（4）按照干燥方式考虑所选腻子。醇酸腻子属常温自干型腻子，硝基腻子属于快干型腻子，环氧腻子、环氧酯腻子和氨基烘干腻子属于烘干腻子。

4. 常用工具。刮腻子是一项手工作业，常用工具有调拌腻子盒（木制或金属制作）、托腻子板、腻子铲刀、腻子刮刀（又分为牛角刮刀、橡皮刮刀、钢片刮刀）等。

5．调配腻子。

（1）配料。自制油性腻子：根据我国汽车维修油漆传统工艺，在自制油性腻子的调配与操作中，有一些固定的配方。在具体操作过程中，应根据具体情况（如天气、温度、湿度等）进行调配。腻子的品种较多且功能各异，而涂层材料所具有的配套性要求，使选用腻子的工作更为重要。腻子与底漆及面漆的配套性问题，实质上也就是极性的匹配问题。将适量的腻子基料放在混合板上，然后按规定的混合比添加一定量的固化剂，如图 4-7 所示。腻子与固化剂一般是以 100 : 2 至 100 : 3 的比例拌和。若固化剂过多，干燥后就会开裂；如果固化剂过少，就难以固化干燥。近来有一种方法将主剂和固化剂采用不同的颜色相区别，通过其混合后的颜色来判断其混合比。腻子主剂与固化剂拌和时，固化剂的容许量有一定范围，可以随气温的变化适当调整，具体数值应以产品说明书为准。

图4-7　配制腻子

（2）拌和腻子。为了减少空气对腻子的影响，应调制颜色均匀为止，调制量不宜过大，否则会增加调制时间使腻子较早地硬化。

6．刮涂腻子手法。填刮的目的是用较稠的腻子分若干次将构件表面凹陷填平。填刮时主要用硬刮具靠刮口上部有弹力的部位与手劲配合进行操作，如图 4-8 所示。靠刮所用的腻子稠度稍低，用于最后一二次的刮涂，用来平滑构件表面的腻子。刮涂时靠硬刮具以刮口上部起主要作用，将腻子刮涂，使腻子刮得薄、刮得亮。

刮涂腻子的方式有满刮和软硬交替刮之分，其中满刮又分为填刮和靠刮两种；软硬交替刮则有“先上后刮”和“带上带刮”之分。

刮涂要领是相同的，关键在于要仔细地刮出平面，同时尽量避免出现气孔。

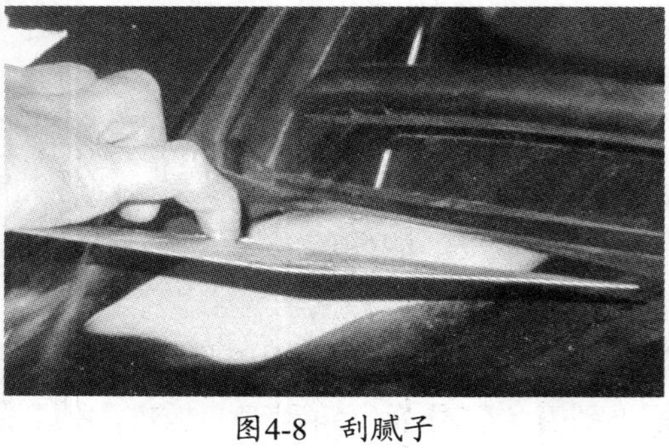

图4-8　刮腻子

软硬交替刮中的“先上后刮”，先将腻子逐一填满或挂平，然后再用硬刮具将其平整，适用于较大面积刮涂。“带上带刮”，即边上腻子边将其收刮平整，适用于较小面积或形状较复杂部位的刮涂。在刮垂直表面时，宜采用“软上硬收”，即先用软刮在垂直平面上刮挂腻子，然后再用硬刮具将腻子收刮平整，这样可使腻子不容易发生掉落现象。

在刮涂有平面又有曲面的构件时，宜采用“硬上硬收”法，即上腻子和收腻子都用硬刮具，使刮涂面平整。在刮涂单纯曲面构件时，宜采用“软上软收”法，即上腻子和收腻子时均采用软刮具，以利于按构件表面的图形刮出圆势来。

应将刮具轻轻向下按压，并沿涂面的长轴方向运刮；每次涂刮腻子的量要适度，以免造成蜂窝和针孔；待上一道腻子达到半干状态时再涂刮下一遍。

曲面刮涂，应使用橡胶刮刀，根据被刮涂面的形状，使用弹性不同的刮刀，可以促使作业合理化。

7. 刮腻子施工程序

在刮涂腻子时应注意：在直接刮涂前，应先将金属表面涂上与之配套的底漆，待完全干燥后才能刮涂腻子。

（1）第一道腻子的刮涂和打磨。腻子施工中，第一道腻子的目的是为了填刮较大凹坑，用硬刮具刮涂。当使用自制油性腻子时要调制成较硬些，分若干次将构件表面凹坑填平，施工时只求刮平，不求光滑。操作中不能来回刮涂，以免腻子中孔隙被粘死，造成长期不干。原子灰可用粗灰，是聚酯腻子加固化剂调合而成，刮涂时可以较厚，不会出现不干现象。刮涂时，应使刮刀与构件成60°，并略成弧形涂刮。

用手指甲检查腻子软硬程度，自制腻子一般隔夜后才干透，原子灰 1 ~ 2h。新施涂的腻子会由于其自身的反应热而变热，从而加速固化反应。一般在施涂以后 20 ~ 30min 即可打磨。如果气温低而湿度高，腻子的内部反应速度降低，从而要较长的时间来使腻子固化。为了加快固化，可以另外加热，例如使用红外线烤灯或干燥机加热。

（2）第二道腻子的刮涂和打磨。第二道腻子的刮涂目的，仍是以填平低处为主。自制油性腻子调制时要比第一道腻子油性略大些，刮涂厚度应小于第一道。若是局部补刮，则面积要略大于第一道。平面用硬刮刀，圆弯处可用橡皮刮刀。刮涂时应注意顺着汽车造型水平方向，从右到左，从上到下，为减少涂刮接头，刮涂时尽可能拉长一些。原子灰刮涂施工要求用自制腻子。

（3）第三、第四道工序主要是补缺。

八、打磨

当腻子干透后，然后进行打磨（注意：打磨太早腻子会继续收缩，打磨太迟则因腻子过硬不易打磨）。打磨的方法：可用手工打磨，也可用机械打磨；可干磨，也可湿磨。主要的打磨方法介绍如下。

1. 手工打磨。手工打磨适用于对小面积腻子的粗磨，包括大面积细磨，以及有些精细工作如对型线、曲面、转角、圆弧、弯曲部位的修整。手工打磨就是用磨块（木块或橡胶块）上包有 2 ~ 3 号铁砂布进行干磨，或用 100 号水砂纸沾水湿磨。手工打磨的一般程序是如下。

（1）选用与磨块大小相配的砂纸或者把砂纸裁剪好，使之与磨块尺寸相配。

（2）将砂纸固定在磨块上，把磨块平放在打磨面上，沿磨块的长度方向均匀施加中等程度的压力，不得急于求成而用力过猛，否则，如果腻子磨穿或磨出凹坑都将使前功尽弃。

（3）打磨时磨块做前后往复的摩擦运动，打磨行程为较长的直线。不要使磨块圆周运动，那样会在漆面上留下明显可见的磨痕。要想达到最佳效果，应始终沿车身外形线方向打磨。

（4）打磨过程中应充分注意露出的最高点，并以此最高点为准，多次用手摸出平整度加以修整。

（5）对于波浪形平面，可选用长一些的木块做衬块，打磨动作幅度可长些。

（6）对于局部补刮的腻子，打磨时要注意腻子层边缘的平整性，即腻子口要磨平，以防产生腻子层痕迹，并为第二道腻子的刮、磨带来方便。

（7）打磨型线或圆弧时，则应使用与其形状相近的仿形块打磨。

（8）干磨时，砂纸会被填料的粉末腻住。经常抖动、拍拍砂纸可以去掉一些粉末，也可使用涂有滑石粉的砂纸，这样可减少粉末的堵塞。湿磨时减少砂纸堵塞方法基本同于干磨，但还要用水湿润。

2. 机械打磨。常用的机械打磨机有圆盘式打磨机（图 4-9）和双作用打磨机，还有轨迹式打磨机和往复式打磨机。最常用的砂纸磨盘有 5in、6in、8in（12.7cm、15.2cm、20.3cm）3 种，用 80~180 号砂纸干磨或用 320 号砂纸湿磨。把没有黏性的砂纸粘贴在打磨机衬盘上。将其均匀涂开，把砂纸的中心与衬盘中心对正后，将砂纸紧压到衬盘上。如果用的是自粘贴砂纸片，只要将二者中心对正压紧即可，但在压紧前一定要把中心对准。打磨操作完成后立即把砂纸从衬盘上取下来，否则黏结剂凝固后砂纸与衬盘就会贴得很牢固。一旦粘牢，就要用抹布蘸溶剂将黏结剂溶解，才能取下砂纸。

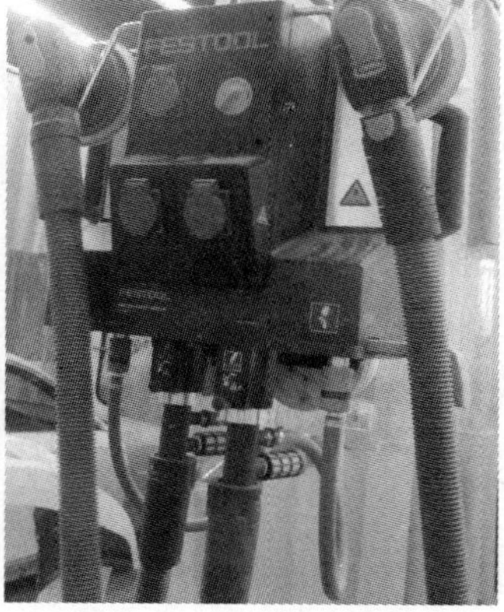

图4-9　无尘圆盘打磨机

机械打磨操作方法是：用双手把持打磨机手柄，先用粗砂纸打磨。当腻子表面的刮痕基本消除后，应及时更换细砂纸磨至腻子表面与周围高度相近，以留出足够的手工细磨余量。为使机械打磨的腻子表面均匀、平整，走向进行。机械打磨时，如果出现了结球现象就应及时更换砂纸，否则会堆积在一起划伤表面，并降低磨具的打磨效果。

在刮涂与打磨完后，需等待被打磨后的腻子干燥，然后涂底漆。可以涂刷（或喷涂）一层 F06—1 酚醛底漆。在涂刷底漆时要用 200 号溶剂油稀释，并搅拌均匀，对原子灰腻子则不需要涂底漆。

第二道腻子的打磨，一般采用湿磨，根据腻子层的厚薄可选用 120~180 号水纸。打磨时用木块或橡胶块衬平水砂纸沾水，对满刮腻子的打磨以汽车流线形方向为主，横向打磨为副，来回幅度要长些。打磨动作要均匀平稳，并经常用手摸纵横面的平整性，要注意磨平腻子与旧漆交接处的“口子”,同时对构件边缘残余腻子用手衬砂纸将其磨光滑。

打磨完后等腻子干燥后再涂底漆，要求同第一道工序涂底漆。

九、喷漆

1. 选用涂料。

（1）按被涂物面材料。由于各种物面材质的极性和吸附能力不同，涂料与物面材料适应性见表 4-1。

表4-1　各种涂料与物面材质的适应性

被涂材质 / 涂料品种	钢铁	轻金属	塑料	木材	皮革	玻璃	织纤维
油脂漆	5	4	3	4	3	2	3
醇酸树脂漆	5	4	4	5	5	4	5
氨基树脂漆	5	4	4	4	2	4	4
硝基漆	5	4	4	5	5	4	5
酚醛漆	5	5	4	4	2	4	4
环氧树脂漆	5	5	4	4	3	5	—
氯化橡胶漆	5	3	3	5	4	1	4
丙烯酸酯漆	4	5	4	4	4	1	4
有机硅漆	5	5	4	3	3	5	5
聚氨酯漆	5	5	5	5	5	5	5
注：5—表示最好，1—表示最差							

（2）按涂料施工条件。不同涂料的性能差异，要求的施工方法就不同，因此选用涂料要根据现有的涂装设备和涂料所适应的涂装方法进行选择，涂料与施工方法适应性见表 4-2，施工方法与涂料适应性见表 4-3。

表4-2　各种涂料与施工方法的适应性

涂料品质 / 环境条件	酚醛漆	沥青漆	醇酸漆	氨基漆	硝基漆	过氯乙烯漆	丙烯酸漆	环氧漆	聚氨酯漆	有机硅漆
一般条件下使用，但要求耐候性及装饰性好			★		★		★		★	
一般条件下使用，但要求防潮性及耐水性好	★	★					★	★	★	
化工大气条件下使用或要求耐化学腐蚀性较好	★	★				★	★	★	★	
在湿热条件下使用，要求三防性能好	★			★		★	★	★	★	
在高温条件下使用										★

表4-3　各种施工方法与涂料的适应性

施工方法	刷涂	浸涂	电泳	压缩空气喷涂	高压无气喷涂	静电喷涂	静电粉末喷涂
使用涂料	油性漆、酚醛漆、醇酸漆	各种合成树脂涂料	各种水溶性电沉积涂料	各种硝基漆、氨基漆过氯乙烯漆等	各种类型涂料特别是厚浆料，高不挥发分涂料，但不宜于粒度大的颜料涂料	合成树脂涂料，高不挥发分涂料	粉末涂料

（3）按涂料的配套性。在汽车涂装中，各种底漆、腻子、面漆，由于其性能不相同，并不是都能搭配。如果配套不当，会产生涂膜间附着力差，起层脱落，咬底泛色等现象，严重影响施工质量，建议见表4-4。

表4-4　各种面漆与底漆和被涂物面材料搭配

面漆类型	黑色金属	铝、镁及铝镁合金	锌及锌合金	铜及铜合金
酚醛漆	酚醛底漆 醇酸底漆	锌黄纯酚醛底漆 磷化底漆	锌黄环氧底漆 锌黄环氧醇酸底漆	酚醛底漆 磷化底漆
沥青漆	沥青底漆 酚醛底漆	沥青底漆	沥青底漆	沥青底漆
醇酸漆	醇酸底漆 环氧底漆	锌黄酚醛底漆 锌黄醇酸底漆	醇酸底漆 磷化底漆	醇酸底漆
氨基漆	醇酸底漆 氨基底漆 环氧底漆	锌黄环氧底漆	酚醛底漆 磷化底漆	环氧底漆
硝基漆	酚醛底漆 硝基底漆 环氧底漆 醇酸底漆	锌黄酚醛底漆 锌黄醇酸底漆 锌黄环氧底漆	酚醛底漆 醇酸底漆 环氧底漆	酚醛底漆 环氧底漆
过氯乙烯漆	酚醛底漆 醇酸底漆 过氯乙烯底漆 丙烯酸底漆 磷化底漆	锌黄酚醛底漆 锌黄醇酸底漆 锶黄、锌黄丙烯酸底漆 磷化底漆	酚醛底漆 醇酸底漆 环氧底漆 磷化底漆	酚醛底漆 过氯乙烯底漆 丙烯酸底漆 磷化底漆
丙烯酸漆	酚醛底漆 醇酸底漆 环氧底漆 丙烯酸底漆 磷化底漆	锌黄酚醛底漆 锶黄、锌黄丙烯酸底漆 磷化底漆	酚醛底漆 环氧底漆	酚醛底漆 环氧醇酸底漆
环氧漆	环氧底漆	锌黄环氧底漆	环氧底漆	环氧底漆
聚氨酯漆	聚氨酯底漆 硝基二道底漆	锌黄聚氨酯底漆	聚氨酯底漆	聚氨酯底漆

（4）按原车用漆。原车漆型号的常见标注部位如图 4-10 所示。

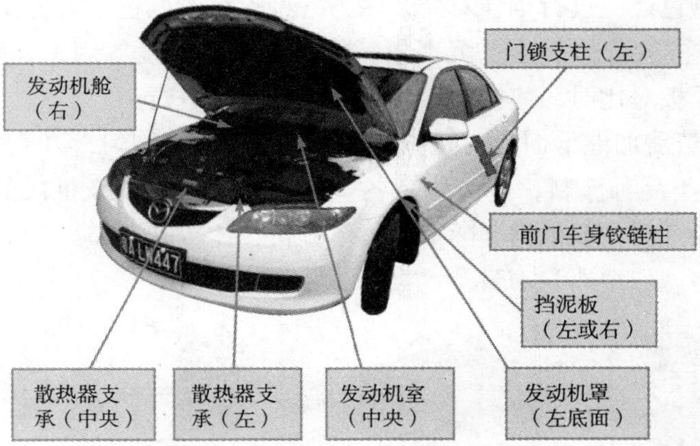

图4-10　原车漆型号的常见标注部位

2．面漆的配色（调漆）。

（1）颜料。颜料分为有遮盖力的颜料、半通透的颜料、通透颜料、金属色（铝粉颜料）、云母颜料（珍珠色母）。

① 有遮盖力的颜料主要用于素色；通透性的颜料和铝粉或云母一起被用于金属色、珠光效果色彩、珍珠幻彩中。

② 在素色漆中颜料自身提供遮盖力；在金属色中，主要是铝粉粒子提供遮盖力。

③ 铝粉颜料中含有一层一层像瓦片那样重叠排列的铝粉颗粒，通透的颜料仅使穿透它的光轻微带上某种色光，色光被铝粉颗粒反射出去，铝粉充当的角色就好像是一面面微小镜子。

④ 云母颜料的机理则不同。云母颜料含有大约 0.4mm 厚的云母薄片。

（2）色母。当制造涂料时，颜料被粉碎后和色浆混合均匀，加入适量的溶剂，这个过程叫做分散。通过此种方法可以使每个颜料颗粒外面包覆一层薄薄的色浆薄膜，形成胶囊状的结构，分散的结果是可以得到高浓度的色浆。接下来，透明色浆、溶剂、添加剂加到油漆中，使其得到保护性能。通过这种方式得到的是只含有一种颜料的涂料，叫做色母。色母是按其中所含有的颜料而分类的。分成：通透的色母、半通透的色母、有遮盖力的色母、铝粉色母、珍珠效果色母及珍珠幻彩色母。

（3）调漆的注意要点。

1）配色时所采用的色漆的基料必须相同，以保证混溶性，如醇酸涂料不能与硝基涂料混合，不然会导致树脂析出、浮色、沉淀甚至报废。

2）配色时应在容器中先加入在配色中用量大、着色力小的色漆或近似所需色的色漆，然后再加入其他颜色的漆，边加边搅拌均匀，在颜料调配快接近时，应缓慢加入，以防止过量。

3）调配颜色应在晴天或可重现自然光的配色灯的情况下进行，否则将造成过大的比色误差，涂料颜色还应进行干样对照，因为各种涂料的颜色在湿时要比干时浅一些。

4）要注意颜料本身的上浮下沉现象，粒度与干燥速度等因素，一般色漆较稠时，浮色较慢，故在样板对比时，应按施工黏度和干燥条件进行。

5）调配色漆若需加催干剂，则应在配色前加入并搅拌均匀，以免影响色调。

6）使用同一类品种涂料，也应注意各生产厂和生产日期及批次的区别，这些不同也有可能造成颜色差异，要根据实际情况具体分析、比较和调整。

（4）配色程序。如图 4-11 所示。

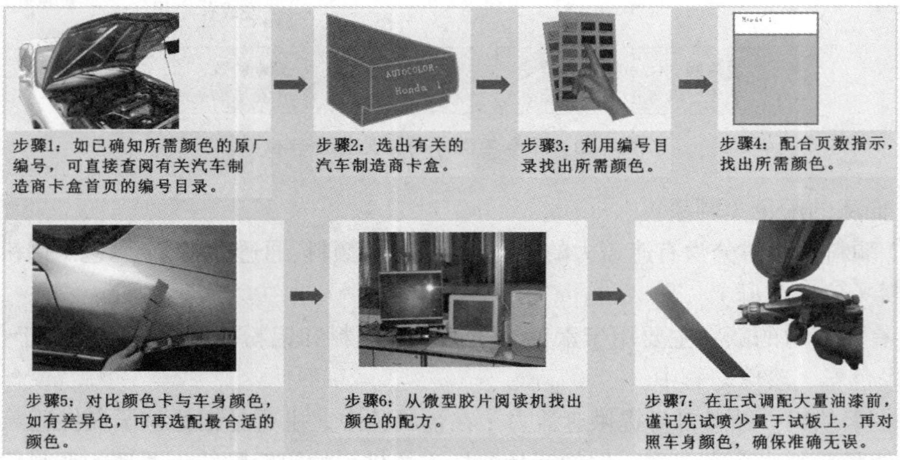

图4-11　配色

注意：

1）当有一种以上的面漆可供选用时，首先要选择正确的缩影胶片配色表，并须确定该胶片是最近期的。

2）配色之前，搅拌机应先运转一段时间，15min 左右。

3）所有的配色表上所列的数字均为累积数值，调配时无须计算，可使配色人员专心倒漆。

4）除了第一个倒入的色母外，如果倒入了过量的某色涂料，不要试图去加减其他色母作为调整以求挽回，应从头开始调配一份新的。

5）当配方表上所列各项成分加定后，使用前仍需彻底搅拌。

6）调色设备。随着我国进口汽车的增多，汽车漆的色彩日渐繁多和复杂，巴斯夫、杜邦、阿苏、PPG 等世界知名油漆公司也相继进入我国，这些公司对色彩都有专门的研究调制机构。在进行调色时用到的主要设备有：调漆机、阅读机、调色电脑、电子秤、配方微缩胶片、比色卡、比例尺等。

3．喷涂技术及施工。

（1）汽车生产厂家往往采用浸涂或电泳法涂装；驾驶员自己局部涂装时也可刷涂或

使用“补漆笔”或“自喷漆”，而汽车维修企业一般都采用空气喷涂或空气静电喷涂，空气喷涂的优点主要是：设备简单，容易操作，能够获得厚薄均匀、光滑平整的涂层膜，使有缝隙、小孔的物件，以及倾斜、弯曲的地方均能喷到。

（2）喷涂技术简介。喷漆是一项技术性工作，过去汽车喷涂以色漆（白、蓝、黑、红等单色以及相关复色等）为主，相对来讲对修补漆的喷涂要求不高。然而随着金属闪光漆以及珠光漆的迅速增长，甚至过去比较少见的浅色金属闪光漆也越来越多。随着汽车漆档次的越来越豪华，汽车修补漆的性能不断提高，对喷漆工的要求也提高了。例如，对喷涂浅色金属漆的施工稳定性、色差等质量控制，都存在不同程度的难点，尤其是它的“视角闪色效应”（从正面、侧面观察其明度、色相以及彩度等的不相同）上比深色漆要敏感得多。所以在喷涂浅色金属闪光漆时，更应该按照所采用的汽车修补漆的施工要求，严格地控制涂装条件及工艺。

总之，汽车漆喷涂时，不仅要认真选择所有的材料、施工工具，而且对施工环境（温度、湿度）的控制、冬夏季节稀释剂的选择以及喷枪的调整等都必须认真对待，如果忽视任何一个环节都可能造成灾难性的后果。

（3）技术要领。

① 当以两种颜色漆喷涂车身时，需用粘贴带和报纸将已喷涂的一种颜色漆表面遮盖，然后再喷涂另一种颜色漆。补漆时更要注意遮盖不喷部位。

② 为了保证品质，用硝基磁漆喷涂一般金属时，汽车为 6 层。

③ 每层喷完后，需自然干燥 1.5min 才喷第二层，但第三层和第六层必须在干燥室内以 55~60℃进行人工干燥，然后再在空气中冷却 5~10min，才能按下项规定进一步加工。

④ 第三层喷涂完并经人工干燥后，应用 360 号防水砂布磨光全部喷漆表面，然后用水洗涤，用干布擦干，并在已擦出底漆的地方补加喷漆。

⑤ 在最后一层喷涂完并经人工干燥后，应用专门抛光蜡和洋干漆棉沙团，加以抛光，以使漆层发出光泽。

（4）影响喷漆质量的主要因素。

① 黏度。黏度是液体分子间相互作用、并由此产生阻碍分子间相对运动能力的量度，也可以称其为液体流动阻力（内摩擦力）。通常所说漆料的稀与稠，实际上就是指其黏度的大小，溶剂、稀释剂及温度的变化对液体流动性都有影响。同样，也正是流动性决定漆料的雾化质量、在构件表面的流动性以及喷涂设备的类型。

制备漆料时，要严格按照油漆供应商提供的技术要求，用最适合修理美容车间的温度和条件的稀释剂，把油漆稀释至适当的黏度。否则，黏度过高将会使表面粗糙不匀，产生针孔和气孔等缺陷，黏度过低会造成挂流、失光，使漆膜不丰满。所以，车身涂漆中应根据技术要求调整黏度，并养成使用黏度计进行测试的习惯。

稀释剂的用量应与温度无关。温度较高时，稀释后的漆料实际黏度可能稍低一些，但被从喷枪抵到构件表面时的过程中，稀释剂挥发较快抵消掉。结果油漆抵达被涂构件表面时的黏度正好适合。相反，室温较低时，稀释后的漆料黏度较高，但挥发慢，抵达构件表面时黏度正好。

② 温度。汽车漆叶涂和干燥时的温度对漆面的光洁影响很大，这里既指叶漆室的温度,也指构件的表面温度。把热漆喷涂到冷构件或把冷漆喷到热构件上都会破坏流动性。稀释剂也应根据天气的冷暖来选用。

（5）喷枪。按涂料进给方式分为三种，如图 4-12、图 4-13、图 4-14 所示。

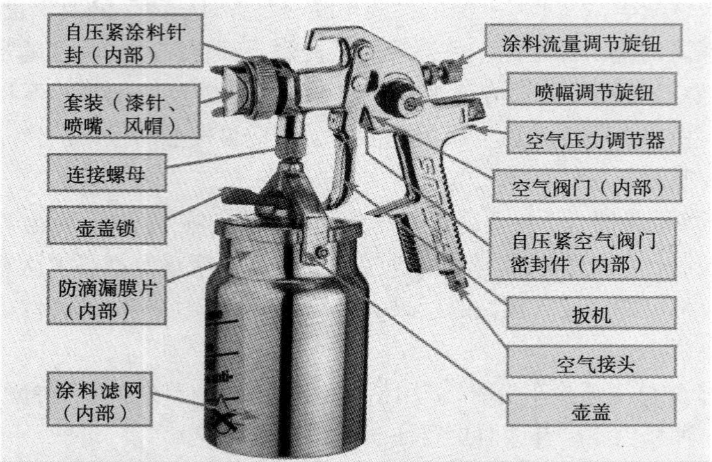

吸力进给式空气喷枪是使用最普遍的一种喷枪。油漆置于罐内，扣动扳机，压缩空气冲进喷枪，汽流经过气帽开口时形成局部真空，罐中的油漆被真空吸往已开启的针阀，形成雾状喷射流。

图4-12　吸力进给式喷枪

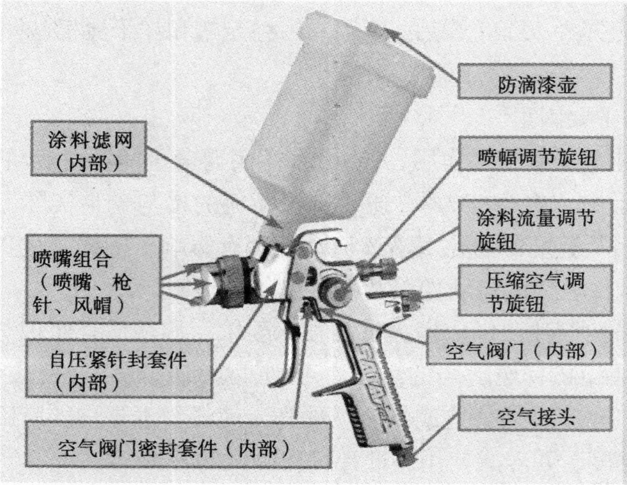

重力进给式空气喷枪是利用油漆自身重力流入喷嘴进行雾化喷射的。这种喷枪适用于较稠的涂料（如车身填料）的喷涂。

图4-13　重力进给式喷枪

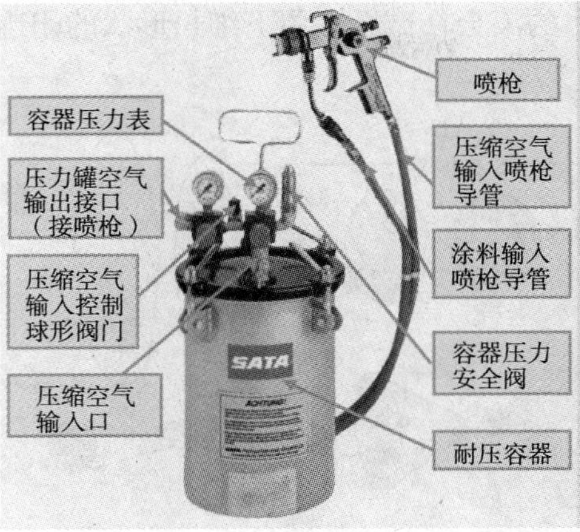

压力进给式空气喷枪是利用压缩空气进入油漆罐中，推动油漆从细管进入喷嘴的。

图4-14　压力进给式喷枪

（6）喷涂施工。在作业区内从事喷漆作业，如使用腐蚀剂、脱脂剂，喷涂底漆和面漆时，都会排出有毒气体或颗粒。这不仅对人身体有害，还会严重污染大气，且对喷漆质量也有影响，必须强制通风和净化。

要使喷漆获得平整光滑、厚薄均匀、光照如镜的漆面，除了涂料的品种质量，被喷涂构件的底层基础外，更重要的是有丰富的喷涂经验和正确的操作技术。在使用喷枪喷涂操作时，操作人员必须掌握好最基本的喷枪调整和基本的使用方法。

1）喷枪的调整。雾形的好坏取决于漆滴混合得好坏，漆料应该在构件表面上形成平滑的中湿涂层，不能出现流挂。如果做好以下三项基本的调整，就可以在正常条件下获得合适的雾形、漆膜湿度和气压。另外在操作时应注意：最佳喷雾压力是指能获得理想的雾化程度、流速和喷束宽度的最小压力。压力太高会因飞漆而浪费大量油漆，抵达构件表面前溶剂挥发快导致流动性差；压力太低会因溶剂保留得多造成干燥性能差，漆膜容易起泡和流挂。气压值应随喷涂漆料的不同而不同。

① 气压调整。由于有摩擦，空气从干燥器——调压阀流到喷枪时压力有所损失，其差别取决于输气管的长度和直径。测量这一压降的方法是在软管接头和喷枪之间接一个调压阀，用来检查和控制喷枪压力。合适的喷涂气压能获得适当的喷雾、散发率和喷幅的最低要求。压力过低可能会雾化不好，油漆像雨淋一样喷涂到构件的表面，容易产生“流挂”、“针孔”、“起泡”等现象。而压力过高可能会过度蒸发，严重时形成所谓干喷现象。选择正确的喷涂气压与多种因素有关，如涂料的种类，稀释剂的种类（快、慢），稀释后黏度等。在喷涂操作时尽量使液体物料雾化，同时又要求液体物料中所含溶剂尽可能少的蒸发。一般调节压力为0.35~0.5MPa，或进行试喷而定。要养成严格遵守油漆厂商产品说明书所提供的施工参数的良好习惯，以便达到理想的效果。

② 用雾形控制阀控制雾形。把控制阀全拧进去可得到最小的圆形喷束，把旋钮全拧出来得到的雾形最大，如图4-15所示。喷涂前必须在遮盖纸上测量雾形，这一点很重要，是对喷枪的距离、气压的综合性的测定。试验时喷嘴与墙面相距约手掌打开时一手宽，

把扳机扳到底再立刻放开，喷出的漆会在试纸上留下细长形状的印迹。然后测试雾形内油漆分布的均匀性。

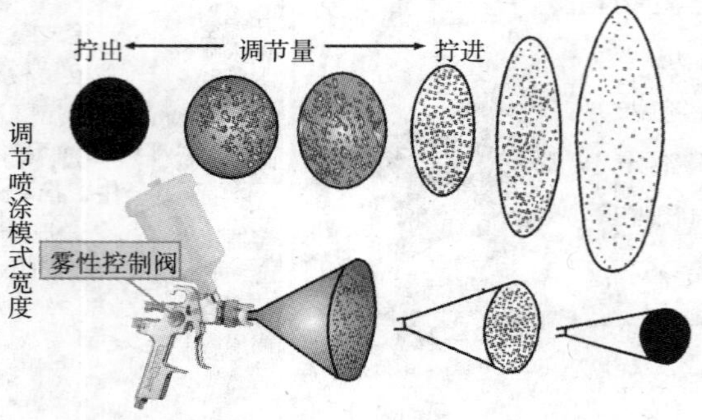

图4-15　用雾形控制阀控制雾形

放松气帽卡环，拧动气帽，使气帽角处在垂直上下的位置，这时气帽产生的雾形是水平方向。再次喷涂，这次一直扳住扳机，直到漆液开始往下流（此为淹没雾形）。检查各段流挂的长度，如果各项调整正确，各段流挂的长度近似相等，如图 4-16 所示；如果喷束太宽或气压太低，流挂呈分开形状，可把雾形控制阀拧紧半圈，或把气压提高 34.5kPa，交替进行这两项调试，直到流挂长度均匀。

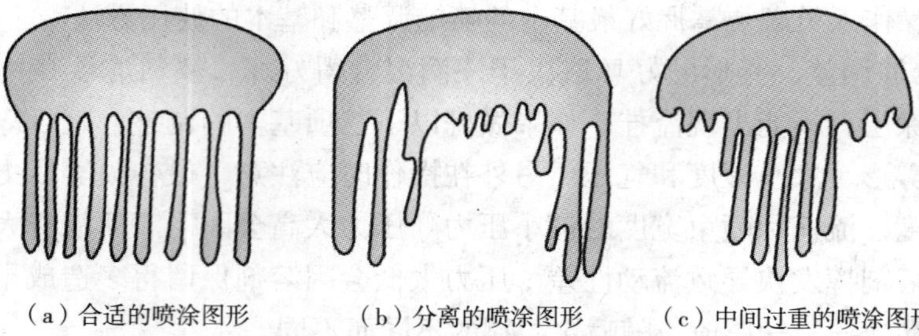

图4-16　按流挂调整雾形

如果流挂中间长两边短，则是因喷出的漆太多，应把控漆阀拧紧，直到流挂长度均匀。

③ 用漆流控制阀，按选定雾形调整漆流量，如图 4-17 所示。在操作时应按具体要求进行调整。

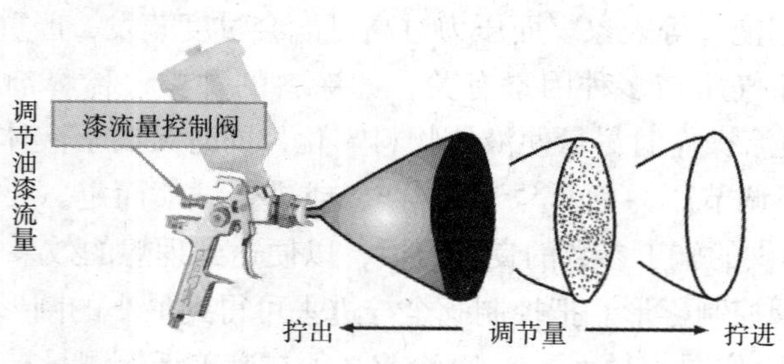

图4-17　按选定雾形调整漆流量

2）喷枪的使用方法。

① 掌握好喷枪在移动过程中与被喷构件的角度，如图 4-18 所示。为了便于操作，操作人员应以一字步或丁字步站立，在喷枪移动过程中，不论是横形的喷雾还是纵形的喷雾，在上下或左右移动时，均要保持喷枪与工作表面成 90° 直角，并以与表面相同的距离和稳定一致的速度移动，否则漆膜可能不均匀。决不可由手腕或手肘做弧形的摆动，否则被涂构件的漆雾流厚薄不匀，厚处可能出现“流挂”，薄处可能出现“露底”，一部分漆雾在空气中流失。只有在小面积喷涂时才允许喷枪作扇形摆动，因为这时要求漆膜中间厚两边薄。

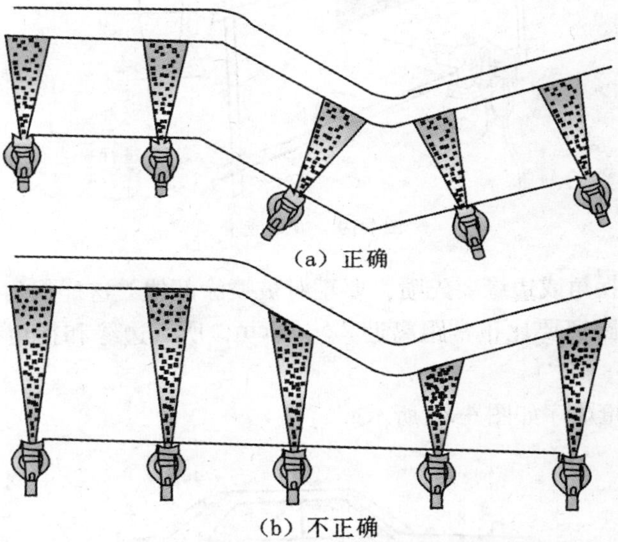

（a）正确

（b）不正确

图4-18　掌握好喷枪在移动过程中与被喷构件的角度

② 掌握喷枪嘴与被涂构件之间的距离。一般喷涂距离为 20cm 左右（可按油漆供应商提供的工艺条件操作）。如果距离太近，会因速度太高而使湿漆膜起“桔皮纹”或“流挂”；如果距离太远，稀释剂挥发太多，会形成砂状表面，还会使飞漆增多。而正常的喷涂距离应与喷枪气压、喷枪的扇面调整大小以及涂料的种类相配合。

③ 掌握好喷枪移动的速度。喷枪的移动速度与涂料干燥速度、环境温度、涂料的黏度有关。移动速度约为 0.3m/s。移动速度过快，会使漆膜粗糙无光，漆膜流平性差；移动过慢，会使漆膜过厚发生流挂。所以速度必须一致，否则漆膜厚薄不匀。喷涂过程中绝对不能让喷枪停住不走，否则会产生流挂。使用干燥较慢的涂料，可适当提高移动速度至 0.4~0.8m/s。

④ 掌握好喷涂方法、路线。喷涂方法有纵行重叠法、横行重叠法和纵横交替喷涂法。喷涂路线应按从高到低、从左到右，从上到下、先里后外顺序进行。应按计划好的行程稳定地移动喷枪，在抵达单方向行程的终点时放开扳机；然后再扳扳机，开始相反方向仍按原线喷涂，在行程终点关闭喷枪可以避免出现流挂，并把飞漆减少到最低。各涂层

之间要留出几分钟的闪干时间。

对竖直面板通常从板的最上端开始，喷嘴与上边缘平齐。喷枪第二次单方向移动的行程与第一次相反，喷嘴与第一次行程的下边缘平齐，雾形的上半部与第一次雾形的下半部重叠，重叠幅度应第二层与上一层重叠约 1/3 或 1/2，如图 4-19 所示。下半部喷涂在未喷涂过的区域，应一直与前次喷涂部分的“湿边”混涂，开始喷涂的搭接处选择合适，可避免出现双涂层和流挂。

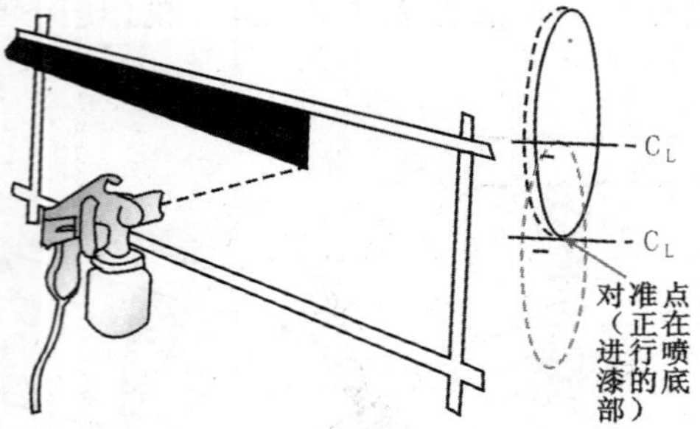

图4-19 喷迹重叠

难喷部位，如拐角或边缘要先喷，要正对被喷涂部位，这样拐角或边缘的两边各得到一半喷漆。喷枪距离要比正常距离近 2.5~5.0cm，所有边缘和拐角都喷好后再喷水平表面。

整车喷涂的走枪顺序如图 4-20 所示。

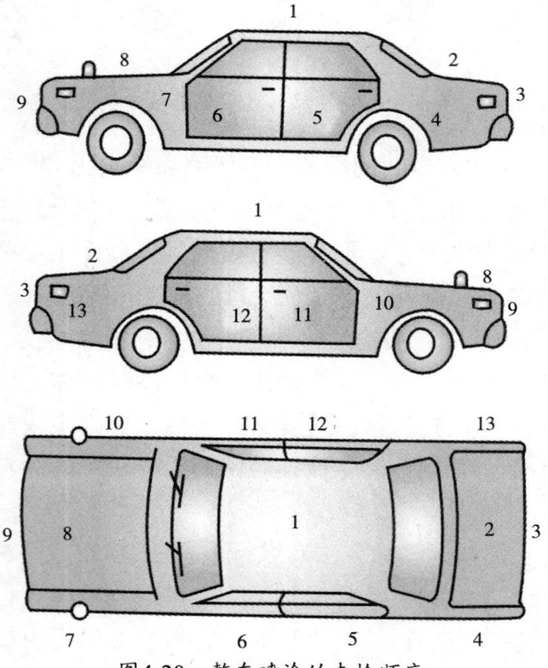

图4-20 整车喷涂的走枪顺序

在横向排风的房间里，离排风扇最远的地方首先喷涂，从而能保证附在喷漆表面的灰尘最小，使漆面更光滑。各涂层之间要留出几分钟的闪干时间。

（7）喷涂常见的漆面缺陷。

1）倾斜。主要是由于喷枪与被喷涂表面不垂直，这样因倾斜造成漆膜厚度不均匀，飞漆过多，出现砂状和桔皮。

2）走弧线。喷枪移动路线与被喷涂表面不平行，而是两端喷枪距离较远，中间却距离较近，结果也是使漆膜厚度不均匀，飞漆过多，也出现砂状和桔皮现象。

3）移动速度不当。太快时油漆不能均匀覆盖表面，太慢则容易出现流挂。

4）重叠不当。行程重叠不当，结果使漆膜厚度不匀，色调不一，出现流挂。

5）过量喷涂。每一行程开始或结束时，不能很好地控制扳机，结果导致或是开始时扳机过早，或是行程结束时扳机过晚，以致行程开始或结束时产生许多飞漆，并使油漆堆积过厚。

6）覆盖不当。喷涂到构件边缘时不能准确地控制扳机，或行程开始时扳机晚了，或行程结束覆盖范围不适合，造成漆膜厚薄不均匀。

以上各项漆面缺陷，只要掌握操作要领，经过不断实践是容易克服的。

（8）喷枪的故障排除。如表4-5所示。

表4-5 喷枪的故障排除

原　因	对　策
A、喷枪漏气	—
空气阀或阀座被污物堵塞	清理
空气阀或阀座损坏	修理或更换
空气阀弹簧断裂	更换
后座磨损太松	拧紧垫座或更换密封
顶针缺润滑油	加轻润滑油
顶针弯曲	更换
压盖螺母太紧	松开一点，在填料上加油
密封损坏或没装	更换
B、漆液泄漏	
前垫座磨损，喷嘴端部磨损或裂纹	拧紧喷嘴，更换有裂纹的喷嘴
顶针或喷嘴损坏使顶针无法到位	修理或更换
喷嘴堵塞，顶针封闭不严	取下喷头清洗
螺母太紧	松开一点
压紧螺母松动	拧紧螺母
顶针弹簧断裂	更换
垫圈损坏	更换
顶针填料缺油	注油，然后拧紧螺帽

续表

原因	对策
C、雾束顶部或底部太大	
漆料喷嘴顶或底部堵塞	清洗
空帽或漆料喷嘴被污染	清洗
犄角气孔部分堵塞	清洗
D、雾束不稳，时大时小	
出漆孔堵塞	清洗
喷杯中涂料不够	加足涂料
喷枪倾斜角度太大	增加喷杯中的涂料
喷杯上空气出口被堵	清洗
连接喷杯或压料罐的管道破裂或安装不紧	紧固所有接头，更换损坏管道
喷嘴松动或喷嘴座损坏	拧紧喷嘴或更换喷嘴座
涂料粘度太大	稀释涂料，或改用压送式
喷杯与枪体间联接螺母松动、污染或损坏	拧紧、清洗或更换
填料缺油或顶针螺母松动	加轻润滑油、拧紧
空气压力过低、漏气	提高空气压力，修理漏气处
钉塞密封漏气	旋紧密封螺钉，使密封垫压缩，补偿磨损
E、雾束集中	
对扇幅而言，供漆量太大	减少供漆量，将雾束控制阀开大些
对压送式喷枪，空气帽选小了	换大一些
对压送式喷枪，空气压力太小	增加空气帽中雾化空气压力
喷嘴尺寸太大	更换尺寸小些的
F、雾束分散	
对于扇幅而言，供漆量太小	增加供漆量或减小一些扇幅
对压送式喷枪，雾化压力太高，供漆量不足	增加些压料的压力，同时降低雾化压力
喷嘴尺寸太小	更换尺寸大些的
G、漆雾无圆形雾状	
气流喷嘴和喷嘴的安装密封面积有余漆，影响扇形和圆形雾状气路匀通	检查气流喷嘴和喷嘴密封面，消除异物
喷嘴与枪体密封面扇形雾状气路和圆形雾状气路窜通	检查喷嘴与枪体密封面，使扇形气路与圆形雾状气路各自隔绝密闭
H、雾束偏右或偏左	
犄角右边或左边部分堵塞	清洗
漆料喷嘴右边或左边被污染	清洗

（9）喷枪的维护保养。

1）空气帽的清洗。把空气帽从喷枪上拆下来，浸泡在清洁的稀释剂里，用圆头牙签或其他毛刷洗刷气孔（绝对不能用金属丝捅这些精密小孔），再用压缩空气吹干。清洗后，要把反空气帽在喷枪上装配好，试喷、观察雾束分布情况，决定是否还需要再次清洗。

2）虹吸式喷枪和喷杯的清洗。对虹吸式喷枪，清洗首先取下漆杯，但不取下输漆管，仍留在杯里，再把气帽拧松 2 ～ 3 圈。用布把气帽盖住，扳动扳机，让枪中残留的漆液流回到漆杯内。再拧紧气帽，把漆杯中的漆倒回原容器。用稀释剂和细软毛刷清洗漆杯和杯盖，最后用蘸有清洁稀释剂的抹布将杯擦拭干净。然后将清洁的稀释剂倒入喷杯内（约 1/3），用喷稀释剂以清洗漆液管，最后用抹布蘸清洁的稀释剂将喷枪外部擦拭干净。

3）压送式喷枪的清洗。对于压送式喷枪，先关闭油漆罐的压缩空气，从泄压阀或调压阀泄压，然后拧松气帽2～3圈，用布把气帽盖住。扳动扳机，让涂料由软管回到漆罐内。清洗油漆罐并加一些稀释剂在油漆罐内，把油漆罐再安装好，打开所有的空气阀，扣动扳机，使溶剂通过软管流动，以达到清洁软管的目的，通过压缩空气10~15min，将软管吹干。随后清洗喷枪和空气帽（同空气帽和虹吸喷枪的清洗方法），最后再次清洗油漆罐。

4）喷枪的注油。每次使用喷枪后，都要注几滴轻机械润滑油，将喷枪各部位的零件润滑。润滑时要特别小心，不要润滑过量，多余的润滑油可能会溢到油漆通路上，混入漆中，破坏漆面。如果每天都要使用喷枪，则要在有弹簧的部位（如控制漆料的顶针弹簧和空气阀的弹簧）加一些轻润滑脂。

十、面漆层干燥（烤漆）

面漆干燥应在微风无尘的较高温度环境中进行，因为汽车维修主要是局部喷漆，所以干燥时常采用可方便调节的组合式红外线烤灯，如图 4-21 所示。

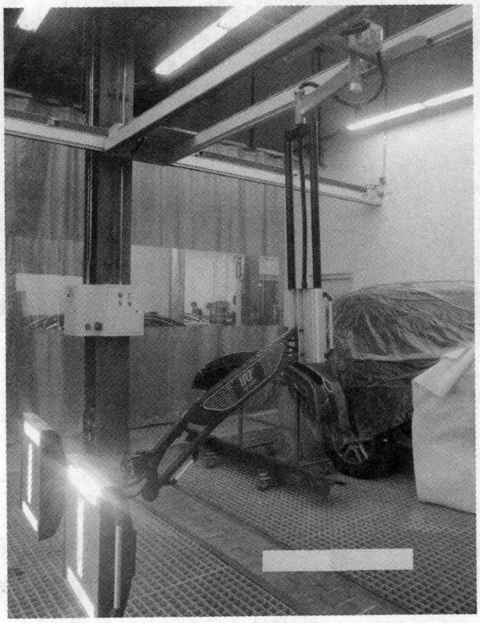

图4-21　烤灯

十一、打蜡抛光

1. 车蜡。

（1）去污蜡：具有去污、除锈、防垢、保持光亮的功能。恢复漆面及金属面的鲜艳色泽。使用方法：在不洁器具表面涂抹。适用范围：汽车车身。注意事项：不可在车身温热时使用。

（2）光亮蜡：光亮持久，品质稳定。在漆面形成保护膜，防止氧化、酸蚀、雨水侵蚀。使漆面不沾灰尘。内含色彩鲜艳剂。如漆面沾着污物，请用“去污蜡”除垢后，再涂抹。使用方法：涂抹车身表面。适用范围：汽车车身、各种金属制品及木制品。

（3）保护蜡：以蜡为基础。除去油污、柏油，防止生锈，产生稳定、防水的保护膜。使用方法：洗净汽车，完全干燥，使用前摇动罐子，均匀喷涂即可。适用范围：汽车的表面及槽沟。注意事项：不可使用在以桐油为基础的油漆面上而且易燃。

2. 上蜡。上蜡可分手工上蜡和打蜡机上蜡两种，手工上蜡简单易行，打蜡机上蜡效率高。无论是手工上蜡还是打蜡机上蜡，都要按一定的顺序进行，要保证车身漆面涂抹得均匀一致。上蜡时每次不要涂得太厚，上太多的蜡不但造成成本的增加，而且会增加抛光的工作量，还容易沾上灰尘，使抛光摩擦时有可能产生划痕。

① 手工上蜡。首先将适量的车蜡涂在海绵上，然后按一定顺序往复直线或环形均匀涂布，如图 4-22 所示。

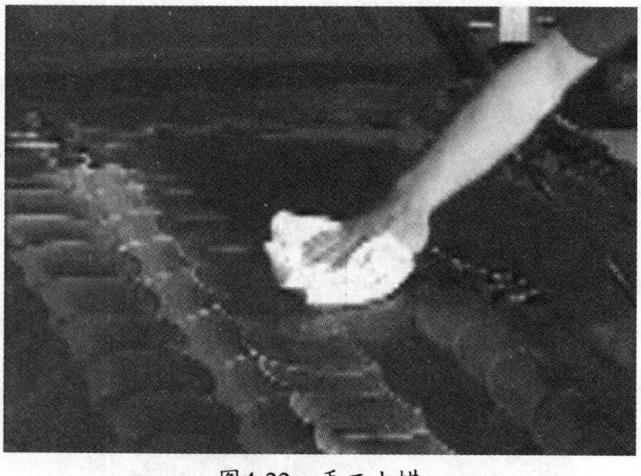

图4-22　手工上蜡

② 打蜡机上蜡。将车蜡洒在车身表面上，用手控制好打蜡机，启动开关，注意涂布时的力度、方向性及均匀度。

3. 抛光。抛光剂是比研磨剂含颗粒更细的一种新型研磨材料。可分为强力、漆面还原、快速、玻璃、多功能去除漆面较厚氧化层、划痕及喷漆时出现的“麻点”、“垂流”等。上蜡后一般停留几分钟，然后用如图 4-23 所示抛光机或用手工抛光将其打亮。手工抛光时应先用手背感觉车蜡的干燥程度，以刚刚干燥而不沾手为度。手工抛光作业通常使用无纺棉布按一定的顺序作往复直线运动，适当用力挤压，以清除剩余车蜡。

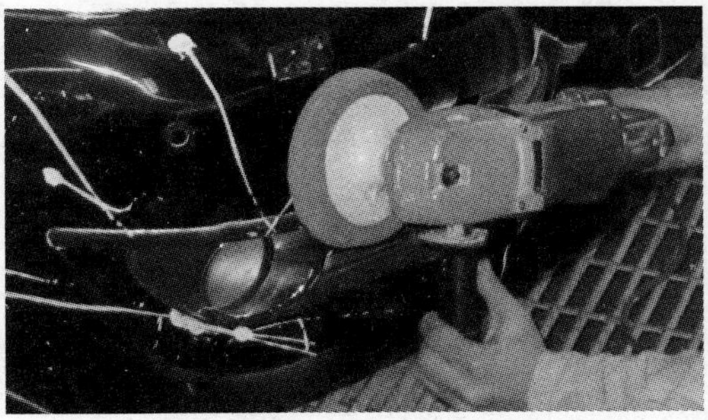

图4-23 抛光

计 划

一、根据导向知识与技术信息，在表 4-6 中列出工作计划。

表4-6 涂装修复汽车车身计划

序 号	工 作 步 骤	工具/辅具	注 意 事 项
1			
2			
3			
4			
5			
6			
7			
8			
9			
10			
11			

二、计划要点参考见表 4-7。

表4-7 涂装修复汽车车身计划要点

序 号	工 作 步 骤	工具/辅具	注 意 事 项
1	查阅基础资料	维修手册、互联网等	
2	认真检查汽车能否符合涂装条件	数码相机、测量仪器等	认真详细
3	确定维修项目、涂装工艺和预算	电脑	
4	拆卸保护（详细）	车间工具与设备	
5	涂装修复（具体详细）	钣金工具与设备、数码相机	视情修理； 逐步记录
6	装复检验	车间工具与设备	
7	费用核算	电脑	
8	交工		
9			

实施

一、物质准备：待涂装汽车或其局部、车身拆装工具、检测设备、涂装设备、技术资料、数码相机和电脑。

二、学生分组：3~5 人一组，合作完成涂装工作。

三、教师检查记录学生表现，特别是安全事项。

四、独立记录表，见表 4-8。

表4-8 涂装修复汽车车身记录表

品牌		车型	制造日期				
损坏原因		送修方	投保情况				
序号	工作照片		工作内容	技术参数	工具/辅具	材料费	工时费
1							
2							
3							
4							
5							
6							
7							
8							
9							
10							
11							
12							
13							
14							
15							

检验

一、检查比较工作记录。

二、组内比较互评。

三、各人自评经验教训。

展示

一、最后修订完善个人计划和实施记录。

二、展示记录。

三、演示关键工作方法。

四、教师讲评。

五、总结打分。

工作任务 5

装饰汽车

导 向

一、车间任务

一辆汽车的车主对原车身的装饰不太满意，请提出装饰建议并按协议装饰此车。

二、学习目的

（一）了解不同类型汽车装饰的基本知识。

（二）初步掌握汽车车身常见装饰的操作技能。

三、基础知识

和房屋粗装修就出售甚至直接卖毛坯房一样，汽车生产现在也是劲刮简约风。目前国内的许多价位相对较低的经济型乘用车，为压低成本，在装饰方面往往差强人意；另外越来越多的驾驶员，把汽车作为享受生活和体现个性的重要载体，买到汽车后往往要再进行一些装饰。

（一）汽车装饰定义。狭义地讲，汽车装饰是指通过增加或者替换一些附属的物品，以提高汽车表面和内室的美观性、实用性、舒适性；广义的汽车装饰还包括汽车改装、汽车美容等。

（二）装饰汽车应掌握六点原则，即合法、安全、实用、协调、整洁和舒适。

1．合法。

（1）《机动车登记规定》第五条规定：初次申领机动车号牌、行驶证的，机动车所有人应当向住所地的车辆管理所申请注册登记。

（2）《机动车登记规定》第六条规定：机动车所有人应当到机动车安全技术检验机构对机动车进行安全技术检验，取得机动车安全技术检验合格证明后申请注册登记。但经海关进口的机动车和国务院机动车产品主管部门认定免予安全技术检验的机动车除外。免予安全技术检验的机动车有下列情形之一的，应当进行安全技术检验：1）国产机动车出厂后两年内未申请注册登记的；2）经海关进口的机动车进口后两年内未申请注册登记的；3）申请注册登记前发生交通事故的。

（3）《机动车登记规定》第十条规定：已注册登记的机动车有下列情形之一的，机动车所有人应当向登记地车辆管理所申请变更登记：

1）改变车身颜色的；

2）更换发动机的；

3）更换车身或者车架的；

4）因质量问题更换整车的；

（4）《机动车登记规定》第十六条规定：有下列情形之一，在不影响安全和识别号牌的情况下，机动车所有人不需要办理变更登记：

1）小型、微型载客汽车加装前后防撞装置；

2）货运机动车加装防风罩、水箱、工具箱、备胎架等；

3）增加机动车车内装饰。

（5）《机动车维修管理规定》第二十三条规定："机动车维修经营者不得擅自改装机动车，不得承修已报废的机动车，不得利用配件拼装机动车。托修方要改变机动车车身颜色，更换发动机、车身和车架的，应当按照有关法律、法规的规定办理相关手续，机动车维修经营者在查看相关手续后方可承修"。

2．安全：车内的饰物不得有碍于司机安全行车或乘坐人员安全乘车。

3．实用：根据车内有限的空间尽可能选用一些小巧、美观、实用的饰物。但要注意最好是能反映司机本人个性的艺术品。

4．协调：即饰材和饰物其颜色必须同乘用车的外表颜色、车内顶部与四周的颜色配合适当。如黑色的乘用车配以浅茶色的太阳膜；在深灰色的驾驶室里配以黄色的座套与白色枕套，棕色车毯，在驾驶室前放一瓶外形美观的香水或语音报时钟等。这样，整个驾驶室就会显得大方、豪华、和谐。

5．整洁：即要求车内装饰得井井有条，无任何污染或杂物。同时车内所有的饰物必须便于拆装清洗或更换。

6．舒适：车内的装饰色彩和质感符合司机的审美观。因为，只有舒适的工作环境，才有可能令司机产生心情舒畅，轻松自在的感觉。

（三）汽车装饰分类。根据汽车装饰的部位分类，可分为汽车外部装饰和汽车内室装饰。

1．汽车经常行驶在马路上，经受着风吹日晒、狂风暴雨的洗礼，会随着时间的推移逐渐变脏变旧成为一辆旧车，人们最注意的是车的外表，脏了就动手清洗，损坏了就花钱修补、美容，外部装饰不但使汽车看着更美观，有的项目还能省油或使汽车更加安全耐用。常见外部装饰内容有以下几点。

（1）车外加贴小彩贴，如图5-1所示，有不少车贴采用几何图形、动漫人物、卡通动物、水墨丹青、书法篆刻、图腾脸谱等，可以令爱车显得更加可爱。还可以加装排气管尾段装饰护套和彩灯。此类装饰技术难度低、去除或更换方便，许多年轻车主乐此不疲。

图5-1　小彩贴

（2）局部喷涂文字或图案，如图 5-2 所示，甚至手工彩绘装饰。比彩贴美观、牢固并且便于清洗，但不易去除，面积过大或过多时可能影响年检，必要时也需变更行驶证上的汽车照片。

图5-2　局部喷涂图案

（3）汽车车窗贴膜和贴图，如图 5-3 所示的车窗，注意不要过分遮挡视线。

图5-3　车窗贴膜贴图

（4）底盘喷塑保护装饰。

（5）外表打蜡或封釉。

（6）更改整车漆面颜色，注意必须到车管所变更行驶证的车辆照片和登记颜色。

（7）在容易碰擦的四角和凸出部位，可安装防撞条，如图 5-4 所示，万一轻微碰擦损坏重新粘贴即可。

图5-4　防撞条

（8）为减轻碰撞损失，在汽车原有保险杠的基础上，还可加装“防撞架”或称“副保险杠”。目前，改装防撞架所用的材料可分为塑胶、不锈钢、拉力钢和铝合金等。塑胶十分软，缓冲性能好，对安全气囊也不会有任何影响，所以特别受整车生产商的青睐，经常被作为原厂选配件出售。但从心理角度大家更信赖貌似粗大的金属防撞架，如图 5-5 所示，特别是四驱车用的前后防撞架有别于其他车辆，要求特别坚固，质量特别轻，能使四驱车保持最大接近角及离去角，有的更要安装绞盘（不仅能撞还要能拉），而后防撞架更可以拖动 2~3 吨的汽车，当然安装后还要美观。所以，四驱车防撞架无论是外观还是造价都与一般汽车保险杠存在很大差别。在欧洲、日本、美洲、澳洲、中东等地区，四驱车主通常不接受塑胶防撞架，除非车主不懂或不玩四驱车，因为塑胶防撞架在越野时往往只是一个好看但并不实用的摆设，它们不仅不能有效“防撞”，而且一般都不装在汽车大梁或主结构阵上，而仅以塑胶螺钉固定贴在原来的保险杠上，增加了接近角和离去角等麻烦，所以，它们根本不符合四驱车防撞架的要求，真正的四驱车主是不愿意花钱买摆设的，必须采用强力材料。

图5-5　防撞架

（9）在车门玻璃的上部安装晴雨挡，就是一条合成树脂或者工程塑料材质的凸出雨搭，如图 5-6 所示。晴天能部分遮挡侧面的太阳；雨雪天也可以把车窗打开一点小缝（最多 3~5cm），从而保持新鲜空气的对流而雨水不会进入，不但保障车内适合人体需要，而且可在不开空调的情况下防止玻璃结雾而影响视线和操作，增加行车安全。但因为它装在车门玻璃的上部，就影响了整车的外部空气流动性，所以会在车辆速度较快的时候产生比较大的阻力和噪声。

（10）另外还常常加装外挂式的备胎架、水箱、工具箱自行车架、行李架，甚至如图 5-7 所示的行李厢。这些装置使用方便但也会增加相应车身结构的载荷并增大空气阻力。

图5-6　晴雨挡

图5-7　车顶行李厢

（11）加开天窗或直接拆掉车顶对安全影响太大，最好不要承接。

（12）加装空气动力调整件。这种配件在高速行驶时有明显作用，而低速时也只能起装饰作用。

① 在尾部行李厢盖外端，许多人装上一块像是倒装的飞机机翼的装置，如图 5-8 所示，使原本就拥有华丽迷人外观的乘用车又平添许多妩媚和生气，这就是俗称的“汽车尾翼”，国外一些人根据它的形状形象地称它为“雪橇板”，国内也有人称它为“鸭尾”，比较科学的叫法应为“汽车扰流器”或“汽车扰流翼”。它不只是为了好看才给乘用车安装的装饰件，它的主要作用是：在高速行驶时，翼面产生的下压力。

图5-8　汽车扰流尾翼

近几年，随着我国高速公路、高架路和高等级道路的建设及投入使用，车速有了较大的提高，汽车尾翼的作用显得越来越重要。根据气体动力学原理分析，汽车在行驶过程中会遇到空气阻力，这种阻力可分为纵向、侧向和垂直上升 3 个方向的作用力，并且车速与空气阻力平方成正比，所以车速越快，空气阻力就越大。当车速达到一定数值后，气流所产生的升力有将车子向上托起的倾向，从而减小了车轮与地面的附着力，使车子发飘，容易导致车辆过度转向、后轮附着力减小以及高速稳定性变差，以致行驶稳定性变差。为了有效地减少并克服汽车高速行驶时空气升力的影响，人们设计使用了汽车尾翼，其作用就是使空气对汽车产生第四种作用力，即对地面的压力。此压力能抵消一部分升力，控制汽车上浮，使汽车能紧贴着道路行驶，从而提高了驱动、制动和转向时的附着力，保证汽车具有良好的驱动性能、制动性能和方向稳定性。而且压力与空气流过车身其他部分产生的升力部分相抵，从而有效地减小空气阻力进而节省燃料。以排气量为 1.8L 的乘用车为例，如果装上尾翼，空气阻力系数降低 20%，在一般道路上行驶，耗油量减少或许不明显。如果在高速公路上以 120km/h 的速度行驶，则能省油 14%，此时汽车尾翼的作用就很明显了。目前大多数汽车尾翼都是用玻璃纤维或碳素纤维制成的，既轻巧又坚韧，并且它的形状和尺寸是经过设计师精确计算和试验而确定的，不宜随意加装，那样反而会增加汽车的行车阻力并破坏稳定性。

② 为了减少汽车在高速行驶时所产生的升力，汽车设计师在汽车外形方面做了更大改进：

A. 将车身整体向前方倾斜，从而在前轮上产生向下的压力；

B. 将车尾改为短平，以减少从车顶向后部作用的负气压，从而防止后轮飘浮。

C.还有一些车，通过加装下唇边或直接更换前后保险杠和车门槛的方法，把四周的离地间隙都变小，称为“车外扰流板”，俗称“车身包围”，离地间隙仍较大的称为“小包围”，而离地间隙很小的称为“大包围”，如图5-9所示。有些人只是喜欢这种视觉效果，想在普通汽车上做“车身包围”，需要根据系列化设计和试验才能完成改装；否则由于没有考虑到空气动力学方面的设计，改装的汽车不但没有减少油耗，反而倒是更加费油了。而且由于对汽车的气动外形、结构强度和离地间隙影响太大，除非原车有系列化设计，很难通过车管部门的年检关。即使能做，最好不要选用需要拆掉原车保险杠才能安装的大包围，因为包围所用的材料抗撞击能力一般较差；如果一定要选用拆杠包围，可将原杠中的缓冲区移植到玻璃钢包围中，以起到保护作用。

图5-9　加装下唇边的车身“大包围”装饰

D. 另外，还在汽车前端的保险杠下方装上向下倾斜的连接板，连接板与车身前裙板连成一体，中间开有合适的进风口加大气流度，从而减小下方空气流通截面积，提高气流速度，进而减低车底气压，增大汽车对路面的压力，这种连接板就是导流板。如图5-10所示为赛车导流板，前方导流板用于增大汽车对路面的压力，两侧还有导流板可把气流引导到发动机部分起冷却作用。图5-11所示为货车导流板，它的作用是将气流引导到后部货厢的周围，减小空气阻力。

图5-10　赛车导流板

图5-11　货车导流板

（13）加装绞盘，如图5-12所示，可以帮助陷入泥沙等危险境地的汽车脱困。

图5-12　绞盘

2．其实真正与主人长期接触的是车的内部，它是可能影响车主人的情绪、行为喜好的重要因素，毕竟车外表是给别人看的，而车里面是否舒适可是自己享受的。汽车内部装饰，使汽车不仅看着美观，而且触觉更舒适、听觉更悦耳而且嗅觉更美好、使用更方便，大都属于舒适和安全系统，以后再详细论述。

@ 信 息

一、专业套餐式汽车美容的主要操作工序

1．全车外部冲洗大块泥沙。

2．全车外部清洗去油污、静电。
3．新车开蜡，深度清洗。
4．漆面胶油、沥青、鸟粪等杂物处理。
5．玻璃抛光增亮翻新。
6．玻璃清洁、防雾处理、加装防冻清洁剂。
7．发动机表面清洁、翻新、内路护理。
8．全车的除锈、防锈、防腐蚀处理。
9．底盘清洁护理。
10．漆面桔皮等特殊现象的处理。
11．漆面一度抛光翻新、去除深度氧化层、轻划痕。
12．漆面二度抛光翻新、去除太阳纹、斑点。
13．漆面增艳养护处理。
14．漆面超级上釉、镀膜护理。
15．保险杠装饰清洁翻新。
16．车裙、挡泥板去杂质清洁护理。
17．全车灯光及左右倒车镜清洁抛光翻新。
18．轮毂飞漆、焦油、氧化层的去除，增光翻新。
19．轮胎清洁增黑，上光护理。
20．漆面深度划痕、局部创伤快速修复。
21．车内室的全面除尘处理。
22．车内室顶蓬除污翻新。
23．转向盘、仪表台清洁上光护理。
24．置物区、烟缸、音响区清洁。
25．冷气出风口清洁处理。
26．全车电路系统清洁防潮防老化护理。
27．车门内侧的清洁翻新上光护理。
28．真皮清洁、上光养护。
29．车内丝绒表面的清洁、柔顺护理。
30．行李厢除污清洁护理。
31．车内室去异味、杀菌处理。
32．全车电光、镀铬表面去除氧化层抛光翻新。
33．全车检查。

二、加装地胶或地垫

1．定义。在汽车驾乘室原来的地板上面铺上的一层保护物，这就是地胶。一般汽车驾乘室的地板，大都有一种隔声隔热的毛毡层；但毛毡易吸土沾泥，一旦有污垢留在上面，很难清理；铺上地胶不但能解决难清理问题，而且还有隔热隔声功能。一般地胶是用3mm厚的橡胶制品做成的，颜色有灰色、米色、黑色。

2．作用：防尘、防水、防磨损而且易擦洗，另外还能隔声、隔热、阻燃、防锐器伤害，全面保护车底的同时也能显现个性。

3．分类：可分为整体地胶和分开式地胶两类。整体地胶又分为工厂成型地胶和手工制作地胶两种；分开式地胶俗称地垫。

1）成型地胶，如图5-13所示，是由专业化工厂经过精确测量，采用优质的汽车内饰专用材料，一次性整体热压成型的。优点是：一次到位热压成型，整体没有接缝，棱角到位，与原车底盘帖服中间无任何接缝，预制安装孔形状规整与连接件贴合紧密，而且边沿处还专门加厚，另外它的材料本身还有很强的防渗透及防腐性能，所以防泄漏效果好，表面凹凸可以盛纳污物但并不吸收，便于车主轻松地除去沾在上面的油迹和污垢；整体效果与车内空间十分协调；正面制有合适的防滑花纹，背面还有一层防潮防滑隔声棉，凹凸适应性好;环保、无毒、无味、隔声、防静电、不褪色、耐磨损，使用寿命长。但大多数车型无配套产品，如果型号与车型不合适时，铺出的美观性就差，很多小批量车型只能用其他车型地胶手工改制或完全手工制作地胶。

图5-13　工厂成型整体地胶

2）手工制作地胶一般采用卷材，现场裁剪后拼接在一起，先用胶粘在车上，再对接缝进行焊接、粘接或缝合。好的手工地胶与车底贴合较好，也能有效防止灰尘、泥水和脏物渗入地毡，但安装过程十分耗时，表面花纹难保合适，铺得不好时周边容易翘、中间出褶皱、整体感观很不舒服，特别是凹凸处与车底贴合效果很差，接缝效果也差，往往不到一两年即出现断线和开胶漏水，而且胶粘和焊接过程中都会产生有害气体，如果再使用假冒伪劣材料或工艺技术差，效果就更打折扣了。

3）许多车主选用彼此分离的几片地胶简单放置在脚踏处，如图5-14所示，所以也称为脚垫，体积小巧，脏了只要分别直接拿下来清洗就可以了；而且为工厂大批量成型生产，价格便宜，车主直接选用或稍加修剪即可。但只能保护局部车底，对驾驶座位底下等处无法提供保护。而且简单铺上去的脚垫固定不好，会在车底移动，严重时会卡住制动踏板或加速踏板而酿成事故。

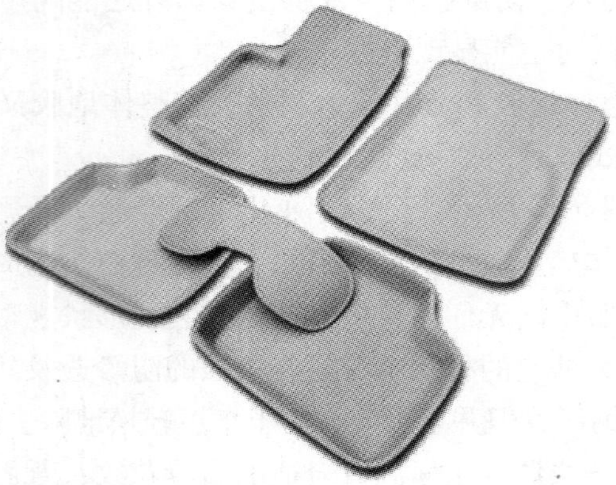

图5-14　工厂成型地垫

有以下几种情况的应考虑铺地胶或脚垫：

1）经常出入环境卫生条件差的地点（如工地、农村、公园、医院等），鞋易脏污的；

2）用车人员卫生习惯差的；

3）搭载乘车人员不固定或较多的。

现在流行的是，要先铺一层地胶，然后再买一套脚垫铺上。

三、玻璃贴膜

（一）简介。在汽车玻璃上面贴敷的一层带有特殊添加剂的有机聚酯薄膜。

1．组成。高性能汽车防爆膜结构由外向内有以下几层。

1）抗磨层：由耐磨聚氨酯组成。

2）带色安全基层：由高强度、高透明聚酯与颜料熔融挤出双向拉伸制得，由于颜料夹在聚酯膜里面，可防止氧化变色，寿命长。

3）金属隔热层：在聚酯膜上通过真空蒸镀或真空磁控溅射金属铝、银、镍等对红外线有较高反射率的纳米级金属层。

4）复合胶黏剂：由耐候性良好、高透明的聚氨酯胶粘剂组成。

5）紫外线吸收层：由特种紫外线吸收剂构成，可阻隔绝大部分的紫外线。

6）透明安全基层：由高强度、高透明聚酯膜组成，目的是把金属层夹在中间，防止金属氧化，延长金属膜的寿命。

7）安装胶黏剂：由耐候性良好、高透明的丙烯酸酯胶粘剂组成。

8）高透明离型膜。

2．作用。

1）阻挡有害紫外线。紫外线可使人体皮肤黑色素沉积，颜色加深，过度的紫外线曝晒会导致皮肤癌，可导致仪表盘、地毯、内饰及座套褪色。

2）隔热。在一定程度上使车内冬暖夏凉，从而减轻空调负荷，节约燃料。

3）适当透视。阻挡绝大部分紫外线和红外线的同时，部分阻挡可见光，既保证驾乘人员足够的视线并减少刺目眩光、增加驾车者的舒适感，又能达到保护个人隐私的目的。但这也造成一定的治安隐患，所以出租车等禁止贴深色膜，即使普通汽车，前风挡玻璃可以不贴膜，四个门玻璃和后风挡玻璃贴膜不宜太深，因为紫外线的波长比较短，穿透性能很弱，贴膜带点色就行，否则晚上就辛苦了。如采用单向透视膜和自动变色膜效果更好。

4）防爆防砸。增强玻璃的抗击打能力，万一玻璃被击碎也会粘住破碎的玻璃碎块，避免碎块飞溅伤人。膜应贴在玻璃内侧，一方面提高抗外部击打的能力，另一方面便于事故后驾乘人员从车内击碎玻璃逃生，另外也避免膜本身受到风吹雨淋。

5）美观协调，彰显个性。

3．分类。车膜分为普通膜、防晒太阳膜和防曝太阳膜等，颜色上有自然色、茶色、黑色、天蓝色、金墨色、浅绿色和变色等。

1）传统染色膜，俗称茶纸。其特点是：没有金属涂层，只在胶中加了染色剂来遮挡光线，可见光穿透率低，隔热性能差，基本没有隔热效果，容易褪色（通常变为紫色），并且在长期使用后易起泡。

2）吸收热量型膜。性能不如金属膜，其特点是：主要是在胶中加入吸热的化学品，以在短时间内产生似乎很优异的隔热效果，饱和之后会产生二次辐射，远红外线对人体的危害更为严重，不具有光谱选择性，高透光的同时不会阻隔大部分热量；隔热性能提高的同时又会影响可见光的穿透，具有隐蔽性，因短暂的热量不会暴露其缺陷，以达到蒙蔽消费者的目的，由于吸收热量的不均匀，施工过程中极易造成玻璃爆裂。

3）单层金属膜。通过反射可见光达到隔热目的，其特点是：高反射性或类似于镜面外观，容易造成光污染，大多数都是单层金属喷涂，且金属涂层不均匀，部分材料是由蒸发处理而成的（如铝），或是通过溅射喷涂工艺而成的（如钛），不具有光谱选择性，高透光的同时不会阻隔大部分热量；隔热性能提高的同时以牺牲可见光为代价。

4）双面多层磁控溅射反射热量型膜（光谱选择膜）。采用金、钯、铂、钛等高级宇航用稀贵金属，使用等离子磁控溅射工艺生产，具有光谱选择功能的智能薄膜，保证隔热性能优异的同时最大限度地允许可见光透过，由贵金属采用纳米技术多层溅射而成，反射而非吸收大量热量的特点，产生极少二次辐射现象，具备高隔热、高清晰、不屏蔽GPS信号三大优势。尊享72%的绝佳清晰度，且随阳光直射角度变化而呈现绝美的蓝光乍现，智能隔热，源自航天工业的尖端科技，采用了顶级金属磁控溅射工艺，通过多种金属在不同膜层之间的相互消光，能够自动筛选太阳光谱，阻隔91%的红外线热量，将车内温度恒定于人体最适宜的温度。采用绿色可循环材质和环保型胶水作为原材料，并运用GEC绿色能耗控制体系生产的防爆膜产品。

4．鉴别高档膜和劣质膜，其实办法很简单。

1）望。可以要求经销商裁一小块膜下来，对着光亮的地方照一照，清晰度高的就是好膜，劣质膜看上去有一种雾蒙蒙的感觉。另外必须有质量保证卡，只有有生产厂家质保卡的膜才是可依赖的，厂家的质保卡通常包含质保项目、年限、赔付方式，以及真实可寻的制造商名称、地址和电话。

2）闻。撕开保护层后，劣质膜闻起来有一股刺鼻的味道，而高档膜采用的是环保胶，基本上没什么味道，或是有一股淡淡的胶水味。

3）摸。高档膜摸上去有厚实平滑感，劣质膜则很软很薄，缺乏足够的韧性，容易起皱。

4）擦。可以带一点酒精或是汽油，擦拭一下膜的表面。劣质膜一擦很容易褪色，高档膜则不容易褪色。

5. 选择汽车贴膜要注意的四大参数。

1）膜的透光度和清晰性。前挡风玻璃最忌讳贴深色隔热膜，按照国家公安部交通安全法规的规定，前挡风玻璃的透光率必须大于70%，以不影响行车安全为前提，这是车用膜中关乎行车安全最重要的性能。而前排两侧窗的膜，应选择透光度在85%以上较为适宜，此时侧窗膜无需挖孔且不影响视线，夜间行车时还能把后面来车大灯照射在后视镜的强烈眩光反射减弱，使眼睛非常舒服。此外，在雨夜行车、倒车、调头时也能保证视线良好。

2）隔热性能隔热率。防爆膜的隔热率一般在50%以上，质量好的汽车防爆膜能反射红外线，所以车内的温度就低得多，继而会降低空调负荷，节省燃油。如果要判断，办法很简单，只要用贴了膜的玻璃挡住太阳，用脸或者手去感受其隔热效果就可以了。

3）防爆性能。这是涉及安全的又一重要性能。优质防爆膜本身有很强的韧性，玻璃破裂后可被膜粘牢不会飞溅伤人，并且其抗冲击性能很强。而劣质防爆膜手感很软，缺乏足够的韧性，不耐紫外线照射，易老化发脆。

4）紫外线阻隔率。高质量的膜，这个指标一般不低于98%，高的可达100%。高紫外线阻隔率能有效防止车内的人被过量的紫外线照射，灼伤皮肤，还能保护车内音响不会被晒坏。

（二）汽车贴膜工艺。注意：贴膜前应查看车窗玻璃的安装是否完整无缺和汽车玻璃的整体性，以保证后续的贴膜工作能够正常进行。要在相对无尘的贴膜车间进行，在这个车间的主要设施有：封闭车间、喷淋除尘设施、空气加湿器、空调等，主要保证尘埃最小限度地进入到防爆膜和玻璃的缝隙中，还保证贴膜车间的温度和湿度保持在一个平稳的范围内，这样贴膜完毕后瑕疵会比较少。另外贴膜过程中有大量液体，必须防护好附近的汽车零部件。

1）外部清洗。每块玻璃的外表面都应该很好地清洗，潜在的尘埃控制在最少程度，轻微下降每块玻璃以擦洗玻璃的顶部，因那里有更多的尘埃。

2）轮廓裁切。通常在窗玻璃的外表面上精确裁切窗膜的大小。窗玻璃外表面上喷洒少量的窗膜安装液（没条件时可使用纯净水），把窗膜覆盖其上，剥离膜朝外，经小心地滑动定位后，开始沿边框四周裁剪窗膜的大小，为便于在车外看清窗框轮廓，可以在车内放置高亮度工作灯。熟练的安装者能利用边框直接徒手裁剪，裁剪时切勿损坏边框,在掌握一些熟练的技巧后,此法不仅快捷而且非常准确。专业的贴膜机构是通过电脑，由电脑根据车型进行精准剪裁。安装者常常选择先进行窗膜的裁切、修剪和安装所有的边窗玻璃，然后着手安装后窗玻璃。在理论上，先易后难是最好的安装次序。

3）热整形。几乎所有后窗玻璃（和许多边窗玻璃）都有轻微的球形弯曲，妨碍窗膜在玻璃上铺平，在窗膜上的这种现象被称为皱褶，在过去大部分后窗玻璃要求裁切多片才能安装于球状曲面上;现在裁切窗膜尺寸之后装贴之前，可把窗膜铺放在玻璃上（一般在外侧），采用便携热枪加热后让膜自由冷却收缩的办法，可把窗膜精确地定型成为车窗的复合曲面形状，使窗膜外观更舒适漂亮。热整形方法如图 5-15 所示，要由中间向四周边吹边刮，对加快安装工艺和产生最专业的安装效果，热整形可能是单个最重要的工序，千万记住吹前必须在膜两侧喷涂足够的安装液，必要时补喷；吹时调好温度，并且注意不能对一个地方吹过长时间，否则会使膜过热变质，严重时会导致玻璃受热不均而开裂。

图5-15　热整形

4）玻璃内表面清洗。当裁切和任何所需的热整形完成后，玻璃的内表面必须采用强力液体清洗剂清洗处理。大部分表面可用铲刀刮铲粘污物,再用尼龙软擦片擦洗油迹。窗玻璃最后刮擦干净，边框用软布和擦洗纸擦干净，恢复玻璃表面的干净状态，准备贴膜。当清洗后窗玻璃（特别是那些带有除雾金属线和边部有黑色装饰釉点）时，需要特别谨慎。

5）剥离保护膜。在玻璃清洗完成后，窗膜的保护膜被撕去，用安装液喷洒暴露的安装胶，玻璃内表面也同样喷洒安装液。这样压敏胶临时失去黏性，允许窗膜在干净的玻璃内表面平稳地滑动。这些年各式各样精妙的技艺已得到发展，这些工艺使安装更快速，使铺贴过程期间带入灰粒的风险最小。随着保护膜的剥离和安装液喷洒在玻璃与窗膜的粘胶层上，窗膜现在能滑移到位。

6）挤水工艺。在排除气泡和杂质的同时,尽量刮掉隔热膜与车窗玻璃之间的安装液,这样可以减少隔热膜的干燥时间，获得更好的粘接效果、整体性能以及视觉效果。在每片窗膜安定于它的最终位置后，应立即在窗膜表面再次喷洒安装液，润滑需挤水的表面，并用软布或塑料片或者其他同系列工具挤水，排除所有“气泡”和尽可能多的安装液，水可以由上往下挤，由右往左或由左往右，但不可将大量水由下往上挤，以免水往下流带动沙粒下来。挤完水检查窗膜的所有边缘，所有边缘必须挤封，以免在固化期间空气、水分、灰粒从边部渗入窗膜底下。通常，这些挤边工具边部需要薄吸水材料（纸巾或棉布）包覆以吮吸挤出的水分。在几天后驻留的水分慢慢地透过窗膜而排除，窗膜干燥的时间依赖于气候、湿度、窗膜的结构和挤水后残留水分的多少而变化。对于曲面玻璃来说，如个别部位仍不吻合，还可用电吹风加热，使其变形，达到完全吻合。

7）清洁和检查。当安装工作完成后，所有窗玻璃仔细地擦洗（内表面和外表面），去除条纹水迹和污迹，露出整个汽车光亮的外观。查看并排除气泡、水泡或微小的污物。把汽车擦净后驶到室外，实现最后的视觉检查，除了检查膜本身的质量外，最好再检查一下车身情况，因为贴膜的过程中会用到刀片等一些利器，要小心不要把车漆或玻璃划伤。

推荐检查标准为：

① 贴膜材料必须是约定品种。

② 前挡风玻璃折痕不超过 1 个（包括 1 个），位置一般在边角部（离边不超过 10cm）；后挡风玻璃折痕不超过 1 个（包括 1 个）；位置一般在边角部（离边不超过 2 cm），侧面折痕不超过 1 个（包括 1 个）；在雨刮有效范围内不允许有折痕。坐在驾驶位，透过前挡看车外的景物不存在模糊、色差现象。

③ 所有贴膜后的玻璃不能有水泡，水必须刮干净（从玻璃的左右两侧分别观察，可以看得很清楚）。

④ 侧窗上端的膜裁切平直，侧窗玻璃升到顶部不能漏光；侧窗玻璃两边不能漏光（膜在胶条以外，有光线透过为漏光）；副窗玻璃边缘允许漏光，但最大距离不超过1mm。

⑤ 贴前、后挡风玻璃时，膜离玻璃边缘黑色陶瓷点的最大距离正负不超过 2mm。

⑥ 贴膜处玻璃不能有明显的划痕。

⑦ 侧窗胶条不能有新划痕。

⑧ 离车 1m 查看满载玻璃贴膜后局部范围 10cm 内，尘点数不能超过 10 个。

⑨ 个别金属膜因有多层金属层，在烤膜的时候可能会出现金属虚印，但位置一般在边部（离边 15cm 内），中间位置不允许出现。

⑩ 贴膜是高风险的服务项目，因技术水平或玻璃的缺陷，存在玻璃破裂可能，在贴膜中或贴膜后 24h 内出现玻璃破裂的现象，需承修方负责更换。

8）移交。在日光下检查显示的任何缺陷后，准备提交汽车给客户，并向客户解释质保程序和基本的保养和维护说明。告诫客户新贴完防爆膜后 3 ～ 7 天一定避免车侧窗和天窗的开启，这样主要是防止频繁的玻璃升降导致防爆膜脱落；特别是贴完防爆膜后一个月内，最好不要启动后挡风玻璃的电热除雾功能，开启此功能可能会导致贴膜出现气泡影响使用。

四、底盘“装甲”

（一）简介。

1．定义。“汽车底盘装甲”的学名是“汽车底盘防撞防锈隔音涂层（“UNDERCOATING”底漆）”，一种高科技的黏附性橡胶沥青涂层。它具有无毒、高遮盖率、高附着性，可喷涂在车辆底盘、轮毂、油箱、汽车下围板、行李箱等暴露部位，快速干燥后形成一层牢固的弹性保护层，如图 5-16 所示。可防止飞石和沙砾的撞击，避免潮气、酸雨、盐分对车辆底盘金属的侵蚀，防止底盘生锈和锈蚀，保护车主的行车安全，同时弹性保护层能够减轻驾驶时道路和轮胎的噪声，提高车主的加速舒适度。

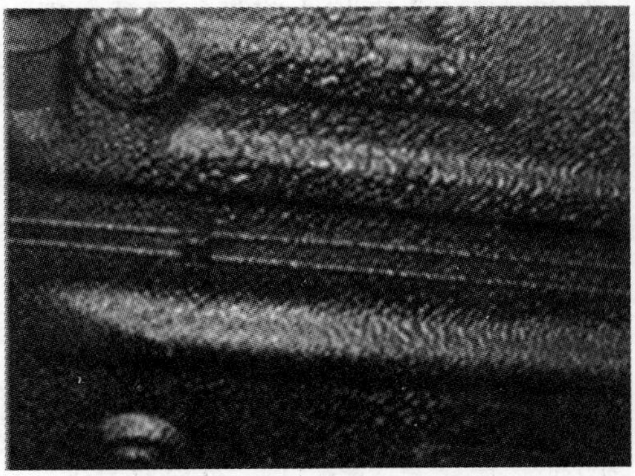

图5-16　汽车底盘防撞防锈隔音涂层

2．作用。

1）阻隔气候影响。俗话说“烂车先烂底”，终年不见阳光，历经无数坎坷的汽车底盘，腐蚀和损坏的隐患是很大的。雨雪天汽车底盘易粘接泥块，受到雨水、雪粒的锈蚀；雪后道路上布满具有极强腐蚀的融雪剂，更是对汽车底盘造成致命的摧残，大大缩短车辆的使用寿命。而现在很多汽车制造商一味地在降低成本，在新车出厂时，只给汽车底盘喷了一层薄薄底盘涂料（有些是 PVC 材料的），有的车甚至连这样的涂料也只是简单地喷一下局部，大部分把防锈漆和镀锌层暴露在外。像这样的简单的防锈漆和镀锌层在理想的环境下也许是可以对汽车底盘起到防锈作用的，但是在我们日常行驶过程中这样的处理是根本不起作用的，所以在买车后给车辆穿一件底盘装甲是非常必要的。底盘装甲保护汽车底盘原有的防锈漆和镀锌层，可有效防止汽车生锈，强效抵御锈渍迅速蔓延腐蚀汽车内壳机件，预防提前老化，即使在沿海城市温暖潮湿的气候下，带有盐分的海风吹拂也不会将钢筋铁骨蹂躏得伤痕累累。

2）防御沙石撞击。现在汽车的底盘都很低，当汽车行驶在路况不好的路面上，路面上的沙石被振动飞溅后会不断撞击汽车底盘与轮毂等部位；在凹凸不平的路面行驶，汽车底盘还有可能被托底。

3）加强行驶安全。受损的底盘可能会导致底盘的一些零件变形，特别是上下摆臂、左右方向拉杆等容易发生变形，一些轻微碰刮同样会引起汽油箱底壳或油底壳等发生轻微渗漏。这些变形和渗漏不容易被检测到，但是会严重影响行车安全。而进行了底盘防撞防锈处理之后，底盘不受损，安全自然有保障。

4）为车辆保值。数据显示，通常新车使用三年左右，就会发生锈蚀。而与之相对应的一个事实是：车辆保养越好，价值越高。经过一段时间的行驶之后，无论是自己使用还是准备换新车，经过底盘防撞防锈处理（尤其附有正规大公司的品质保证书）的车肯定是能够保持更高的价值。尽管买车者一般都不会奔着投资而去，但同样一辆车，在若干年后，价值的差别却是高下立见。

5）提高驾驶舒适度。由于底盘防撞防锈采用具有弹性的材质密封性处理，一方面大大增加了车辆行驶的平稳度；另一方面极大降低行了驶过程中车辆的噪声和路上的嘈杂。所以在驾驶的舒适度上比没有做过底盘防撞防锈的车辆高很多。

3. 分类。市场上现在存在着三大类产品。

1）含沥青成分的底盘防锈胶。是最早期的防锈产品，唯一可取的就是便宜，但是，沥青在干了以后会产生龟裂，有很多裂缝，藏在裂缝里的水，会造成“电池效应”，使车底盘的锈蚀更加厉害，对车的危害会更大。所以，最好不要用含沥青成分的底盘防锈胶做底盘装甲。

2）油性（溶剂性）底盘防锈胶。这类产品都含有对人体有害的有毒物质（用来做稀释剂的溶剂，如甲苯），会破坏环境和损害人体健康。所以在一些环保要求严格的欧美国家已很少有人用了。另外，油性（溶剂性）产品的胶层很硬，稍为弯曲一下，胶层就会开裂，缺少弹性，在底盘隔音方面效果较差。

3）水溶性底盘防锈胶。由于它的稀释剂为水，不含有毒物质，所以又称水溶性底盘防锈胶为环保型底盘防锈胶，现时在欧美国家大多是选用这类产品。水溶性底盘防锈胶附着力强、胶层弹性较好，底盘隔声效果显著，是做底盘装甲的首选材料。

含沥青的材料是很便宜的，用它来做底盘装甲，通常收费只需300元左右；水溶性产品最贵，4S店或者美容店通常做一台车收费要1000元以上。

（二）施工方法。

1. 底盘清洗。为了让附着物完全发挥效力，要将汽车底盘仔细洗干净。首先用举升机将汽车升高，拆除车轮和内叶子板保护胶板，用高压水枪冲洗底盘，去除底盘上粘接的油泥和沙子，还可以用常见的铁丝网刷，把车底附着的泥沙、油污、腐锈和其他杂物刮掉，直到露出金属的本色为止。再用吹水枪将缝隙中的水吹出，并用毛巾将水擦干，将汽车底盘彻底清洗一遍。

2. 局部包裹。“底盘装甲”并非底盘全部装甲，像发动机油底壳、变速箱外壳、进排气岐管、排气管、避震弹簧、避震器、方向轴等部位，在喷涂时都要拿遮盖纸进行包裹，避免防锈材料喷在上面。由于发动机底壳、变速箱外壳需要散热，因此如果防锈材料喷在它们上面，会影响它们的散热；还有排气管，更不能直接喷涂在上面，车辆行驶时排气管的高温，会将表面的附着物烤焦而发出难闻的臭味。所以，在做底盘装甲的时候，必须先用遮盖纸将这些部位遮盖，尤其注意车身上的传感器和减震器要遮盖好。

3. 仔细喷涂。仔细包裹好关键部位，就开始喷涂了，如图 5-17 所示。底盘防锈胶经高压喷枪喷出，均匀覆盖在车辆底盘上。一般来说，底盘装甲的厚度在 1~3mm，不能太薄，也不必太厚。

图5-17 喷底盘防撞防锈隔音涂层

4. 干透后装件，完工。在晴朗干燥的施工天气下，汽车在喷涂完工 2~4h 后就能投入使用。但完全干燥还需要等待三天，在这三天内，最好不要让底盘接触到水。干燥后的保护膜可以很好地粘附在清洁的汽车底盘上，具有极强的耐磨性和抗腐蚀性。当然，材料、工艺等决定效果。

5. 施工后。

1）立即清洗。不慎沾在车身及其他地方的底盘胶用汉高清洁剂去除；清除遮蔽用的报纸、塑料薄膜、粘贴胶带，并清洁场地。

2）喷涂后 20~30min，用手轻触底盘装甲，装甲表干，车即可上路。涂层完全固化时间为 3 天左右，在此期间，不影响车的使用。用量：4~8 罐不等，根据底盘的大小和施工厚度来决定。

计 划

一、根据导向知识与技术信息，在表 5-1 中列出工作计划。

表5-1 装饰汽车计划

序 号	工 作 步 骤	工具/辅具	注 意 事 项
1			
2			
3			
4			

续表

序　号	工作步骤	工具/辅具	注意事项
5			
6			
7			
8			
9			
10			
11			

二、计划要点参考见表 5-2。

表5-2　装饰汽车计划要点

序　号	工作步骤	工具/辅具	注意事项
1	查阅基础资料	维修手册、互联网等	详细准确
2	客户接待		
3	确定装饰项目、方法和预算	技术资料、数码相机、测量仪器	与客户协商
4	拆卸保护（详细）	车间工具与设备、数码相机	
5	装饰作业（具体详细）	钣金工具与设备、数码相机	
6	质量检验	车间工具与设备	
7	费用核算	电脑	
8	交工		
9			

实　施

一、物质准备：待装饰汽车或其局部、车身拆装工具、装饰用具、检测设备、技术资料、数码相机和电脑。

二、学生分组：3~5 人一组，合作完成涂装工作。

三、教师检查记录学生表现，特别是安全事项。

四、独立记录表 5-3。

表5-3　装饰汽车记录表

品牌	车型	生产日期		颜色		
Vin码	牌照号	发动机号		车身号		
车主	地址	电话		手机		
保险公司	保险险种	保单号		理赔员		
送修人	送修电话	送修时间		主修人		
主要项目	维修费用	竣工时间				
序　号	工作照片	工作内容	技术参数	工具/辅具	材 料 费	工 时 费
1						
2						

续表

序号	工作照片	工作内容	技术参数	工具/辅具	材料费	工时费
3						
4						
5						
6						
7						
8						
9						
10						
11						
12						
13						
14						
15						

检验

一、检查比较工作记录。

二、组内比较互评。

三、各人自评经验教训。

展示

一、最后修订完善个人计划和实施记录。

二、展示记录。

三、演示关键工作方法。

四、教师讲评。

五、总结打分。

工作任务 6

熟悉汽车的舒适系统

导向

一、车间任务

一客户想了解新车是否舒适，请协助其认识本车的舒适系统，并提出使用、维护和改装建议。

二、学习目的

（一）了解不同类型汽车舒适系统的作用和结构特点。

（二）初步掌握汽车常见舒适系统的作用、结构和工作原理。

三、基础知识

（一）汽车的舒适性是指汽车行驶中，保证货物不受损坏或乘客乘坐舒适的能力。它是汽车的综合使用性能。

（二）汽车的舒适性主要取决于汽车行驶平顺性、汽车噪声和汽车内部环境。业界将噪声、振动与舒适性的英文缩写为 NVH（Noise、Vibration、Harshness），统称为车辆的 NVH 问题，它是国际汽车业各大整车制造企业和零部件企业关注的问题之一。有统计资料显示，整车约有 1/3 的故障问题和车辆的 NVH 问题有关系，而各大公司有近 20% 的研发费用消耗在解决车辆的 NVH 问题上。

NVH 特性的研究不仅仅适用于整个汽车新产品的开发过程，而且适用于改进现有车型乘坐舒适性的研究。这时主要是针对汽车的某一个系统或总成进行建模分析，找出对乘坐舒适性影响最大的因素，通过改善激励源振动状况（降幅或移频）或控制激励源振动噪声向车室内的传递来提高乘坐舒适性。

1．汽车行驶的平顺性。

（1）汽车行驶的平顺性是指汽车行驶时的隔振能力，主要研究汽车振动对人的生理反应（疲劳和舒适）和所载货物完整性的影响。在汽车行驶过程中，由于路面不平引起的冲击、加速或减速时的惯性力、发动机和传动轴的振动等，都会引起汽车振动。当汽车的振动达到一定程度时，将对乘客或货物的安全带来不利的影响，还会使汽车的使用寿命降低、操纵稳定性下降、行驶速度的发挥受到限制。

（2）汽车行驶平顺性的评价指标，一般是根据人体对振动的生理反应来制定的。常用汽车车身振动的固有频率和振动加速度均方根值，评价汽车的行驶平顺性。

1）试验表明，为了保持汽车具有良好的行驶平顺性，车身振动的固有频率应为人体所习惯的步行时，身体上、下运动的频率，它为60~80次/min（1~1.6Hz），振动加速度的极限值为0.2~0.3g。对载货汽车，为了保证运输货物的完整性，车身振动加速度也不宜过大，其极限值一般应低于0.6~0.7g；如果车身振动加速度达到1g，未经固定的货物，就有可能离开车厢底板。

科学家们对人体各个器官的固有振动频率进行了测量，其中腰骶部的固有频率是4~6Hz，该值可因人体不同的坐姿而变化。随后，人们又对各种汽车在行驶中由于发动机和路面颠簸对驾驶员座椅产生的振动进行了测量，发现所有振动都是小于50Hz的低频振动。这样，如果把人体腰椎看成是一个质量—弹性—阻力系统，那么它的固有频率正好落在汽车振动的范围内。因此，驾驶员在开车时其腰椎很容易产生一种简单的物理现象——共振，这种共振会加大作用在脊柱的振动量并增加对它的伤害。汽车振动持续地压缩与拉伸脊柱会使周围组织疲劳，并造成局部组织的损伤。而且，不断地振动也会影响腰椎间盘正常的新陈代谢，加速了椎间盘的退行性变形，甚至造成腰椎间盘突出，导致腰痛的发生。

2）振动频率在180Hz范围内，人体对振动反应的三个不同的感觉界限：疲劳—降低工效界限、暴露极限和舒适降低界限。

① 疲劳—降低工效界限。暴露时间（承受振动的时间）越长，在同一频率范围内界限容许的加速度均方根值（振动强度）下降。在垂直振动为4~8Hz、水平振动为2Hz以下的振动频率范围内，人体在一定时间内能承受的振动强度最低，是人体最敏感的振动频率范围。

② 暴露极限。它是人体可承受的振动上限，超过该极限，将对人体健康有害。暴露极限采用与疲劳—降低工效界限相同的曲线形式来表示，只是将相应的加速度均方根值增大一倍。

③ 舒适降低界限。此界限主要影响乘坐舒适性，在此界限内，振动不会影响人在车上进行吃、读、写等动作。超过此界限，人就会感觉不舒适。舒适降低界限也采用与疲劳—降低工效界限相同的曲线形式来表示，只是相应的加速度均方根值为疲劳—降低工效界限的1/3。

3）感觉评价。感觉评价是指根据乘客的主观感觉，对汽车行驶的平顺性进行评价。由于汽车行驶平顺性的好坏最终是反映在人的感觉上的，平顺性的评价指标与感觉评价结果存在误差，因此感觉评价是平顺性的最终评价。

（3）提高平顺性的措施。提高汽车行驶的平顺性，主要是减小汽车行驶时的振动强度，缩短振动时间，具体措施包括改进悬架结构，提高轮胎的缓冲性能，提高座椅的缓冲性能，减小非悬挂质量，改善道路条件等。

1）改进悬架结构。悬架的弹性特性和减振器性能是影响汽车行驶平顺性的主要因素。

① 改进悬架弹性特性。悬架弹性特性是指悬架变形与所受载荷之间的关系。

刚度为定值的悬架，其变形与所受载荷成正比，称为线性悬架，一般钢板弹簧、螺旋弹簧均属此类。车身的固有振动频率随悬架变形而变化，在实际使用中，悬架所受载荷直接取决于汽车的有效载荷，而汽车的有效载荷是经常变化的，尤其是有效载荷变化很大的大客车和载货汽车，如果采用线性悬架，将导致空载和满载时车身的固有振动频率相差过大，空载时车身的固有振动频度过高，远大于人体感觉最舒适的振动频率范围，汽车行驶的平顺性严重下降。为提高汽车行驶的平顺性，应减小车身固有振动频率随载荷的变化范围，采用变刚度的非线性悬架就是最有效的措施。对普通的钢板弹簧和螺旋弹簧，为改变其弹性特性使之非线性化，可通过采用变曲率或变截面弹簧、加入辅助弹簧，或者采用适当的导向机构等措施来实现。

变刚度的悬架称为非线性悬架，常采用如图 6-1 所示的空气弹簧或空气—液力弹簧，可以根据载荷、车速和车辆倾斜等情况，主动改变刚度和高度，从而保障平稳舒适。

图6-1　空气弹簧

② 改进减振器的性能。为衰减车身自由振动和抑制车身、车轮的共振，以减小车身垂直振动的加速度和车轮的振动幅度，悬架系统应有适当的阻尼作用。悬架系统对振动的阻尼作用主要来源于悬架系统的内部摩擦和减振器的吸能作用。除钢板弹簧悬架内部

钢板间摩擦力较大外，其他悬架的内部摩擦力很小，所以一般都配有利用液体流经小孔产生摩擦力的液压减振器，而且在遇路面凹陷伸张时的阻尼力，比遇路面凸起悬架压缩时的阻尼力大，以便既保持缓冲作用又能尽快减小振动幅值。改进减振器的性能，虽然对车身的固有振动频率影响不大，但可使车身的振动幅值迅速衰减，缩短振动时间，从而提高汽车行驶的平顺性。目前高档汽车常采用带电控节流阀的液压减振器。

电磁悬挂（Magnetic Ride Control）是利用电磁反应的一种新型独立悬挂系统，它可以针对路面情况，在 1ms 内做出反应，抑制振动，保持车身稳定，特别是在车速很高又突遇障碍时更能显出它的优势。它的反应速度比传统的悬挂快 5 倍，即使是在最颠簸的路面，也能保证车辆平稳行驶。系统的工作过程是：当路面不平引起车轮跳动时，传感器迅速将信号传至控制系统，控制系统发出指令，将电信号发送到各个减振器的电子线圈，电流的运动产生磁场，在磁场的作用下，减振器中的电磁液的密度改变，控制车身，达到减振的目的。如此变化说起来复杂，却可以 1s 内进行 1000 次，可谓瞬间完成。电磁悬挂系统可以快速有效地弥补轮胎的跳动，并扩大悬挂的活动范围，降低噪声，提高车辆的操控准确性和乘坐舒适性。它的作用还不止如此，医学研究者已利用这种技术制造出人造膝盖。

2）提高轮胎的缓冲性能。轮胎由于本身的弹性，在很大程度上吸收了因路面不平所产生的振动，因此提高轮胎的缓冲性能，对提高汽车行驶的平顺性有重要意义。轮胎的缓冲性能是指轮胎靠本身的弹性缓和路面冲击的能力。随着车速的提高，对轮胎的缓冲性能的要求越来越高。提高轮胎缓冲性能的措施如下。

① 降低轮胎气压，并相应增大轮胎断面、轮辋宽度和空气容量，进而减小轮胎刚度，增强缓冲效果。

② 改进外胎结构形式，增加帘线强度，采用较细的帘线，减少帘布层数。

③ 提高帘线和橡胶的弹性，采用较柔软的胎冠。

目前，越来越多的汽车已改用如图 6-2 所示的子午线轮胎，还有的汽车采用了无内胎的子午线轮胎。

图6-2　子午线轮胎

3）提高座椅的缓冲性能。驾乘人员感受到的振动一般都是由汽车座椅传递来的，它在最后一刻再次起到缓冲作用。因此，提高座椅的缓冲性能意义重大。提高座椅缓冲性能的措施如下。

① 在设计时合理布置座椅位置，允许乘员对各部分位置和角度进行调整。

② 采用柔软肥厚的座垫、改进座垫材料和结构，还可另外加装座垫、头枕、腰枕和座套。

③ 附加弹簧和减振器。

④ 采取主动避振措施。

4）减小非悬挂质量。非悬挂质量即不由悬架支承的质量，主要包括车轮和车轴。非悬挂质量的大小直接影响振动时传给车身的冲击力：减少非悬挂质量，可减小振动时车身所受的冲击力，从而减小车身垂直振动的加速度，提高汽车行驶的平顺性。由于独立悬架一般比非独立悬架的非悬挂质量小，因此采用独立悬挂的汽车，平顺性较好。非悬挂质量对行驶平顺性的影响，常用非悬挂质量与悬挂质量之比进行评价。质量比越小，则行驶平顺性越好。

5）改善道路条件。对一定的汽车而言，振动强度主要取决于道路条件和行驶速度。道路不平是引起汽车振动的主要原因，改善道路条件，避免或减轻汽车的振动，是提高汽车行驶平顺性最简单而且最有效的措施。此外，在使用中加强车轮和悬架的维护等，均对提高汽车行驶时的平顺性有利。

2. 汽车的噪声。汽车给世界带来了现代物质文明，但同时也带来了环境噪声污染等社会问题。作为汽车乘坐舒适性的重要评价指标，汽车噪声也会在很大程度上反映出生产厂家的设计水平及工艺水平。因此，控制汽车噪声到最低水平也是汽车设计者追求的目标。

（1）噪声指人们不希望听到的声音。各种调查和测量结果表明，汽车噪声是目前城市环境中最主要的噪声源。因此，控制汽车的噪声污染越来越引起人们的重视。

（2）交通噪声对人体健康的影响。

1）噪声的强度越大，频率越高、作用时间越长、个人耐力越小，则危害越严重。

2）噪声影响人们交谈、思考，影响人的睡眠，使人产生烦躁、反应迟钝，工作效率降低，分散注意力，对人们正常生活和工作造成极大干扰，增加驾驶员和乘员的疲劳，影响汽车的行驶安全，引起工作事故。

3）噪声可使人的听力受到损害，另一方面，噪声对消化系统、心血管系统也有严重不良影响，会造成消化不良，食欲不振，恶心呕吐，从而导致胃病及胃溃疡病的发病率提高，使高血压、动脉硬化和冠心病的发病率比正常情况明显提高，噪声对视觉器官也会造成不良影响。噪声作用于人的中枢神经系统，使人们大脑皮层的兴奋与抑制平衡失调，导致条件反射异常，使脑血管张力遭到损害。

这些生理上的变化，在早期能够恢复原状，但时间一久，就会导致病理上的变化，使人产生头痛、脑胀、耳鸣、失眠、记忆力衰退和全身疲乏无力等症状；如果孕妇长期乘坐噪声较大的车辆，噪声会通过作用于中枢神经系统影响胎儿发育。

（3）汽车噪声源及控制。汽车噪声主要来源于发动机、传动系、轮胎和车身。此外，汽车噪声还包括制动噪声、储气筒放气声、喇叭声以及各种专用车辆上动力装置噪声等，由于这些噪声不是连续的，因此不是汽车的主要噪声源。汽车噪声的强弱不仅与汽车的结构类型密切相关，还受使用过程中的技术状况、行驶车速、发动机转速、载荷以及道路条件的影响。

1）发动机噪声及控制。发动机噪声是汽车的主要噪声源。我国乘用车车外加速噪声中，发动机噪声约占55%；在大、中型汽车的车外加速噪声中，发动机噪声约占65%，包括燃烧噪声、机械噪声、进气噪声、排气噪声、冷却风扇噪声等。

① 燃烧噪声。燃烧噪声是因可燃混合气在气缸内燃烧时，缸内压力急剧变化而产生的。在汽油机正常燃烧时的燃烧噪声比较小，但发生爆燃或表面点火不正常燃烧时，就会产生很大噪声。因此，汽油机燃烧噪声的控制措施主要是：选择合适牌号的汽油，适当推迟点火正时，及时清除燃烧室积炭等，以防止不正常燃烧现象的产生。燃烧噪声是柴油发动机的主要噪声源。柴油机燃烧噪声比汽油机大，主要原因是燃烧时压力增长率高，而压力增长率取决于着火延迟期内形成的混合气数量。因此，控制柴油机着火延迟期内形成的混合气数量，以降低燃烧时的压力增长率是控制柴油机燃烧噪声的根本措施。具体包括适当延迟喷油正时、提高压缩比、选用十六烷值高的柴油、改进燃烧室结构、采用增压技术和提高废气再循环率等。

② 机械噪声。机械噪声是在发动机运转过程中，相对运动零件之间相互摩擦或相互撞击所发出的声响。机械噪声在很大程度上取决于发动机转速，是汽油发动机的主要噪声源。控制发动机的机械噪声的结构措施主要是：尽量减轻运动件的质量，以减小惯性力，并在满足装配和使用要求的前提下，尽量减少零件间的配合间隙；在使用中，定期维护和及时修理，保证配合零件之间的间隙正常和润滑可靠。

③ 进、排气噪声。进、排气噪声是发动机在进、排气过程中，由于气体流动和气体压力波动引起振动而产生的噪声。进、排气噪声随发动机负荷和转速的不同而变化，是发动机的主要噪声源，也是易于采取降噪措施的对象。控制进气噪声主要有两方面的措施：一是改进空气滤清器结构，尽量加大空气滤清器的长度和断面，以增大空气滤清器的容积，并保持空气滤清器清洁；二是采用进气消声器。发动机排气噪声的控制也可从两方面采取措施：一是改进排气系统的结构，如减少断面突变、弯道处采用较大的过渡圆角、降低管内壁面粗糙度、减小排气门杆直径等；二是采用排气消声器和减小排气歧管传来的结构振动。

④ 风扇噪声。风扇噪声是由于叶片切割空气并使周围空气产生涡流，引起周围空气压力的波动而产生的噪声，此外还有因机械振动引起的噪声。风扇噪声是汽车的最大噪声源之一，尤其是近年来，由于空调系统和排气净化装置等在汽车上的应用，使发动机

罩内温度上升，冷却风扇负荷加大，风扇噪声更为严重。风扇噪声主要与发动机的转速有关。控制风扇噪声的主要措施有：改进风扇结构，包括叶片形状、角度和材料；合理选择风扇与散热器之间的距离，最佳距离为100~200mm；采用电子风扇或装用风扇离合器，以便在不需要风扇工作时，减少发动机的噪声源。

2）传动系噪声及控制。传动系噪声可分为变速器噪声、传动轴噪声和驱动桥噪声。各总成的结构形式、汽车的运行工况（如速度和负荷的大小及变化情况）等对传动系噪声有很大影响。变速器噪声是传动系的主要噪声源，占传动系总噪声的50%~70%。

① 变速器噪声。主要包括齿轮传动噪声、轴承运转噪声，此外还有发动机通过离合器传递给变速器壳的振动噪声。齿轮传动噪声主要是轮齿进入啮合时的撞击声和轮齿脱离啮合时的摩擦声。控制齿轮噪声的主要措施有：合理设计齿轮传动机构，如选择合适的齿轮结构形式、材料和参数等；改进制造工艺，提高齿轮的加工精度；正确安装，以保证啮合间隙正常；选用合适润滑油，保证润滑可靠。轴承噪声是由于工作中的振动和摩擦而产生的噪声。控制轴承噪声的主要措施有：优先选用球轴承；提高轴承制造精度和座圈刚度，以减小滚体与滚道之间的摩擦和冲击；正确安装，保证合适的轴承间隙和预紧度；改善润滑条件，以减轻摩擦。控制变速器噪声除上述控制齿轮噪声和轴承噪声的措施外，还应注意对变速器壳体采取隔振、隔声措施，如在结构上保证变速器壳体具有足够的刚度，避免共振；提高变速器壳体的密封性，防止齿轮噪声直接向外传递；变速器壳体选用高内阻材料，或在壳体表面涂阻尼材料，提高变速器壳体的隔声效果。此外，自动变速器的换挡离合器和换挡制动器，特别是液压油泵和液力变矩器也是重要的噪声来源。

② 传动轴噪声。主要是转速和转矩变化、变速器或驱动桥的振动、传动轴本身的不平衡等引起的传动轴振动噪声。控制传动轴噪声的措施主要有：提高传动轴的刚度，保证传动轴的平衡；控制万向节最大允许夹角，最好采用等速万向节，消除传动轴工作时转速和转矩的波动；在使用中，保证传动轴各配合间隙正常，保证各润滑点润滑可靠；在中间支承与吊耳间采取隔振措施，阻尼传动轴振动通过中间支承向车身的传播。

③ 驱动桥噪声。驱动桥主要组成零件是齿轮和轴承，所以驱动桥噪声与变速器噪声有很多相似之处，也包括齿轮传动噪声、轴承运转噪声和机械振动噪声。由于驱动桥质量为非悬挂质量，受路面不平、驱动力和制动力的影响，会产生强烈的弯曲振动或扭转振动，因此在驱动桥噪声中，机械振动噪声占的比例比变速器大。为控制驱动桥的振动噪声，在结构上应保证驱动桥有足够的弯曲刚度和扭转刚度。

3）轮胎噪声及控制。轮胎直接发出的噪声包括：轮胎花纹噪声、道路噪声、弹性振动噪声和空气噪声。

① 轮胎花纹噪声是轮胎噪声的主要组成部分，它是指汽车行驶时，因轮胎花纹槽内的空气在接地时被挤压，并有规则地排出，从而引起周围空气压力变化而产生的噪声。

② 道路噪声是指汽车在路面上行驶时，由于路面凹坑内的空气受挤压并排出而产生

的噪声。其噪声产生机理与轮胎花纹噪声相同，均是由轮胎和路面相互作用而产生的。

③ 弹性振动噪声是由于轮胎不平衡、胎面花纹刚度变化或路面凹凸不平等原因激发轮胎振动而产生的噪声。

④ 空气噪声是指由于轮胎搅动周围空气而产生的噪声。

影响轮胎噪声的因素很多，最大的影响因素是轮胎花纹和路面状况。控制轮胎噪声的措施主要有：合理设计并合理选用轮胎结构和花纹类型；改善道路条件，使路面保持合适的粗糙度，路面粗糙度以 0.5mm（平均纹高）为宜;在使用中，使轮胎保持正常气压，并控制汽车行驶速度和加速度。

4）车身噪声及控制。车身噪声主要由两部分组成：一是车身零部件自身振动噪声；二是空气与车身之间撞击和摩擦而产生的噪声。控制车身噪声的措施主要有：提高车身刚度以降低振动引起的噪声；采用流线形的车身外形，并保持车身外表光洁，减少车外凸出物的数量和尺寸，以降低空气与车身之间撞击和摩擦而产生的噪声。

3. 驾乘室的内部环境。在影响汽车驾乘人员舒适性的因素中，汽车驾乘室的内部环境，是最直接也最重要的因素，是汽车豪华程度的重要标志之一。改善车内环境，不仅是提高驾乘人员乘坐舒适性的手段，也是提高市场竞争力的重要手段，但也会使汽车的成本和价格升高。汽车的内部环境主要包括空气环境、噪声环境和车内设施。

（1）车内空气环境。保持车内空气适宜的温度、湿度和清新度，是改善汽车内部环境、提高乘坐舒适性的重要措施。目前，改善车内空气环境的主要手段就是装用汽车空调。汽车空调的基本功能就是为改善车内驾乘人员的舒适性，将车内封闭空间的空气环境调整到人体最适宜的状态，具体功能包括：

1）利用暖风和冷气装置，使车内保持适宜的温度；

2）利用除湿和加湿装置，使车内保持适宜的湿度；

3）利用送风装置，使车内保持适宜的气体流动；

4）利用通风装置和空气净化装置，保持车内空气的清洁；

5）利用除霜（除雾）装置，防止车窗玻璃结霜，保证驾乘人员视野清晰。

（2）车内噪声环境。车内噪声也是直接影响车内驾乘人员舒适性的重要因素之一。控制车内噪声措施主要有：

1）应控制摆放物、玻璃和内饰板等车内物品少发噪声。

2）采取隔振、隔声和吸声等措施，减少传入车内的噪声量。座椅、车顶棚和地毯是吸收车内噪声效果最好、对降低车内噪声贡献最大的内饰部件。常常附加缓冲减振隔声层，如图 6-3 所示，例如使用半透气性的面料可以提高顶棚的低频吸声性能，顶棚背部的空气层也有助于吸收低频噪声。此外，在顶棚背部铺放吸声棉，则可改善车顶钣金件的阻尼减振性能。处于不同工作环境下的汽车部件，对吸声、隔声材料的要求也不尽相同。例如，除了要求具有良好的吸声隔声性能外，发动机罩盖要求材料要具有较高的耐高温性，发动机底盘和车轮罩则要求材料具有良好的耐腐蚀性和抗磨损性，而内饰部件则更关注材料的环保性能。

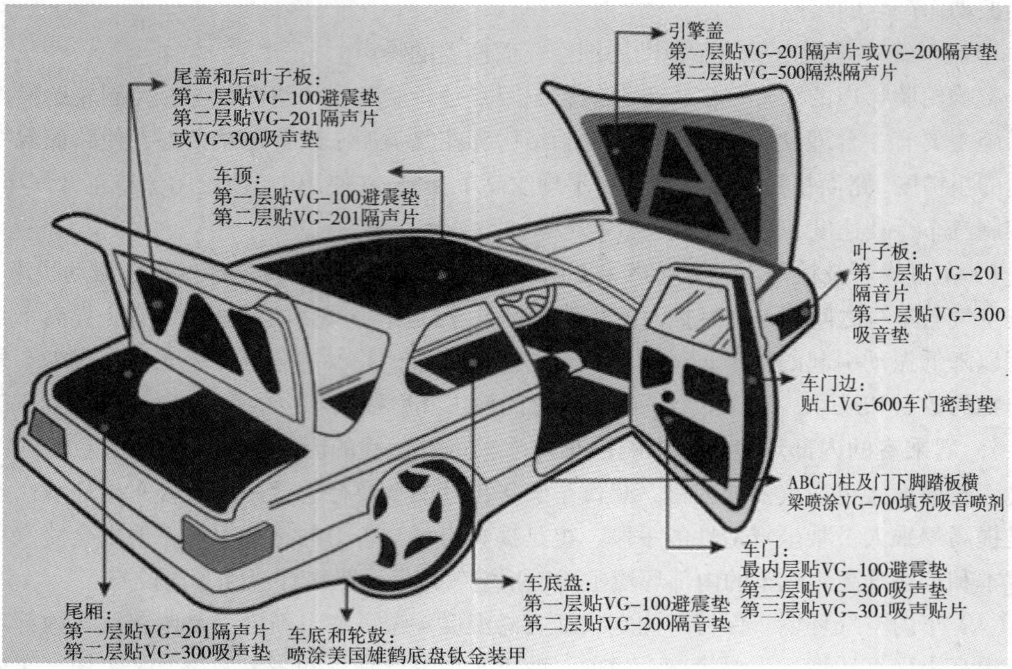

图6-3 缓冲减振隔声层

焊接完成后的白车身侧围上存在一些封闭的箱体加强梁结构，即所谓的“旁路空腔结构”，如A、B、C柱，门槛、前围和侧围等。空腔除了会传递车外噪声，如发动机噪声、排气管噪声、风噪和胎噪外，当汽车高速行驶时，这些空腔中还会产生高速气流。高速气流通常会引发两大问题：首先，由于空腔不均匀，管阻大，导致高速气流与空腔障碍物之间发生摩擦，从而在空腔壁处形成涡流，最终产生湍动气流噪声；其次，湍动气流会引起空腔钣金件共振，从而产生共振噪声。同时，旁路空腔就像乐器的共鸣箱，会引起空腔噪声的共鸣，有放大噪声的作用。因此，由空腔引发的“旁路噪声”必须引起重视。目前，采用密封技术来封堵空腔是解决旁路噪声问题较理想的方法。预凝胶型结构胶、抗碰撞结构胶、预凝胶型抗碰撞结构胶，以及包边密封胶，这些基于多种聚合物的韧性胶，可以通过手工或机器人的操作方式，进行盘绕、喷涂和挤出，并可用于早期开发阶段的白车身连续粘接生产中。该新产品可替代焊接和机械锁扣，用于相似的或完全不同的基底材料之间的粘接，比如高强度的钢、铝和镁等。其优点是：在使用中，无须脱脂或底涂；可减少点焊和机械锁扣周围常出现的疲劳和失效问题，从而提高产品的耐久性；提供良好的密封性能，阻止外界环境的影响。其在汽车上的应用包括车门、引擎罩、行李厢盖板、引擎舱部件、驾驶室、车顶棚，以及梁和其他一些承载部件。

3）减少发动机噪声、传动系噪声、轮胎噪声和车身噪声等车外噪声的产生，才能从根本上减少噪声。

（3）车内设施。汽车内部设施主要包括座椅、装饰和日常生活设施。

1）驾乘人员的乘坐舒适性很大程度上取决于座椅的布置和结构。座椅的高度、宽度、深度、倾斜度和座间距等应符合人体工程学的要求，采用可调座椅能满足不同驾乘人员的需求，是提高乘坐舒适性的有效措施。

2）汽车的内部装饰会影响驾乘人员乘车时的心理反应。颜色协调、布置典雅的内部装饰，给人以美感，对改观车内驾乘人员的感觉评价有积极作用。

① 清洁系列。脚垫、地胶，在洗车时容易清理。座套:原车座椅表面一般不易清洗，在上面罩上新座套，既可随时清洗又给人一种新鲜感。方向盘套:可改换颜色改善手感。此外还有座套枕套、头枕靠垫、手刹套、排挡套、纸巾盒套等。

② 温馨系列。挂饰、摆饰、卡通贴纸、抱枕和玩具等，这些可爱的小东西不但看着让人赏心悦目，而且套上后更感时尚与温馨，让您体会到无限的驾驶乐趣。但需注意不可过分干扰驾驶员的注意力。

③ 芳香系列。香水是最受车主喜爱的车内小饰品，它具有装饰与去除异味的双重作用。车用香水多采用天然香料制成，有一股自然而吸引人之芳香，加上造型外观华丽，人性化设计会让你使用更加贴切。一般香水分为液体香水、出风口香扇、香座、固体香膏等。

④ 功能系列。除了具有装饰效果以外，还有一些小东西具有实用性，如置物盒、电子表、眼镜架、指南球、大视野后视镜、警示牌、方向助力球、安全带夹、手机架、饮料架、票据架、遮阳板袋、CD 杂物袋、儿童安全座椅等。这些饰品因其具有实用的功能，且张扬着个性的设计，因此成为时尚一族车中不可缺少的用品。

⑤ 小电器系列。冷暖箱、逆变电源、吸尘器、电子胎压表、打气机、按摩垫、音源转换器、车载免提、车用氧吧、点烟器、车用剃须刀等。这些现代科技的产物在你爱车上的完美应用，会给行车生活带来许多的便利。

3）齐备的日常生活设施，也是改善汽车内部环境、提高汽车舒适性的重要途径。提高舒适性的日常生活设施主要有：钟表、音响、电视、CD、DVD、通信设备、烟具和茶具;有些汽车，如图 6-4 所示的旅居车，车内配有酒具、餐具、厨具、卧具和卫浴间，车外可携带自行车和皮划艇，或者干脆再拖挂一辆旅居专用挂车。

图6-4 旅居车内部生活设施

@ 信 息

一、感觉舒适系统

（一）视觉舒适系统。

1．如图 6-5 所示，车载电视和 DVD 播放器为驾乘人员提供了视觉大餐。后排液晶显示屏还可方便后排乘客独立视听欣赏，后排液晶显示屏根据安装在后排不同位置可分为头枕式、后背式和吸顶式，后排液晶显示屏作为一项豪华配置一般只在中高级以上的车型中才有配备。

图6-5 车载显示屏

2．导航系统。如图 6-6 所示，常用 GPS 和北斗等，导航系统就是帮助驾驶人员准确定位当前位置，并且根据既定的目的地计算行程，通过地图显示和语音提示两种方式引导用户到达目的地的汽车驾驶辅助设备。使人仿佛置身天空，看清很大范围的道路情况，帮助驾驶人员准确定位当前位置。

图6-6 导航系统

3．分屏显示技术，如图 6-7 所示，让正副驾驶员各取所需，在同一屏幕上分别看到导航地图和电视节目。

图6-7　分屏显示系统

4．车内的仪表盘、座椅和内饰的色彩图案，以及各种摆件、挂件和其他装置，为驾乘人员提供了赏心悦目的温馨环境，如图 6-8 所示。

图6-8　车内赏心悦目的环境

5．中控台显示屏。就是指安装在车内中控台部位可以用来显示时间、GPS 语音定位导航、多媒体娱乐、车载电话等各种系统信息的显示器。中控台液晶显示屏根据车型高低配置不同，液晶屏可分单色、彩色非触摸式以及彩色触摸式三种，如图 6-9 所示。

图6-9　汽车中控台液晶显示屏

6. 抬头数字显示仪(Heads Up Display)。也称风窗玻璃仪表显示，又叫平视显示系统，它可以把重要的信息，映射在风窗玻璃上的全息半镜上，使驾驶员注意力始终集中在前方，不必低头就能看清重要的信息，时时了解车辆的行驶状态。不仅减小驾驶员因为注意仪表而忽略了与前车的距离从而发生危险碰撞的概率，而且驾驶员不必在观察远方的道路和近处的仪表之间调节眼睛，可避免眼睛的疲劳。这种显示系统，原是军用战斗机上的显示系统，一些高级汽车把它移植到汽车上来。将车辆的时速、转速、油耗等行驶参数投影到前风挡玻璃上，如图 6-10 所示。资料处理单元是将行车各系统的资料如车速、导航等信息整合处理之后，根据选择的模式转换成预先设定的符号、图形或者是以文字、数字的形态输出，显示可以关闭，还可以移动显示位置。

图6-10　抬头数字显示仪

7. 现在越来越多的车型加入了行车电脑。在仪表台的液晶屏幕上看到诸如瞬间油耗，平均油耗，剩余油耗还能行驶多少公里等数据。这些数据虽然看上去不是太有用，无论有没有，我们还是可以照样开车。但实际上有了这些数据。我们可以更好地掌握开车技巧，降低油耗，并随时了解车型的正常工作数据、油耗的变化。

8. 以前风挡玻璃为主，包括天窗在内，各个车窗提供了较为宽阔的视野，便于驾乘人员观察车外环境和优美风景；车外和车内的后视镜和盲区镜，以及测距雷达和车内外的摄像头，更进一步扩大了视野，驾驶员端坐驾驶座就可了解各处情况，减少了回头、开门甚至下车观察的需要。

9. 遮阳板、窗帘和玻璃贴膜，阻挡了过多的有害光线进入车内。

10. 在夜间和外界光线不良时，车外前照灯、雾灯和倒车灯，车内顶灯、阅读灯和仪表盘照明灯，还有行李厢内照明灯等，能为人们提供帮助。个别特殊用途汽车不便开灯，而采用夜视仪，帮助驾驶员在黑暗中看清路况。

11. 各种仪表、指示灯和显示器，便于驾驶员了解汽车各部分的状态。

12. 自动发光式仪表盘是指由发光材料构成，不需要手动开关，当汽车启动时能自动点亮。

13．电控系统能够自我诊断故障并通过警报灯和指示灯乃至文字和语音予以提示。

14．转向灯、制动灯、示廓灯和牌照灯等，也为车外人员提供了帮助。

（二）听觉舒适系统。

1．各种消除噪声的装置，保护着驾乘人员免受噪声干扰。

2．车外喇叭和报警器的音量和音色也更加人性化。

3．音响系统，为驾乘人员提供了信息和娱乐帮助。音响系统的主要元件位置，如图 6-11 所示。

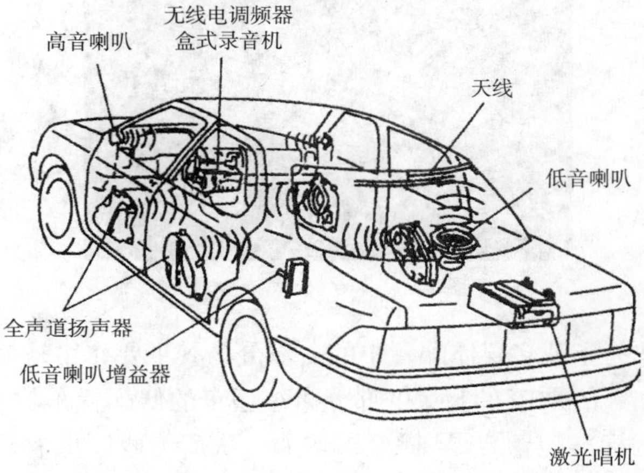

图6-11　音响系统元件位置图

1）扬声器。简单点说就是车载音响中所配套的喇叭，如图 6-12 所示。不过一些高端车型附带的单个或多个低音炮也属于扬声器范畴之内。其在车上常被安装在前后车门内侧、前门 A 柱以及后排座椅后方等地方，根据车型高低配置不同扬声器的数量也有所不同。车内喇叭由两个变成了四个、六个、八个甚至更多。多个喇叭不仅可以有更好的立体声效果和高低音搭配，也使独立控制成为可能。

图6-12　扬声器

2）AM/FM 收音机是汽车上最早采用的一种语音娱乐配置，也是车载影音娱乐系统最常见配置之一，现在几乎没有不配备收音机的汽车了。

3）卡式磁带播放机简称卡带机，如图 6-13 所示。就是播放磁带用的车载式录音机。这是早期汽车上紧随车载收音机之后又一重要的车载娱乐配置，但随着车载娱乐配备的不断进步升级，卡带已经基本上被淘汰了。

图6-13　车载卡式录音机

4）CD 播放器作为车载多媒体配置中的一部分，其主要作用是为驾乘人员提供必要的听觉享受之用。如今的乘用车上除少部分微小型车的低配置车款外，CD 播放器已经成为汽车娱乐功能的标准配置。CD 播放器按照一次所能收纳播放 CD 盘的最多数量分为单碟式和多碟式。单碟式：如图 6-14 所示，单碟式就是指只能容纳一张碟片的 CD 机。多碟式：多碟式就是指能容纳两张以上碟片的 CD 机，在多碟 CD 播放器中，根据 CD 主机和读碟盒安装方式又可分类为 5 碟、6 碟、10 碟、6+1 碟等，方式主要有两种：一种是在中控台上的 CD 主机能够同时吸入多张碟片，一般为 6 碟；还有一种是中控台上的 CD 主机只能吸入一张碟片，同时在车的其他位置（一般在手套箱、后备厢或副驾驶座椅底下）还有一个 CD 盒，如图 6-15 所示，可以放多张 CD，这是所谓的 6+1。

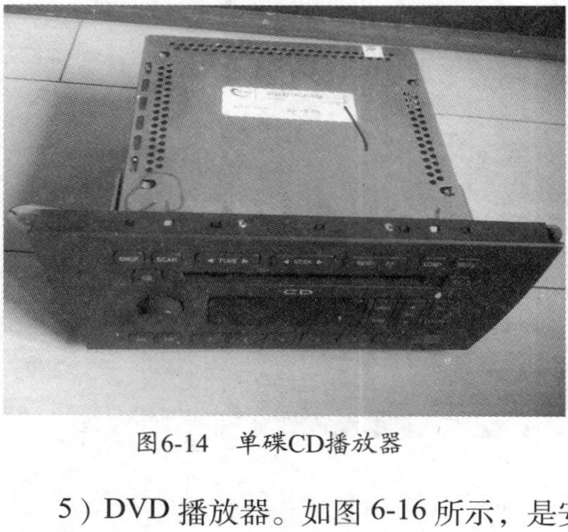

图6-14　单碟CD播放器

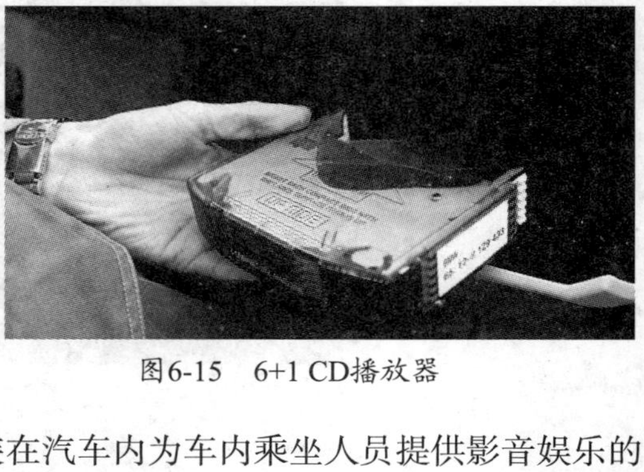

图6-15　6+1 CD播放器

5）DVD 播放器。如图 6-16 所示，是安装在汽车内为车内乘坐人员提供影音娱乐的多媒体播放系统。

图6-16　DVD播放器

6）随着功能的增加，控制也越来越复杂，如图 6-17 所示，为奥德赛乘用车音响控制面板。

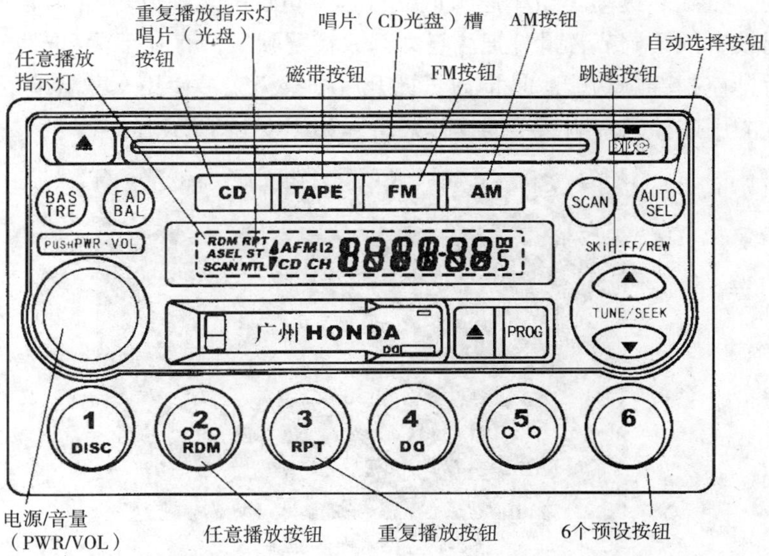

图6-17　奥德赛乘用车音响控制面板

7）支持 MP3/WMA 格式文件。支持 MP3/WMA 格式文件就是指车载的 CD/DVD 播放器可以兼容读取 MP3/WMA 格式的碟片。

8）音频 / 视频输入端口是指外接输入接口，如图 6-18 所示，通过连接外接设备，如 MP3/MP4，U 盘，移动硬盘等，即可在车载音响中播放外接设备的影音节目，这是一项实用而且成本不高的配置。目前常用的音频 / 视频接口形式有：AUX、USB、存储卡三种形式。

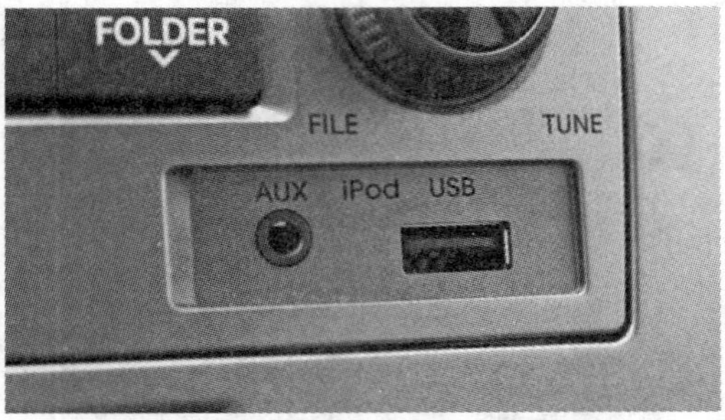

图6-18 外接输入接口

9）车载硬盘。就是装在车上的硬盘，其作用不仅可以内置车载硬盘导航系统，使访问电子导航地图变得非常快捷和方便，还能将CD/DVD或MP3上的歌曲，直接复制到硬盘里存储循环播放。目前车载硬盘作为车载多媒体配置表中的高级装备一般只在部分中高级乘用车型中的高配置版本上或豪华车的部分车型上才有配备。

10）音量随速调节。是指车载音响音量可随车速高低进行微量调整的功能。当车速提高，音响音量随之提高；当车速降低，音响音量也随之降低。音量随速调节的好处是不再需要驾驶者频繁调节音量，把注意力都放在驾驶上，有利于行车安全。

11）后排控制音响功能。是指为了提升后排乘坐人员使用车载音响的便利性而在后排单独设置的用以控制音响系统的操作装置，如图6-19所示。

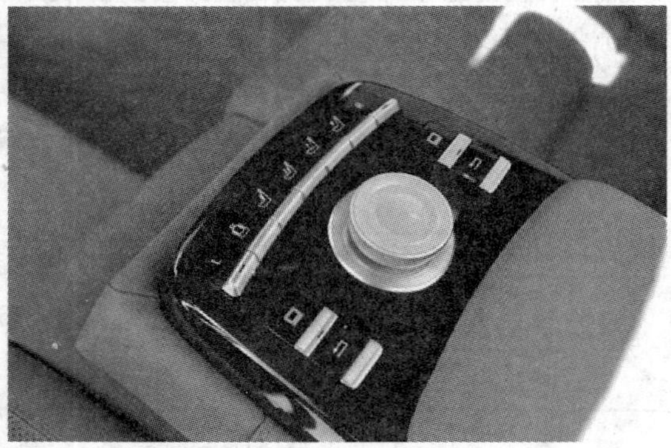

图6-19 后排音响控制台

（三）嗅觉舒适系统。

1．车内人员和物品都能产生一些异味，一些驾驶员在车内安装了香水挥发器。一般的车用香水分为液体香水、出风口香熏、香座、固体香膏等几种类型。如今香水造型多样，已经不仅仅是一瓶简简单单的香水，它早就成了车上惹眼的艺术品了。此外它的功能也不仅仅限于清新空气，现在的香水瓶大多是一瓶多用，比如瓶上带一个指南针、温度计或者具备来电闪烁功能等，不仅美观而且实用。也有人摆放菠萝等水果碎块，其实这些方法往往只是增加了香气，在消减异味方面几乎没有效果。

2．随着人们健康意识的不断提高，车内甲醛和其他有害气体的浓度越来越受到关注，为减小危害，应该做到以下几点。

1）做好空调进气口设置、空气净化和驾乘室密封，防止发动机尾气和其他有害气体进入车内。

2）选好内饰和座椅等的材料并做好表面处理，减少车内有害气体的产生量。

3）日常还需要各种通风和空调系统空气净化功能帮助去除有害气体。

（四）触觉舒适系统。

1．座椅。作为汽车使用者的直接支承装置，是驾乘人员解触最多的。为了乘坐舒适，人们采取了许多举措，如中央扶手、头枕、座椅加热、腰部支撑调节、座椅通风、座椅调节、座椅按摩等，以后将专门研究。

2．扶手。

1）扶手杆。无座的站位乘客，如果只用脚踩在汽车地板上，当加速、减速和转向时，身体因惯性作用就容易摇晃甚至倾倒，碰到别人也容易引起纠纷，所以必须在较高位置为他们提供足够的可靠扶手杆，如图 6-20 所示。扶手杆主要安排在车门附近，过多竖立的扶手杆影响人进出座位；横置扶手杆太低容易碰头，太高时矮个子乘客又够不着，而且长时间上举胳膊容易疲劳。为了解决这些问题，往往在横置扶手杆下再加一些吊环，或者设置一些座椅靠背顶部扶手。另外在冬天扶手杆很凉，可以包裹绒布。

图6-20 扶手杆

2）座位扶手。即使有座位的乘客，长时间驾乘车辆，手臂会因腾空而产生酸疼疲劳感，若能够将手和前臂自然放置在两侧扶手上，将大大减轻疲劳，客车乘客座椅扶手还具有防止乘客横向跌倒的作用。为便于上下车，这种扶手大多可折叠；车门、窗台或者前面座椅靠背上也可布置扶手；当汽车强烈颠簸或遇紧急情况时，还需要车顶等高处有安全的扶手，为美观和防止碰头，这类扶手一般为折叠式。

3）中央扶手。置于驾驶员座椅与前排座椅中间的中央扶手，一般较宽，可以当作储物盒；有些中央扶手设计比较短比较窄，出发点虽然是为了避免干扰驾驶员的活动空间，不过这也就丧失了扶手的基本作用，为了解决扶手阻挡驾驶操作的问题，不少车型采用了伸缩式扶手，在休息时，可以抽出来，开车时，又可以缩回去，一举两便，不失为一种实用而聪明的配置；而多数后排中央扶手为可折叠式扶手，折叠后作为中间乘客的靠背可多坐人，打开后不仅做扶手，还可以带杯架，靠背空出的空间还可打开隔板与后备厢相通，以盛放超长物品或行车中从后备厢取用小件物品，如可把小车载冰箱安置在后备厢，由此口取冰镇饮料。

3．悬架和轮胎。它们的缓冲与减振作用，也是驾乘人员舒适的重要保障。

4．电控悬架。通过对悬架刚度、高度和减振阻尼的控制，不但可以实现适度减振，而且可以调整汽车高度以适应路况和车速，特别是在转向和制动时主动调整到最佳姿态和刚度，另外还能实现“跪式服务”即低姿停车以方便上下车。

5．车身的尺寸同样直接关系到驾驶员和乘客的舒适性。车身内部空间越大，乘客活动空间感和视野越大，就不会觉得压抑；高度越大乘客头部空间就越大，上下车越不会磕碰；前后排距离越大，左右乘客距离越大，乘坐时就越自由。

6．卧铺。旅居车和一些长途商用车，配有卧铺和铺盖，可以供乘客和轮休的驾驶员在行车过程中睡卧；当然停车后也可照样在车内酣睡而不需要入住旅馆。一般乘用车后排座垫平坦，前排座椅靠背可放平，也能供人小憩。

7．车载厕所。连续坐车时间长了，人就有上厕所的需求，孩子随时随地要求上厕所，难免还有人闹肚子或尿频，但在一个不熟悉的地方找厕所很不容易，有时发现了厕所也无法停车，就会有些人因长时间不能上厕所，憋不住弄脏衣物散发臭味而羞愧难当。甚至在高速公路上曾经发生过的一起多人死亡的重大惨剧，就是一位乘客为上厕所抢方向盘导致的，所以车载厕所很有价值，特别是对高速长途汽车、旅游客车和旅居车更有必要，另外有些车载厕所甚至还有淋浴功能，形成车载卫浴间，如图 6-21 所示。

图6-21　车载卫浴间

8．各个操纵件。包括各个踏板、操纵杆、旋钮和按键，根据使用频率和重要程度，合理布置在合适的位置，如图 6-22 所示，再加上适当的尺寸、形状、质感、温度和硬度，特别是合适的运动范围和操作力或力矩，也是驾驶员触觉舒适性的关键。

图6-22　操纵机构布置

9．可调节角度方向盘。是为了适应不同的驾驶习惯，而可以上下前后调节的方向盘。另外，依照其调节方式可分为手动上下调节、手动上下前后调节、电动上下前后调节三种。

10．多功能方向盘。如图 6-23 所示，是指在普通方向盘手指所及的位置及方向盘下侧增加了一些功能键或调节杆，一般有调节车内温度、开关和控制车内音响系统。多功能方向盘的优点是驾驶员不需要有太大的动作，就可以控制车内很多功能，不仅方便了不少，更可以使驾驶员集中注意力观察前方路况，大大提高了行车时的安全系数。

图6-23　多功能方向盘

11．中央固定集控式方向盘。转动方向盘时，中间部分是固定的，不但包含了音响控制及定速巡航，还有蓝牙电话及车辆信息查看，而且保证了驾驶员前各个按钮不随方向盘转动，气囊释放的角度也恒定不变，但不常使用此类车的驾驶员，由于习惯了看方向盘中间部分定方向，可能找不准转向角度，需要适应。

12．上下车辅助设施。脚踏板安装于高大的商务车、底盘较高的乘务车和工程车辆上，用于方便驾驶员和乘客上下车；大部分踏板固定，有的还可收放，如图6-24所示；残疾车有供轮椅上下的跳板或举升器；有些客车在停车后降低或倾斜底盘便于上下车（即所谓“跪式服务”）；有些货车自带起重机或升降台；自卸式货车可自动倾斜整个货厢而卸货。

图6-24　折叠踏板

13．歇脚踏板。司机歇脚踏板是为驾驶员在行驶途中提供休息的踏板。一般位于左脚位置，目前市场上的很多车型都装配有司机歇脚踏板，如图 6-25 所示。另外许多客车也设有乘客歇脚踏板，如图 6-26 所示。

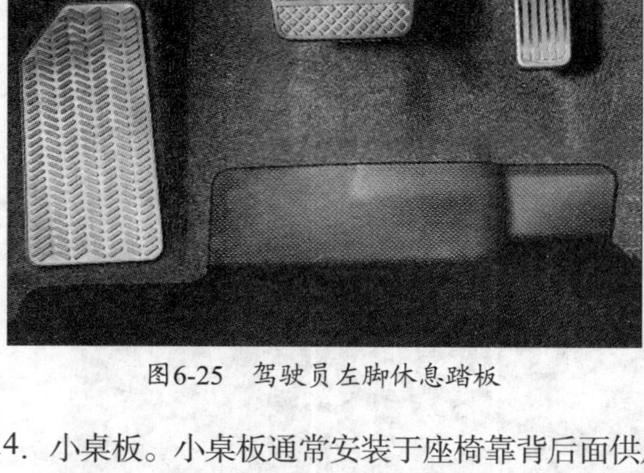

图6-25　驾驶员左脚休息踏板

图6-26　乘客休息踏板

14．小桌板。小桌板通常安装于座椅靠背后面供后排乘客使用，如图6-27所示，上面可放置食品、饮料或手提电脑等随身物品，并可以调节角度，不用时可折叠，不占空间；有的汽车为降低成本只设置网兜或挂钩；大件行李应存放于后备厢、行李舱、行李厢或行李架。

图6-27 小桌板

15．车内各部分气体的温度、湿度、清洁度、味道、流向和流速合适，更会让人舒适。正因为如此，汽车早已普遍应用空调系统，并在不断改进中。

16．车载冰箱。一种是压缩制冷冰箱，它往往借用汽车空调的压缩机和冷凝器，自身只需蒸发器和膨胀阀，功率大效率高，但管线仍复杂也会有噪声；有些汽车让一部分空调冷风流过前排乘客杂物箱，冷却少量饮料等，结构简单了许多。还有一种冰箱，它采用半导体热电偶原理制冷，只需一根电源线或一套点烟器连线即可，加装方便，不会产生噪声和污染，兼具制冷和加热的功能，但功率和效率低。

二、操控舒适系统

（一）助力系统。

1．助力系统。汽车行驶方向，直接影响行车安全，早已普遍采用转向助力系统。

（1）目前大部分汽车采用液压助力转向系统，如图 6-28 所示。

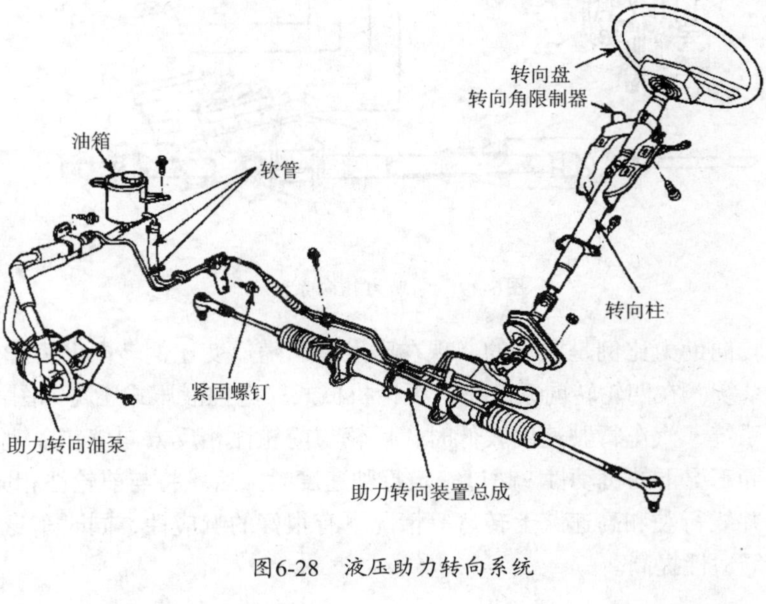

图6-28 液压助力转向系统

（2）有些车改进为电控液压助力转向系统，甚至如图 6-29 所示电助力转向系统。

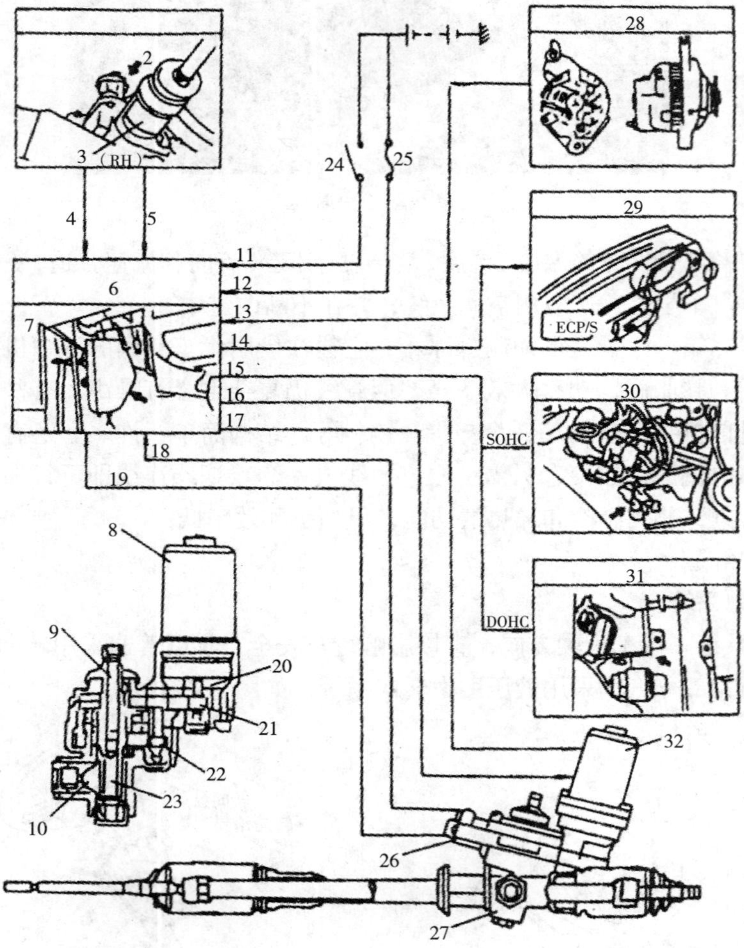

图6-29　电助力转向系统

（3）早期转向助力比例是固定的，现在已发展出随速变比例转向助力和随角度变比例转向助力等系统。在四轮转向系统中，无论机械式、电控液压式还是如图 6-30 所示液压式四轮转向系统，汽车行驶速度较低时，后轮与前轮往相反方向偏转以改善在掉头行驶和停车入库等工况下的机动性；超过一定行驶速度时，后轮将与前轮往相同方向偏转，这可使汽车在并线行驶和高速路上转弯等情况下有很好的响应性，同时车身的角运动相对减少，乘坐舒适性提高。

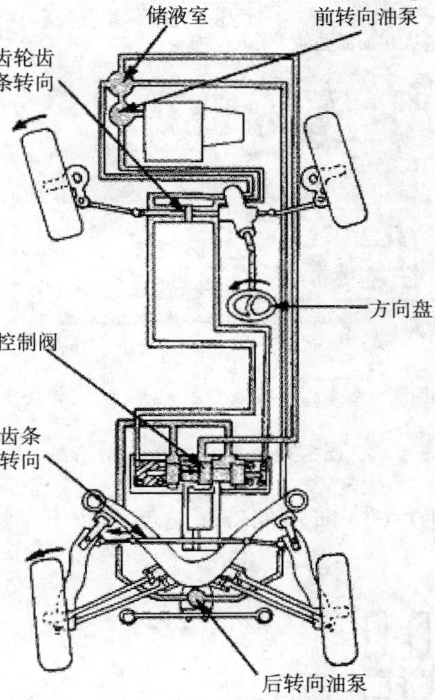

图6-30　液压四轮转向系统

2．行车制动系统能直接避免事故发生，采用助力系统也非常普遍。

（1）目前大部分小型汽车普遍采用如图 6-31 所示的真空助力或气压助力的液压制动系统。

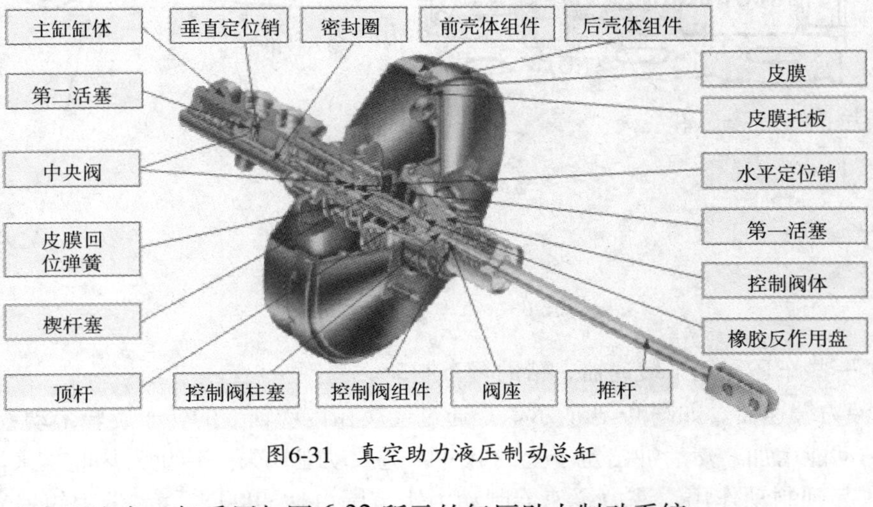

图6-31　真空助力液压制动总缸

（2）大中型汽车一般采用如图 6-32 所示的气压助力制动系统。

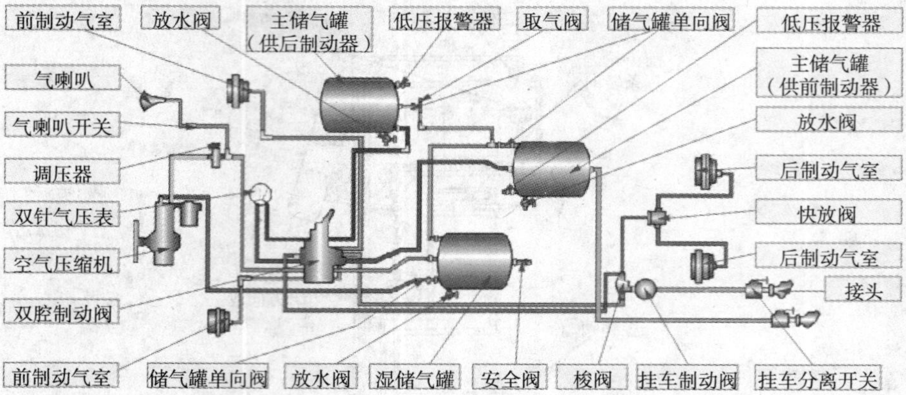

图6-32　真空气压制动系统

（3）有些车也采用如图 6-33 所示的液压泵助力液压制动系统或电助力制动系统。

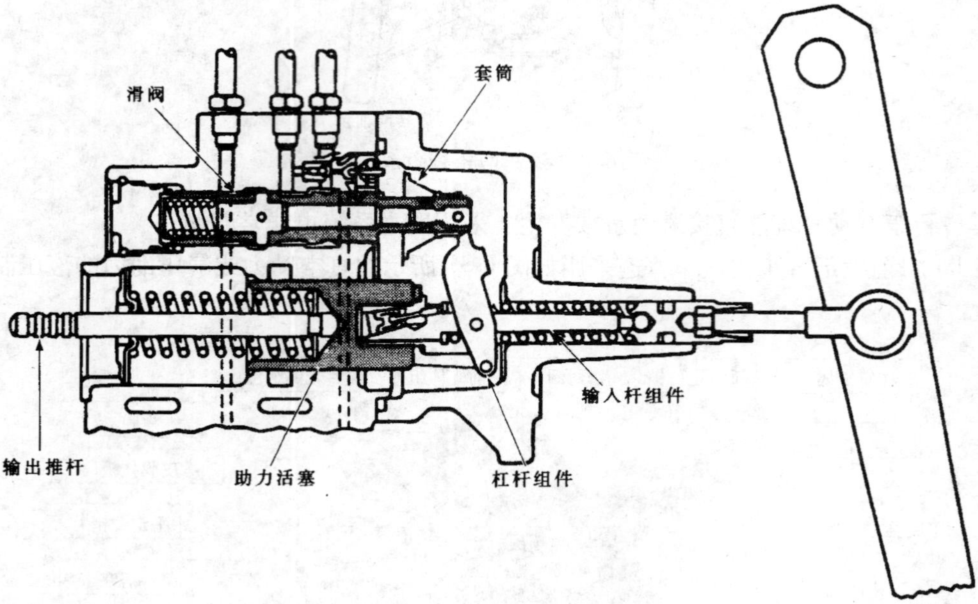

图6-33　液压助力制动系统

（4）一些车还采用了缓速器，帮助行车制动。

1）液力缓速器。如图 6-34 所示，是通过连接在传动轴上的转子旋转带动液体转动，使液体的动能增加，然后冲击定子上的叶片，造成动能损失并转化为热能，来消耗汽车的动能，起到制动作用，液力缓速器制动力矩范围可达 4000N · m。液力缓速器工作有一个通过气压将工作液压入工作腔的过程，因此液力缓速器的反应时间长。

图6-34　液力缓速器

2）电涡流缓速器。如图6-35所示，是利用电磁学原理把汽车行驶的动能转化为热能散发掉，从而实现减速和制动作用的装置。电涡流缓速器制动力矩范围在3 300N · m左右，电涡流缓速器是电磁线圈通电工作，反应时间比较短，一般只需要20~40ms，相比之下电涡流比液力约快20倍。

图6-35　电涡流缓速器

3）缓速器的优点。

① 提高车辆的安全性。缓速器可以在相当大的车速范围内提供很大的制动转矩，缩短车辆的制动距离，大大降低车轮制动器的温度，避免爆胎的发生，从而确保车辆的行驶安全。

② 减少维修费用。缓速器能够提供大部分制动转矩，大大延长车轮制动器的使用寿命（4~7倍），同时也延长轮胎的使用寿命，因而能节省车辆制动系统的维修费用。缓速器本身的故障率极低，维修费用也极低。

③ 减少环境污染。缓速器减少了制动鼓与制动摩擦片的摩擦时间，从而减少了制动摩擦片的磨损粉尘对环境的污染，同时也减少了制动噪声对环境的污染。

④ 提高舒适性。缓速器使车辆的制动比较平顺和柔和。

(5)自动驻车。英文名称为AUTOHOLD,是一种自动拉手刹的功能,启动该功能之后,如在停车等红绿灯的时候，就相当于不用拉手刹了，这个功能特别适应于上下坡以及频繁起步停车的时候。传统的手刹在斜坡起步时需要依靠驾驶者通过手动释放手制动或者熟练的油门、离合配合来舒畅起步。而AUTOHOLD自动驻车功能通过坡度传感器由控制器给出准确的驻车力，在启动时，驻车控制单元通过离合器距离传感器，离合器啮合速度传感器，油门踏板传感器等提供的信息通过计算，当驱动力大于行驶阻力时自动释放驻车制动，从而使汽车能够平稳起步。就算平时在市区行驶的塞塞停停，只要你启用AUTOHOLD功能，便会启动相应的自动驻车功能。聪明的AUTOHOLD自动驻车功能可使车辆在等红灯或上下坡停车时自动启动四轮制动，即使在D档或是N挡，也无需一直脚踩刹车或使用手刹，车子始终处于静止状态。当需要解除静止状态，也只需轻点油门即可解除制动。这一配置对于那些经常在城市里走走停停的车主来说确实实用，同时也减少了大家由于麻痹大意造成的一些不必要的事故。

3. 电子传感加速踏板。传统加速踏板，都通过拉线或杠杆连杆机构，直接牵动汽油机节气门、柴油机调速器摇臂或变速器节气门阀。传统方式不但操纵费力，而且容易受各种干扰，特别是由于驾驶员判断和操控能力有限而难以保证最佳操控。为了提高汽车行驶的动力性、平稳性及经济性，并减少排放污染，世界各大汽车制造商推出了各种控制特性良好的电子传感加速踏板、电控节气门及相应的电子控制系统，俗称“电子油门”。

如图6-36所示，加速踏板位置传感器直接感知踏板位置，并将踏板位置信号传递给发动机、自动变速器或自动空调等的控制单元。发动机控制单元首先对输入的信号进行滤波，以消除环境噪声的影响，然后根据当前的工作模式、踏板移动量和变化率解析驾驶员意图，计算出对发动机轴矩的基本需求，得到相应的节气门转角的基本期望值，然后再经过和整车控制单元进行通信，获取其他工况信息以及各种传感器信号如发动机转速、挡位、节气门位置、空调能耗等，由此计算出整车所需求的全部轴矩，通过对节气门转角期望值进行补偿，得到节气门的最佳开度，并把相应的电信号发送到节气门驱动电路模块，驱动控制电动机使节气门达到最佳的开度位置。节气门位置传感器则把节气门的开度信号反馈给节气门控制单元，形成闭环的位置控制。

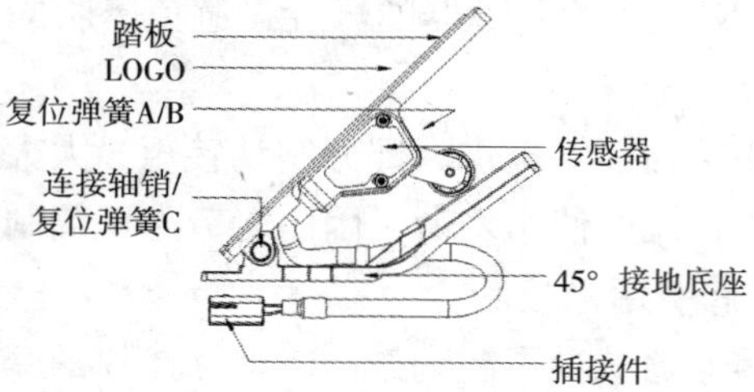

图6-36 加速踏板及位置传感器

4. 有些汽车空调器内部各个风门的调整，采用了真空增力装置或电动装置取代了手动拉线。

5. 后备箱弹簧使其不但打开时省力还能保持在打开状态。

6. 电动座椅、电动后视镜等的调整，也用电动机取代了人力。

7. 点烟器座、220V 插座和 USB 接口，为各种电器的接入提供了方便。

（二）替代人力系统

1. 启动机。早期发动机需要人力启动，力气小的人根本无法启动，而且启动时经常出现磕手等人身伤害事故；后来大型发动机改用小汽油机带动，结构复杂操作不便，小汽油机也仍需人力启动；现在除个别小功率发动机外，几乎所有发动机都已经改用电动机启动，一般采用如图 6-37 所示的电磁啮合串激减速式启动机。

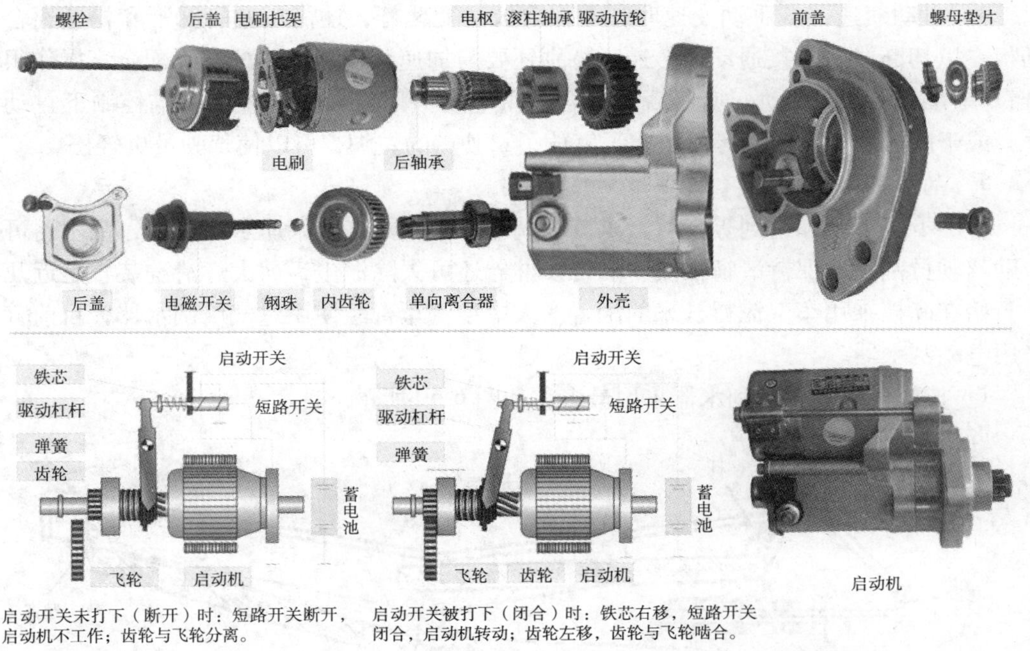

图6-37 启动机

2. 车外遥控器。在车外即可控制汽车的一些功能。一般都能遥控各个车门锁闭或解锁;有的遥控器无须按键，接近时自动开锁，远离时自动落锁，上车后也不用插钥匙，按车上的起停键即可启动或关闭发动机；有的还能在车外遥控车窗升降、发动机预热和空调系统；有的汽车在泊车时，驾驶员甚至可以站在车外，用遥控器控制转向和前进倒退，如图 6-38 所示，大大减少了泊车时的刮蹭事故；还有的汽车只需发出入库或出库命令就可以完全“自动驾驶”转向和前进倒退，到达预定位置。

3. 车内遥控器。在车内使用，用来操控车内影音娱乐系统，如图 6-39 所示。

图6-38　车外遥控器

图6-39　车内遥控器

4．自动变速器。手动变速时，不仅要扳动变速杆，还需用左脚踩下和松开离合器踏板，以切断或适当接通动力传递，特别还要与加速踏板和变速杆准确配合，操作很困难；采用各种形式自动变速器后，离合器由电动液压或气压装置在电脑控制下自动操作，或干脆被液力变矩器等所取代，解放了驾驶员的左脚，可以使驾驶员更轻松。

5．刮水器与洗涤器。

（1）下雨下雪和遇到雾霾时，风挡玻璃外部会积聚许多杂质影响视线，刮水器可以帮助驾驶员刮除，保持清晰视线；配合喷淋器还可去除泥尘，前大灯清洗装置是近几年才开始在高档乘用车上流行开来的配置。大中型汽车曾经使用过气压刮水器，目前普遍采用电动刮水器。

1）拉杆传动式电动刮水器采用最多，如图 6-40 所示。

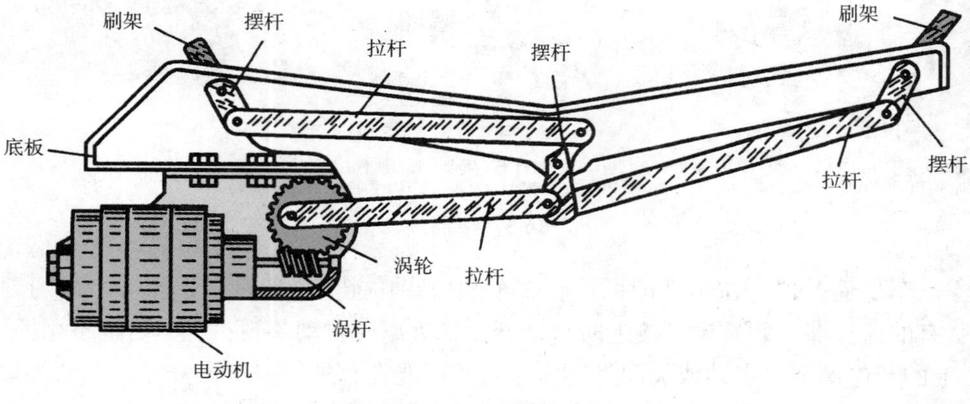

图6-40　拉杆传动电动刮水器

2）新型柔性齿条传动电动刮水器如图 6-41 所示，这种刮水器与一般拉杆传动式刮水器相比，具有体积小，噪声低等优点，而且可将刮水电动机总成安装在空间较大的地方，便于维修。

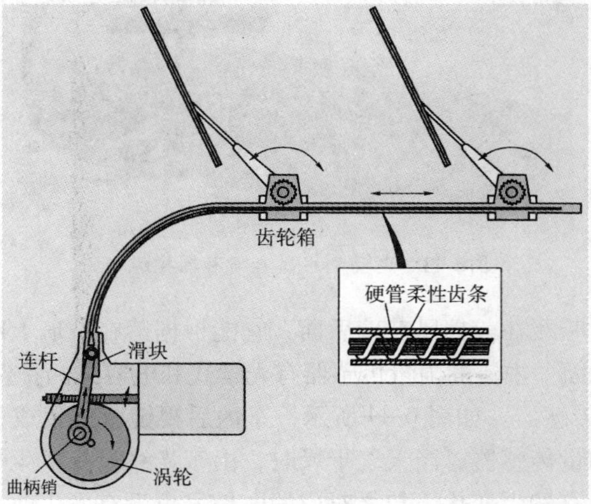

图6-41　拉杆传动电动刮水器

3）气压刮水器如图 6-42 所示，为自带换向阀的往复活塞式气压缸，采用进气量调节手柄手工无级调速。

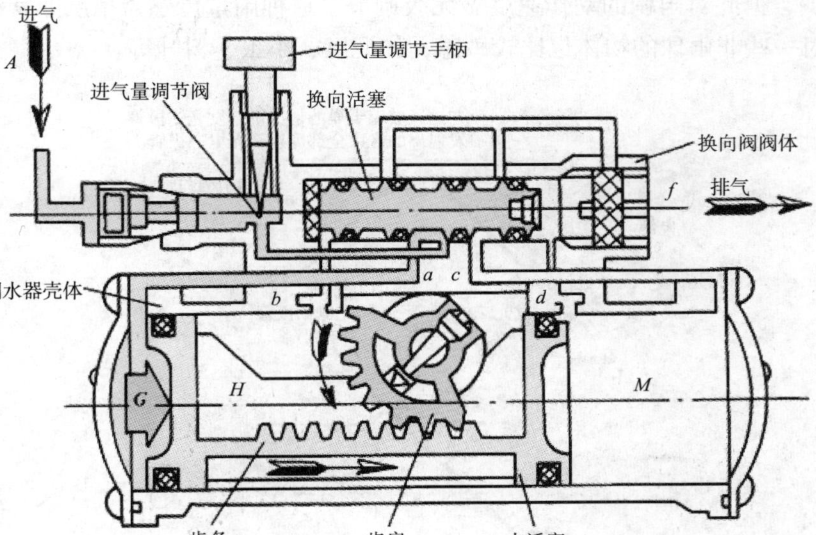

图6-42　气压刮水器

4）曾经在大灯上安装一个小雨刷将大灯刷干净，由于成本比较高而且容易损坏，因此后来出现了更加优化的大灯直接清洗装置。

（2）一般电动刮水器刮水速度分为快挡、慢挡和间歇挡，现在好多汽车又增加了自动挡，如图 6-43 所示，大大减少了驾驶员的调整烦恼。

图6-43　电动刮水器和喷淋器操纵杆

（3）雨量传感器暗藏在前挡风玻璃后面，它能根据落在玻璃上雨水量的大小来调整雨刷的动作，目前市面上主流的雨量传感器有光学式和电容式两种选择。

1）光学式雨量传感器。如图 6-44 所示，车内后视镜背侧集成了一个带有光敏二极管和发光二极管的雨量传感器。当天气干燥时，由于光线没有发生折射，因此光敏二极管接收的反射光量没有发生变化，与之对应的电信号也没有发生改变。如果下雨了（或玻璃湿了），镜面有明显的水珠依附其上，光线马上会发生散射，发光二极管产生的光线被依附在挡风玻璃的雨水所阻隔发生折射，导致光敏三极管接收的光量减少。一旦这种变化超出 ECU 设定的范围，雨刮器就会启动，并且玻璃上的雨水越多，反射回来的光线就越少，据此对雨刷的动作速度做无级调节。这种雨量传感器精度非常高，唯一的瑕疵在于对一些非雨珠的物体也比较敏感，如泥巴、小虫、树叶等。

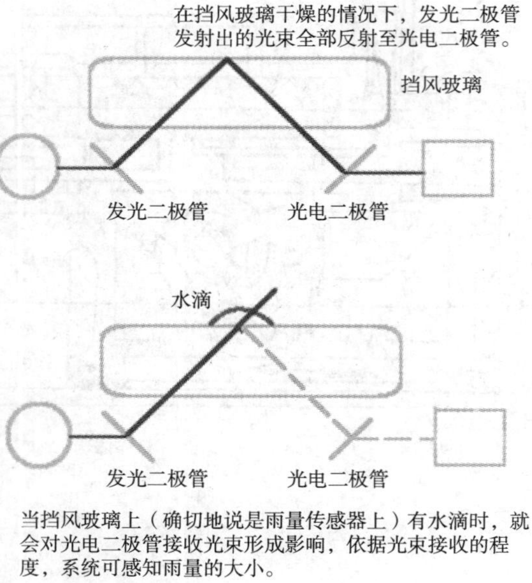

图6-44　光学式雨量传感器

2）电容式雨量传感器。是利用玻璃和雨水介电常数的巨大差异来测量雨量，因为玻璃的介电常数为 2，雨水的介电常数为 80。这种雨量传感器的优势在于成本不高而且不需要检测光线，可以布置在挡风玻璃的边缘阴暗位置，把传感器安装在挡风玻璃的下表面，还能使传感器发挥其最佳灵敏度；需注意的是，若布置在刮水器工作范围内，其金属镀层可能会很快被从挡风玻璃上刮掉。

最简单的一种就是用镀铜板制成的两个间隔很近，但互不相通的指状电极，如图 6-45 所示，贴在风挡玻璃外部，这样玻璃与金属板之间就形成了一个电容;当下雨时，挡风玻璃外表面由于有雨水附着，介电常数发生变化，一旦超出允许范围，ECU 就可以接收到信号并让雨刮工作，电容式雨刮也可以根据雨量的大小自动调整雨刮的速度。

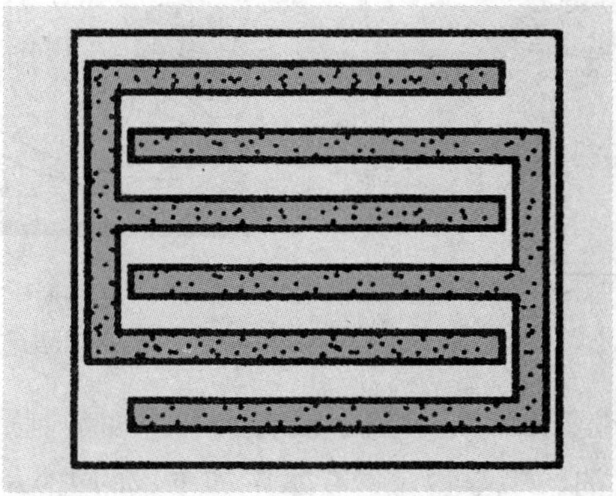

图6-45　最简单的电容式雨量传感器

另一种将两组指状金属板平行安装在玻璃内外侧之间形成两个电容，另在玻璃内部布置相互交叉的一组金属板形成新的电容，每一组电容都与类似惠斯通电桥的高频平衡电桥相连，由此来对电容传感器的电容进行监测，从而得知雨量。

（4）刮水器都采用延迟关闭和制动电路，在任意时刻刮水结束后刮水片应能自动回到挡风玻璃最下端，以免影响视线。另外，有的汽车为方便更换刷片，可以在关闭点火后再启动刮水器可停在上方。

一般采用如图 6-46 所示的滑环式延迟电路。

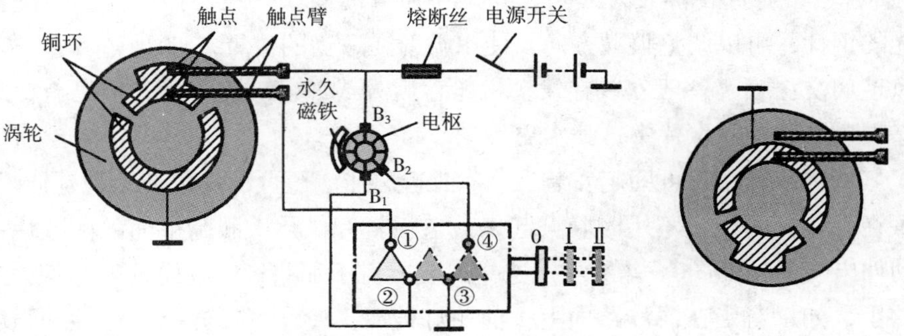

图6-46　电动刮水器滑环式自动复位原理

另一种为如图 6-47 所示的凸轮式刮水器自动复位装置，其控制原理主要是由与蜗轮联动的凸轮驱动复位开关动作来实现的。

（5）玻璃洗涤装置如图 6-48 所示，由储液箱、洗涤泵、软管、喷嘴等组成。

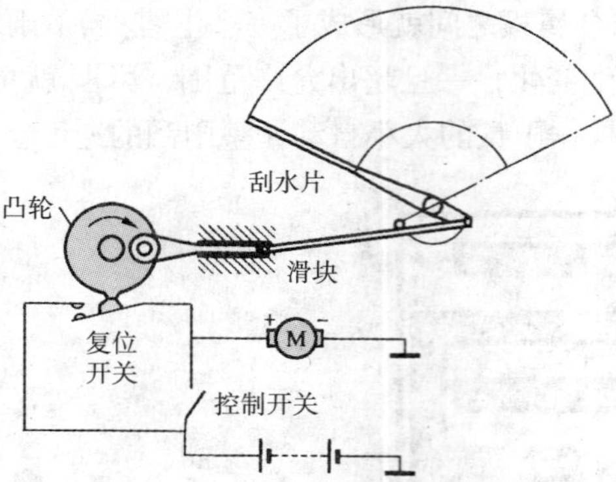

图6-47 电动刮水器凸轮式自动复位原理

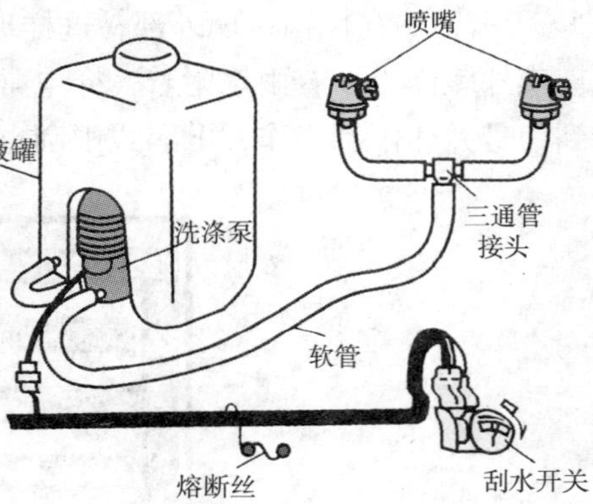

图6-48 挡风玻璃洗涤装置

1）储液箱。内装有洗涤液，一般由水或者水与添加剂制成。有不同外形和尺寸。为了能刮掉挡风玻璃上的油、蜡等物，可在水中加少量的去垢剂和防腐剂。注意冬季不用洗涤器时，应将洗涤管中的水倒掉，或使用防冻洗涤剂。

2）洗涤泵。由永磁电动机和离心式叶片泵组成一体，喷射压力为 70~88kPa，洗涤泵一般直接安装在储液罐上，但也有安装在管路上，在离心泵进口处设置有滤清器。洗涤泵连续工作一般不超过 1min，对刮水和洗涤分别控制的汽车，应开动洗涤泵后接通刮水器，喷水停止后，雨刮器应继续刮动 3~5 次，经过这样的配合，可以达到良好的清洁效果。

3）软管。为与经常开闭发动机舱盖相适应，方便组装和维修，并降低成本，一般都采用塑料管或胶管。

4）喷嘴。喷嘴直径一般为 0.8~1mm，在喷嘴内插入一根与挡风玻璃喷洗器喷嘴的孔相匹配的钢针，可以调整喷嘴方向，使水喷射在适当的位置。

挡风玻璃洗涤喷嘴一般安装在发动机舱盖后方或风窗玻璃下面，但已有汽车把挡风玻璃洗涤喷嘴安装在刮水片中，喷水更均匀。

前大灯清洗装置喷嘴可固定安装在汽车保险杠上，还可使用可伸缩的延伸喷嘴支架，使其隐藏在保险杠内，在不用时隐藏起来，盖板就好像是人眼睛下面的两颗痣一样，使用时自动伸出喷射，如图 6-49 所示。这样的装置对于那些经常在野外驾车的人来说是再好不过的了，如果车走在泥泞路面上，前照灯被泥土遮住，灯光的穿透性和强度会大大被削弱，也就无法保证充足的道路照明，会对行车安全产生很大影响，有了前大灯清洗装置就可以游刃有余地解决这个问题。

图6-49　伸缩式前大灯清洗器

6．电动车窗。主要是指侧窗玻璃电动升降机和电动天窗开闭机，曾经有人称做“电动摇窗机”，顾名思义就是用电动机取代手摇开关车窗，它是由驾驶员或乘员操纵开关接通门窗升降电动机的电路，电动机产生动力通过一系列的机械传动，使门窗玻璃按要求进行升降。

车窗电动后不但操纵省力，而且便于驾驶员遥控远处乘客车窗的升降；一些车，在点火开关关闭后，电动玻璃就不起作用，但一些车在点火开关关闭后一定时间内，仍可以操作电动玻璃开关；有些车型在操作玻璃升降时，还具有点动和自动的功能，在按动开关时根据按开关的时间或力度控制单元确定是点动还是自动（此功能操作与车型有关），玻璃将继续上升或下降，直到终了（有些车只有驾驶侧车窗具有这样的功能）；锁闭车门时车窗可以自动升起，避免忘记关闭车窗造成尘土和雨雪进入车内，更可减少车内物品甚至整车丢失的危险；另外安全，大部分电动车窗还具有关闭后自动停电和中途遇阻力自动退回的防夹功能，在调节时，组合的车窗驱动机构内部的 Hall 转速传感器监控驱动电动机转速，如果驱动电动机减速，则电动机马上反向转动，在弹簧刚度为 10N/mm 时车窗关闭力不应超过 100N；为保证能每次关闭好车窗，在车窗进入密封条前自动切断车窗关闭力限制，直至驱动电动机处于抱死状态。通过总的调整行程可以检测车窗位置。

（1）电动机。电动车窗的电动机结构简单，采用双向转动的电动机，它有永磁型和双绕组型两种。永磁型的电动机是外搭铁，双绕组型的电动机则是各绕组搭铁。这两种电动机都是通过改变电流方向来实现正反转以实现门窗的升或降。在车门内的空间里只能采用扁平式电动机。减速传动机构为自锁式蜗轮蜗杆传动机构，并可防止意外和强制开启车窗。组合在传动系统中的阻尼元件可保证车窗在两极限位置时的良好缓冲作用。

（2）传动装置。按传动方式可分为如图 6-50 所示钢丝滚筒式升降器，如图 6-51 所示齿扇式升降器和如图 6-52 所示齿轮齿条式升降器三种。

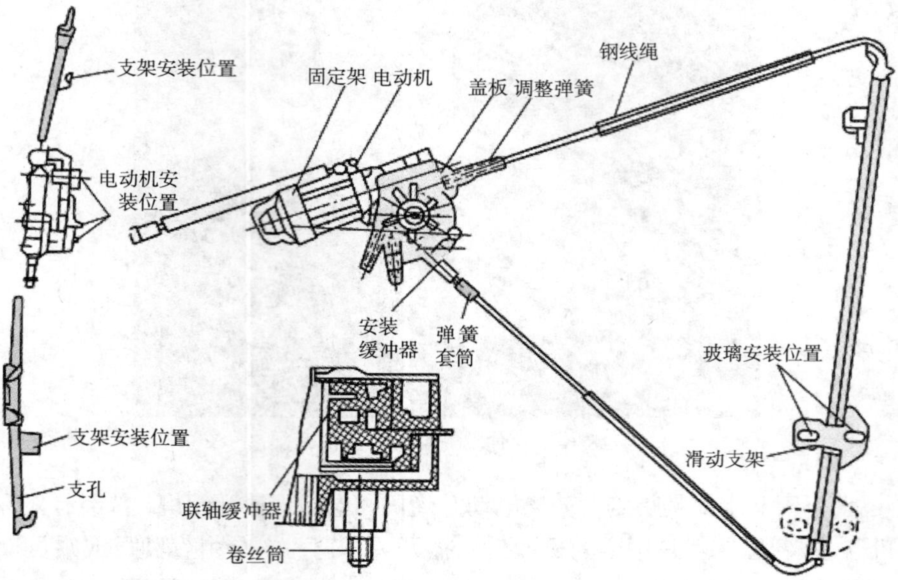

图6-50　钢丝滚筒式升降器

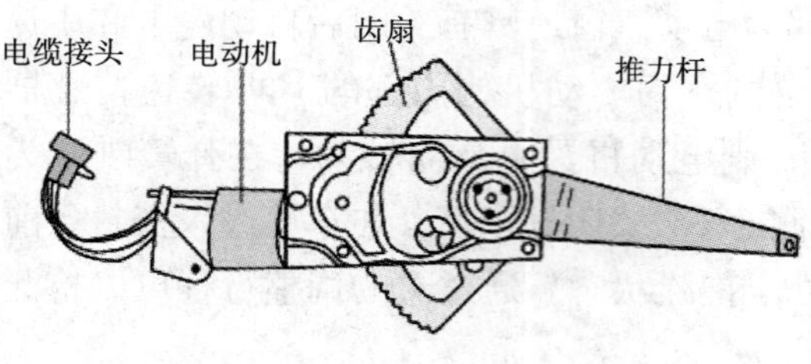

图6-51　齿轮齿扇式升降器

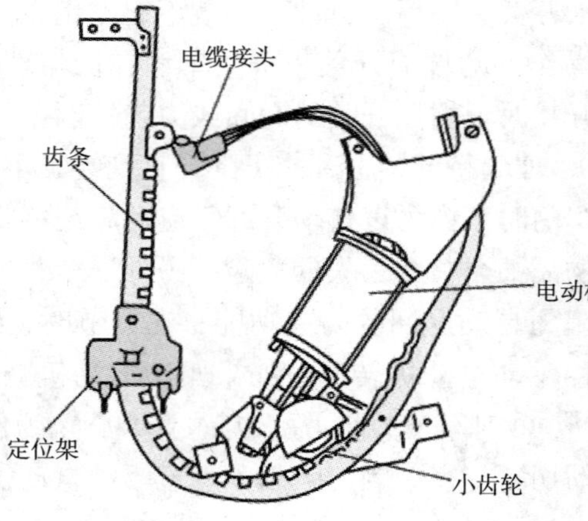

图6-52　齿轮齿条式升降器

（3）车窗驱动控制。传统上采用如图 6-53 所示的混联电路，还可以合并在中央电控单元中或为减少线束费用组合在分散的车窗驱动电动机中。通过总线接口将分散的电子系统网络化，如 LIN 总线、CAN 总线。其优点是可实现电子系统的故障诊断和进一步减少线束。

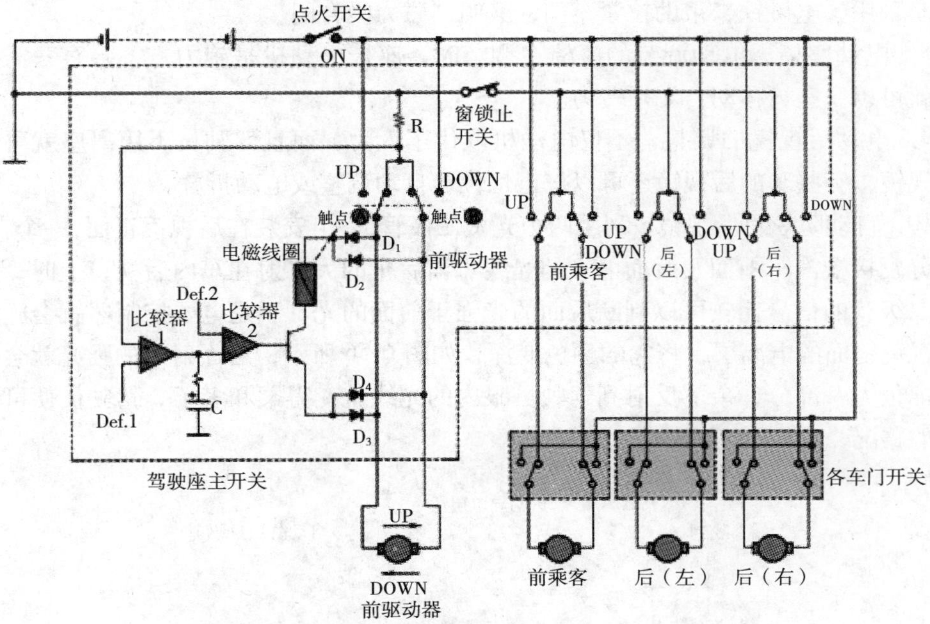

图6-53　电动车窗控制电路

7. 动力开关门装置。俗称自动门，主要用于大中型客车，有些豪华乘用车当车门快关好的情况下，车门会自动吸合直到完全关闭。

（1）大中型客车普遍采用电动或气动装置，俗称门泵。

1）气动门泵如图 6-54 所示。

2）电动门泵如图 6-55 所示。

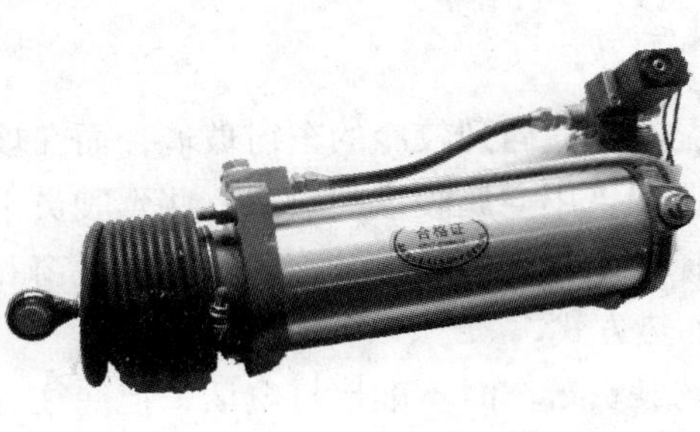

图6-54　气动门泵

图6-55　电动门泵

（2）乘用车一般不使用复杂的门泵，但为了避免驾乘人员关门不到位的尴尬，有些乘用车采用了电磁铁来帮助拉紧车门，又叫“磁力吸合门”。

8．电动座椅。电动调节的座椅在调节时，座椅电动机是施力方，乘客只需扳动控制键就可以令座椅移动，无须费力。

9．电动后视镜的调整，不仅电动机取代了人力，而且驾驶员不用离座就可调整两侧后视镜，有些车的后视镜还可以按记忆位置自动调整或电动折叠。

10．自动防炫目后视镜。利用两个光敏二极管，一个安装在后视镜正面，一个在背面，它们分别接受汽车前面及后面射来的光线。当后车的大灯射在车内后视镜上时，从两个光敏二级管的信号比较可以判断后面的光强于前面的光，于是电子控制器就会施加电压给后视镜镜面的电离层，将它的颜色变深，如图 6-56 所示，后面射来的强光就会被镜面吸收掉很大一部分，余下反射到驾驶员眼内的光线就变得柔和多了。驾驶员便可专注于前面的路况，不用手动切换了。

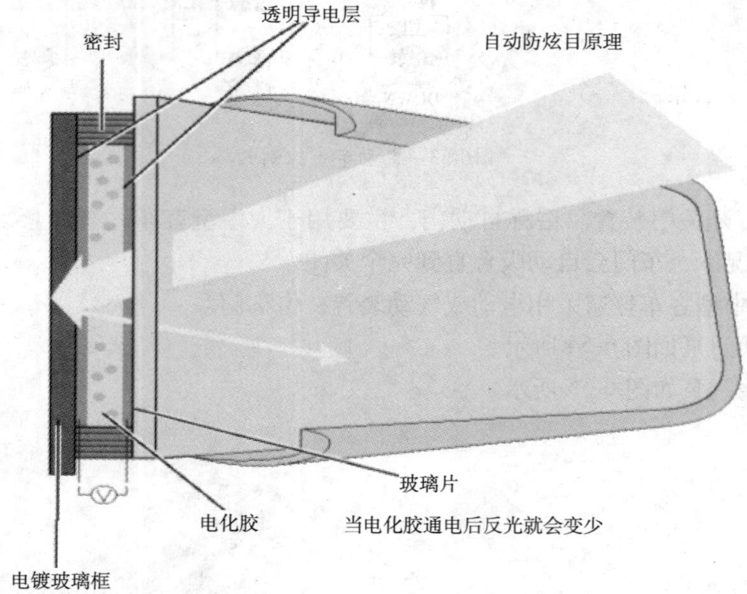

图6-56　防炫目后视镜

11．玻璃加热装置。用于防止车内较热较湿的空气遇到较冷的车窗玻璃，而在玻璃内侧结成水雾影响视线。目前汽车前风挡玻璃普遍借用空调暖风加热，有些驾驶员干脆打开侧车窗，让冷空气直接进入，窗后的空气提前冷却也能防止结雾；汽车后风窗和车外后视镜也是防雾的重点，大部分汽车采用电加热方式。

12．车载电话免提系统。为了安全，规定驾驶员行车时不准接打电话，但往往有问路等必须接打电话，车载手机免提系统可以把驾驶员的手臂解放出来，不过最好还是停好车后再接打电话。

（1）车载式：车载式需要把电话的 SIM 卡放入车内的一个卡槽内，实现车载通话功能，其实说得简单点，就是车辆内置了电话功能。

（2）蓝牙式：蓝牙式就是带有蓝牙功能的手机通过与车载蓝牙系统进行匹配，实现车载通话功能。蓝牙式是需要使用手机的，车载系统只是起到了扩音器和控制的作用。

（3）车载+蓝牙式：很简单，就是一部车上有上述两种车载电话系统。

（4）为了保护隐私，也可使用有线或无线话筒，但对行车安全影响较大。

13．驾驶舱管理和数据系统。宝马公司是第一个提出并应用这种设计的。在1999年的法兰克福车展上，宝马率先将i-Drive系统应用在展出的一款Z9概念车上，如图6-57所示。驾驶舱管理和数据系统是指基于一台中央电脑来控制大部分车载设施和功能的智能中央控制系统。其作用是将车辆信息、多媒体系统、GPS导航、空调、电话等功能整合为一体，旨在方便用户对这些配置的控制和操作。这套系统可以简单地这么理解，其作用相当于车内装了一个“鼠标”和“键盘”，通过它们，车内乘客可以快速地启用或操控娱乐、信息、导航和电信功能。

14．有些汽车停车后可以局部外伸以增大车内空间，如图6-58所示；也有采用遮阳篷、蚊帐或帐篷扩大可用空间，如图6-59所示。

图6-57　宝马i-Drive驾驶舱管理和数据系统

图6-58　停车后局部外伸增大车内空间

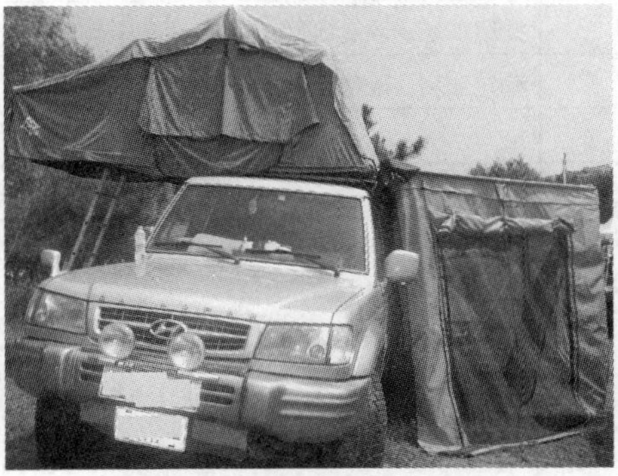
图6-59　遮阳篷、蚊帐和帐篷

计 划

一、根据导向知识与技术信息，在表 6-1 中列出工作计划。

表6-1 熟悉汽车的舒适系统计划

序 号	工作步骤	工具/辅具	注意事项
1			
2			
3			
4			
5			
6			
7			
8			
9			
10			
11			

二、计划要点参考见表 6-2。

表6-2 熟悉汽车的舒适系统计划要点

序 号	工作步骤	工具/辅具	注意事项
1	查阅基础资料	维修手册、互联网等	
2	认真观看汽车并拍照留存	技术资料、数码相机	详细准确
3	确定维修项目、方法和预算	电脑	
4	客户接待	座位、饮料、客户资料、技术资料和电脑等	热情礼貌
5	介绍现有舒适系统（具体）	汽车、电脑等	说明使用方法和注意事项
6	介绍加装、改造项目	其他汽车、电脑等	讲清优缺点和成本
7	确定加装、改造项目并实施	电脑、工单、备件、工量具和设备	必要时与库房和车间联系
8	交车	工单等	旧件一般交客户处理
9			

实 施

一、物质准备：汽车、车身拆装工具、技术资料、数码相机和电脑。

二、学生分组：3~5 人一组，合作完成工作。

三、教师检查记录学生表现，特别是安全事项。

四、独立记录见表 6-3。

表6-3 熟悉汽车的舒适系统记录表

品 牌	车 型	制造日期

序 号	照 片	装置名称	作 用	使用方法	注意事项
1					
2					
3					
4					
5					
6					
7					
8					
9					
10					
11					
12					
13					
14					
15					
16					
17					
18					
19					
20					

序 号	照 片	工作内容	技术参数	工具/辅具	材料费	工时费
1						
2						
3						
4						
5						
6						
7						

检 验

一、检查比较工作记录。

二、组内比较互评。

三、各人自评经验教训。

展　示

一、最后修订完善个人计划和实施记录。

二、展示记录。

三、演示关键工作方法。

四、教师讲评。

五、总结打分。

工作任务 7

维修改装汽车座椅

导向

一、车间任务

一辆汽车的车主抱怨其座椅不够舒适，请协助将其座椅检修好，必要时提供改装服务。

二、学习目的

（一）了解不同类型汽车座椅的结构和性能特点。

（二）初步掌握汽车座椅各个零部件的形状、位置、名称和作用。

（三）学会正确拆装维修汽车座椅。

三、基础知识

（一）坐姿的优点和缺点。

1．优点。

（1）可免除站立时人体的足踝、膝部、臀部和脊椎等关节部位受到静肌力，减少人体能耗，消除疲劳。

（2）在驾驶员用脚操作踩加速踏板、制动踏板或离合器踏板等的时候，坐姿保持身体处在稳定的姿势，有利于作业。

（3）有利于保持身体的稳定，这能够保证掌握方向盘等的手臂精细作业和眼睛观察。

（4）坐姿比站立更有利于血液循环。

2．缺点。

（1）限制了人体活动范围。

（2）坐姿大腿局部受到压力，增加血液回流阻力，静脉压力增加，太久也会造成下肢肿胀，静脉曲张，甚至局部坏死。

（3）长期维持坐姿也会影响人体健康，招致腹肌松弛，脊椎非正常弯曲，以及对某些内脏器官造成损害，如消化器官与呼吸器官。

（二）座椅系统的定义。

安装在车辆上可供一个或多个乘员乘坐的设施，包括完整的装饰及配件。

（三）座椅的功用。

汽车座椅的主要功能，在于支承驾驶员和乘客的质量，承担车身地板传来的各个方向力、力矩，衰减或缓和冲击和振动，避免或减轻驾乘人员的疲劳，给驾乘人员一个舒适的安全的乘坐环境，甚至还能让人躺下小憩；更重要的是保证驾驶员能正常自如地操控车辆；还要能在危险发生时提供很多必要的保护。座面和靠背的外形曲线应与人体放松状态下的背部曲线相吻合，乘员入座后座椅的表面形状与体压分布能使乘员的肌肉处于最放松的状态，能支撑到腰椎部位，不会因血液循环不良而引起肢体麻木，长时间乘坐不易感到疲劳。通过对座椅的前后与上下、靠背的倾斜角度、头枕前后与上下等位置的有限调节，可以使驾乘人员处于舒适状态。

（四）座椅的组成。

座椅由座垫、靠背、头枕及骨架和调节机构等组成，还有安全带、安全气囊、扶手、挂钩、网兜、小桌板和座套等附件，图 7-1 所示为一驾驶员座椅。

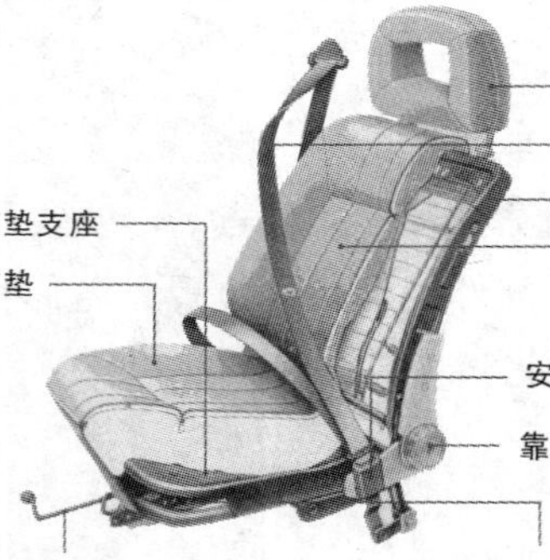

图7-1　汽车驾驶员座椅结构

（五）座椅的性能要求。

座椅首先应当具有足够的结构强度、刚度和可靠性；其次，座椅还应当具有良好的静态特性，即座椅设计和布置的尺寸和形状，能使人体具有舒适的坐姿，良好的体压分布，良好的触觉，并能方便调整有关尺寸和位置，以保证乘坐稳定、舒适、视野良好、操作方便，减轻疲劳和保障安全；再次，座椅还应当具有良好的动态特性，即缓和和衰减由车身传来的冲击和振动等性能。

（六）不舒适座椅的危害。

座椅是驾乘人员，特别是驾驶员接触最多的部分。许多职业驾驶员都有腰、背和胃方面的职业病，除了驾驶时间过长外，也有坐姿不舒适的原因；一些汽车座椅看起来时尚美观，但不一定舒适，时间一长就如坐针毡，就好像穿了一双外表漂亮但是不舒服的鞋，让人苦不堪言。长时间坐车或路况差时，乘客会出现腿脚麻木、腰酸腿疼或肩颈酸胀等不适；不舒适的坐姿，还导致驾驶员无法集中精力驾驶汽车和关注道路，使交通事故成倍增长。座椅的结构和用材不合理，不仅会影响舒适程度，还危害健康和安全。

（七）不同座椅的特点。

1．驾驶座椅。

（1）安全性要优先保证。因为驾驶员对车辆和乘员的安全起着决定性的作用，因此其自身安全也应当得到最大的保障，应优先配备安全带、安全气囊、颈椎保护装置、安全头枕和座椅固定装置等设施。

（2）方便灵活性是基本要求。驾驶员乘坐时，对各个踏板、操纵杆、按键、旋钮和方向盘要有良好可及性；前后位置、坐垫高度和靠背角度，以及方向盘位置和后视镜角度等，必须能调整到驾驶员观察和操作方便的最佳程度，各个踏板、操纵杆、调整钮和开关，以及仪表、指示灯等也应布置在合适的位置。

（3）舒适性也必须特别重视。驾驶员乘坐时间最长、操作最辛苦，驾驶员座椅往往是功能最多舒适性最好的。

（4）稳定性也是重要因素。作为工作椅，为克服操纵力和力矩，必须保证用的各个方向的约束力和力矩，因此除了要有主要由坐垫提供向上的支持力外，还应有主要由靠背提供向前的支持力，也要有主要由侧面突起部分和横向摩擦力起到的侧面固定作用，关键时刻更离不开安全带、踏板和方向盘等向后的支持力。桶型运动座椅因拥有宽大的侧面椅壁，形如桶型结构而得名，常用在赛车和高性能跑车上，桶型座椅的椅背及椅垫这两个部分通过强化，使人体两侧的腰部/肩部以及背部能够有良好的侧向支撑性和包裹性，座椅本身的刚性也经过加强，因此能够对转弯时侧向加速度产生的离心力给予有效的抗衡，能够更准确地感受到轮胎与路面的抓地性，使驾驶人员能够对车辆进行精确的操控。但一般驾驶座椅因需要长时间驾驶而且经常换人，一般采用非典型的桶型座椅，如图 7-2 所示。

图7-2　汽车驾驶员桶型座椅

2．乘客座椅。属于休息为目的的安乐椅，设计重点在于使人体得到最大的舒适感，消除身体的紧张与疲劳。合理的设计应使人体的压力感减至最小。

（1）后排乘客座椅如图 7-3 所示。

图7-3　乘用车后排座椅

1）基于后排坐人的几率相对较小，构造一般比较简单，主要由坐垫和靠背两部分组成；为保障安全，目前普遍附带有三点式或两点式安全带，另外乘用车还预设有儿童座椅连接器。

2）由于不用留出走廊，后排座椅一般都是连排甚至整体的，乘用车一般坐 2~3 人，商用车可以坐 4~5 人。

3）后排座椅的靠背，由于往往都紧靠后围板，所以一般是固定不可调的；有些车后排座椅的靠背可以部分或全部倾倒，如图 7-4 所示；甚至也有采用折叠座椅或单独可拆卸座椅的，这可以为行李箱提供额外的载货空间；中间部分折叠下来还作为扶手或小茶几。

4）也有的汽车后排座椅靠背设有多种倾斜角度调整设置；若后排座位的乘客有较高要求，还可采用多功能座椅，如图 7-5 所示。

图7-4　乘用车后排座椅靠背倾倒

图7-5　汽车后排多功能座椅

（2）中排乘客座椅。结构与后排类似，但也有特殊要求。

1）要留出前后通道。这样才能让未临近车门的乘客上下车。

① 客车大多采用正中部或稍偏一侧留固定通道的方式，如图 7-6 所示，为利用车内空间，允许两侧通道座椅横移，也可以增设一列折叠座椅或者设置高位扶手容纳站位乘客。

图7-6　客车中排座椅留有前后通道

② 乘用车因中排乘客座椅只有一排，往往采用左端部或整个中排乘客座椅折叠的方式，就能解决后排乘客上下车问题。当然如果后门足够大，也可以把中排和后排座椅背靠背布置，如图 7-7 所示，后排座椅乘客朝后，还可以进行摄影等一些特殊工作；单独从后门上下，也方便，这样的中排座椅也无需留通道了；配合大尺寸后挡风玻璃，视线也很好。

图7-7　背靠背布置中排和后排座椅

2）中排座椅一般正向安装，但也有侧向安装的，甚至有些汽车的乘客座椅可倒向安装，如图 7-8 所示，以便乘客面对面交谈。还有的汽车，如图 7-9 所示，呈“C”形布置，能开圆桌会议。

图7-8　汽车中排座椅倒向安装

图7-9　旅居车内呈"C"形布置座椅

3）中排乘客座椅一般都可以调整靠背角度，有些还可前后左右移动，如图 7-10 所示，也可电动调整。

图7-10　电动调整中排乘客座椅

4）客车安全门附近应不设中排乘客座椅，如果设置了就必须保证可迅速折叠或拆除。

5）车门后方座椅的前部如空闲，必须设置安全栏杆或挡板（约束隔板）。

（3）前排乘客座椅。与驾驶员座椅并列布置。

1）乘用车前排乘客座椅。一般只坐一人，视线最好，还方便与驾驶员交谈和共用其他设施，最受乘客喜爱。此座椅与驾驶员座椅外观基本一致，但为了降低成本，调整功能可以稍差。

2）货车前排乘客座椅。往往可坐两人，相对简单得多。

3）客车，特别是不设乘务员的公共汽车，前车门往往与驾驶员座椅基本齐平，必须留出台阶和通道位置，若发动机前置又占了许多空间，另外也为了保障驾驶员右侧视野，一般不再设置与驾驶员座椅平行的前排乘客座椅，但也有在台阶上设置折叠的"导游座椅"。

@信 息

一、影响座椅舒适性的因素

从人机工程的角度来看，座椅设计与选用可以从以下几方面进行考虑。

（一）座椅的尺寸。

它直接影响到使用者的便利性和舒适性。舒适的坐态生理，应保证腰曲弧形处于正常状态，臀部稍离靠背向前移，上体略向后倾斜，腰背肌肉处于松弛状态，从上体通向大腿的血管不受压迫，保证血液正常循环，这就要求最好保持体腿夹角在 90° ~115°，同时，大腿与小腿，小腿与脚掌，大臂与小臂之间也应形成一定的角度。

1．座垫尺寸。包括座高、座深、座宽和后倾角。

2．靠背尺寸。包括后倾角、高度、宽度及表面形状。

3．座椅间距。包括纵向间距、横向间距及与车顶的竖向间距。

4．不同性别、不同种族、不同地区、不同年龄、不同身高与不同体重的人们，手、脚和躯干等各个器官的尺寸和比例都有差异。驾驶座椅必须要有调节机构，以尽量适应大部分驾驶员的身材，各个地区一般取不小于 95% 女性驾驶员尺寸又不大于 95% 男性驾驶员尺寸的人体样板；至多有 5% 女性因过于瘦小和 5% 男性因过于高大而不适用普通驾驶座，可以采取特殊辅助措施。各大车厂设计座椅位置都有基本姿势、头部、肩部、手臂、腹部、腿部等活动空间的参考数据，如图 7-11 所示，不能随心所欲。我国乘用车座椅主要几何参数见表 7-1，客车座椅尺寸规格见表 7-2。

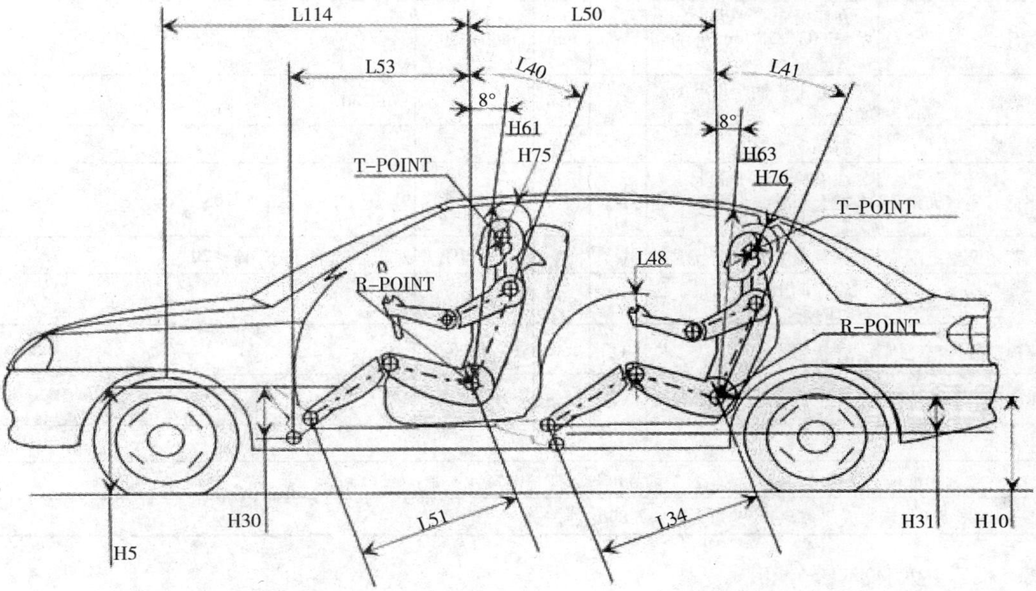

图7-11　座椅设计尺寸

表7-1 乘用车座椅主要几何参数

项　目	驾驶座椅	乘客座椅
座垫-靠背夹角（°）	100	105~115
座垫后倾角（°）	12	6~7
座椅高（mm）	30~35	44~48
座垫宽（mm）	48~52	42~45
座垫深（mm）	40~42	42~45
靠背高（mm）	45~50	53~56

表7-2 客车座椅尺寸规格

项　目	定　义	代码	单位	驾驶座椅	乘客座椅		
					城市客车	公路客车 团体客车	旅游客车
座椅高①	在座椅中心平面上，座垫上表面最高点至安装水平面的高度	H_1	mm	380~460①	400~450		
座椅深	在座椅中心平面上，座垫前缘的垂直切线至G点的距离	L_1	mm	400~460	≥350	≥400	≥430
座垫宽	在通过R'点且与座椅中心平面垂直的垂直面上，座椅的最大宽度	W_1	mm	≥450	≥400/≥800②	≥420/≥860②	≥440/≥900②
座垫后倾角	在座椅中心平面上，人体大腿中心线与水平面的夹角	α_1	°	3~7	3~7		
靠背高	在座椅中心平面上，沿平行于人体躯干基准线，靠背顶端至G点的距离	A_1	mm	≥450	≥450		≥700
靠背宽	在座椅中心平面上，沿靠背距G点270mm处的靠背宽度	W_2	mm	440~480	/		
肘靠高	肘靠上表面至R'点的高度	H_4	mm	/	170~230		
肘靠宽	肘靠上表面的横向宽度	W_3	mm	/	≥35		
靠背与座垫夹角	在座椅中心平面上，人体躯干基准线与大腿中心线的夹角	α_3	°	90~105	93~97	95~105	
靠背角调整范围	靠背角度的调整范围	α_4	°	≥20	对于靠背角可调座椅≥20		
座椅上下调整范围	座椅调至最上与最下位置时的垂直位移量	H_3	mm	≥60	/		
座椅前后调整范围	座椅调至最前与最后位置时的水平位移量	L_2	mm	≥100	/		
座椅左右调整范围	座椅调至最左与最右位置时的水平位移量	W_4	mm	/	≤80		
注：							
①允许将客车地板上座椅连接件（或轮罩）的高度计入座椅高尺寸							
②≥400/≥800表示单人座椅≥400，双人座椅≥800，其余类推							

（二）人体体压分布。

体压分布与人的坐姿及座椅座垫和靠背的形状和弹性分布密切相关。根据人机工程学的研究成果，最合理的体压分布应该是：体重应以较大的支承面积、较小的压强合理地分布在座垫和靠背上；压强不要平均分布，而应根据各部位在产生不舒适感觉以前能承受压力的大小予以合理地分布；应从小到大平滑过渡，避免突然变化。

（1）座垫应使坐骨部分承受的压力最高，由坐骨周围扩展到臀部外围，压力逐渐降低，直到与座垫前沿接触的大腿下平面趋于最低值，这靠座垫的外形、尺寸和弹性合理分布来保证。

（2）靠背上的体压分布应以肩胛骨和腰椎骨两部分的压力最高，这就是靠背设计中的"两点支承"，上面支承点是为肩胛骨提供依靠，称为肩靠，它的位置相当于5~6节胸椎之间的高度；下面支承点是为腰曲部分提供依靠，称为腰靠。腰靠的位置一般相当于第4~5节腰椎之间的高度，而不是腰椎的中部。

1）以乘坐休息为主的乘客座椅，应着重保证舒适的乘坐姿势，此时靠背和座垫之间的倾角以115° 左右较为合适，此时由于身体向后倾斜，只要肩胛部分支撑稳靠也就能得到舒适的效果，肩靠起主要作用。

2）对于以直坐工作为主的司机座椅，由于直坐时人体靠背几乎接触不到靠背，两点支承只剩下腰垫能起到支承作用。在此情况下，腰垫不仅在直坐时起到保护腰椎与缓和腰曲拉伸的作用，而且在需要休息而向后舒展上体时，由于腰垫的合理支承，还能起到迅速恢复工作时所受的腰曲变形的作用。

（三）座椅弹性。

座椅的弹性是构成座椅振动特性的关键，座垫和靠背应具有一定的弹性，某些座椅还有弹性悬架和减振器，可对其弹性悬架加以调节。试验证明，车辆行驶时尽管地板振动大，但由于座椅弹簧的作用，仍有可能在座椅上获得良好的舒适性，如果弹簧性能不好，则汽车的舒适感会比较差。座椅过硬会使人局部受压过大，不仅觉得不舒适，还容易受伤；座椅太软，会使人过多嵌入座椅，不容易改变乘坐姿势，产生疲劳。不同座椅的软硬要求也不一样。

1. 最硬的是公共汽车座椅，因只是短时间使用，为降低成本并便于清洁消毒，往往只有一块硬塑料板，如图7-12所示。稍好一点的在座垫和靠背全部或局部位置加了一薄层软垫。

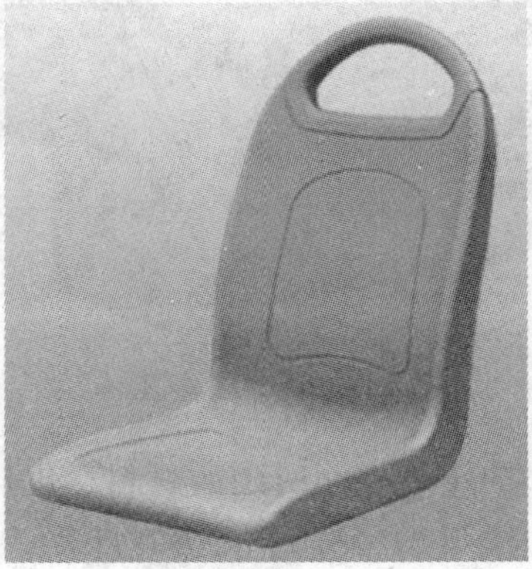

图7-12　公共汽车硬板座椅

2. 大部分座椅都带有较厚的发泡缓冲层，一般采用整体泡沫尿烷缓冲垫，具有结构简单，成本低、无噪声的优点；往往还用螺旋弹簧或者 S 形弹簧埋于泡沫尿烷之中调整其硬度；相应地还设有头枕、扶手、桌板、杂物袋和踏板等附件，如图 7-13 所示。

图7-13 客车座椅

3. 最软的豪华座椅，有着厚大的缓冲垫，简直就是沙发了，而且还配有腿部支撑垫等，如图 7-14 所示，甚至可以展开成为软床。

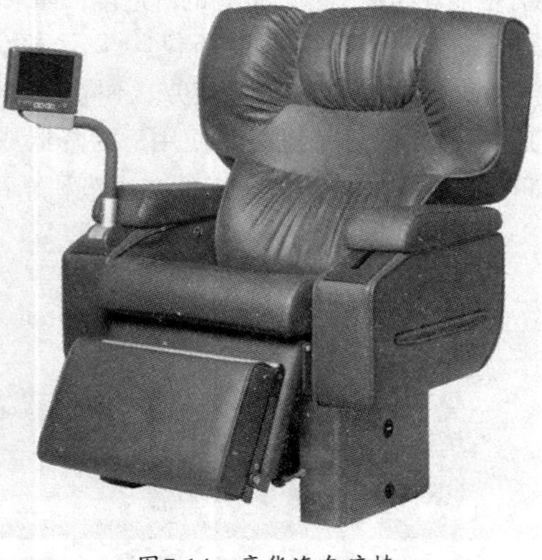

图7-14 豪华汽车座椅

（1）表面材料。是指为保护座椅表面所用的材料，也称为护面或蒙皮，有织物、绒布和皮革等多种材料可选。应满足耐磨抗划 、透气性好、触感舒适和美观大方的要求，一般座椅的表面材料与整车的内饰相协调。许多厂家会准备若干种材料供购车者选购，当然，不同的材料价钱也会不同。

1）塑料。不但坚硬，而且透气性和附着性很差，只用于廉价的公共汽车。

2）人造革材料。与较薄的软垫配合，透气性也较差，但清洁方便，用于一些低档次的客车和货车。

3）织物和绒布。触感较好，容易透气，容易护理，应用最多；但容易脏而且吸汗能力差。

4）皮革。

（2）真皮座椅的优点：

1）彰显高档和舒适。加装真皮座椅是提升爱车档次及舒适性最直接的方法之一，并且真皮在环保、健康及舒适性方面均比绒布座椅有明显的优势。高档真皮座椅让汽车能够在视觉上和触觉上都有一个好的感觉，而且可使汽车增色不少。

2）透气好散热快。真皮座椅还有另外一个在炎热夏季显示得淋漓尽致的优点，就是它的散热性比绒布座椅要好。尤其是高档真皮，散热效果就更好，吸收热量也快，在炎热的夏日，真皮座椅只需要被轻拍几下，热气就会很快消散。即使长时间坐在皮椅上，也能够很好地将体热散去，而不像绒布座椅那么吸热。

3）不易燃烧。当烟灰落到织物座椅上，轻则会留下痕迹，重则烧出一个洞。真皮材质在耐高温性能上比织物优异很多。

4）易于清洁。真皮座椅不像绒布座椅那么容易藏污纳垢，顶多只是灰尘落在座椅的表面，不会堆积在座椅的较深处。真皮座椅上如有油污，可用专门为清理真皮污渍而制造的清洁剂进行清理，既可去污，又不伤皮。但要记住的是，千万不可随意找一般的清洁剂去擦真皮座椅，否则后果难测。

（3）真皮座椅的缺点：

1）真皮座椅经常同人体接触，最大的缺点就是易粘上油脂、汗水、灰尘等污渍。

2）使用起来必须尽量小心，以免碰到尖锐的物品，使真皮表面损伤。

3）长期使用和阳光照晒而保养不到位的话，皮质容易失去光泽、发硬或龟裂，最好给汽车贴膜（防紫外线和红外线照射）、加窗帘、套座垫等。

4）真皮座椅在乘坐上要比绒布座椅滑，虽然厂家在座椅表面做皱褶或反皮处理，以降低滑感，但与绒布比，同一椅型真皮座椅的乘坐感还是要滑一些。

5）真假难辨，汽车真皮座椅的皮料基本为牛皮，分为黄牛皮、水牛皮和复合皮三种，其中黄牛皮的质量最好。汽车优质真皮座椅皮料一般采用整张大幅的黄牛头层皮，头层皮为牛皮外层部分，透气良好、皮面光滑、纹路细致、薄厚均匀、色泽柔和、抗拉伸而且质感最佳，牛皮一般都能使用5~8年；水牛皮座椅，皮质较粗较硬，质量次一些，平时更要注意保养；厂商也可能会用猪皮、羊皮、马皮中的一种。更有甚者，采用下脚料打碎后压制刷胶而成的合成皮来充当真皮，蒙骗消费者。

目前市面上有不少所谓真皮座椅，其实是由复合皮制作而成的，有些商家以此冒充优质的真皮来欺骗用户。这些复合皮由下脚料加工打碎后，再覆上 PVC 塑料膜压制而成，并附上一层胶膜，看起来表面光滑精致，这些品质较差的皮料经不起高温、暴晒，保养得再好，用不上一年，就会出现裂纹。甚至有些“真皮”为仿制皮革，这会使座椅的寿命大为减少。

（四）调整性能。

不同人具有不同的身体尺寸和乘坐习惯，同一人在不同情境下需要不同姿势，即使情境不变时间一长也想改换姿势，座椅应当具有根据各种需要调整的功能。座椅方向的调节基于座椅调角器、座椅导轨和座椅升降机构这三种调节机构来完成。每种机构可以分别提供两个或两个以上方向的调节。座椅调整方向越多，驾驶员就能更好地找到适合自己的驾驶姿态，减轻驾驶疲劳。

1. 坐姿人体尺寸。如图 7-15 和表 7-3 所示。

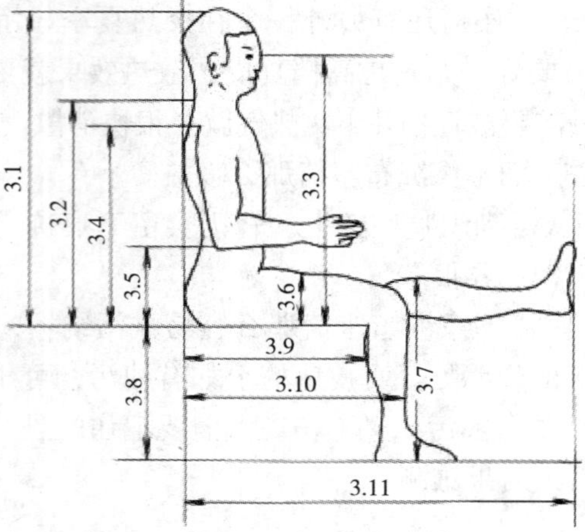

图7-15　人体坐姿主要尺寸

表7-3　不同年龄性别人体坐姿主要尺寸

年龄分组	男（18~60岁）							女（18~55岁）						
测量项目	1	5	10	50	90	95	99	1	5	10	50	90	95	99
3.1 坐高	836	858	870	908	947	958	979	789	809	819	855	891	901	920
3.2 坐姿颈椎点高	599	615	624	657	691	701	719	563	579	587	617	648	657	675
3.3 坐姿眼高	729	749	761	798	836	847	868	678	695	704	739	773	783	803
3.4 坐姿肩高	539	557	566	598	631	641	659	504	518	526	556	585	594	609
3.5 坐姿肘高	214	228	235	263	291	298	321	201	215	223	251	277	284	299
3.6 坐姿大腿厚	103	112	116	130	146	151	160	107	113	117	130	146	151	160
3.7 坐姿膝高	441	456	464	493	523	532	549	410	424	431	458	485	493	507
3.8 小腿加足高	372	383	389	413	439	448	463	331	342	350	382	399	405	417
3.9 坐深	407	421	429	457	486	494	510	388	401	408	433	461	469	485
3.10 臀膝距	499	515	524	554	585	595	613	481	495	502	529	561	570	587
3.11 坐姿下肢长	892	921	937	992	1046	1063	1096	826						

2．常见调整项目。一般来说豪华车座椅调整项目多而且自动化程度高，如图 7-16 所示，而经济型汽车座椅的调整项目少而且自动化程度低；同一辆汽车上驾驶员座椅调整项目多而且自动化程度高，其次是副驾驶座椅，乘客座椅往往最差，但豪华车乘客座椅往往最方便舒适。

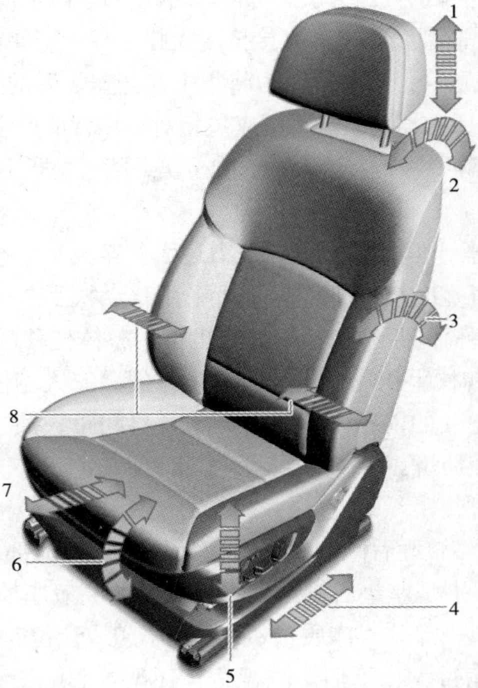

1—头枕高度调节 KHV；2—靠背上部调节 LKV；3—靠背倾斜度调节 LNV；4—座椅纵向调节 SLV；5—座椅高度调节 SHV；6—座椅倾斜度调节 SNV；7—座垫前后调节 STV；8—靠背宽度调节 LBV

图7-16　某座椅可调项目

（1）座垫调整

1）座垫前后调整。适合人不同的手脚长度和角度，保持驾驶员操作或乘客手脚活动的有效性、方便性和舒适性；同时也可结合靠背倾斜角和身体弯度来调整人眼前后位置，保持合适的视野；对肥胖人员还有保持腹部免受挤压的作用。特别是驾驶员座椅，必须具备座垫前后调整功能。

2）座垫高低调整。若座垫过高，脚就要悬空，会导致坐姿不稳、下肢麻木和肿胀；若座垫过低，就应提供腿外伸空间，否则长时间蜷缩也会影响下肢血液循环，甚至连呼吸都受影响；为适合不同人的小腿长度、脚的大小、鞋底厚度、鞋跟高度和腿摆放习惯，应调整座垫高低；另外不同人的坐姿眼高不同，眼太低看不到近处，过高又看不到远处，而且有压抑感甚至碰头，为了使驾乘人员视线高度合适，座垫高低应当调整。

3）座垫后倾角度调整。人体因惯性向后运动有靠背阻挡，因靠背反作用力和惯性向前运动时，若不采取措施就容易滑落，所以要让座垫后倾，即前高后低，借助重力沿坐垫表面向后的分力，使人体有后移压紧靠背的趋势，从而提高稳定性。但若座垫后倾角过大，会压迫大腿下部并挤压腹部，并增大背部受力。座垫后斜角度调整，能适应不同人的腿形和乘坐习惯，使腿部前后受力合理分布。

4）座垫深度调整。座深即椅面前缘至后缘的距离，正确的座深应使靠背方便地支持腰椎部位，而座面前缘不压迫膝窝处压力敏感部位。若座深过小，压力集中于臀部和大腿中部，而且座椅前端的缝合线及造型线，还会直接挤压大腿中部；若座深过大，臀部和腰部无法贴合靠背，或者虽然勉强贴合，但腿部压力将集中在膝盖之后的主要血管和神经分布的腿弯部，给驾乘人员带来不适和损伤；常采用座垫相对于靠背前后平移的办法调整座垫深度，适合不同人的大腿长度或称臀膝距，让人臀部能坐实，膝弯处既不过分悬空又不受挤。

5）座垫宽度调整。

① 独立座椅舒适安全，但过窄时横向压力过大甚至无法完全坐进座椅，不但造成不适还容易造成损伤；而过宽时横向不稳定；可采用移动扶手或座椅侧围的方法调整座椅自身宽度，并列的独立座椅间距小相互干扰，也可用整体横移的办法调整。

② 连体座垫无接缝和扶手相隔，人少时自由方便，家人相依还显亲切温馨；人多时，在不超载和横向总间距不变的前题下，仍可调整各自间距，甚至可利用腿部宽度小于臀宽的特点，前后错开减轻拥挤。

（2）靠背调整。

1）靠背后倾角调整。靠背后倾主要是适应人体坐下时腿部与背部自然角度的需要；也为配合座垫后倾角，特别是座垫后倾角度不可调整的一般座椅，只能调整靠背后倾角；另外靠背后倾还可以分担一部分人体质量；特别是小憩或让位时，需要靠背放平或折叠；但平时坐车若靠背后倾角过大，不但影响视线，还严重影响手臂的活动范围和舒适度；当汽车遇到后部撞击时，为缓和人上体惯性作用，背部和头部的冲击力，还可采用靠背主动后倾的措施。

2）靠背高度调整。靠背高度调整为的是配合驾乘人员臀肩距的不同，太高影响视线和交流；太低背部得不到足够支撑，容易疲劳和受伤。

3）背部支撑位置调整。实际上人的背侧并不是平坦的，如果靠背平坦，支撑位置只集中在臀部和背部的突出部位，腰部没有任何支撑，长时间驾乘时觉得不舒适，产生疲劳的感觉；为缓解长时间驾驶的疲劳，座椅腰部可以改变“凸”度，以给予人体一定的支撑，使腰不用因“空”着而产生疲劳感；如果靠背不能对乘坐者的腰部有足够的支撑，或者错误地压迫重要神经或血管所在区域，都会使乘坐者不舒服，对不同用途的座椅，各支承的作用也不一样，因此靠背必须有合适的尺寸和形状；每个人的背侧曲线不同，同一人不同坐姿的背侧曲线也不一样，因此即使固定曲面的靠背也并不最舒适；所以有些汽车座椅用数个可充放气垫调整背部支撑位置，如图 7-17 所示，此气垫还具备按摩作用；在普通靠背上附加腰垫也有效果。

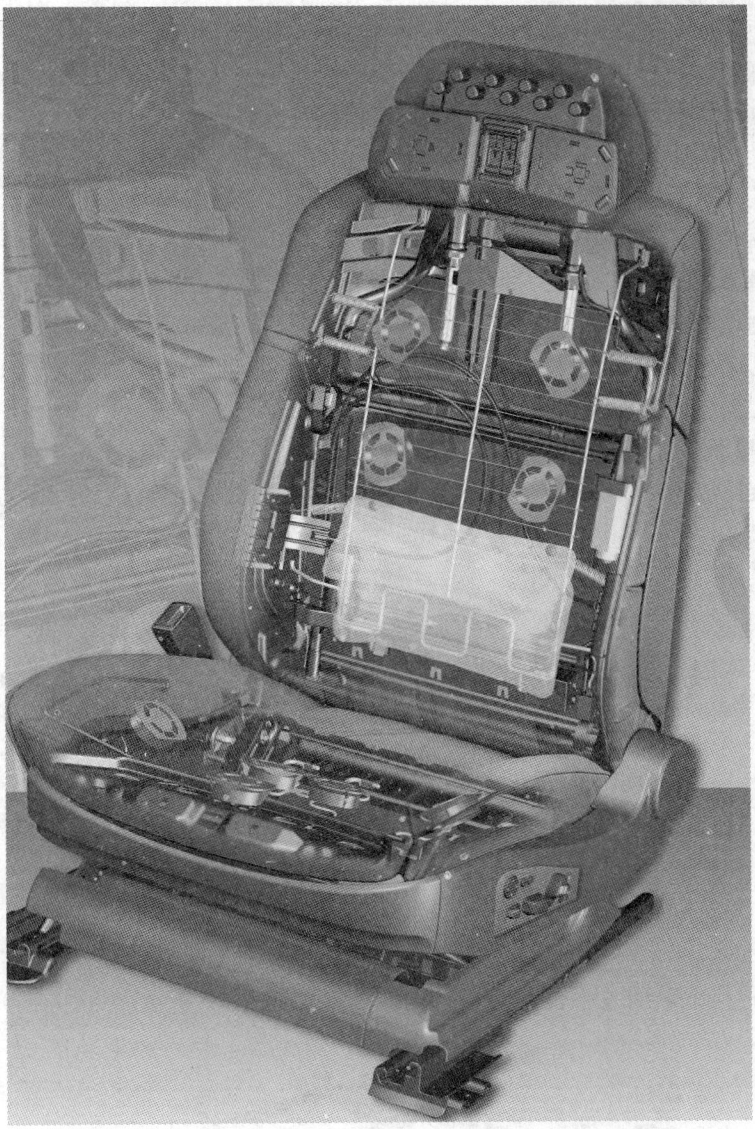

图7-17　座椅调整气垫

4）靠背宽度调整。一般与座垫宽度调整机构类似，也可同时进行调整。

（3）头枕调整。比起坐在屋内椅子上工作学习，人坐车要更后仰一些，头部在重力作用下有后仰趋势；加上汽车要经常加速、减速、转向或颠簸，头颈部因惯性作用，还要相对身体摇摆，因此头枕也是必要的，特别是万一汽车被从后部碰撞，头枕在关键时刻自动前倾和升高，还可保护头颈部。

1）头枕高度调整。保证头枕正好处于脑后枕部，大部分乘用车头枕高度可调，一般手工调整，在松开锁片后，由人直接移动头枕到合适位置，再锁紧即可。

2）头枕后倾角调整。保证头枕上下与头接触力合理分布。

3）头枕宽度调整。保证凹形头枕中间和两侧与头接触力合理分布。

（4）座椅腿托调整。

① 腿托上抬角调整。人上下车时，腿托一般都在下垂位置，人坐好后，就需要腿托上抬一定角度，甚至要比坐垫还高，以利于腿脚部位的血液循环。乘客歇脚踏板也有部分效果。分段式腿托还可进一步调整各段上抬角度。

② 腿托通长度调整。进一步满足乘客对舒适性的要求。

3. 按调整方式分为以下几种。

（1）人工调整。最早的手动调节座椅在1921年面世，这种调节方式的主动施力方是座椅上的乘客，比较费力也费时间。

1）锁止机构。如图7-18所示，需要乘员先通过手柄放松座椅之后，改变身体的坐姿和位置来带动座椅移动，最后将锁止机构的手柄放松，将座椅固定在所选择的位置上。

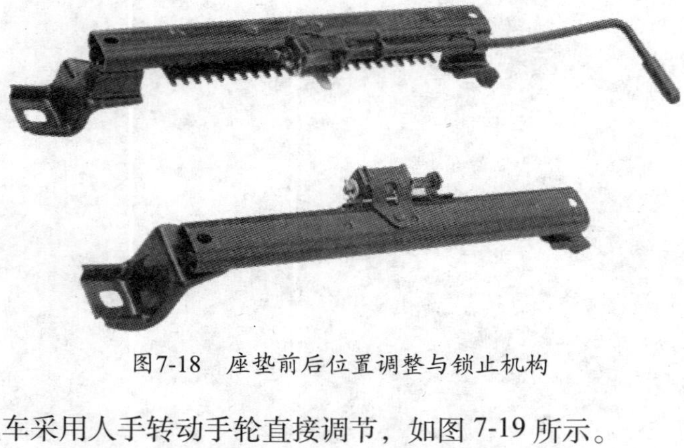

图7-18　座垫前后位置调整与锁止机构

2）也有的汽车采用人手转动手轮直接调节，如图7-19所示。

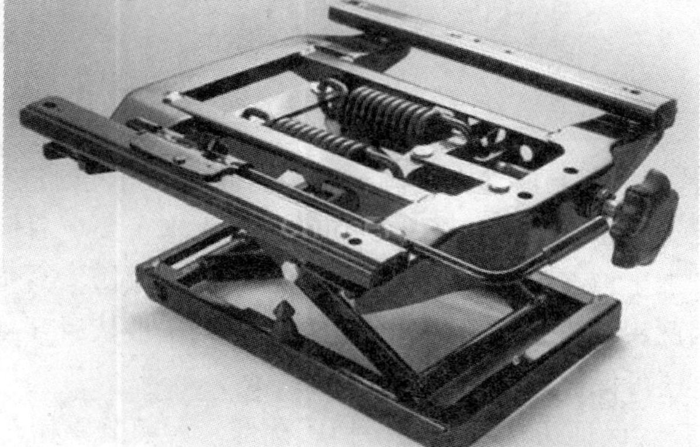

图7-19　座垫高低位置手轮调整

3）还有的汽车采用摆动手柄调整，如图 7-20 所示。

图7-20　手柄调整

4）往往综合采用各种机构，如图 7-21 所示。

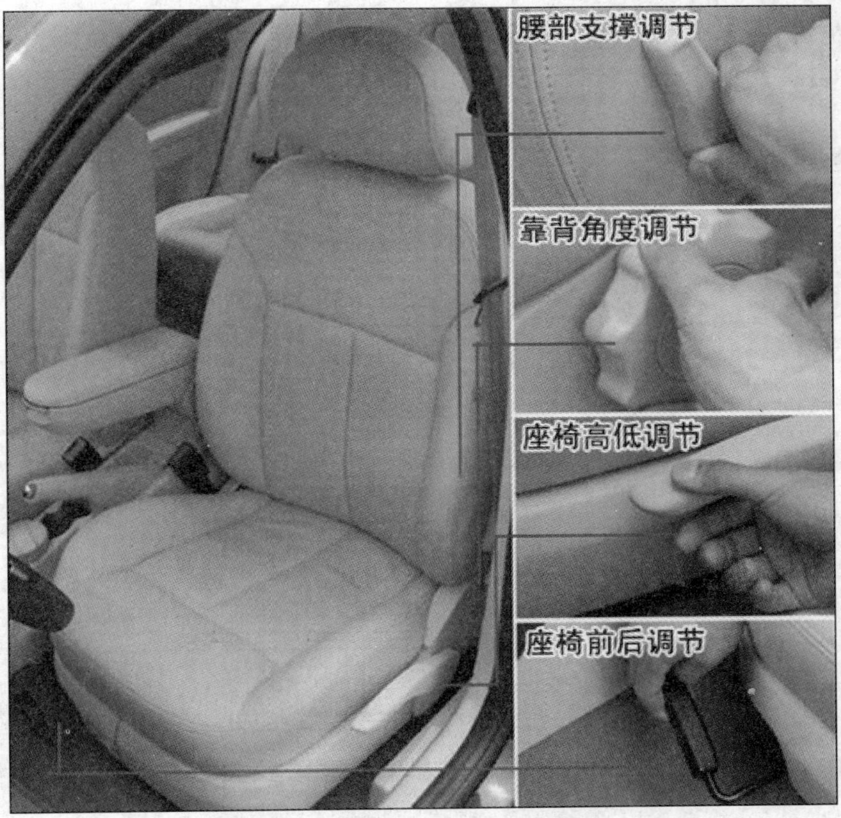

图7-21　人工调整座椅机构综合运用

（2）动力调整。中高档轿车上，生产商都会提供可动力调整的座椅。在调整时，座椅是施力方，乘客只需扳动控制键就可以令座椅移动。按照动力源的不同又分为真空式、液压式和电动式三种，其中电动座椅因操作方便，结构简单被广泛使用。电动座椅还可以提供更加精准的调整位置，让驾驶员能够轻松地找到最适合自己的驾驶姿势，提供良好的视野，提高了行车安全性，并能有效减轻驾驶疲劳。

1）电动座椅并不一定所有调整项目都电动，往往部分功能仍需要手动，如座垫和靠背是电动调节的，而头枕和腰托则是需要手动调整等。

2）电动座椅组成。一般由座垫、靠背、靠枕、骨架、悬挂和调节机构等组成，其电路各不相同，图 7-22 所示为车载网络控制型。

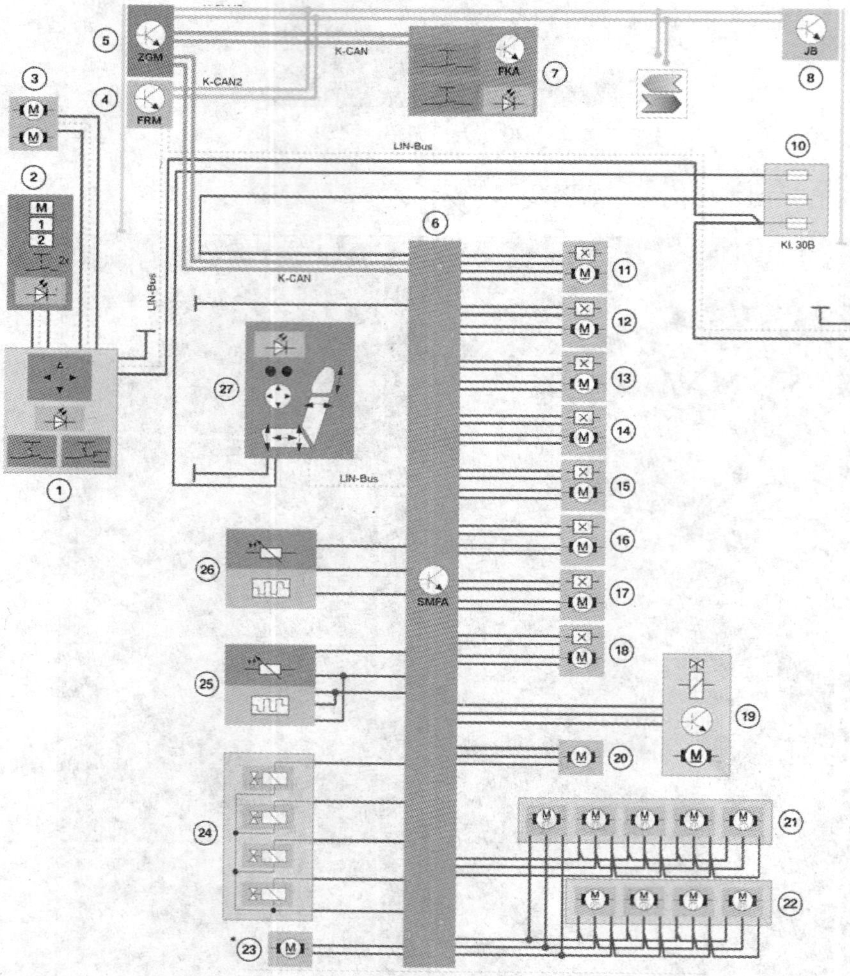

图7-22　车载网络控制电动座椅电路图

3）控制器。控制键钮设置在驾驶者操纵方便的地方，一般在门内侧的扶手上面或座垫侧面，为方便识别，其形状和位置一般都模拟座椅的座垫、靠背及头枕的形状，如图 7-23 所示。

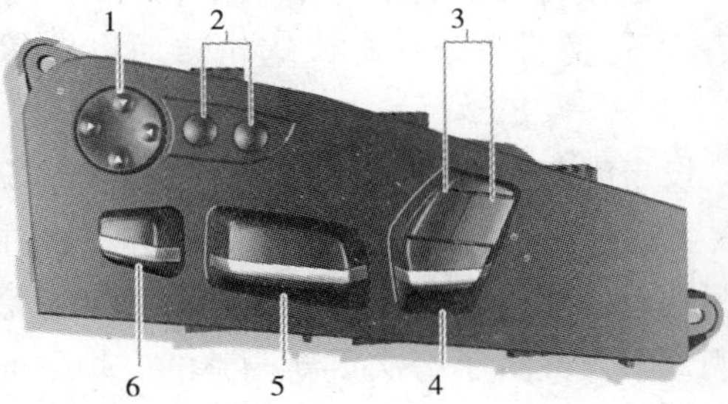

1—腰部支撑调节按钮；2—靠背宽度调节按钮；3—靠背上部调节；4—靠背倾斜度和头枕高度调节；
5—座椅纵向、座椅高度和座椅倾斜度调节；6—座垫前后调节按钮

图7-23　座椅控制器

4）调节机构。采用类似车窗玻璃电动升降机的装置，由控制器、双向直流电动机和传动部件组成，是电动座椅中最复杂和最关键的部分。

5）可逆性直流电动机。必须体积小，负荷能力要大；双向直流电动机一般有三个以上，它们受控制器控制并分别驱动某个调整方向的传动部件，如图7-24所示。

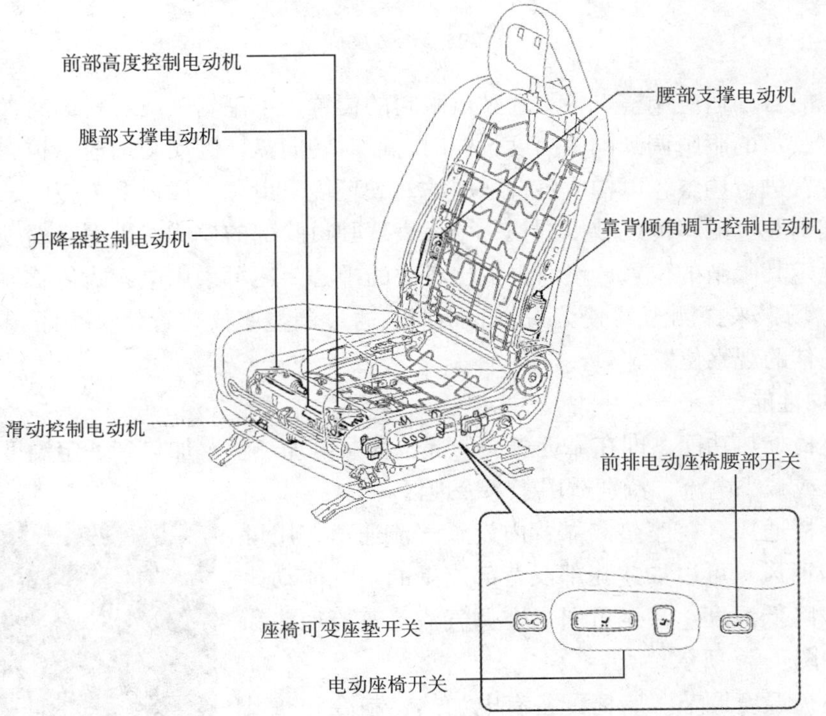

图7-24　电动座椅的电动机

6）传动部件有蜗杆轴、蜗轮、齿轴和齿条等，在运行时要求有十分良好的平稳性，噪声要低。

7）调整时，蜗杆轴在电动机的驱动下，带动蜗轮转动，从而将齿轴旋入或旋出，即座椅下降或上升。如果蜗轮又与齿条啮合，蜗轮转动将齿条移动，即令座椅前移或后移。

（3）记忆自动调整。设定时每个驾驶员依据自己的身体情况和驾驶习惯调整好，按数字记忆键“M”和某数字键，一般有两到三个记忆数组，如图 7-25 所示，以后再按相同数字键或使用相应车钥匙后，座椅各部分就会自动调整到记忆的位置，特别方便那些由几个人轮流驾驶的车辆，不仅减少了每次重新调整的麻烦，而且同一人每次都可使用一套完全相同的调整参数。

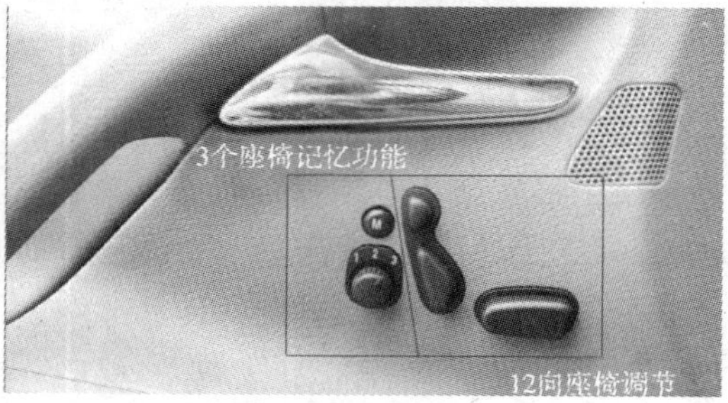

图7-25　记忆座椅

（4）职能自动适应调整。检测驾驶员眼睛的位置，不论驾驶员身材如何，自动使电动座椅将驾驶员的眼睛调到同一高度，同时，可对转向盘、制动与加速踏板、地板和中央控制台位置进行调整，以构成各自适应的驾驶环境。由位于风窗上饰板内的一个视频摄像机扫描驾驶员的座椅区域以查找一个代表驾驶员脸部的模式，进而对驾驶员脸部进行扫描以确定其眼睛的位置，然后再找出各眼的中心；还可采用电容式传感器来测量座椅上方的电场，来探测至驾驶员头顶的距离，通过调整座椅位置使头顶距顶棚 7.62cm 便能获得最佳的观察位置。

4．附加性能

（1）座椅加热功能。即在靠近表面的部位埋藏电加热丝，加热到一定温度或时间应能自动断电或减小电流，特别适用于寒冷地区。

（2）座椅通风。在座垫和靠背内设置气流通道，用可调速电风扇通风，可以加速腿部及背部周围的空气流动速度，进一步降低温度，甚至可引入空调气流。座椅加热和通风按钮如图 7-26 所示。

（3）座椅温度调节。座椅配备有电加热、制冷和通风等装置后，使得座椅温度能够通过乘员的需求升温或降温，通风功能则能有效改善人体与椅面接触部分的空气流通环境，使接触面干爽舒适，不易产生汗液。

图7-26　座椅加热与通风按钮

（4）座椅按摩。按摩能够疏通经络，使气血循环，保持机体的阴阳平衡，所以按摩后可感到肌肉放松、关节灵活，使人精神振奋、消除疲劳，对保持身体健康有重要作用。用电动机带动按摩棒挤压滚动，或振动板振动，或者用气泵对几个气囊轮流充放气，如图 7-27 所示，给人进行按摩，可手工调整按摩速度和幅度。

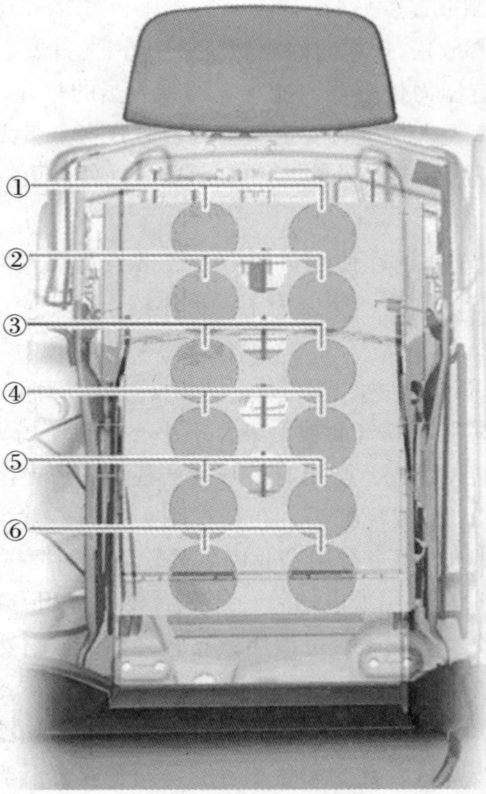

图7-27　座椅按摩气囊

使用按摩椅时须注意：

1）使用按摩椅要调整椅子按摩的力度，因为用力过小起不到应有的刺激作用，过大易产生疲劳，且损伤皮肤，按摩力量和次数要由少到多，由轻渐重。

2）掌握好按摩的时间，平时开车只可以轻柔按摩，大力度按摩每次以 20min 为宜，根据自身体质，参考生产厂家的产品特点来选择。

3）按摩椅只能消除疲劳、减轻不适，起到放松作用，不会有治疗作用。按摩椅的机械按摩与人工按摩是不同的，按摩椅虽有几个触点，但不能选穴、点穴和进行类似人工推拿的动作，只是模仿人“揉”、“捏”的动作；而且它的力度不易把握，力度小时，作用不大，力度大时则会使肌肉疼痛。

4）有些人并不适合快速大幅度按摩：

① 心脏早搏高血压患者。因为按摩可使人体的血液循环速度加快，容易导致心脏病

和高血压患者发病。

② 骨质疏松患者。骨质疏松者则由于缺钙等原因，易导致骨质变脆，按摩力度大了，特别容易引发骨折。

③ 局部皮肤破损、溃疡、出血及结核、肿瘤患者。

④ 过饥、过饱、酗酒或过度疲劳的人。

⑤ 使用按摩椅要身心放松，按摩时除思想应集中外，尤其要心平气和，全身不要紧张。

（5）体重感应。带有压力传感器，能感觉驾乘人员的存在，不仅用于提示忘系安全带的驾乘人员，还可避免无人乘坐时安全气囊和自紧式安全带无必要的反应。

（6）靠背扶手、挂钩、网兜、小桌板和显示器等附件。可提供更舒适的感受。

二、座椅的清洁

（一）清洁表面。汽车座椅在使用过程中，经常与驾乘人员和物品接触，难免要沾染许多污物，特别是在车内饮食，所以为了保持座椅干净，应该及时更换、清洗，加装座套可进一步保护座椅表面。

（二）清洁内部。夏天天气热、湿度大，车内容易受潮而产生很多霉菌。尤其是座椅内的海绵减振材料最易吸收潮气而被污染，不小心洒在座椅上的污物未及时清理也会渗入内部。应经常保持通风干燥，必要时拆开清洁甚至局部更换。

（三）真皮座椅清洁。为减轻脏污，在新车刚买来时，就可给新车的真皮座椅涂一层上光剂，增加一层保护层；每个月用专业皮革柔软清洗剂擦拭一次，进行保养和去污；平时座椅遇大量脏污，应及时用纸巾擦除，停车后要尽早用专业皮革柔软清洗剂去污；每次清洁完后，不要用吹风机吹干，可以用软布轻轻擦干或自然风干。

三、座椅的装饰与改装

（一）增加座套。汽车座套顾名思义是指汽车座椅的套子，不仅美观而且便于清洁；如果有条件的话，最好按春秋、夏季和冬季各准备两套座套，当然也有四季皆宜的。

1．座套类型。专用汽车座套装上的效果比较贴合车型。通用汽车座套主要特点是通用性好，采用高弹性布料，有很大的收缩和扩张空间，只要尺寸和结构相近的座椅，都能用同一座套，而且材料一般不会太好，生产工艺比较简单，可大批量生产而降低平均成本，进而也提高了经济性。但它们与座椅配合不良，有的部分松有的部分紧，不美观、欠舒适。

2．座套款式。

（1）按件数分为以下几种。

1）三件套。指的是两个前排座椅的座套加上后面长排座椅的座套，都是一体式的。

2）五件套。俗称大三件，两个前排座椅的座套都分为座垫和靠背两部分，后面长排座椅的座套是一体式的。

3）八件套。俗称大五件，两个前排座椅的座套都分为座垫和靠背两部分，后排座椅的座套分为座垫和三个靠背部分。

（2）按包裹程度分为以下几种。

1）全包裹式。指的是除支撑部位外，上下左右前后六个方向几乎全部包裹，结构稳定、保护效果和装饰好，但成本也最高。

2）局部覆盖。往往只覆盖座垫上表面或靠背前侧，保护性差但成本低廉，如图 7-28 所示。

图7-28　局部覆盖座垫

3）半包裹式。介于上述两者之间，可以某方向全部包裹或局部包裹。

3．座套材料。

（1）真皮座套。外观高贵、柔软舒适、冬暖夏凉，但好的进口真皮价格不菲，一般中、高档车才选择真皮座套。真皮座套不用特别保养，如果表面沾染了污渍，用湿抹布擦拭就能去污。如果是难去除的油污，必须使用专门清洁真皮的清洁剂擦拭，以防损伤皮质。而且在使用过程中，也要防止金属利器划伤座套皮面。

（2）纯毛座套。这种座套摸上去像活着的小兽一样，非常柔软，冬季手感温暖、夏季透气性良好。但纯毛座套的清洗保养费用较高，必须送去干洗。

（3）棉麻座套。四季皆宜、沉稳大方、天然环保、结实耐用、拆装洗涤方便而且价格较便宜，但本身容易脏污而且不易洗净。适合干洗和水洗，手洗机洗均可，可以随时清洗，时刻保持干爽整洁的车内空间。纯棉座套又有不同的风格，可以满足不同车主的喜好。

（4）混纺座套。经济实惠、结实耐用、式样丰富而且水洗后不会缩水和变形；但比较怕热而且手感粗糙，易损伤座椅表面，清洁时千万不可过热。混纺座套大大增加了座套的艺术性，增添精细的刺绣工艺、经典格子、素雅印花或是可爱的卡通风格，为爱车增添了审美情趣,混纺座套适合大多数车型,只因样式多样,又带有车主强烈的个人色彩。

（5）冰丝。冰丝又叫人造丝、粘纤、粘胶长丝。是用棉短绒木材作为原料优化处理得来的。因此冰丝较棉纤维、木质纤维本质更纯正。在几种主流纤维中，冰丝的含湿率最符合人体皮肤的生理要求。具有光滑凉爽、透气、抗静电、色彩绚丽等特点。冰丝具有棉的本质，丝的品质。

（6）亚麻。亚麻是麻纺织业的重要原料，其纤维强韧、柔细，具有较好的色泽。亚麻纤维强力大，在水中不易腐烂，并有防水作用，此外还有耐摩擦、耐高温、散热快、吸尘率低、不易撕裂、不易燃烧，无静电、耐酸碱高等独特的优点，是追求绿色环保的首选纺织原料，被誉为天然纤维中的“皇后”。亚麻的特点：① 清凉透气。亚麻具有天然的通透性，被人们形象地喻为“会呼吸的纤维”。② 天然抑菌。亚麻纤维能发出淡淡的隐香，加之独特的纤维结构，能够抑制细菌的生长、繁殖。③ 消除静电。在各类纺织纤维中，亚麻是静电感应系数最小的纤维，能有效地消除静电。④ 抗紫外线。亚麻含有半纤维素，使紫外线被纤维素所吸收，不易直接照射到人体，又起到防磁、抗辐射、保护皮肤的作用。

（7）金丝绒。金丝绒是用通割绒法加工，由桑蚕丝和粘胶丝交织的单层经起绒丝织物。地经、地纬采用桑蚕丝，绒经为有光粘胶丝。金丝绒是一种高档丝织物，质地柔软而富有弹性，色光柔和，绒毛浓密耸立略显倾伏。主要用作妇女衣、裙及服饰镶边等，用于汽车座套手感柔软舒适。

（8）莱卡。氨纶是一种弹性纤维，原名纤维 K。特殊的组成使其具有良好的弹力，可延伸至原长的 5~8 倍，去除外力后能完全恢复原状。汽车座套制造方面，精纺纯棉加莱卡丝面料，是最适合做汽车座套的面料，纯棉保证透气舒适和自然质感，莱卡除增强透气舒适感之外还提供了足够的弹性和水洗牢度，保证在洗后和长期使用后不变形，这点纯棉是做不到的。制作工艺精细、别致的设计，乘座舒服温暖，摸着手感细腻、柔软，而且耐脏、耐磨。

（9）桃皮绒。桃皮绒产品是继人造麂皮产品后发展的仿皮织物，它是由超细纤维组成的一种薄型织物。经染整加工中精细的磨绒整理，使织物表面产生紧密覆盖约 0.2mm 的短绒,犹如水蜜桃的表面,具有新颖而优雅的外观和舒适的手感。桃皮绒光泽柔和高雅，与人造麂皮相比，给消费者一种新奇感，适合了人们好奇的消费心理。

（10）三明治。三明治是一种合成的纤维，主要用于座套、运动服装、箱包等，牢固耐用。表面是网状的（较大的圆形网孔），底下有层密网，使得表面的网不至于变形太大，加强了面料的牢度及色彩度。网状效果使得座套更有现代感和运动感。面料的中间复合了薄型海绵，使得面料更饱满有弹性，坐感舒适；面料的最底层又复合了无纺布，具有锁水功能，因此，即使有液体倾倒在车套上，也能保持较长时间不直接渗透到座椅的表面，对用棉麻类面料制作的原装座椅具有非常实用的保护功能。

4. 装饰风格。可分为简约式风格、后现代风格和混合型风格，也可分为：中国风风格、意大利风格、欧洲式风格、洛可可风格、巴洛克风格、古罗马风格与地中海风格。

5. 色彩图案。可以自由选择，但应注意与车内其他饰物颜色搭配。

6. 使用注意事项。

（1）根据座椅结构、材料和使用条件合理选择座套。

（2）有内藏侧安全气囊的座椅，严禁包裹侧安全气囊的工作范围。

（3）车内长期受阳光直射的部分（靠背上部等），可能会出现变色，应选用色牢度较好的材料。使用安装时，不要过分用力拉扯缝制的安装用皮筋、绳子等，还要选用合适的连接件。

（4）应及时清洁座套和座椅，并保证内部通风。

（二）改装座椅。

1. 常见改装方案。

（1）增加座椅。常见于商用车和工程车，注意不得造成超载，也不要阻挡疏散通道，运营车辆还要取得相关部门的批准。

（2）减少座椅。以便更好地搭载特殊人员或物品，但也不可超载或擅自改变汽车用途。

（3）增加座椅功能或改装其他座椅。应注意连接部位作用力不可过大，用电部分要避免电流过大，还要避免与其他部位产生机械干涉。

2. 改装工艺。

（1）分析客户要求。

（2）方案论证。

（3）取得改装件。

（4）旧座椅与相关零部件拆卸。

（5）安装调整。

（6）测试检验。

（7）竣工交接。

四、加装儿童座椅

这里的“儿童座椅”是俗称，指国家标准《GB27887— 2011 机动车儿童乘员用约束系统》规定的“儿童约束系统”，包括但不限于带有儿童约束带的儿童座椅。

儿童约束系统是指带有保护带扣的织带或相应柔软的部件、调节装置、连接装置、以及辅助装置（例如手提式婴儿床（便携睡床）、婴儿携带装置、辅助座椅和/或碰撞防护装置），且能将其稳固放置在机动车上的装置。其设计是通过限制佩戴者身体的移动来减轻在车辆碰撞事故或突然减速情况下对佩戴人员的伤害。

汽车儿童安全座椅首先在欧美等发达国家得到发展，特别是20世纪80年代以来，欧美等国相继出台相关的法规，强制儿童乘车必须使用汽车儿童安全座椅，使汽车儿童安全座椅得以迅猛发展及快速普及。中国正在成为一个汽车大国，汽车正在逐渐走进家庭，儿童座椅必不可少，经过几年的酝酿，参照欧洲标准，我国于2011年12月30日，发布了国家标准《GB27887—2011机动车儿童乘员用约束系统》，并于2012年7月1日起强制执行。

（一）加装儿童座椅的必要性。

1. 儿童使用成人座椅不安全。

（1）较硬的成人座椅表面容易损伤儿童幼嫩的肌肤。

（2）婴幼儿若直接躺卧在座垫上，前方没有约束物，极易摔落。

（3）儿童的腿和头尺寸小，距离前部约束物的距离也远，再加上儿童自我保护意识差，一旦遇到紧急刹车或者碰撞，不但不知道伸手抓扶这些约束物，反而因距离远加速时间长，而受到更猛烈的碰撞。

（4）车载安全带是按照成人设计的，固定点之间的距离太大，即使儿童系上车载安全带，安全带也不能将其牢固地固定在座位上；贪玩的孩子还常常把安全带拉松好多，一旦遇到紧急刹车或者碰撞，孩子不但容易从腰带下滑出，而且肩带会勒住儿童的脖子、腋窝或者脸部，再加上儿童头部相对较重要，安全带不但起不到保护的作用，反而会对孩子造成严重的伤害。如果儿童自行打开安全带扣，安全带也就失去了作用。

（5）安全气囊是按照成人的尺寸设计的，并不能保护儿童。无论是对于固定在前排的童椅还是坐在前排年龄较小的儿童，在碰撞时爆出的副驾驶安全气囊都是危险的。

2. 儿童使用成人座椅不舒适。

（1）由于儿童大腿太短，如果紧靠靠背而坐，脚或小腿可能悬空，被坐垫前缘挤压的部位很不舒服；如果靠前坐，不但小腿和脚仍可能悬空，更严重的是腰部与靠背间无法正常接触，影响到脊柱的自然弯曲，不仅腰腹和脖子难受，长此以往还会引起脊柱畸形。

（2）因儿童座高，视线受到遮挡，不但无法满足儿童的好奇心，还因看不到家长或景物而烦躁。

（3）因生长发育尚未完全，婴儿无法保持坐立姿势，更喜欢躺卧；幼儿也经常在乘车途中睡着，坐姿睡觉使孩子非常不舒适。

（4）因普通座垫深度小于婴幼儿身高，婴幼儿无法纵向躺卧，只能横卧在座垫上，不仅容易滑滚，而且影响孩子的平衡机能，对发育不利。

（5）若使用成人的安全带，肩带还会挡住脸部或勒住儿童的脖子、腋窝等。

3. 成人怀抱儿童坐车不舒适也不安全。乘坐公共汽车让人们习惯了怀抱儿童乘车。但公共汽车车速低，又由专业驾驶员驾驶，比较安全稳定；而且“安全”也是相对儿童自己站立或成人怀抱儿童站立而言的，其实并不舒适也不安全。乘坐乘用车时绝不能照搬此“经验”。

（1）成人怀抱儿童虽然便于照看孩子，也给孩子亲切感，但成人必然受压受累，关键是孩子因身上压力分布不合理也受罪，特别是炎热季节接触部位出汗更难受。

（2）成人怀抱儿童虽然给孩子安全感，但当真正发生碰撞等严重危险时，成人往往不但主观反应不及时，甚至自顾不暇，而且客观上力量也不足。根据测试，当汽车在40km/h 速度行驶时突然紧急刹车，5.5kg 重的婴儿会相当于 110kg 的冲力；发生碰撞时，即使只是在 48.3km/h 的速度下，孩子会被其自身重量 30~60 倍的作用力抛向前方，根本抱不住。更糟的是，他们可能会冲破车窗，掉到车外。

（3）成人若把孩子抱在安全带里面，或者未使用安全带，那样成人前冲的力量，也会作用到孩子身上，结果更可怕。

（4）若前方的安全气囊起爆，因儿童离气囊太近，更会严重击伤儿童。

（5）成人怀抱儿童坐车，还易造成忽视统计儿童而引起的超员现象。

4. 使用儿童安全座椅可以有效保护儿童。

（1）儿童座椅与儿童接触的部件采用更柔软材料，可保护儿童正常乘坐时不受伤害。

（2）儿童座椅的尺寸适合孩子身体，而且可以在一定范围内随着孩子的长大进行调整。

（3）婴幼儿座椅可以让孩子沿车辆纵轴方向仰卧，并可调整仰卧角度，倾斜角度在 135° ~170° ，这主要是为了保护孩子的脊椎和颈部。沃尔沃 Volvo 汽车公司于 1963 年研制了第一个儿童安全座椅，其开发设计的灵感来自于航天器中的宇航员座椅，这种座椅可以承受太空仓升空和降落的巨大力量而使宇航员免受伤害。宇航员在飞船上的仰卧姿势同加速度的力量在方向上正好相反，这样就可以使他们尽量地承受住飞船起飞时的巨大压力。当汽车受到正面撞击时，这个原理同样有利于保护儿童。仰卧特别是向后仰卧，能为孩子的头部、脖子和脊柱提供更好的保护，减轻撞击伤害；一般对于 9 个月以下或者体重少于 10kg 的儿童要向后安装汽车座椅，而再大的孩子就需要向前安装了。图 7-29 所示的儿童座椅还可前后转向。

图7-29　可转向儿童座椅

（4）儿童专用安全带或防护罩，不但适应儿童身材，而且可以从更多方向和部位固定儿童身体，特别是可防止婴幼儿擅自解锁或调整。

（二）儿童座椅的选配。

1. 按体重或年龄选配儿童安全座椅。这其中覆盖了从出生到 12 周岁的所有年龄段，而 12 周岁后，正常孩子已经可以乘坐成人座椅了。

（1）年龄分类组 0/0+。婴儿型（出生到 13kg，出生到 15 个月），因为刚出生不久的婴儿体型较小，因此需要更为体贴的照顾，为了方便带婴儿上下车，同时又不会惊扰美梦，婴儿型儿童安全座椅通常被设计成床式或提篮式，而且可附带遮阳和挡风装置，它们离开汽车后还可作为房间婴儿床或婴儿车的一部分；较大的婴儿也可用如图 7-29 所示的儿童座椅，但应后向安装。这样设计是为了在车辆发生碰撞事故时，该装置能使儿童的头部和除四肢外的躯干部分得到约束保护。便携床：把孩子放置并固定于仰卧或俯卧的位置，使孩子的脊柱垂直于车辆的中心轴平面的约束系统；安全提篮，如图 7-30 所示，是把孩子放置并约束于面朝后的、半躺的位置上的约束系统。

（2）年龄分类组Ⅰ。幼儿型（9~18kg，大约 9 个月 ~ 4 周岁），由于儿童会不断成长，若使用向后的婴儿座椅腿不得不蜷曲，则使用正向幼儿座椅更为合适，如图 7-31 所示。

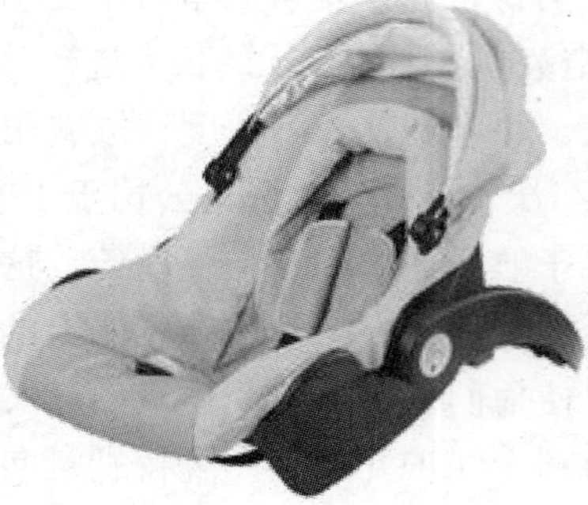

图7-30　安全提篮

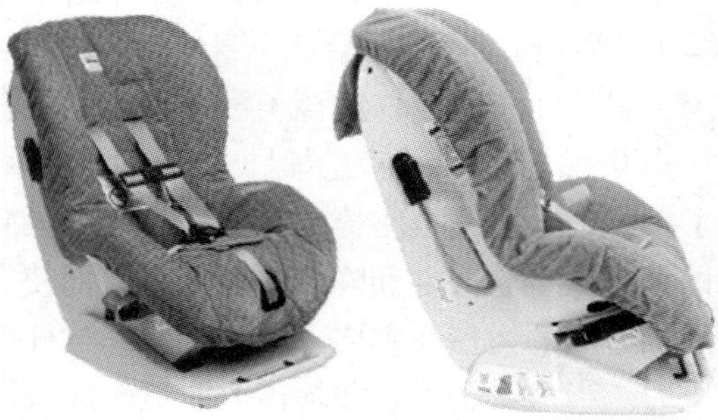

图7-31　正向幼儿座椅

（3）年龄分类组Ⅱ。学童型（15~25kg，大约 3~7 周岁），可坐完整加高座椅，如图 7-32 所示。

图7-32　完整加高座椅

（4）年龄分类组Ⅲ。儿童安全坐垫（22~36kg，大约 6~12 周岁），通常当孩子到了 6 岁或可以自己坐直不会滑落或蜷缩时，就可以坐无靠背加高座椅（图 7-33），坐在无靠背加高座椅中时，儿童应该坐直，这样安全带的对角皮带会搁在儿童的肩部，而不是绕过他们的脖子。

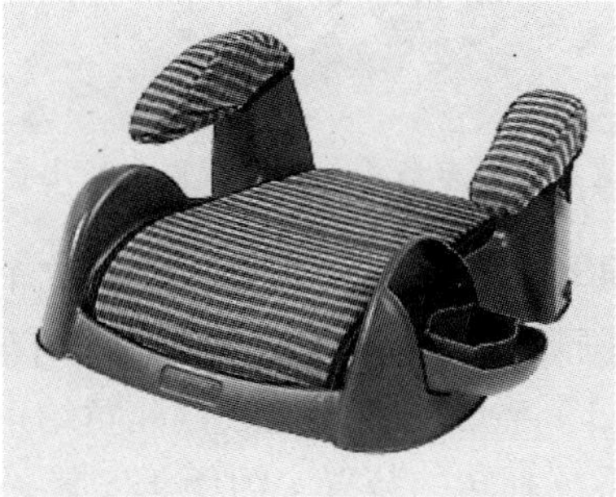

图7-33　无靠背加高座椅

2．婴儿和活动座椅通过车辆安全带和 / 或锁销系统固定到车辆上。在通常条件下，家长可以选择将儿童安全座椅安装在后排位置，后向安装会更加安全。幼儿型儿童安全座椅在安装方向上，还是尽量保持后向安装，尽量避免将儿童安全座椅安装在副驾驶位置上。但是在某些特殊情况下，需要将儿童安全座椅安装在副驾驶位置时，家长务必先要把副驾驶位置的安全气囊关闭，并且在确保没有其他安全隐患的情况下，才可将儿童安全座椅安装在副驾驶位置。

（1）直接使用车载成人安全带固定。安全带应内置一个锁定系统，如果没有，应该另安装一个，如图 7-34 所示，否则无法固定儿童座椅；必须严格按照说明书的规定缠绕安全带，如图 7-35 所示，安装后可以左右上下摇晃，看看是否稳固。一般左右位移应不超过一寸（约两指宽度）。然而，不同车型的汽车有不同的座椅、安全带和固定方式。汽车座椅形状不同、安全带长度和锚固点位置不同，都会导致一些儿童座椅安放的位置更靠前或更靠后。所有这些因素使得制造适用所有车型的儿童座椅成为一个难题。

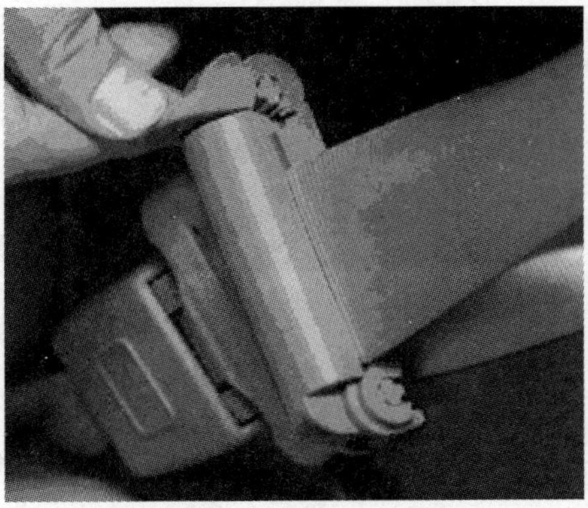

图7-34　车载成人安全带锁定夹

图7-35　直接使用车载成人安全带固定的儿童安全座椅

（2）ISOFIX 固定装置。ISOFIX 可以在儿童座椅和汽车之间建立刚性连接以使其更加稳固，如图 7-36 所示，是国际通用的将儿童约束系统与车辆连接的装置，我国就参照此标准。包括车身上两个“凹”字形刚性固定点，儿童约束系统上两个相对应的刚性连接装置，以及限制儿童约束系统翻转的装置；为便于安装，还可配备导向装置。

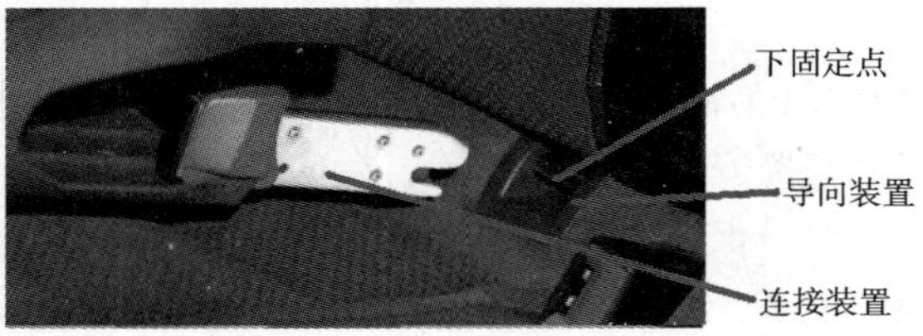

图7-36　ISOFIX固定装置

抗反转装置：用于防止儿童约束系统沿车辆行进方向发生转动的装置。用于以下不同类型的儿童约束系统，其构成方式不同，对于通用类和半通用类的 ISOFIX 儿童约束系统，车辆座椅本身不构成抗翻转装置，这样还可保护原座椅。

1）用于通用类 ISOFIX 儿童约束系统的抗反转装置由 ISOFIX 上拉带及其固定点构成。

2）用于半通用类 ISOFIX 儿童约束系统的抗翻转装置由一个 ISOFIX 上拉带及其固定点、车辆仪表板或者在正面碰撞事故中用于限制约束系统翻转的如图 7-37 所示的支撑腿构成。

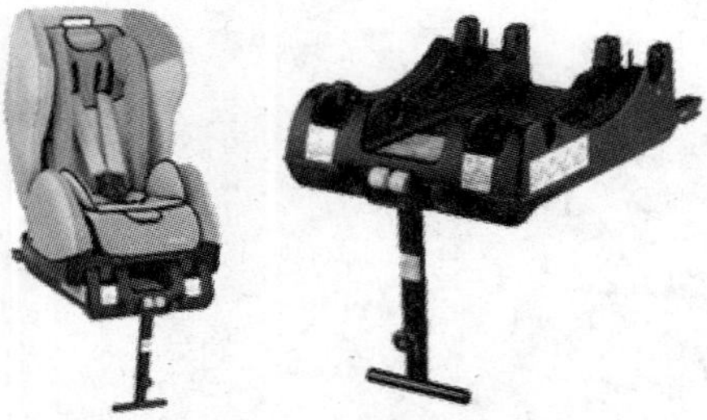

图7-37　支撑腿

（3）LATCH 固定装置。是“Lower Anchors and Tethers for Children”的简称，可译

做“儿童使用的下扣件和拴带”，从2002年9月1日开始，美国便规定几乎所有种类的轿车必须提供LATCH系统的儿童安全座椅固定方式。如图7-38所示，它与欧洲标准的ISOFIX固定方式最大的区别是连接方式并不是硬连接而是同时挂钩方式连接，并且比ISOFIX必要的两个下固定点，还多一个上固定点，一共三个。ISOFIX和LATCH两种固定方式有共同性，ISOFIX是兼容于LATCH的，也就是说有LATCH接口的一定也可以装ISOFIX接口的座椅，但是只有ISOFIX接口的就不能使用LATCH接口的儿童座椅（因为缺少一个固定点）。

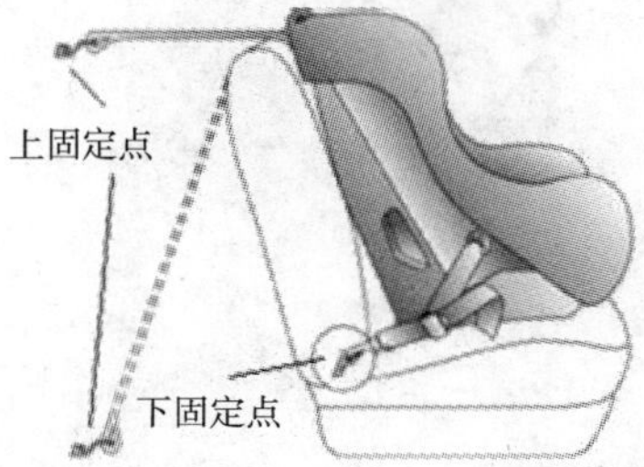

图7-38　LATCH固定装置

（4）安全座椅又分为分离式和整体式两种。分离式安全座椅本身不具有固定装置，它是通过一个底盘固定在汽车座椅上，这样不但可以减少更换其他尺寸座椅的成本，还便于分离后座椅的携带和更多用途应用；整体式的安全座椅则可以直接与汽车座椅固定在一起，连接可靠。

3．儿童与儿童座椅间的固定。

（1）“3点式安全带”的皮带越过肩部，固定到座椅底部的锁扣上，如图7-39所示。当儿童坐在座椅上，使安全带胸部卡夹处于正确位置（儿童胸腔中间或腋窝处）是非常重要的；必须使安全带笔直且皮带放在儿童肩部或稍高的位置；将孩子固定在座位上后，确认孩子身上绑的安全带有无扭转翻面情形，安全带的松紧以可容下一指才算合格。如果儿童需要毛毯或其他遮盖物，将其放在安全带上面，而不是将安全带的皮带伸展到遮盖物的上面。

图7-39　3点式安全带

（2）“5点式安全带”有5条皮带：肩部有2条，臀部有2条，胯部有1条，如图7-40所示。5点式安全带被认为是最好的选择，因为它更容易调整安全带，从而更好地适合孩子使用。

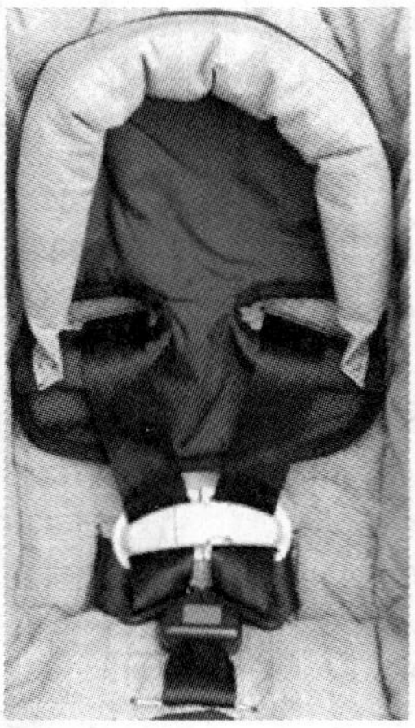

图7-40　5点式安全带

（3）“顶置防护罩”如图 7-41 所示，该防护罩向下摆动罩住儿童，与游乐场旋转木马上的约束装置类似。

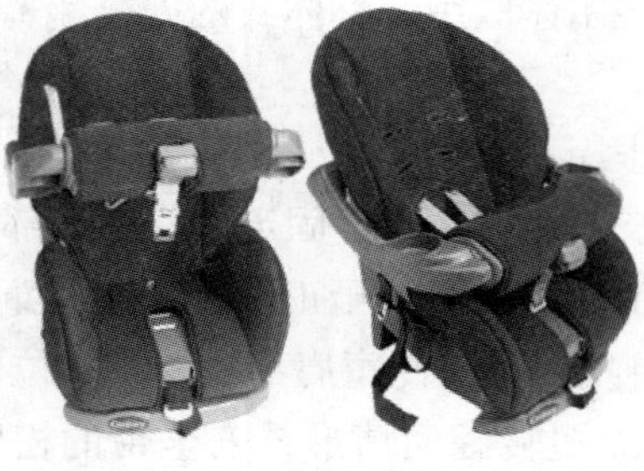

图7-41　顶置防护罩安全带系统

（4）“T 形防护罩”是一个连接在肩部皮带上带有衬垫的 T 形或三角形防护罩。此防护罩连接在装置的前部，而不是摆动罩住儿童。

4. 儿童座椅安装使用注意事项。

（1）请保管好说明书，以便随时翻阅参考。

（2）主要座椅适用年龄和体重范围。

（3）最安全的行为是把座椅安放在汽车后排的位置。

（4）安全带不可以随意更改或用其他带子代替，确保依据厂家的说明操作。

（5）为确保最大的安全，请正确使用 5 点式的安全带。

（6）确保安全带不是太紧，并不能卡在车门处及其他锋利物品处，否则会导致座椅破损。

（7）安全带有破损情况，请及时更换。

（8）在猛烈的撞击情况下，最好更换安全带。

（9）在无大人监管的情况下，请不要将小孩独留在座椅内。

（10）请确保车内无危险品，尤其在后座处，否则可能破坏座椅。

（11）若汽车停在强烈阳光下，在让小孩坐入座椅前请注意安全带不宜过热。

（12）若长时间开车的情况，请中途多次停留，否则小孩很容易疲劳。

（13）请勿使用二手安全带具，否则会导致危险。

（14）不要让卡口处于半锁定状况。在紧急情况下应能快速将孩子取出。

（15）不要将儿童安全座椅安装在有安全气囊的汽车前排座位上。

（16）确保儿童安全座椅的安全带的松紧及护垫的位置完全符合说明书的要求。

（17）穿过儿童安全座椅的汽车安全带必须保持紧绷。

（18）若儿童安全座椅在一次事故中受损，必须换用新的座椅。

（19）不要对座椅作任何修改或添加部件，否则可能会严重影响其安全性和功能。

（20）不要让座椅接触腐蚀性物质。

（21）洗涤时可将布套取下，布套只可能在30℃水温下手洗，使用温和清香剂，不要放机内干洗。

（22）不可使用离心机，不可熨烫，不可使用溶剂。

（23）塑料本体部分可以用湿海绵擦干净，不要使用硬性物体。

（24）安全带可与肩套一起清洗，勿使用任何溶解性和漂白性的液体清洗，这样会洗坏安全带，使安全带没有安全性。

计 划

一、根据导向知识与技术信息，在表7-4中列出工作计划。

表7-4 维修改装汽车座椅计划

序 号	工作步骤	工具/辅具	注意事项
1			
2			
3			
4			
5			
6			
7			
8			
9			
10			
11			

二、计划要点参考见表 7-5。

表7-5　维修改装汽车座椅计划要点

序　号	工作步骤	工具/辅具	注意事项
1	查阅基础资料	维修手册、互联网等	
2	认真观看汽车座椅并拍照留存	技术资料、数码相机、测量仪器	详细准确
3	确定维修项目、方法和预算	计算机	与客户及保险公司协商
4	拆卸保护（详细）	车间工具与设备、数码相机	记录密码和调整参数后断开蓄电池接地线
5	维修加装（具体详细）	工具与设备、数码相机	视情修理
6	检验		
7	费用核算	计算机	
8	交工		
9			

实 施

一、物质准备：待维修座椅的汽车或实验台、拆装工具、检测设备、选装座椅、配件、技术资料、数码相机和计算机。

二、学生分组：3~5 人一组，合作完成座椅检查和更换工作。

三、在表 7-6 中记录主要工作步骤。

四、教师检查记录学生表现，特别是安全事项。

表7-6　维修改装汽车座椅记录表

品牌	车型	制造日期
损坏原因	送修方	投保情况

序　号	工作照片	工作内容	技术参数	工具/辅具	材 料 费	工 时 费
1						
2						
3						
4						
5						
6						
7						
8						
9						
10						
11						
12						
13						
14						
15						

展 示

一、最后修订完善个人计划和实施记录。
二、展示记录。
三、演示关键工作步骤。

检 验

一、检查比较工作记录。
二、组内比较互评。
三、各人自评经验教训。
四、教师讲评。
五、总结打分。

工作任务 8

维修汽车空调

导向

一、车间任务

一辆汽车的车主抱怨其车不够舒适，请协助将其车舒适系统检修好，并提供改装建议。

二、学习目的

（一）了解汽车空调系统的基本结构和工作原理。

（二）初步掌握汽车空调系统各个主要部件的位置、名称和作用。

（三）学会正确检查、维修汽车空调系统。

三、基础知识

（一）汽车需要空调系统。

1. 自然界有日出日落、寒来暑往、阴晴雨雪和风霜云雾，这些变化往往都会引起人的不舒适，汽车在户外行驶和停放，受自然天气变化的影响很大，为保障驾乘人员的乘坐舒适，需要设置空调系统。

2. 必须保证驾驶员能清醒、专注、灵活和轻便地操控汽车，再加上比其他乘客待在车里的时间长，更需要空调系统。

3. 另外有些货运汽车，为保证所运输的鲜活货物的品质，也需要货厢具备空调甚至冰箱功能。

（二）汽车空调通常都具备以下功能。

1. 净化空气：滤去空气中的尘土和杂质，去除异味，或消毒杀菌，甚至向空气中添加香水味和负离子等。

2. 调节气流：调节空气来源和车内出风口的位置与风量的大小与方向，从而控制车内气体流动的方向和速度。

3. 调节温度：制冷或加热取暖，将车内的温度调节到人体感觉适宜的温度。

4. 调节湿度：除湿，将车内的湿度调节到人体感觉适宜的湿度。

（三）驾乘人员对空调的要求。

1. 对车内空气净化的要求。

1）驾乘人员呼吸所消耗的氧气应及时得到补充，氧气含量应控制在 18%~20.7%。

2）必须尽量减少汽车燃烧产生的废气进入驾乘室产生毒害作用。

3）车外空气中的沙尘、昆虫和各种杂物应被阻止进入驾乘室。

4）人呼出的二氧化碳在空气中的含量不能超过 0.1%，水蒸气以及人身和车身所发出的各种异味，也应及时排除或消除。

5）最好能对车内空气消毒杀菌。

6）增加空气中负离子和适度的香水味，会让驾乘人员更舒适。

2. 对调节气流的要求。

1）汽车必须具备挡风遮雨等封闭功能。汽车行驶时，迎风效应特别明显，挡风玻璃和驾乘室不但防止强风吹面，更避免了风沙和小虫进入车内甚至进入人眼。

2）高速行驶时，开窗通风往往引起噪声和很大的油耗，必须关窗行驶。

3）空气必须适度流通，净化空气、调节温度和湿度的效果，往往都靠气体的流动来传递，为加强通过这些装置的风速，必须用风机强制通风。根据人体卫生要求，每人最好有 20~25m^3/h 的新鲜空气量。夏季考虑到一般人们在车内连续停留时间不会太久，汽车制冷机容量不可能太大，过多的新鲜空气将耗费过多的空调能量，因而计算时，汽车车内新鲜空气量的下限可定为每人 11m^3/h，或占全部通风量 10%。

4）空气流速还直接影响着人体的散热速度，无风不易散热，过大的风也会引发各种不适感。车内流速以 0.15~0.4m/s 为宜。夏季宜取上限值，气流宜指向脸部；冬季宜取下限值，气流宜指向足部。

5）不同人和同一人的不同部位，对空气流向和流速的要求都不同，应能分别调节。

3. 对车内温度的要求。

1）人的体温需要保持在 37℃左右相对恒定，以利于各项生理活动的正常进行；但环境的气温受天气等因素的影响经常变化，为保证体温的正常，除可以采取调整新陈代谢活动强度或调节皮肤散热能力的自身措施外，还可以更换衣帽、调节风量和取暖或制冷等各种外部措施。

2）人体活动时，自身新陈代谢都会产生一部分热能，需要通过传导、对流或辐射、汗液蒸发等方式散发到周围环境，所以周围环境的气温应比正常体温适度低一些，空气应适度流通，热时湿度也不宜过大。人活动越多越剧烈，产热越多，要求的环境温度越低；相反，人坐在车上活动很少很轻，产热很少，要求车内温度不应过低。

3）由于上车后乘客的腿脚几乎不动，另外散热也主要依靠头胸部，因此对车内温度有“头冷足暖”的要求，即夏季头部与脚部有1.5~2.0℃的温差，冬季头部与脚部有4~6℃的温差更具有舒适性。

4）当体表附近空气温度稍微偏高或偏低时，人的感觉是温暖或凉爽，比较舒适，但当体外温度变化超过人体自身调节能力时，人就会感到热或冷，这是人体自我保护性的警报，必须采取一些人为措施，否则会影响正常生理功能，甚至引发疾病，例如人受冷容易感冒、风湿痛甚至造成冻伤，过热又会引发中暑和中风等疾病。

5）过冷过热不舒适，会造成乘客弃乘、抱怨、投诉甚至引发纠纷，进而影响客运企业的业务收入。即使是自用车也会影响到驾乘人员的情绪。

6）不同种族、不同年龄、不同性别、不同体型、不同健康状况和不同活动量的人，特别是不同衣帽的人，对温度的要求是不一样的，因此车内各部分的温度应该能够独立调节，通常调节出风口大小和方向，也有一些汽车已经实现分区域的出风温度调节。

7）驾驶员操纵汽车活动量大，热天无暇擦汗或扇扇子，一般比乘客要求的温度凉一些；但冷天为了观察方便操纵灵活，驾驶员穿衣要比乘客单薄，比乘客要求的温度也要暖一些。

8）人们需要适度的冬暖夏凉，但大家一般是穿戴着全部与室外大气环境相适应的衣帽上车的，若车内外温度相差过多，不但浪费能源而且乘客反而不舒适。经验证明，夏季车内比车外温度低5~7℃，冬季车内比车外温度高5~7℃，人们上下车不需要调整衣帽而普遍感觉舒适。人除了调整自身新陈代谢强度和皮肤保温散热能力外，更多地通过调整衣服鞋帽来适度保温，穿着越多越厚越不怕冷，减少衣帽则可适应较高温度。人们穿一般的室内服装活动时，对环境温度的舒适要求一般为20~25℃，活动越少，产热越少，要求的环境温度越高。但若穿戴着室外衣帽，长时间乘坐适合穿室内衣物的汽车，人就会很难受，而狭小的车内空间，又让人们无法像在房间内那样随意更换衣服，另外驾驶员因需要操纵汽车更无暇频繁调整衣帽，因此衣帽决定了车内最佳温度与室内最佳温度不相同。冬天气温低时，人们穿戴厚重的衣帽，还靠加强自身活动产生更多热量，上车后活动减少就会感觉冷，所以车内温度应该比室外高一些，但车内温度过高人又要出汗，汗湿的衣帽在车内不舒服，下车更不能御寒，因此车内温度应比室内温度稍低一些；夏季天气热温度高时，人们穿着衣服主要不是为保温，而是文明礼仪的需要，本来就很热，上车后因相互靠近，散热更难，再加上发动机等工作的热量也有一部分进入车内，人就感觉更热了，所以车内温度必须比室外降低一些，但毕竟人们穿的衣服很单薄，车内温度应比室内稍高一些。

4．人体对湿度的要求。

1）人体所感觉到的热和冷，也受空气湿度高低的影响，因为汗液蒸发是人体散热的一种重要补充方式，蒸发快慢受空气湿度的影响。高温高湿时，空气中的水蒸气含量高，蒸发量少，人体排泄的大量汗液难以蒸发，体内的热量无法畅快地散发，就会感到闷热甚至中暑，也容易引发心脑血管疾病；低温高湿则降低衣物保暖性能，加快人体散热，让人感觉阴湿寒冷；另外高湿度使霉菌等微生物繁殖加快，使空气更加污浊。

2）湿度过低，人的皮肤和口鼻干燥，汽车真皮内饰件也会因失去水分而干裂，衣物也易起静电。

3）人体要求的最舒适湿度为45%~55%。车内温度一般不致使人长期出汗，但人呼气时呼出的水蒸气会增加湿度，所以车内自然湿度往往过大，应通过通风或降温凝结法适当去除水蒸气。夏季车内湿度应小于65%，冬季车内湿度应大于40%。

（四）空调系统发展历史。

1. 人不止靠身体变化适应环境，冷时会穿衣、烤火和修建房屋来挡风避雨；热了会遮阳、冲凉和扇扇子。古埃及为给法老宫殿除热，还发明了夜里搬运宫墙石块到沙漠冷却，早晨再搬回重新砌墙的办法；中国人也早就也学会了冬季储冰夏季用。这些都是空调技术的初步探索。

2. 第一台汽车空调于1927年出现在市场上，当时，空调的含义是指轿车可装备有加热器、通风系统并且空气可经过滤。制冷的方式使车凉爽的方法最初安装在货车上，其后为一般汽车广泛采用的商品化了的空调器。而在1938年，就已有一些大客车用同样的方式进行空气调节，1940年，帕卡德（Packard）牌轿车第一次提供了通过制冷的方式使轿车凉爽的方法。现代汽车空调系统由凯迪拉克（Cadillac）牌轿车在1960年第一次推出。

3. 作为中国汽车工业的摇篮—长春第一汽车集团公司同时也是中国汽车空调工业的摇篮。1966年一汽接受了国家下达的为中央首长制造红旗保险车的任务，在此之前，国家领导人在外事活动中乘座的都是前苏联制造的吉斯-115型保险车，由于受空调工业发展的限制，该车没有空调装置，夏季用车时，只能事先用冰块来冷却车内空气。为了保证中央首长的安全，一汽为中央首长制造的红旗保险车（CA772）除了具有保障中央首长安全的各种功能外，还必须设置有空调装置。在总厂领导的关怀下，经过工程技术人员和工人师傅的努力，历经两年多的研制，终于在1969年成功研制了第一台汽车空调装置，并安装在红旗保险车上，送到北京中南海请中央首长乘座。这不仅结束了中国不能生产保险车的历史，同时也开创了中国自行设计、独立制造汽车空调装置的先河。当时空调装置中的主要总成的产品水平在当时都是最先进的，汽车空调压缩机的结构为六缸双向斜盘式结构，这种结构是美国通用汽车公司1962年推向市场的新产品，直到今天，双向斜盘式压缩机仍然是汽车空调压缩机的主流产品。

4. 作为汽车空调装置的核心，压缩技术的发展一直备受世界各国汽车制造商关注。

1）第一代压缩机—曲柄连杆式结构压缩机已在小排量压缩机中消失，现在只存在于大客车空调装置中，而且，还有被大排量十缸斜盘式压缩机（排量超过300cm^3/r）取代的趋势。

2）作为第二代的轴向型压缩机（摇盘式和斜盘式压缩机）一直是汽车空调压缩机

的主导产品，约占所有压缩机产品的 70%，随着技术的不断进步，轴向型压缩机不但可以做到小型轻量化。而且，最高转速可达 10 000r/min 以上。特别是轴向型压缩机率先实现了无级可变排量控制，特别受到汽车制造商的欢迎。

3）第三代压缩机—旋转叶片式压缩机由于其体积和质量可以做得最小，易于在狭小的发动机室内进行布置，加之噪声、振动小，容积效率高等优点，也特别受到汽车制造商的青睐，产量有连年上升的趋势。

5．代表着压缩机最高技术水平的第四代压缩机—涡旋式压缩机由于突破了制造技术上的难点，正在突飞猛进地发展。涡旋式压缩机最高转速可达 12 000r/min 以上，容积效率比活塞式压缩机高，达 60%左右，且噪声小，运转平稳。

6．现代汽车上，空调系统已经普遍装备。

（五）汽车空调的基本组成。

1．为完成空调的各个功能，汽车空调系统应包括四套装置：

1）通风装置：用以调节车内的气流和换气。

2）取暖装置：用以提高车内的温度。

3）制冷装置：用以降低车内的温度，还可降低车内的湿度。

4）空气净化装置：用以过滤空气及对空气进行消毒处理。

不同汽车的空调系统依用途、环境和档次也有所不同，一般汽车都具备综合通风、暖风、制冷和简单的空气过滤器，有的简单汽车几乎只能自然通风，一些汽车只有通风和暖风装置，高档汽车还配有完善的空气净化装置。

2．空调系统的组成部件在车上的布置。乘用车空调系统如图 8-1 所示，通风装置一般布置在汽车前部；空气净化装置、暖风装置的加热器和制冷用的蒸发器，都安装在通风装置内；制冷用的压缩机都装在发动机前部一侧，以便由发动机前皮带轮带动，冷凝器可以安放在发动机散热器前以共用冷却风扇并保证充分冷却。而客车通风和空气净化装置一般布置在车内上部；暖风装置布置在下部；冷凝器一般与蒸发器一起布置在车顶外部；而压缩机大多仍装在发动机前部一侧，有的则安装在独立的副发动机飞轮后方。

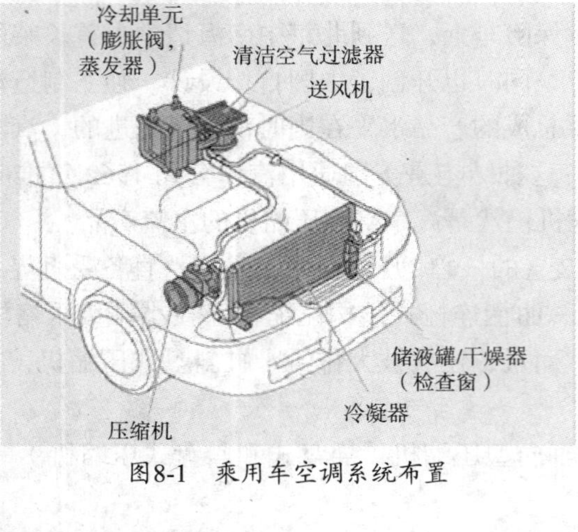

图8-1　乘用车空调系统布置

3．空调系统控制方式。空调系统控制有手动控制和自动控制两种。

1）手动空调需要驾驶员通过旋钮或拨杆直接对控制对象进行调节，手动控制空调系统的控制面板，如图 8-2 所示，目前已经很少使用。

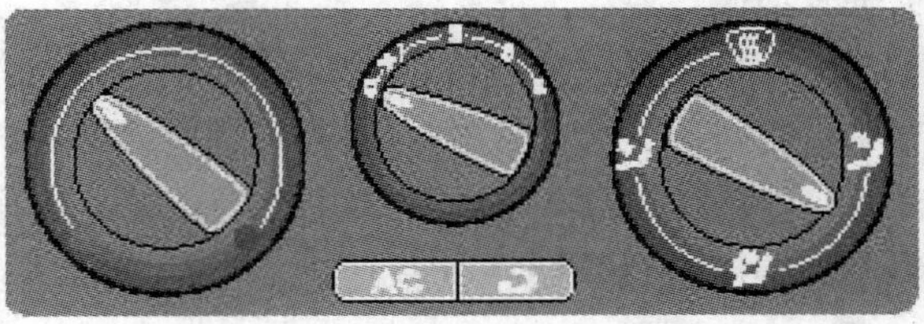

图8-2　手动空调系统控制面板

2）自动空调只需驾驶员输入目标温度，空调系统便可按照驾驶员的设定和各个传感器的信号，经真空马达或电动机等自动调节空调系统各个执行装置，自动控制空调，如图 8-3 所示。

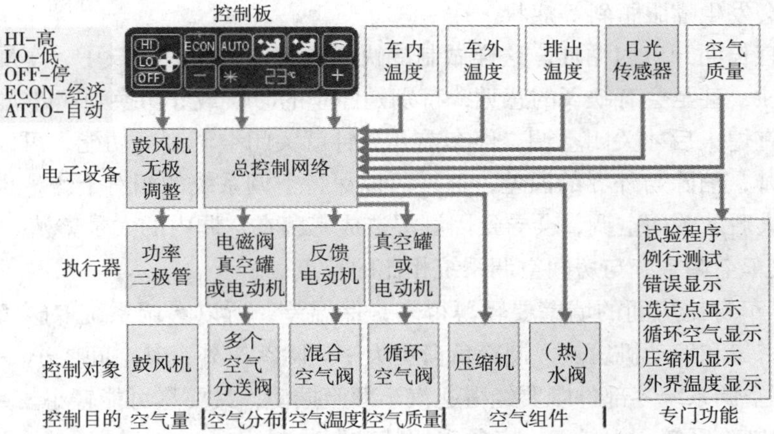

图8-3　自动空调系统

（六）正确使用空调的方法。

1．在空气进出气口附近不能堆放物品，以防进出气口被堵，致使空调系统空气流通受阻。

2．空调的空气滤清器应定期更换。

3．使用空调时门窗一定要关严。如果车内温度比车外温度高，制冷前则应先打开车窗行驶 2~3min，待热空气排除后再关闭车窗。

4．停车后使用空调的时间不能过长，以免散热器冷凝压力过高而损坏制冷系统，更不宜在发动机怠速运转下开启空调在车内休息、过夜，以防发动机排出的一氧化碳漏进车内，逐渐积聚而使其浓度升高，从而发生中毒，甚至死亡。

5．车辆低速行驶时，应把风速开关调在低速档位。但正常行驶时，应避免将温度控制开关长时间置于最低档位，以防蒸发器过度结霜。同时，不应频繁开启和关闭空调，以防损坏空调系统。

6．检查制冷剂有无泄漏。观察压缩机零件表面、软管、管子接头处是否有油迹，如果油迹较多，说明系统有泄漏。

7．空调使用期间，每半个月应检查制冷剂量、压缩机润滑油液面高度一次；一个月应检查压缩机皮带和风机皮带的张紧度一次，如有问题应及时处理。

8．不管空调是否使用，每周应开启一次，并工作 5~10min，以便使制冷剂循环流通，保持压缩机及密封件的良好润滑密封，防止软管硬化。

9．空调内循环时勿吸烟，因为此时门窗紧闭，所以烟雾一下子排不出去，呼出的烟气很自然地会刺激眼睛和呼吸系统。

10．空调温度不宜过低，室内温度过低，人体的内分泌系统容易调节不过来，容易得病，如关节炎、肩周炎、感冒等。当室内温度调控得过低，如 20℃以下，就会引发多种不适症，如下肢酸痛、全身乏力发冷、头痛、咽喉痛、腹痛、腰酸、四肢神经痛，严重者甚至还会发生嘴眼歪斜等症状。

11．不宜长期开启内循环。这样做制冷快而省油，但是时间长了，车厢内空气会变得越来越混浊，甚至会有缺氧的感觉，特别是停车的时候最好切换到“外循环”功能。

12．不宜熄火后才关闭空调。停车前几分钟就关闭空调制冷功能，可以使空调管道内的温度回升，消除与外界的温差，这样可以保持空调系统的相对干燥，也避免霉菌的繁殖。若熄火后才关闭空调，会导致因潮湿造成霉菌在空调内的大量繁殖。

（七）汽车空调系统与房间空调系统相比的特点。

1．汽车车身比房间的墙壁要轻薄得多，保温差，所以空调系统取暖负荷大；再加上车内人员密集和发动机发热，制冷负荷更大；但除客车外，其空间要小一些。

2．汽车空调系统零部件既要经得起汽车颠簸振动，又要尽可能轻小。

3．汽车制冷系统压力较小，必须采用特殊制冷剂。

4．汽车的动力全部来源于发动机，如果发电后再用于电动机，效率会大打折扣，所以汽车空调压缩机只能用发动机直接驱动，往往与汽车的行驶要求产生矛盾，而不能用电动机驱动使得其密封困难。

5．汽车取暖可以充分利用发动机的余热。

@信 息

一、空气净化装置

（一）空气净化装置可以除去车内空气中灰尘，保持车内空气清洁，部分车辆的空气净化系统还具备杀灭细菌和去除异味等作用，一些高级轿车上的空气净化系统还装备了负氧离子发生器，使车内的空气更加清新。

（二）目前大多数车辆的空气净化系统所采用的方法是在空调系统的进气系统中安

装空调滤清器，除去车厢内的空气或进入车厢内空气中的灰尘、杂质、烟臭味、花粉等，以保证乘客的身体健康及除去车厢内的异味，同时空调滤清器还具有使挡风玻璃因缺少凝结核而不易雾化的作用，有的汽车用一个公共的滤芯，但大部分汽车在外风口设置纸质或毛毡滤芯，而内风口采用海绵滤芯。

1. 通常建议客户每行驶 1.5 万公里更换一次汽车空调滤清器。经常在恶劣环境中工作的车辆应当不超过 1 万公里更换一次（沙漠，建筑工地等）。空调滤清器的使用寿命，轿车为 3 万公里，商务车为 8 万公里。

2. 对汽车空调滤清器的过滤要求。

1）密封性能可靠，边缘不渗漏。

2）过滤效率好，滤出所有较大的颗粒（>1~2 μm）。

3）过滤面积大，容灰量高，使用寿命长，性价比好，降低维护费用。

4）安装空间小，结构紧凑。

5）湿度高，防止滤芯出现吸瘪现象，造成滤芯被击穿。

6）阻燃效果好。

7）无金属结构，利于储藏，易回收处理。

（三）有些车辆的空气净化系统在滤清器中加入活性炭，能利用其物理性能吸附甲醛、苯系物、氨、硫化氢和尼古丁等数十种有害物质，能有效防止对汽车空调系统内部的污染，同时起到对车内空气消毒净化，避免有害气体等作用。还有些车辆在净化系统中设有烟雾传感器，如图 8-4 所示，当传感器检测到车内存在烟气时，便通过放大器自动使鼓风机以高速挡运转，排出车内的烟气。

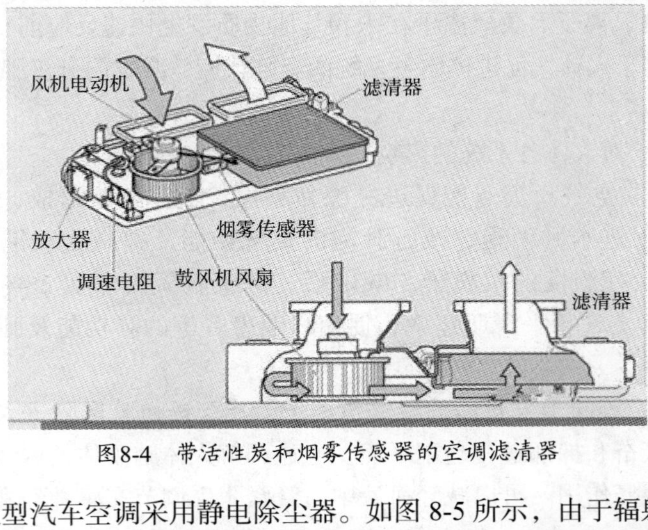

图8-4　带活性炭和烟雾传感器的空调滤清器

（四）一些大型汽车空调采用静电除尘器。如图 8-5 所示，由于辐射摩擦等原因，空气中含有少量的自由离子，在高压电场作用下，这些自由离子加速定向移动中与空气分子和杂质碰撞结合并进一步电离，大量离子携带杂质移动到极板处沉积下来，由于杂质大都沉积在正极板上，所以一般放电极接高压直流电源的负极，集尘极接地为正极，集尘极可以采用平板，也可以采用圆管。

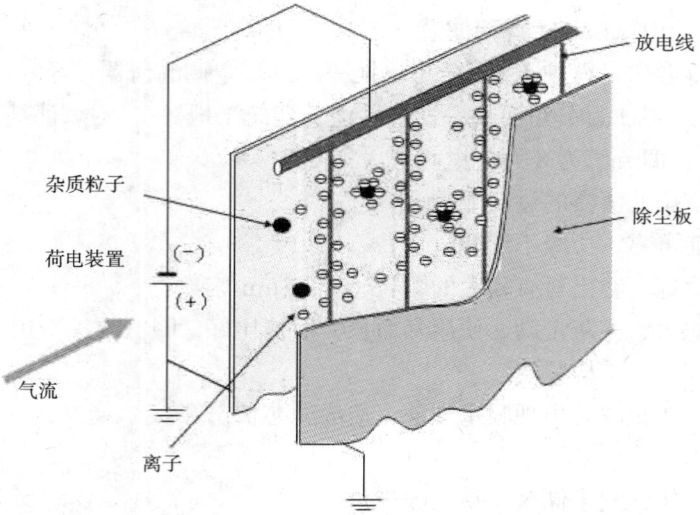

图8-5　静电除尘器

（五）高档车辆还有离子发生器。空气负离子是指空气中带负电荷的分子或原子，负氧离子的作用最大。

1．空气的主要成分是氮（约占78%）和氧（约占21%），通常氮、氧分子所带正、负电荷相等，电性能呈中性。但当空气分子电离产生的电子被氧分子俘获后，即可形成化学性质活泼的负氧离子。负氧离子在未和其他物质发生快速反应前，可通过呼吸、神经和血液系统作用于人体，促进体内各系统的新陈代谢，激发内分泌腺功能，增进食欲，消除疲劳。

2．空气负离子对人体各系统的影响。

1）呼吸系统：空气负离子能促进鼻腔黏膜柱状上皮细胞形成，使支气管黏膜的纤毛运动加速，促进水肿消退，改善肺泡的换气功能，提高血氧饱和度。临床结果表明，吸入具有治疗浓度的负离子30min后，肺吸收氧气增加20%，排出二氧化碳增加14.5%，缓解支气管平滑肌痉挛，促使哮喘患者等的肺功能及肺泡分泌功能恢复正常。

2）神经系统：等同于大自然的空气负离子，能穿透血脑屏障进入脑脊液，调节大脑皮层功能，使兴奋和抑郁过程趋于平衡。通过调解人体脑垂体的内啡肽和干扰素的水平，起到镇静、镇痛作用。可以减轻血液中血管紧张，调节交感神经和副交感神经系统功能间的平衡。

3）心血管系统：空气负离子通过神经反射和体液作用，扩张冠状动脉，增加冠状动脉血流量，改善心肌的功能，调整心率使血管反应和血流速度恢复正常，缓解心绞痛，恢复正常血压。

4）消化系统：空气负离子调节胃肠蠕动，促进消化和吸收，对结肠炎、痢疾及习惯性便秘有较好的治疗效果。

5）内分泌系统：能通过血液循环，改善内分泌功能，如提高性腺功能和改善甲状腺功能等。

6）代谢系统：促进机体氧化还原过程，能激活体内酶系统，促进体内合成和储存维生素，促进机体新陈代谢，降低血液中乳酸含量，消除疲劳，提高工作效率。

7）免疫系统：提高机体细胞免疫和体液免疫，增强机体抗菌能力。

8）血液系统：空气负离子能进入血液直接影响血液中带电离子的组成和分布，促使红细胞、网织红细胞、血红蛋白、血钙的增加，降低血糖、血脂和血液黏稠度。

9）运动系统：空气负离子可以加强骨压电极化现象，促使有用的骨增殖，无用的骨溶解消失，对骨进行生理需要的正常改造，使病理性骨力线得以恢复，并增加骨细胞代谢功能，对颈椎病、腰间盘突出、类风湿关节炎、风湿关节炎有明显治疗作用。

10）皮肤及五官科疾病：空气负离子对皮肤神经末梢感受器有良好作用，继而使皮下组织的酸碱度向碱性方面转化。欧美专家认为负离子可以改变肤色，对延缓皮肤衰老有一定的美容作用。空气负离子对鼻腔黏膜是一种良性刺激，对鼻炎及咽炎均有一定疗效。空气负离子具有脱敏作用，对变态反应疾病产生有益的影响。

3．在自然界，有一些射线或雷雨瀑布等可使部分空气分子电离而产生负氧离子。人造空气负离子发生器按工作原理分成电空气负离子发生器和水空气负离子发生器两类。

1）电空气负离子发生器。利用高压电场，通过极针尖端电晕放电，将附近空气电离而产生负离子。标准不锈钢负极针均匀地排列在环形铜板条上，针尖对着面板出口的缝隙，铜板条和壳体通过绝缘支架固接，保证工作安全可靠。接通电源后，高压发生器产生数千伏的直流负高压，加到铜板条和负极针上，极针的尖端放电，使周围的空气电离。电离过程中产生的正离子被强大的负高压电场吸引，返回极针和铜板条上，而负离子则受负电场排斥，迅速移开并带动周围空气流动形成一股“电子风”，使极针周围呈现负压，未被电离的空气即可不断涌入，高浓度空气负离子不断向外扩散，风扇可加速负离子流动。但直接用这种方法会伴随产生臭氧、正离子等有害衍生物质，可能同时对人体健康造成一定危害。

2）水空气负离子发生器。利用“勒纳效应”（Lenard 效应，或称“瀑布效应”）产生负离子，即水从发生器喷嘴喷出，经撞击粉碎成雾状微粒，这些微粒本身带电并与空气中的中性分子结合，形成水空气负离子，如图 8-6 所示。水空气负离子有很好的活性、传播距离和还原治疗能力，同时没有臭氧和正离子等衍生有害物质产生。

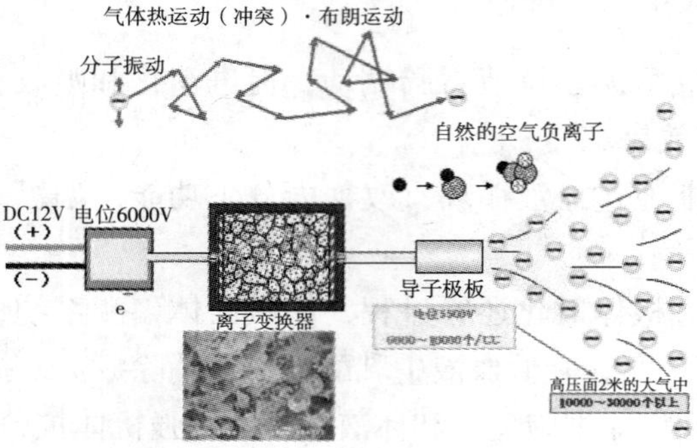

（电子显微镜下特殊天然石内部的照片）

图8-6　负离子发生器

二、通风装置

1．通风装置的作用是将车外的新鲜空气引入车内，将车内的污浊空气净化或排出车外，加强空气流动，提高车内空气的舒适性；同时通风系统还具有风窗除霜的作用。衡量空气清洁度主要有两个指标：一是空气中的气溶胶和有害气体是否超过允许浓度，二是空气中的含氧量是否正常。

2．目前汽车上的通风有三种基本的方式，一是自然通风，二是利用汽车行驶中产生的动压进行通风，三是利用车上的鼓风机进行强制通风。

（1）自然通风是指停车开窗，依靠空气扩散或自然界的风力通风。

（2）动压通风是利用汽车在行驶时在汽车的各个部位所产生的不同压力进行通风的，汽车在行驶时的压力分布如图 8-7 所示，在考虑通风时，只要将进风口设在正压区，排风口设在负压区即可，这种通风方式不需要另加动力，比较经济，但汽车在行驶速度较低时，通风的效果较差。另外，行驶时开窗通风也部分借助动压作用。

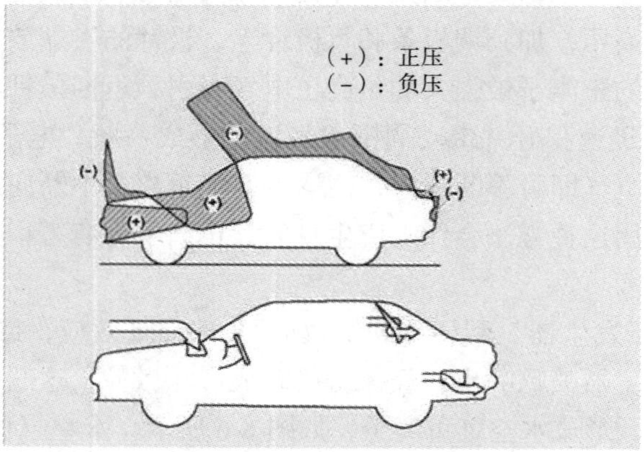

图8-7　动压通风

（3）强制通风是利用鼓风机进行通风，这种通风方式不受车速的限制，通风效果较好，目前汽车通常都是利用空调系统的鼓风机进行强制通风，如图 8-8 所示。

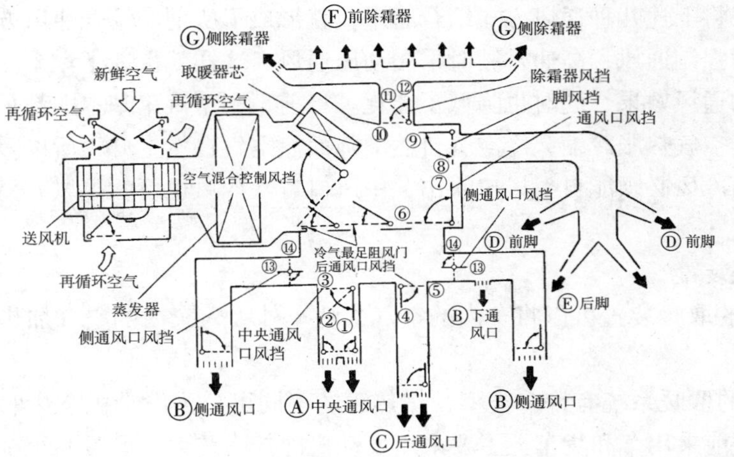

图8-8　强制通风

1）在通风道内安装一台离心式调速鼓风机，鼓风机由可调节速度的直流电动机和鼠笼式风扇组成，通风量可由调速开关控制。离心式鼓风机结构稍复杂，但运转噪声小。

2）不仅将车外的空气吸入车内，而且可以强制车内的空气循环流动，循环率由气源门调节。

3）吸入的空气净化后经降温除湿，可重新加热到适当温度，当然也可以直接加热。

4）增压后的空气从排风口排出，如图 8-9 所示，仪表盘上有几个出风口，除单排座椅的货车外，还有风管将空气向后方输送。为实现“头凉脚暖”，热风由下风口、中风口或除霜口吹出，冷风由上风口或中风口吹出。各个排风口的风量、风向，甚至温度，都可以由各个风向调节门成组控制或单独控制。

图8-9　出风口

（4）如果将上述几种通风方式结合起来，就形成了所谓的综合通风方式。汽车在低速行驶时采用强制通风，高速行驶时采用动压通风，这样就保证了汽车在各种工况下都能保持良好的通风效果，同时也降低了能耗。目前，小型汽车基本上都采用了综合通风的方式。由于空气热胀冷缩，冷空气自然下降而热空气自然上升，所以暖风必须能自下风口吹出，而冷风必须能自上风口吹出，中风口可吹冷风也可吹热风，另外玻璃除霜口一般吹热风。

三、取暖装置

1．汽车的取暖装置可以将车内的空气或从车外吸入车内的空气加热，提高车内的温度。

2．汽车的取暖系统有许多类型，按热源的不同可分为发动机余热取暖装置和独立取暖装置。目前乘用车和货车上主要采用发动机冷却系统余热取暖系统；客车也有的采用发动机冷却系统余热取暖或排气余热取暖，但因采暖需求大，往往采用独立燃烧取暖装置，也有采用电取暖装置的。

（1）发动机冷却系统余热取暖装置。俗称热水取暖装置，如图 8-10 所示，就是在发动机冷却系统大循环的基础上增加一条回路，使冷却水流过通风装置内的一个加热器芯，再使用鼓风机将冷空气吹过加热器芯加热空气，使车厢内的温度升高。

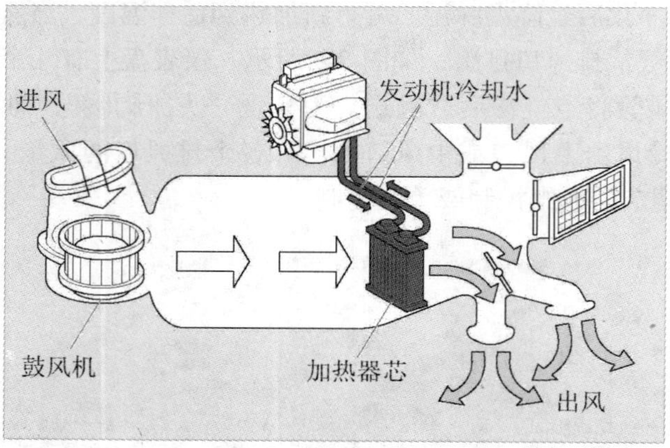

图8-10　热水取暖系统

热水取暖系统的调节温度方式，一种是空气混合型暖风系统，在暖风的气道中安装空气混合调节风门或称为调温门，这个风门可以控制通过加热器芯的空气和不通过加热器芯的空气的比例，实现温度的调节，目前绝大多数汽车均采用这种方式；另一种是水流调节型暖风系统，水阀用来控制进入加热器芯的水量，进而调节暖风系统的加热量，调节时，可通过控制面板上的调节杆或旋钮进行控制。

（2）发动机排气余热取暖装置。利用的是发动机排出的尾气的热能，但可能造成尾气泄漏进入车内，而且不易控制，所以应用并不多。

1）采用风门直接将尾气导入车内暖气管，由于尾气腐蚀性强，容易造成尾气泄漏进入车内，而且体积、质量大，各段温度不均匀，还有烫伤乘客的危险。

2）用尾气加热暖气管，再把暖气分配到车内，效果较好。

3）利用“热泵”充分吸收尾气热能，可增大供暖量。

（3）独立燃烧取暖装置。按照传热介质不同，燃烧取暖装置可分为气暖和水暖两种。采用单片机实现全自动程序控制后，操作简便，具有恒温控制功能。

1）气暖结构简单；而水暖不但占地小、使用安全、可同时利用发动机冷却系统余热，而且可以给发动机预热。

2）燃烧取暖水暖装置如图 8-11 所示，电动机一方面带动吸气风扇，另一方面也带动油泵将燃油喷到燃烧室中与空气混合，被火花塞点燃后持续燃烧，加热外围的冷却液，废气排放到车外。气暖装置的风扇更大，吸入的空气一小部分用于助燃，大部分被加热后进入车内。

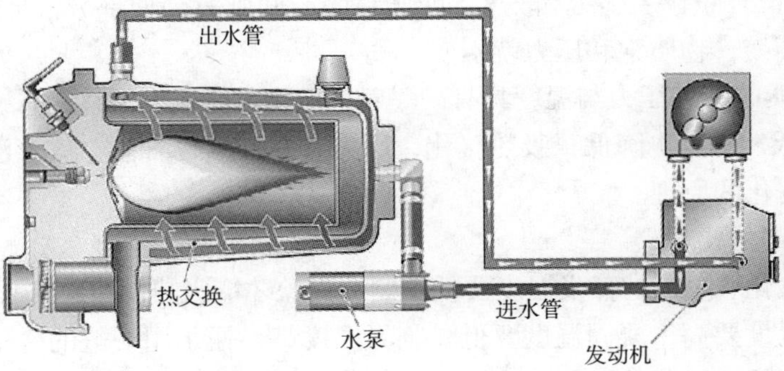

图8-11　燃油加热水暖装置

四、制冷装置

这部分的造价最高，运行成本也最高。

（一）汽车空调系统蒸汽压缩制冷原理：液态制冷剂经膨胀节流装置降压后，沸点降低，在蒸发器内吸收流经空气的热能，使流向车内的空气降温而制冷，而制冷剂蒸发转化为气态；气态制冷剂再通过压缩机的压缩，沸点升高，进入冷凝器后对大气散热，制冷剂本身重新转化为液态，供再次蒸发制冷使用。

（二）制冷剂。

1. 基础知识。

（1）制冷剂是空调制冷系统中的“热载体”，它可根据空调制冷系统的要求变化状态，实现制冷循环。

（2）物质的三种形态：气态、液态和固态会互相转化，称为相变。

（3）热力学第一定律：热量总是从温度高的物质传递到温度低的物质直到温度相同。这是蒸发器和冷凝器热交换的原理。

（4）潜热与显热：

1）潜热：状态变化而温度不变，此过程中的热量变化称为该物质的潜热。

2）显热：状态不变而温度改变，此过程中的热量变化称为该物质的显热。

3）潜热的热量变化远大于显热的热量变化，即状态变化的热量远大于温度变化的热量。正因为如此，制冷时更多利用制冷剂的状态变化潜热。

（5）临界温度和临界压力：

1）当气态物质温度超过某一个值，无论施加多大压力，也不能使之液化，此温度为该物质的临界温度。气体在不超过临界温度的某个温度下，施加一定压力可以变为液体，当然温度过低达到凝点还可能成为固体。

2）在临界温度下，能使气体变成液体的最小压力称为临界压力。

3）在不超过临界温度又高于凝点的某个温度下，封闭空间内物质气态与液态相互转变达到平衡时，称为饱和状态。饱和状态下气体的压力称为饱和压力。这时再压缩封闭空间只会使部分气体变为液体散热，膨胀封闭空间则只会使部分液体变为气体吸热，只要保证温度不变，物质饱和压力就不变。

4）同一物质的饱和压力与温度具有一一对应的函数关系。温度越低，饱和压力越低；反过来压力降低，沸点也降低，吸热气化，压力升高沸点也升高，放热液化，这正是汽车制冷剂状态变化的原理。

2. 对制冷剂的要求。

（1）易于汽化、蒸发。蒸发温度要低于制冷对象才能吸热制冷。

（2）临界温度要高，凝固温度要低。临界温度高，便于用一般的冷却水或空气进行冷凝；凝固温度低，以免其在蒸发温度下凝固，便于满足较低温度的制冷要求。

（3）蒸发潜热大。以减少制冷剂的循环量进而减小制冷装置的体积。

（4）导热系数要高，黏度和密度要小。以提高各换热器的传热系数，降低其在系统中的流动阻力损失。

（5）压力要适中。蒸发压力最好与大气压相近并稍高于大气压力，以防空气渗入制冷系统中，从而降低制冷能力。冷凝压力不宜过高（一般≤ 12~15 绝对大气压），以减少制冷设备承受的压力，以免压缩功耗过大，并可降低高压系统渗漏的可能性。尽量减轻对大气环境的影响。化学稳定性好，不燃烧、不爆炸、高温下不分解、对金属不腐蚀、与润滑油不起化学反应、对人身健康无损害。

（6）应具有一定的吸水性，以免当制冷系统中渗进极少量的水分时，产生“冰塞”而影响正常运行。

（7）价格便宜易于购得。

3. 目前人们使用的制冷剂已达 70~80 种，并正在不断发展增多。但用于食品工业和空调制冷的仅十多种。原来汽车空调广泛采用氟利昂 12（代号：R-12），目前被汽车空调广泛采用的只有氟利昂 134a（代号：R-134a）这一种。

（1）20 世纪 30 年代，一系列卤代烃制冷剂相继出现，杜邦公司将其命名为氟利昂（Freon）。

（2）这些物质性能优良，无毒、不燃，能适应不同的温度区域，显著地改善了制冷机的性能。

（3）R-12 学名为二氯二氟甲烷，分子式 CF_2Cl_2。

（4）20 世纪 60 年代中期，对臭氧层变薄的关注浮出水面，因 R-12 含有的氯元素会作为臭氧破坏的催化剂，而且不易降解，被认为是最大元凶，1987 年蒙特利尔议定书要求予以逐步淘汰，由不含氯元素的氟利昂 134a（代号：R-134a）取代，中国规定 2000 年以后出产的新车，不准使用 R-12 作汽车空调制冷剂，所以现使用的汽车仍然有使用 R-12 的。图 8-12 所示左是 R-12 系统的维修接口，右是 R-134a 系统的维修接口，维修时一定要注意区分。

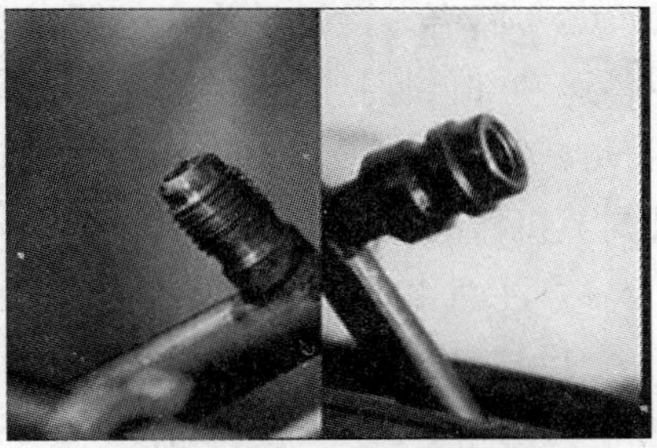

图8-12　R-12系统和R-134a系统的维修接口

（5）氟利昂 134a 的化学成分为四氟乙烷，即 CF_3CH_2F，其特点为：

1）与 R-12 相比，R-134a 具有良好的大气环境特性，臭氧层破坏系数为 0，即不破坏臭氧层。

2）安全性高，不易燃、不爆炸，无毒、无刺激性和腐蚀性；

3）蒸发潜热高，比顶压热容大，具有较好的制冷能力；

4）黏度较低，流动性好；

5）导热系数较高，热传导效果好。

（6）不过因 R-134a 排入大气还有温室效应，因此必须控制其泄漏量。

（7）R-134a 的温度—压力曲线如图 8-13 所示。

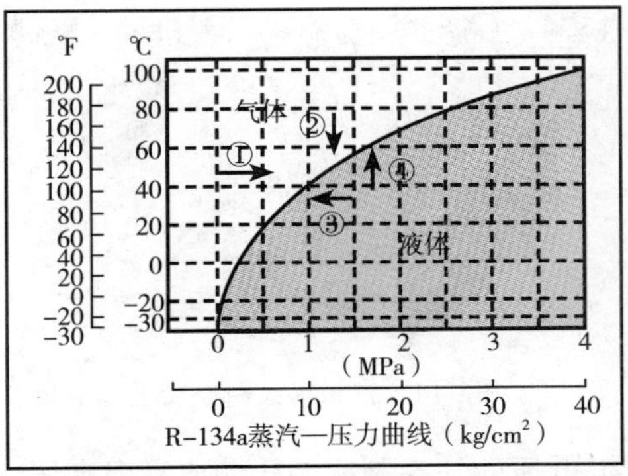

图8-13　R-134a的温度—压力曲线

（三）冷冻油。

1．用于制冷压缩机内各运动部件润滑的油，称为冷冻油，又称润滑油，R-134a 用代号为 PAG 或者 ESTER 的合成型冷冻润滑油。

2．在压缩机中，冷冻油主要起润滑、密封、降温以及能量调节四个作用。

（1）润滑。冷冻油在压缩机运转中起润滑作用，以减少压缩机运行摩擦和磨损程度，从而延长压缩机的使用寿命。

（2）密封。冷冻油在压缩机中起密封作用，使压缩机内活塞与气缸之间、各转动的轴承之间达到密封的作用，以防止制冷剂泄漏。

（3）降温。冷冻油在压缩机各运动部件间润滑时，可带走工作过程中所产生的热量，使各运动部件保持较低的温度，从而提高压缩机的效率和使用的可靠性。

（4）能量调节。对于带有能量调节机构的制冷压缩机，可利用冷冻油的油压作为能量调节机械的动力。

3．注意事项。

（1）制冷剂油不能开盖保存，应保存在干燥、密闭的容器中，放在阴暗处（特别是在高湿度地区）。

（2）用完后马上关闭打开的盖子，防止空气中水分进入。

（3）必须使用相应的制冷剂，不同的空调系统应使用该系统规定的制冷剂油；因为不相容的油混合物会引起空调系统的严重损坏。

（4）更换系统部件时应适量补充制冷剂油。

（5）应按空调系统规定量添加制冷剂油；加注制冷剂前应先添加制冷剂油。

（6）制冷剂油因其化学属性，不能像发动机油或变速箱油一样随便处置。

（四）汽车空调制冷装置分类。按膨胀装置不同，可分为膨胀阀式制冷装置与孔管式制冷装置。

1．膨胀阀式制冷装置。主要包括：压缩机、冷凝器、干燥器、膨胀阀、蒸发器、连接管路等主要部件，如图 8-14 所示。

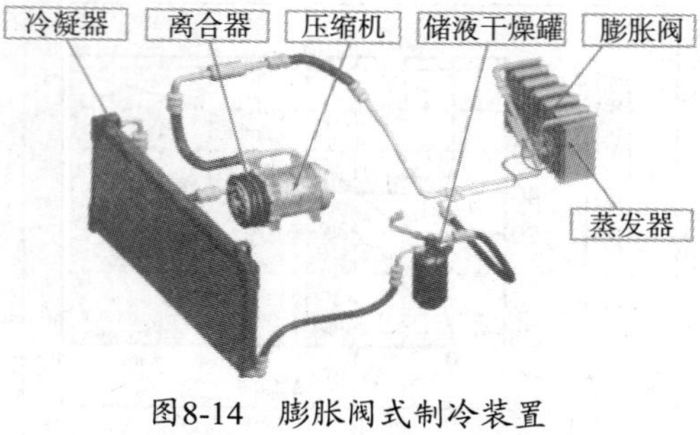

图8-14　膨胀阀式制冷装置

（1）压缩机——将低温低压的气态制冷剂压缩成高温高压“过冷”气态制冷剂。

（2）冷凝器——将高温高压气态制冷剂散热后变为中温高压液态的制冷剂。

（3）储液干燥罐——过滤制冷剂中的杂质和水分，并保证流向膨胀阀的制冷剂都为液态。有的还集成了检测压力的传感器，检测高压侧压力并补充气态制冷剂的检测阀，还可以有观察制冷剂状态的视镜。

（4）膨胀阀——将中温高压液态制冷剂节流变为低温低压雾状液、气态混合物。

（5）蒸发器——吸收热量将低温低压雾状液、气态混合物变为气态。

2. 孔管式制冷装置。制冷的原理与膨胀阀式无本质差别，区别主要在两处：孔管式制冷系统用节流管，替代了膨胀阀；不用储液干燥器，而用了集液器，防止液态制冷剂进入压缩机而产生“液击”损坏压缩机，如图 8-15 所示。

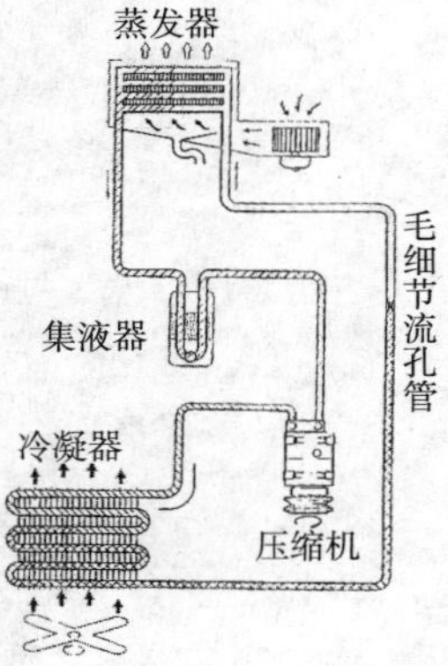

图8-15　孔管式制冷装置

（五）主要制冷部件。

1. 压缩机。

（1）作用：将低温低压的制冷剂气体压缩成高温高压的制冷剂气体。

（2）分类。

1）曲轴连杆式压缩机。如图 8-16 所示，主要用于客车。

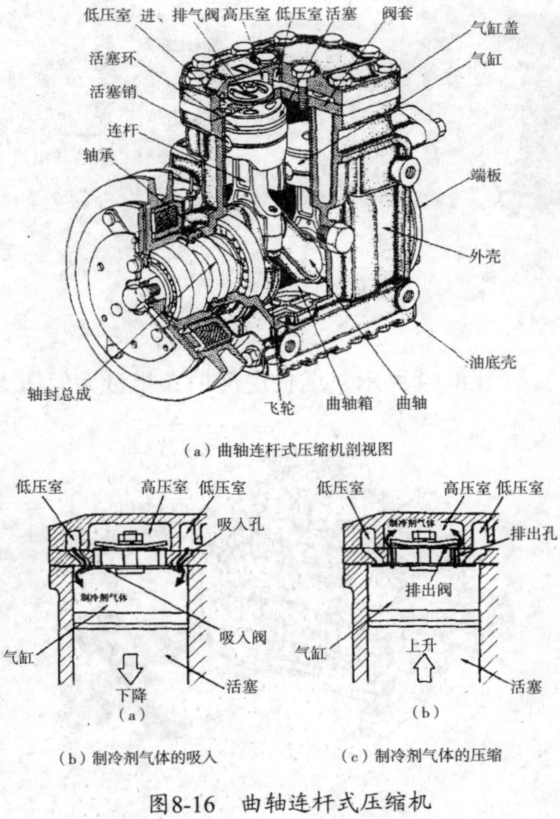

图8-16　曲轴连杆式压缩机

2）旋转斜盘式压缩机。如图 8-17 所示，结构小巧，应用广泛。

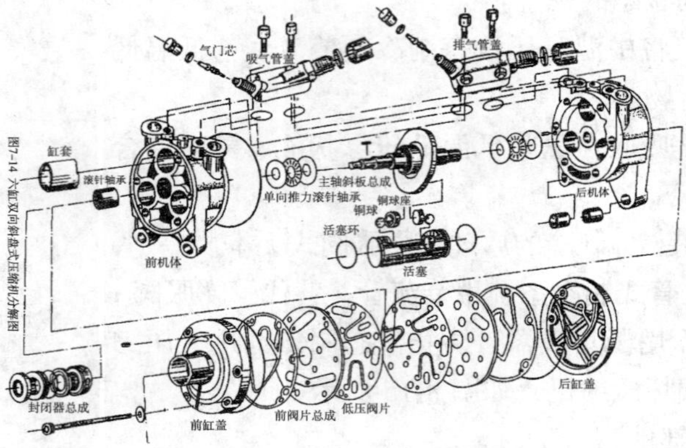

图8-17　旋转斜盘式压缩机

3）摇板式压缩机。如图 8-18 所示，可实现无级调控改变排量。

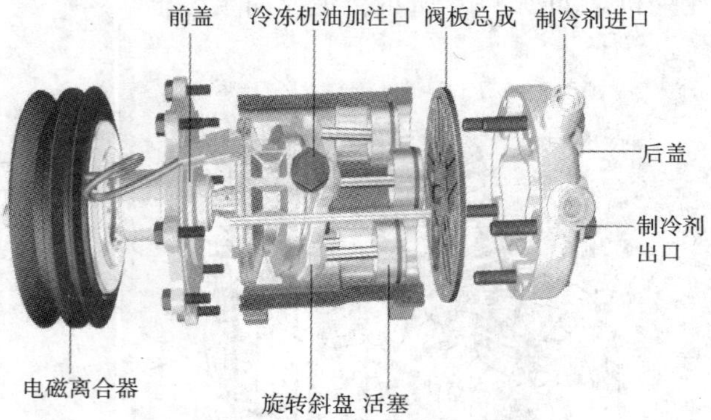

图8-18　摇板式压缩机

4）叶片式压缩机。如图 8-19 所示，结构更简单，排量大但压力较小。

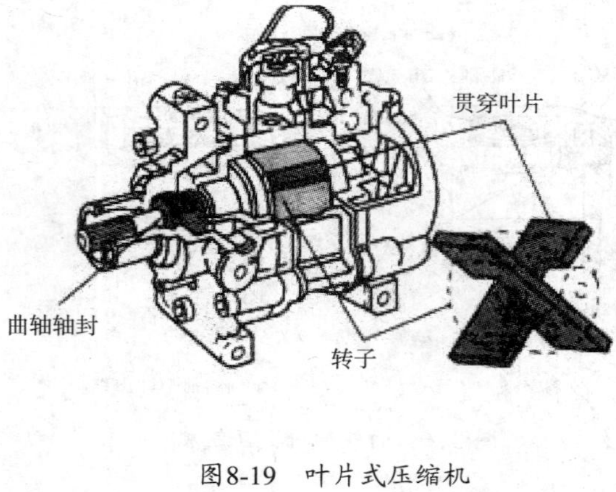

图8-19　叶片式压缩机

5）涡旋式压缩机。如图 8-20 所示，结构简单，排量稳定，但制造难度大。

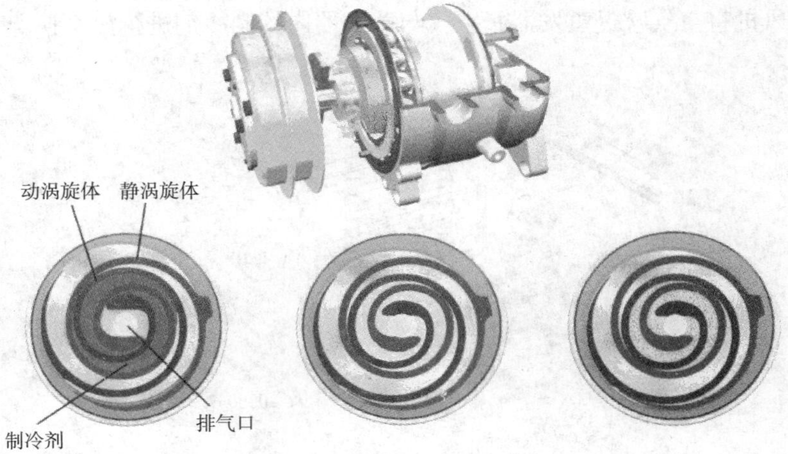

工作原理

涡旋式压缩机使用两个涡旋体，一个静涡旋体，一个动涡旋体，两者内部有叶轮。螺旋能够进行沿轨道或无完整旋转的振摆运动。动涡旋体通过一个同心轴承与输入轴相连。当动涡旋体在静涡旋体中进行振摆时，在螺旋中就形成了很多小穴。当这些小穴体积收缩时，制冷剂就被压缩从而压力升高，然后通过排气孔弹簧阀门从压缩机后端排出。

图8-20　涡旋式压缩机

2．冷凝器。

（1）冷凝器。如图 8-21 所示，将高温高压制冷剂气体散热后变成中温高压液态的制冷剂。

图8-21　冷凝器

（2）主要由管路与散热片组成，有一个进口一个出口。

（3）小型汽车的冷凝器通常安装在汽车的前面，一般安装在散热器前。

3．蒸发器。如图 8-22 所示，蒸发器也是一个热交换器，膨胀阀喷出的雾状制冷剂在蒸发器内蒸发，吸收蒸发器空气中的热量，使其降温，达到制冷的目的。空调制冷系统工作时，鼓风机将空气吹过蒸发器，空气与蒸发器内的制冷剂进行热交换。

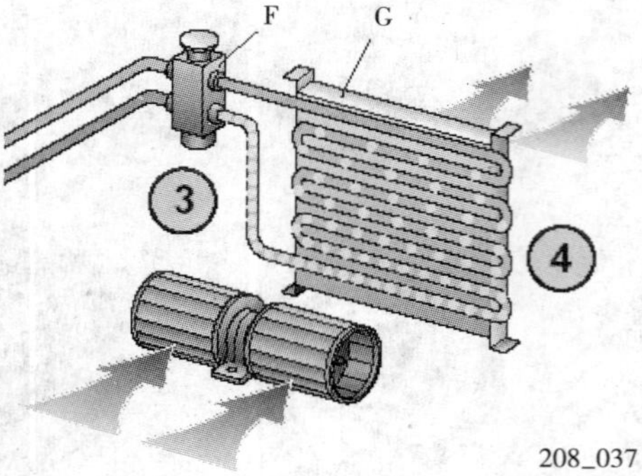

图8-22　蒸发器

4．膨胀阀。

（1）作用：节流、降压、自动调节流量。

（2）将中温高压液态制冷剂经节流作用变为气液混合态流进蒸发器。

（3）安装位置：安装在蒸发器的入口处。

（4）类型：

1）外平衡式膨胀阀。如图 8-23 所示，膨胀阀的上部有一个膜片，膜片上方有一条细管节感温包，膜片下方也有一条平衡管通蒸发器出口。通过蒸发器出口的压力与温度自动调节膨胀阀的开度。

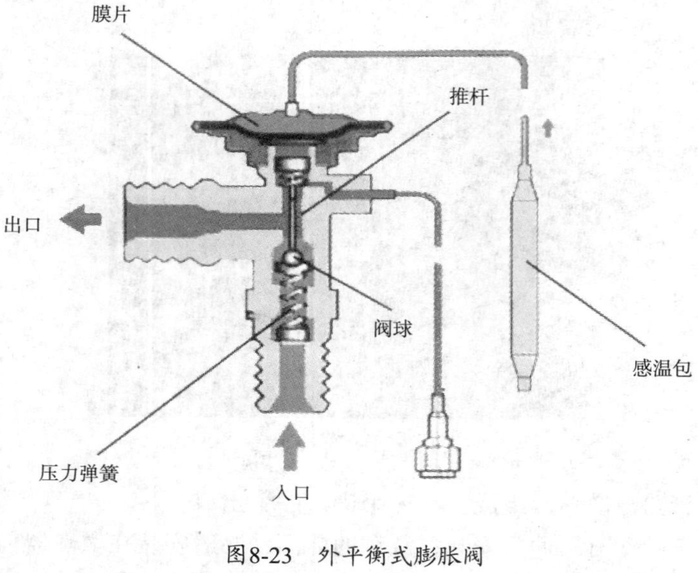

图8-23　外平衡式膨胀阀

2）内平衡式膨胀阀。如图 8-24 所示，内平衡式膨胀阀结构与外平衡式膨胀阀大同小异，不同之处在于没有平衡管，膜片下方的压力直接来自于蒸发器入口。

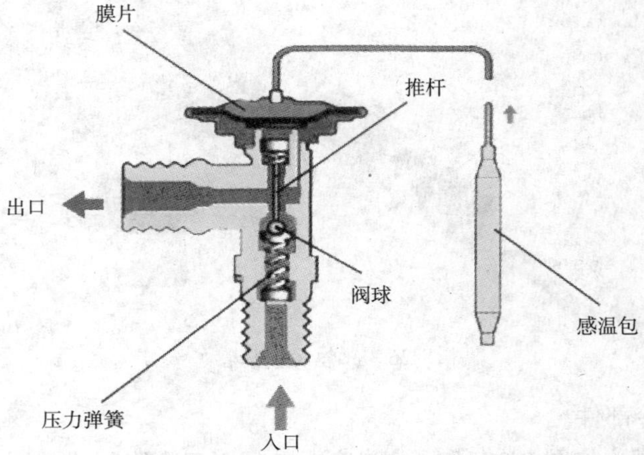

图8-24　内平衡式膨胀阀

3）H 型膨胀阀。如图 8-25 所示，H 型膨胀阀中也有一个膜片，膜片的左方有一个热敏杆，H 型膨胀阀具有结构简单、工作可靠的特点，现在汽车应用越来越广。

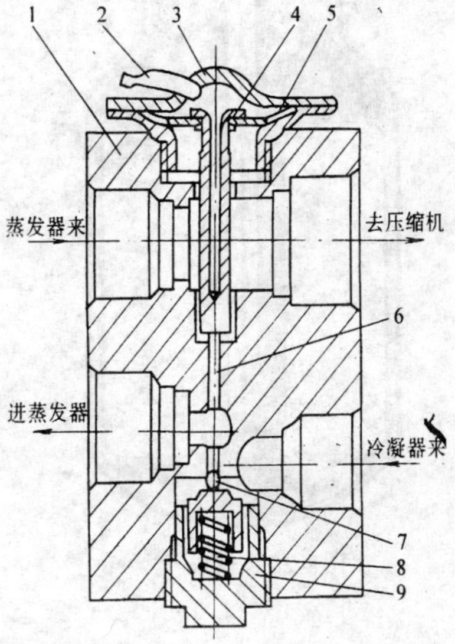

1—阀体；2—灌充管；3—动力头；4—顶杆（兼感温包）；5—膜片；6—传动杆；7—球阀；8—弹簧；9—弹簧座

图8-25　H型膨胀阀

5. 孔管（膨胀管）。如图 8-26 所示，用于孔管式的制冷循环，作用与膨胀阀基本相同，只是将调节制冷剂流量的作用取消了。孔管的节流孔径是固定的，出入口都有滤网，由于节流管没有运动件，具有结构简单、成本低、可靠性能高、节能等优点。

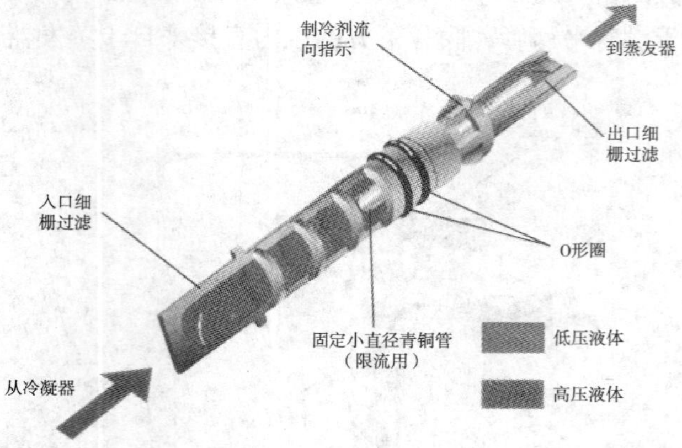

图8-26　孔管（膨胀管）

（六）辅助制冷部件。

1．储液干燥罐。如图 8-27 所示，储液干燥罐用于膨胀阀式的制冷循环，储液干燥罐安装在冷凝器与膨胀阀之间。

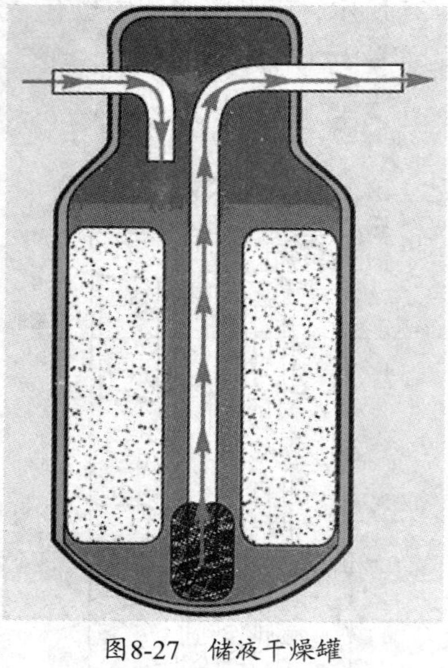

图8-27　储液干燥罐

（1）储液干燥罐作用：

1）暂时存储制冷剂;相当于膨胀阀的“蓄水池”，使制冷剂充足平稳地流向膨胀阀。

2）内含干燥剂，去水分与杂质。

3）部分储液干燥罐上装有观察玻璃窗，在发动机转速为1 500r/min，鼓风机速度控制开关处于“高”位，空调开关“开”，温度选择器为“最凉”，完全打开所有车门的情况下，可以通过制冷剂的流动情况，如图8-28所示，确定制冷剂的数量。几乎没有气泡，这说明制冷剂量正常；有连续的气泡，这说明制冷剂量不足；看不到气泡这说明制冷剂储藏罐是空的或制冷剂过量。

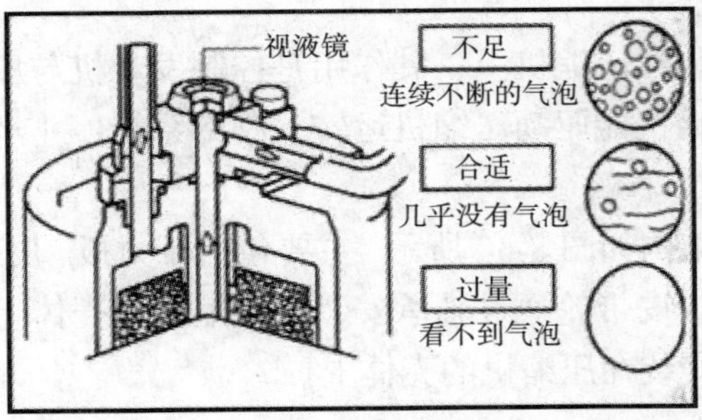

图8-28　玻璃观察窗

4）部分储液干燥罐上装有易熔塞，在系统压力温度过高的时候发出制冷剂，保护制冷系统。

5）有些储液干燥罐上装有压力开关，可以在系统压力不正常的时候，终止压缩机工作。

6）有些储液干燥罐上装有维修阀，用于维修系统时安装压力表及加注制冷剂。

（2）工作过程：由冷凝器出来的液态制冷剂流入储液器，在储液器中收集后流过干燥器，再通过立管流向膨胀阀，这样制冷剂内没有任何气泡，并持续不断地流向膨胀阀。

（3）注意：每次打开管路更换部件时，最好将储液器也一同更换，如果系统打开几个小时，储液器必须更换。否则，不能再吸收系统中的水分，在膨胀阀处造成冰堵。

2．集液器。如图 8-29 所示，集液器用于孔管式的制冷循环，集液器安装在蒸发器与压缩机之间。

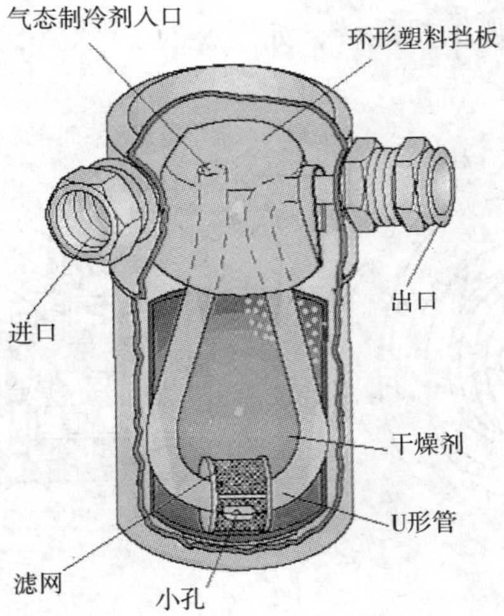

图8-29　集液器

集液器的作用是将制冷剂进行气液分离，另外也具有与储液干燥罐相同的作用。为保证冷冻油流通设有节流孔。

3．电磁离合器。

（1）电磁离合器安装在压缩机上，其作用是控制发动机与压缩机的动力传递，空调制冷系统工作时，使发动机能驱动压缩机运转，制冷系统停止运行时，切断发动机到压缩机的动力传递。

（2）电磁离合器的结构如图 8-30 所示，主要包括压力板、皮带轮和定子线圈等部件，压力板与压缩机轴相连，皮带轮通过轴承安装在压缩机的壳体上，皮带轮通过皮带由发动机驱动，定子线圈也安装在压缩机的壳体上。

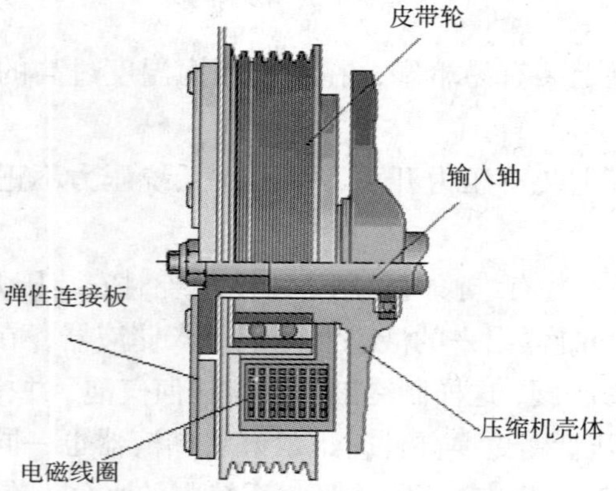

图8-30　电磁离合器的结构

（3）当接通空调开关使空调制冷系统进入工作状态时，电磁离合器的定子线圈通电，线圈通电后产生磁力，将压力板吸向皮带轮，使两者结合在一起，发动机的动力便通过皮带轮传递到压力板，带动压缩机运转，如图 8-31 所示。

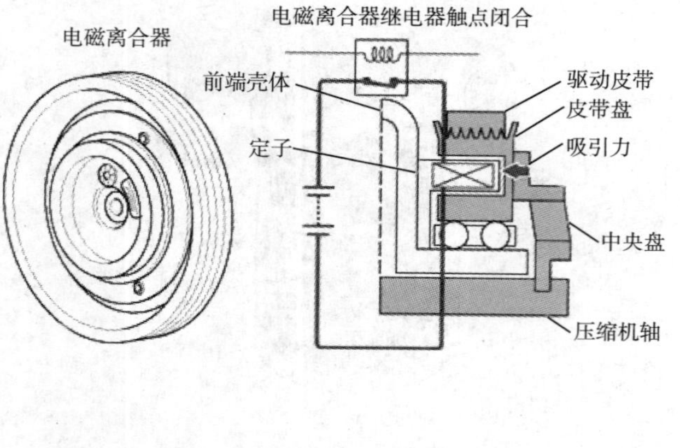

图8-31　电磁离合器的结合状态

（4）当空调制冷系统停止工作时，电磁离合器的定子线圈断电，磁力消失，压力板与皮带轮分离，此时皮带轮通过轴承在压缩机的壳体上空转，压缩机停止运转。

4．空调开关。

（1）一般标注为“A/C”，接通此开关后，电磁离合器即接通压缩机，在自动空调系统中，散热器风扇及新鲜空气鼓风机也同时运转，在手动空调系统中新鲜空气鼓风机必须处于1档位置。

（2）此信号标志空调系统开始工作，也必须传递给发动机控制单元，用于怠速的提升，补偿压缩机工作时带来的负荷。

5．三功能开关。

（1）作用：监测和限制制冷环路中的压力。

（2）系统超压切断压缩机，如冷凝器严重赃污。

（3）压力过低切断压缩机，如制冷剂泄漏。

（4）压力大于16bar接通风扇2档。

（七）制冷控制装置。

1．蒸发器温度控制。蒸发器温度控制的目的是防止蒸发器结霜。如果蒸发器的温度低于0℃，凝结在蒸发器表面的水分就会结霜或结冰，严重时将会堵塞蒸发器的空气通路，导致系统制冷效果大大降低，为了避免这种情况的发生，就必须控制蒸发器的温度在0℃以上。控制蒸发器温度的方法通常有两种，一种是用蒸发压力调节器控制蒸发器的压力来控制蒸发器的温度，另一种是利用控制压缩机是否运转或改变排量控制蒸发器的温度。

（1）蒸发压力调节器（EPR）。

1）根据制冷剂的特性，只要制冷剂的压力高于某一数值，其温度就不会低于0℃（对于R-134a，此压力大约为0.18MPa），因此只要将蒸发器出口的压力控制在一定的数值不减小，就可以防止蒸发器表面结霜或结冰。蒸发压力调节器可以根据制冷负荷的大小调节蒸发器出口处的压力，确保蒸发器出口的压力使制冷剂不低于0℃。

2）蒸发压力调节器安装在蒸发器出口到压缩机入口的管路中。主要由金属波纹管、活塞、弹簧等组成，在管路中形成了一个可调节制冷剂流量的阀门。当制冷负荷减小时，蒸发器出口处制冷剂的压力就会降低，作用在活塞上向左的力减小，小于金属波纹管内弹簧向右的力，使活塞向左移动，阀门开度减小，制冷剂的流量也随之减小，并使蒸发器出口处的压力升高。反之，在制冷负荷增大时，活塞可向右移动，阀门开度增大，增加制冷剂的流量，适应制冷负荷增大的需要。

3）蒸发器温度控制电路。目前蒸发器的温度控制电路有以下几种形式：

一种是用温度开关（恒温器）直接控制压缩机电磁离合器通断，蒸发器温度开关安装在蒸发器的中央，当蒸发器表面温度低于某一设定值时，温度开关切断压缩机电磁离合器电路，使压缩机停止工作，防止蒸发器结冰，如图8-32所示。

图8-32 蒸发器温度开关

另一种是用热敏电阻，将热敏电阻安装在蒸发器的表面，当蒸发器表面的温度低于某一设定值时，热敏电阻的阻值变化给空调 ECU 低温信号，空调 ECU 控制继电器切断压缩机电磁离合器电路，使压缩机停转，控制蒸发器温度不低于 0℃，如图 8-33 所示。

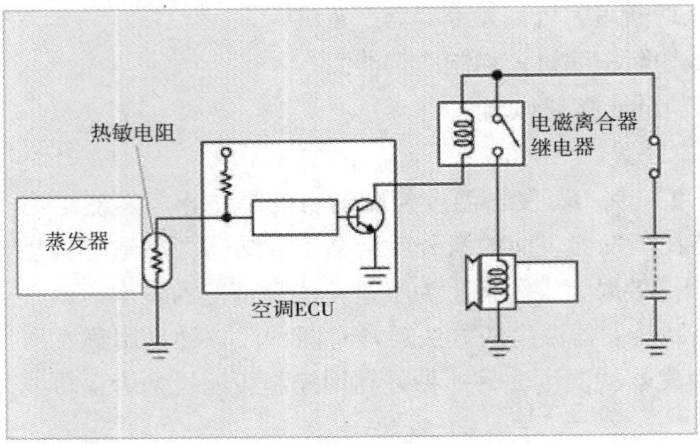

图8-33 蒸发器温度控制电路

2．冷凝器风扇控制。

（1）现在有很多车辆的冷却系统采用电风扇冷却，同时空调制冷系统的冷凝器也采用同一风扇进行冷却。当冷却液温度较低时，风扇不工作，冷却液温度升高到某一规定值时，风扇以低速运转，如果温度进一步升高到另一个设定值时，风扇则以高速运转。当空调制冷系统开始工作时，不管冷却液温度高低，风扇都运转，如果制冷系统压力高过一定值时，风扇则以高速运转。

（2）风扇转速的控制有两种，一种是用一个电风扇串联电阻的方式调节风扇的转速，另一种是利用两个电风扇以串联或并联的方式调节风扇的转速。

图 8-34 所示为一冷凝器和散热器风扇控制电路，用压力开关、冷却液温度开关和三个继电器控制冷凝器风扇和散热器风扇的转速。此电路可以实现风扇不转、低速运转、高速运转三级控制。3 号继电器只在空调制冷系统工作时起作用，使冷凝器风扇以低速或高速运转。2 号继电器为双触点继电器，用来控制冷凝器风扇的转速。1 号继电器用于控制散热器风扇。压力开关在空调制冷系统压力高时断开，压力低时接通。冷却液温度开关在冷却液温度低时接通，温度高时断开。

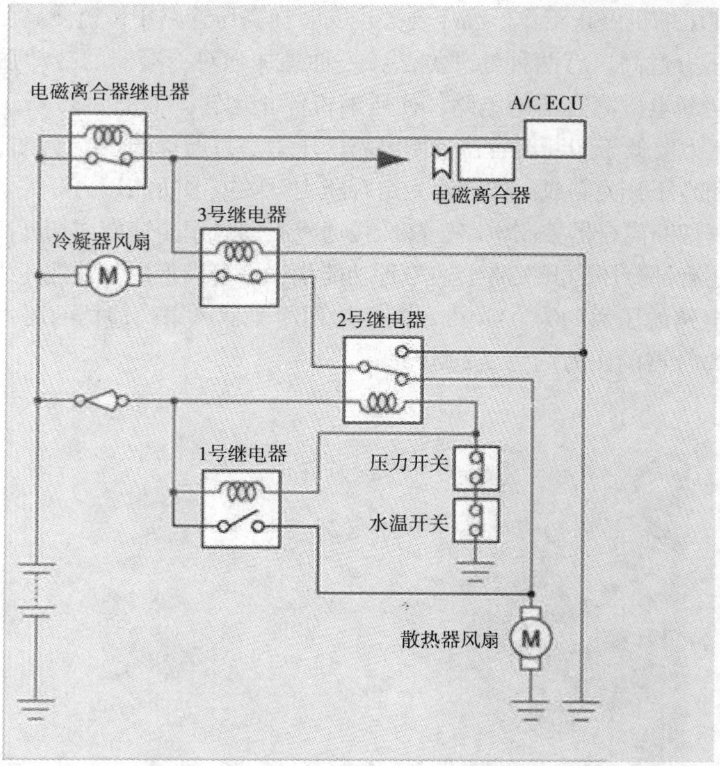

图8-34　冷凝器和散热器风扇控制电路

不开空调时，3 号继电器不工作，冷凝器风扇也不工作。如果冷却液温度过高，冷却液温度开关断开，1 号继电器线圈断电，触点闭合，散热器风扇运转，加强散热。

打开空调，3 号继电器线圈通电，触点闭合。如果冷却液温度较低，空调系统内压力也较低，2 号继电器线圈也通电，使其下触点闭合，形成了冷凝器风扇和散热器风扇的串联电路，两个风扇都以低速运转。如果冷却水温升高或制冷系统内压力增大，压力开关或冷却液温度开关切断 2 号和 1 号继电器线圈电路，使 2 号继电器的上触点闭合，1 号继电器的触点接通，将冷凝器风扇和散热器风扇连接成并联电路，两个风扇都以高速运转。

3．制冷循环的压力控制。

（1）压力控制的功能。空调制冷循环系统中如果出现压力异常，将会造成系统的损坏。如果系统压力过低，说明制冷剂量过少，这种情况将造成润滑油不能随制冷剂一起循环，使压缩机缺油而损坏。如果由于制冷剂量大或冷凝器冷却不良造成系统压力过高，有可能造成系统部件损坏。因此，在空调制冷系统工作时，必须对系统压力进行监测，防止出现上述两种情况。通常采用的方法是在系统的高压管路中安装压力开关，压力开关有低压开关和高压开关之分，低压开关安装在制冷循环系统中的高压管路中，用于监测制冷循环系统中高压管路压力是否过低，如果压力低于规定值，低压开关将切断压缩机的电路使压缩机停止工作。高压开关也安装在高压管路中，监测高压管路中压力是否过高，如果压力过高，有两种处理方法，一种是加强对冷凝器的冷却强度，使压力降低；另一种是切断电磁离合器的电路，使压缩机停止运转，如图 8-35 所示。通常加强冷却强度控制的压力要低于切断离合器控制电路的压力。目前空调系统中的压力开关通常都是将低压开关和高压开关制成一体，称为组合压力开关或多功能压力开关。多数组合压力开关可实现低压切断离合器控制电路、高压接通冷凝器风扇高速档或切断离合器控制电路的双重功能，还有部分压力开关将上述三种功能集于一身，形成三功能压力开关。通常低压切断离合器电路的压力约为 0.2MPa，高压接通冷凝器风扇高速档的压力约为 1.6 MPa，高压切断电磁离合器的压力约为 3.2 MPa。

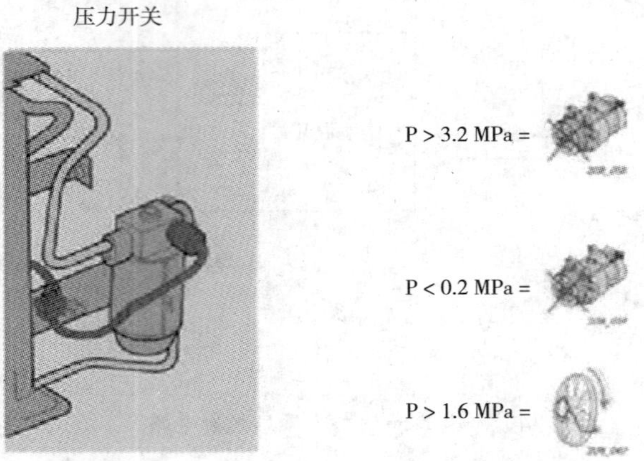

图8-35　压力开关

（2）压力开关控制基本电路。压力开关控制的基本电路如图 8-36 所示，压力开关一般的安装位置是储液干燥罐或高压管路。图示的开关均为常闭开关，也有部分压力开关高压为常开开关，具体是何种形式要视车型而定。

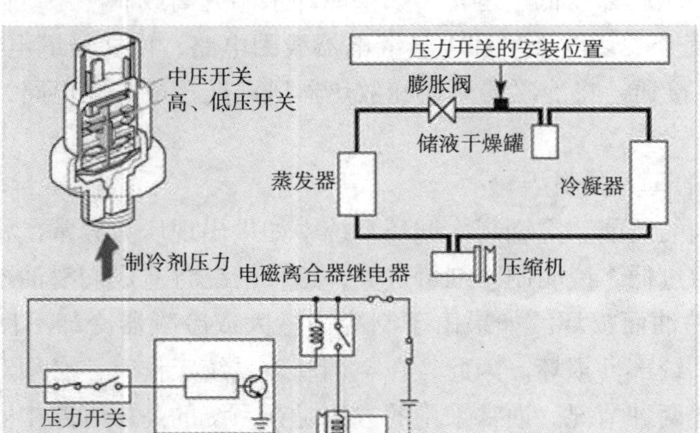

图8-36　压力开关控制电路

4. 发动机的怠速提升控制。在车流量较大的道路上行驶，汽车发动机经常处于怠速运转状态，发动机的输出功率低，如果此时开启空调的制冷系统，可能会造成发动机的过热或停机，为防止这种情况的发生，在空调的控制系统中采用了怠速提升装置，如图 8-37 所示。

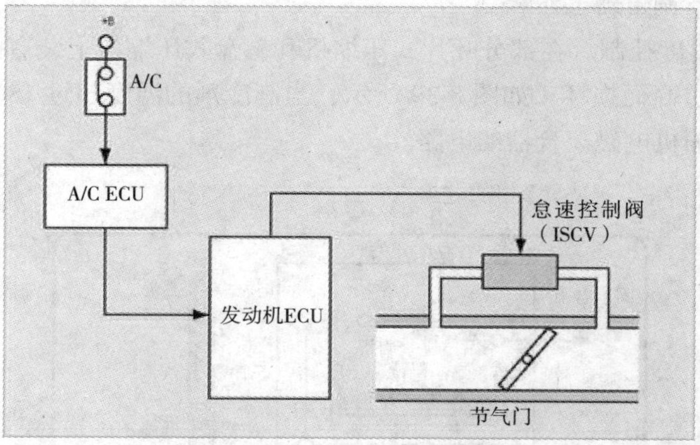

图8-37　怠速提升控制

当接通空调制冷开关（A/C）后，发动机的控制单元（ECU）便可接收到空调开启的信号，控制单元便控制怠速控制阀将怠速旁通气道的通路增大，使进气量增加，提高怠速。如果是节气门直动式怠速控制机构，控制单元便控制电动机将节气门开大，提高怠速。

5. 发动机失速控制。发动机带空调怠速运转时，一旦有其他影响因素使发动机转速下降，将造成发动机失速而熄火，为防止这种情况发生，空调控制电路中设有防止发动机失速的控制电路，空调的控制单元通过检测点火线圈的脉冲来计算发动机的转速，当发动机的转速低于一定值时，将压缩机电磁离合器切断，如图 8-38 所示。

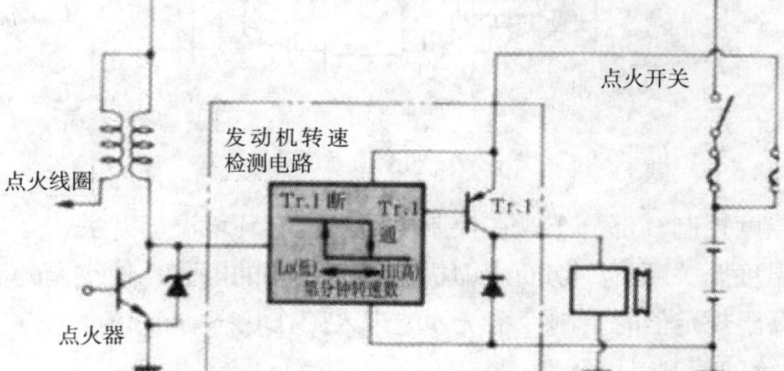

图8-38　发动机失速控制电路

6. 其他控制。

（1）冷却液温度控制。为防止冷却液温度过高，有些空调控制电路中设有冷却液温度开关或传感器，当冷却液的温度高过一定值（一般为 105℃）时，切断压缩机电磁离合器电路，使压缩机停止运转，在温度下降到某设定值（大约为 95℃）时，再接通电磁离合器电路，使空调重新工作。

（2）制冷剂温度控制。在部分叶片式压缩机和斜盘式压缩机上装有制冷剂温度开关，防止压缩机温度过高而损坏。如图 8-39 所示，当制冷剂的温度超过 180℃时，此开关就断开，切断了压缩机电磁离合器的电路。

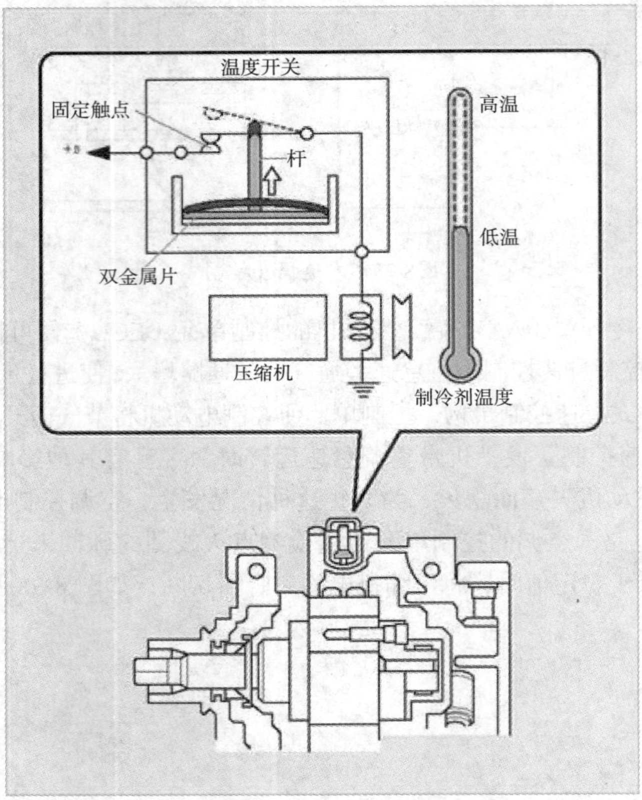

图8-39　制冷剂温度开关

（3）环境温度控制。部分车辆在控制电路中设有环境温度开关，在环境温度低于规定值时，环境温度开关断开，切断压缩机电磁离合器的电路，使空调的制冷系统不能工作。环境温度高于规定值时，制冷系统才能进入工作状态。

7. 空调系统的控制电路。

不同汽车空调系统的控制电路不同，但也有相同之处。图 8-40 所示为丰田陆地巡洋舰汽车空调系统的控制电路图，主要控制内容有：蒸发器温度控制、制冷循环系统压力控制、鼓风机转速控制、冷凝器风扇控制等。

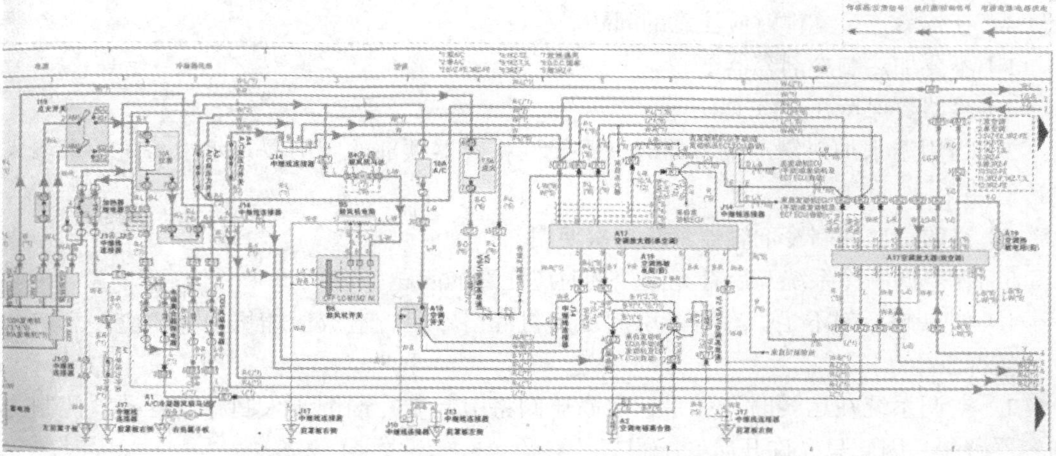

图8-40　丰田陆地巡洋舰汽车空调控制电路图

五、空调的检查维护

（一）空调的检查维护内容主要包括空调制冷剂量、制冷剂的泄漏、风量、异味、空调怠速、冷气切换确认、暖气切换确认。

（二）空调系统维护应注意下列事项。

1. 处理制冷剂时应注意的安全问题。

1）不要在密闭的空间或靠近明火处处理制冷剂；

2）必须戴防护眼镜；

3）避免液体的制冷剂进入眼睛或溅到皮肤上；

4）不要将制冷剂的罐底对着人，有些制冷剂罐底有紧急放气装置；

5）不要将制冷剂罐直接放在温度高于40℃的热水中；

6）如果液体制冷剂进入眼睛或碰到皮肤，不要揉，要立即用大量的冷水冲洗，立即到医院找医生进行专业处理，不要试图自己进行处理。

2. 在更换零件或管路时要注意的问题。

1）用制冷剂回收装置回收制冷剂以便再次使用；

2）在未连接的管路或零件要插上塞子，以免潮气、灰尘进入系统；

3）对于新的冷凝器、储液干燥罐等零件不要拔了塞子放置；

4）在拔出新压缩机塞子之前要从排放阀放出氮气，否则在拔塞子时，压缩机油将随氮气一起喷出；

5）不要用火焰加热进行弯管和管路拉伸。

3. 处理制冷剂和更换零件时应注意的问题。

1）滴几滴压缩机油到O形密封圈上可使紧固容易和防止漏气；

2）使用两个开口扳手紧固螺母，防止管路扭曲；

3）按规定的力矩拧紧螺母或螺栓。

4．在拧紧连接零件时应注意的问题。

1）不要加热制冷剂容器；

2）容器要保持在40℃以下；

3）当用温水加热制冷剂容器时，不允许将容器顶部的阀门浸入水中，防止水渗入制冷管路；

4）空的一次性制冷剂容器禁止再次使用。

5．在空调制冷系统开启补充制冷剂时应注意的问题。

1）如果制冷剂不足，有可能引起压缩机润滑不足，造成压缩机损坏，应注意避免这种情况发生；

2）空调系统在运转时，如果开启高压阀将引起制冷剂倒流入制冷剂容器，使制冷剂容器破裂，因此只允许开启低压阀；

3）如果将制冷剂容器倒置，制冷剂将以液态进入空调管路，造成压缩机液击，损坏压缩机，所以制冷剂必须以气态充入；

4）制冷剂不要充入过量，否则将造成制冷不良、发动机经济性变差、发动机过热等故障。

（三）空调系统维修用具。

1．歧管压力表。又称为专用组合阀或表阀，一般制冷行业中都是使用复合式双表来测量制冷系统的压力，充加制冷剂、抽真空等一般为指针式，也有数字式的。

（1）如图8-41所示，其中左边为低压表，是用来检测抽真空时的真空压力；右边为高压表，是用来检测充注制冷剂时的压力和系统高压端的压力；中间为公共接口，用来连接氟利昂或真空泵；高低压侧装有控制与公共接口连通的低压阀和高压阀，阀门的顺时针为开启，反之为关闭；共有三个连接软管的接头。

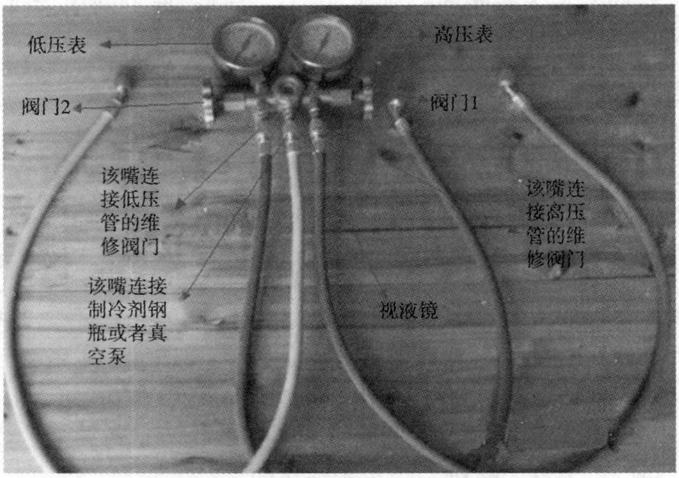

图8-41　歧管压力表

（2）注意：不要弄弯管道；如果加注软管的连接密封件损坏，应更换；软管和车侧的维修阀门连接时，先排除空气再把快速接头接到维修阀门上并滑动，直到听到“卡嗒”声；和多功能表连接时，用手而不要用任何工具紧固加注软管。

（3）空调有高低压两个测试压力的工艺口，这两个工艺口和压力表高低压表口相对应，压力表蓝色表管（低压表 / 真空表）接在空调的大管工艺口上（低压管）；压力表红色表管（高压表）接在空调的小管工艺口上（高压管），接好后待空调压缩机启动，查看压力表的压力变化：低压大概在 0.15~0.2MPa，也就是 1.5~2kg 压力，高压大概在 1.5~2MPa，也就是 15~20kg 压力。

（4）启动空调使压缩机工作，一般情况下，低压侧压力约为 150~250kPa，高压侧压力约为 1 400~1 600kPa。如果压力表指示与正常值不符，则可按照如下方法进行故障诊断。

1）高、低压表的指示同时比正常值低。这可能是因为制冷剂不足，检查时，可发现高压管微热，低压管微冷，但温差不大，从视镜中可以观察到每隔 1~2s 就有气泡出现。这时应先检查有无泄漏点，补漏后再补足制冷剂。

2）低压表比正常值低很多。这时，视镜内可见模糊雾流，高、低压管无温差，冷气不冷，说明制冷剂严重泄漏。

3）低压表指示接近零，高压表指示比正常值低。这时，空调系统常表现为出风不冷、膨胀阀前后的管路上结霜。其原因，一方面可能是膨胀阀结霜堵塞，使得制冷剂在系统中无法循环，此时应反复抽真空，重新添加制冷剂；另一方面可能是膨胀阀感温包损坏，造成膨胀阀未开启，此时应检查感温包。

4）高、低压表指示都过低。这可能是压缩机的内部故障，如阀板垫、阀片损坏，需要更换压缩机。

5）高、低压表都比正常值高。压缩机吸气管表面温度比正常情况下低，出现潮湿冰冷现象（俗称出汗）。由于膨胀阀开度过大，蒸发器内制冷剂“供过于求”，影响蒸发，相应的吸热量减少，造成空调凉度不够。此时，如果膨胀阀开度可以调节，应将开度调小；如不可调，则更换膨胀阀。

6）高、低压两侧的压力均过高。这表明制冷剂过多，两手分别触摸压缩机进气管和排气管，而且高压侧有烫手感，低压侧能看到冰霜，空调系统压缩机关掉电源停止运行后，其余部分继续工作时，在超过 45s 以后，视液镜内仍然清晰无气泡流过，可以断定制冷剂过多，应排出多余的制冷剂。

7）低压表指示过高，高压表指示稍高。这可能是冷凝器冷却不足，如果用冷水对冷凝器进行冷却，压力表压力变为正常，则可断定是冷凝器冷却不足。如果有这种故障，则在刚开空调时，制冷效果好，工作时间长了，制冷效果较差。如果冷凝器的散热片阻塞、发动机水温过高、冷凝器风量不够，则有可能是冷凝器的风扇或风扇皮带出现问题。

8）低压表指示为零或负压，高压表指示正常或偏高。冷风时而欠凉，时而正常，这种现象说明制冷系统中有水分或干燥剂吸湿能力达到饱和，水分进入制冷循环系统，在膨胀阀小孔处冻结，溶化后恢复正常状态，此时应更换干燥瓶或反复抽真空以排除系统内水分。

9）低压表指示较低，高压表指示过高。这种现象一般是制冷系统堵塞，堵塞经常在制冷系统有通道截面较小的位置发生，易于堵塞的部件绝大部分处于制冷系统的高压侧，例如干燥过滤器、膨胀阀滤网等，而且堵塞现象一般是由制冷剂所含有的水分、尘埃等脏物造成的，堵塞部位经常有结霜现象。找到堵塞部位后，拆下堵塞的部件进行清除或更换，堵塞严重时，应将制冷系统全部拆卸，分段清洗。

10）低压表过高，高压表的压力过低。这种现象常常表明压缩机内部有泄漏，应更换或修理压缩机。

11）低压表略高，高压表略低。无冷气，压缩机吸气管出现凝结水分或有一层霜，可能是膨胀阀损坏，需要更换膨胀阀，充入制冷剂。

2. 检漏仪。

（1）电子检漏仪是检测制冷设备制冷剂的专用工具，如图 8-42 所示，灵敏度高，比泡沫涂抹等方法使用方便。缺点是因制冷剂挥发快，此种方法在小空间使用效果较佳，在封闭的空间或空气流动太快的场合里使用很难判定系统具体的泄漏点。

图8-42 电子检漏仪

使用方法：

1）在检漏前对仪器工作点进行调整。开通电源后可以听到“嘟”“嘟”周期较长的响声。指示灯闪亮的节拍与响声同步。

2）将传感器的探头靠近被检部分慢慢移动。一但探头接近漏源，传感器接触氟利昂时，报警喇叭的“嘟”“嘟”声频率就加快形成连贯，指示灯从闪动到长亮。越是接近漏源声音就越短促。

3）在平时不使用要保持传感器的清洁，避免灰尘、油污，不要撞击传感器头部，更不要随意拆卸。

（2）荧光检漏仪。如图8-43所示，利用荧光剂在检漏灯照射下会发出黄绿荧光的原理，将荧光剂按一定比例加入空调系统中，系统运作2h后戴上专用眼镜，用检漏灯照射系统的外部，泄漏处将呈明亮的黄色荧光。这种检漏成本较高，但非常专业及准确，极其微量的泄漏都可发现。缺点是必须将荧光检漏剂充灌入待检系统的制冷剂内，并共溶运行至少2h后才能使用专用照射灯侦检其漏源和漏点，如果泄漏较慢建议交车主使用一段时间，在空调再次出现制冷剂缺失现象时返厂检测漏点，若发现泄漏点，则须分解拆卸空调系统部件，那么原先试漏加在系统内的荧光剂和制冷剂又要被浪费掉一部分，会使物料浪费严重。另外，采用荧光法检漏时，系统循环压力难以达到真实工况（高温高压）下运行的压力。

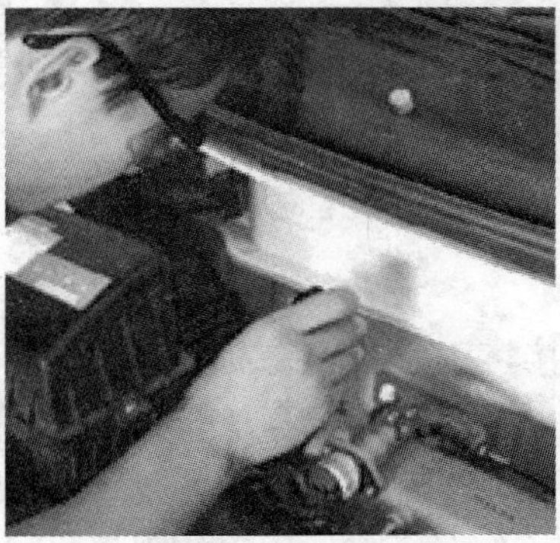

图8-43　荧光检漏仪

（3）主要可能泄漏的部位，如图 8-44 所示。

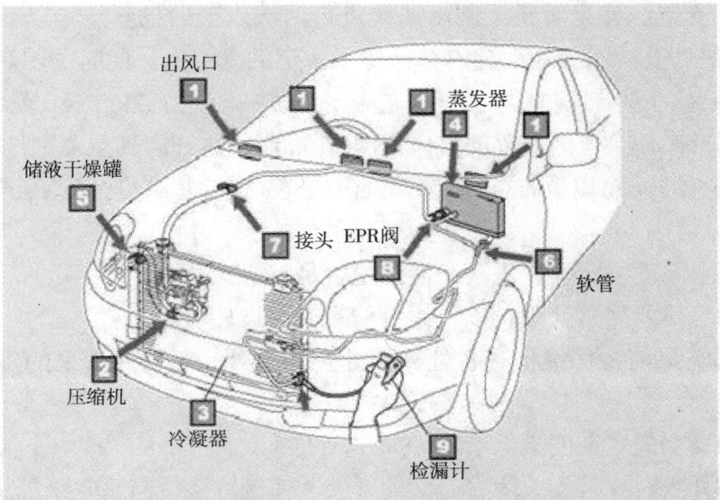

图8-44　主要可能泄露部位

3．真空泵。如图 8-45 所示，真空泵用来排除制冷系统中的残余制冷剂、冷冻油或检漏剂，排除制冷系统内部的湿气和不凝缩气体，保持干燥，也可检查系统有无泄漏。

图8-45　空调维修真空泵

（1）抽真空有三种方法：

1）低压单侧抽真空。直接将压力表蓝色表管（低压表 / 真空表）接在空调的大管工艺口上（低压管），然后关闭红色表管（高压表）的高压阀门（阀门 1），然后启动真空泵，随即打开低压阀门（阀门 2）进行抽真空，注意观察低压压力表的指针变化，一般抽 30min 或指针指在 –0.06MPa 位置，将低压表的阀门关闭，再切断真空泵电源。

2）高低压双侧抽真空。就是在空调高、低压管上的工艺口分别接上管然后进行抽真空。

3）复式抽真空。就是对整个制冷系统进行两次以上的抽真空，以获得理想的真空度，经过一次抽真空后，制冷系统内部保持了一定的真空度。此时关闭高、低压表的阀门，去掉真空泵接上冷剂钢瓶向系统内充注冷剂（一般充 1~2kgf/cm² 就可以了）；启动压缩机运转数分钟，使系统内残存的气体与制冷剂混合，再开启真空泵进行第二次抽真空，抽真空时间至少在30min以上，这样能使系统内的气体进一步减少，以达到规定的真空度。

（2）操作方法：

1）使用真空泵前一定要先观察润滑油是否足够。

2）排出的气体要妥善处理，以免浪费材料又污染环境。

3）启动真空泵前要仔细检查各处连接处及焊口处是否完好，泵的排气口胶塞是否打开。

4）系统抽真空的真空度不低于 133Pa。

5）停止抽真空时要首先关闭直通阀的开关，使制冷系统与真空泵隔离。

（3）几种单位值的换算：$1\text{kgf/cm}^2=9.8\times10^4\text{Pa}=0.098\ \text{MPa}\approx0.1\ \text{MPa}\approx14\text{psi}\approx1$大气压。

4．制冷剂回收再生充注机。如图 8-46 所示，在压力表和真空泵的基础上还增加了制冷剂与冷冻油的储存、再生和计量装置。

图8-46 空调制冷剂回收再生充注机

主要功能如下所示。

（1）回收：大功率压缩机，快速回收制冷剂。

（2）净化处理：配备专业过滤系统，使处理后的制冷剂可达到使用要求。

（3）抽真空：配备真空泵，可对空调系统进行抽真空。

（4）充注：配备高精度电子秤，精确计量加注制冷剂的数量，满足各种空调的加注要求。

（5）检测：通过高、低压表可检测空调系统的故障，排出废冷冻油并补充新冷冻油。

5. 割管器。割管器简称割刀，用来切断紫铜、黄铜、铝等金属管的工具，如图 8-47 所示。直径 4~12mm 的紫铜管不允许使用钢锯，必须使用割刀切断。

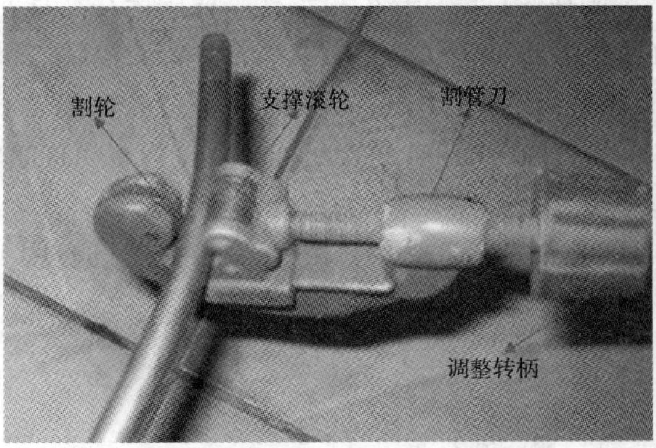

图8-47 割管器

使用方法：

（1）将铜管放置在滚轮与割轮之间，铜管的侧壁贴紧两个滚轮的中间位置，割轮的切口与铜管垂直夹紧。然后转动调整转柄，使割刀切刃切入铜管管壁，随即均匀地将割刀整体环绕铜管旋转。

（2）旋转一圈后再拧动调整转柄，使割刀进一步切入铜管，每次进刀量不宜过多，只需拧进 1/4 圈即可，然后继续转动割刀。

（3）此后边拧边转，直至将铜管切断。

6．扩管器。扩管器又称胀管器，主要用来制作空调铜管的喇叭口形接头，如图 8-48 所示。喇叭口形状的管口用于螺纹接头或不适合对插接口时的连接，目的是保证对接部位的密封性和强度。

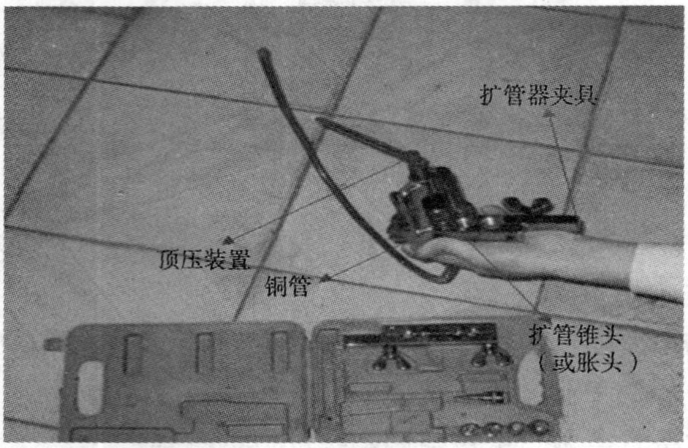

图8-48　扩管器

使用方法：

1）首先将铜管扩口端用锉刀锉修平整（部分铜管需要先做退火处理），然后把铜管放置于相应管径的夹具孔中，拧紧夹具上的紧固螺母，将铜管牢牢夹死。

2）扩喇叭口时管口的高度应高出斜边的 1/3。

3）再将扩管锥头旋固在螺杆上，连同弓形架一起固定在夹具的两侧。

4）扩管锥头顶在管口后再均匀缓慢地旋紧螺杆，锥头也随之顶进管口内。

5）此时应注意旋进时不要过分用力，以免顶裂铜管。

6）一般每旋进 3/4 圈后再倒旋 1/4 圈，这样反复进行直至扩制成功。

7）喇叭口要求圆正、光滑、没有裂纹。

7. 弯管器。弯管器是用来弯制管径小于 20mm 的金属管的专用工具，如图 8-49 所示。

图8-49　弯管器

使用方法：先选择合适的导槽。把紫铜铜管放入带导槽的固定轮与固定杆之间（部分铜管需要先做退火处理），然后用活动杆的导槽导住铜管，用固定杆紧固住铜管，手握活动杆手柄顺时针方向平稳转动。这样，紫铜管便在导槽内被弯曲成特定的形状。操作时用力要均匀，避免出现死弯或裂缝。

8．钎焊工具。所需要的焊接设备除焊炬也称焊枪外，还有氧气钢瓶、乙炔气钢瓶（或液化石油气钢瓶）、连接软管及减压表等，如图 8-50 所示。使用的焊料为铜磷合金焊条（铜焊条）。制冷管道的焊接一般采用钎焊焊接，就是通过可燃气体（乙炔或液化石油气等）和助燃气体（氧气）两者在焊炬中混合燃烧时产生的高温火焰加热铜管，颜色呈暗红色时立即将焊条放在焊接处继续加热，直到焊条充分熔化流向间隙处，并牢固附在管道上时，移去火焰，焊接完毕。熔化焊料使之成为间隙的充填金属，而使焊件连接，这种焊接方法就称为钎焊。

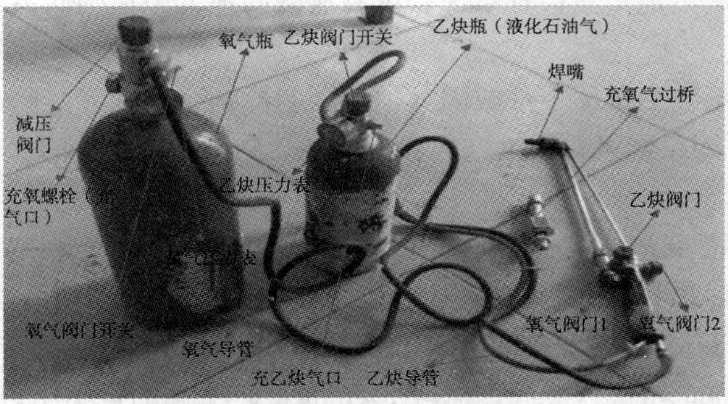

图8-50　钎焊工具

（四）空调系统的检查。

1．直观检查。

1）检查空调出风口的出风量，如果出风量不足，检查进风滤清器，如有杂物进行清除；

2）听压缩机附近是否有非正常的响声，如果有，检查压缩机的安装情况；

3）检查冷凝器散热片上是否有脏物覆盖，如果有将脏物清除；

4）检查制冷循环系统的各连接处是否有油渍，如果有油渍，说明该处有泄漏，应紧固该连接处或更换该处的零件；

5）将鼓风机开至低、中、高档，听鼓风机处是否有杂音，检查鼓风机是否运转正常，如果有杂音或运转不正常，应更换鼓风机（鼓风机进入异物或安装有问题也会引起杂音或运转不正常，所以在更换之前要仔细检查）。

2．检查制冷剂的数量。检查制冷剂的数量有两种方法，一种是通过系统中安装的视液镜检查，另一种是通过检测系统压力检查。

3．检查制冷剂的泄漏。如有泄漏，若松动应拧紧，若管件损坏可用割管器、扩管器或钎焊工具修理，若其他零部件损坏应更换。

4．空调制冷功能的检查。空调制冷功能的检查，车型不同，检查的方法也有所差异，下面以丰田车为例介绍检查的方法（不同车型的检查方法，可参照该种车型的修理手册）。

1）将车放在阴凉处。

2）预热发动机到正常温度，将车门全开，气流选择为面部出风，进风选择为内循环，鼓风机速度选择最大，温度选择最冷，在发动机转速为 1 500r/min 的情况下开启 A/C 开关，5~6min 后测试进风口的湿度和温度及出风口的温度。

3）用进风口处的干、湿球温度，查出相对湿度，再算出进风口和出风口的温度差，检查是否在可接受范围内，如果在其范围内，则说明制冷性能良好。

5．制冷剂的加注。

（1）制冷剂加注工作分为两种，一种是制冷系统内部制冷剂不足，进行补充；另一种是制冷系统中无制冷剂，重新加注。

1）如果制冷剂不足，需检查系统是否有泄漏的地方，在确认系统无泄漏后，可进行补充。

2）如果空调系统更换了零件或因其他原因制冷剂全部漏光，则需重新加注，重新加注制冷剂时应先对系统进行抽真空作业，以抽去制冷循环系统的水分，防止因水结冰堵塞制冷系统的管路。

（2）下面介绍重新加注制冷剂的步骤。

1）按前述安装歧管压力表，将绿色的软管的一端接压力表的中部，另一端接真空泵。

2）打开歧管气压表高压侧和低压侧两侧的阀门，开启真空泵抽空，抽空至歧管气压表低压侧显示为 750mmHg 或更高，保持 750mmHg 或更高的显示压力抽空 10min。如果抽空不足，空调管道内的水分会冻结，这将阻碍制冷剂的流动并导致空调系统内表生锈。

3）关闭歧管气压表高压侧和低压侧两侧的阀门，关停真空泵，注意：关停真空泵前两侧的阀门（高压侧和低压侧）都应关闭，防止空气进入空调系统。

4）检查系统密封性：真空泵停止后，高压侧和低压侧两侧的阀门关闭 5min 歧管气压表的读数应保持不变。如果显示压力增加，则有空气进入空调系统，检查“O”形圈和空调系统的连接状况。

5）安装制冷剂罐。如图 8-51 所示。

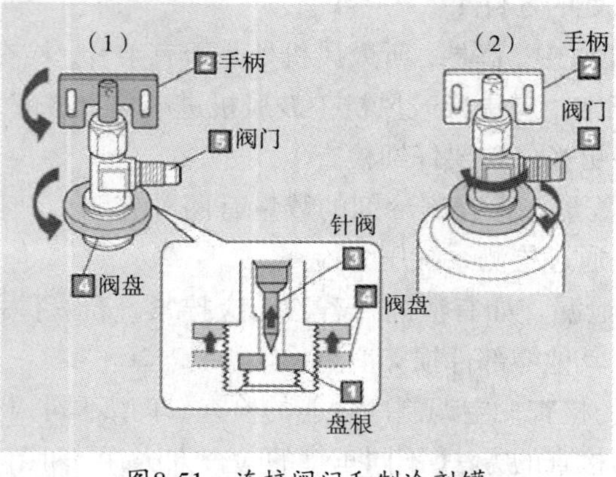

图8-51　连接阀门和制冷剂罐

① 连接阀门和制冷剂罐，检查加注罐连接部件，要在针阀升起前安装加注罐，否则针阀会插进加注罐从而导致制冷剂泄漏，逆时针转动手柄升起针阀，逆时针转动阀盘升起阀盘。

② 把阀门旋进加注罐直到紧密接触，然后紧固阀盘以卡住阀门。注意不要顺时针转动手柄，否则针将插进加注罐，从而导致制冷剂泄漏。

③ 把加注罐安装到歧管气压表上，完全关闭歧管气压计低压侧和高压侧的阀门。

④ 把制冷剂罐安装到歧管气压计中间的绿色加注软管。

⑤ 顺时针转动手柄直到针阀在制冷剂罐上钻孔。

⑥ 逆时针转动手柄退出针阀。

6）用工具按下歧管气压计的空气驱除阀放出空气直到制冷剂从阀门释出。如果用手按下气体驱除阀，释放出的空调气体就会沾到手上等处，从而冻伤。

7）外部温度高时，加注制冷剂困难，可用空气或冷水降低冷凝器的温度；外部温度低时，可用温水（40℃以下）加热制冷剂罐，这样可使加注比较容易。

8）发动机不工作时，打开高压侧阀门加入适量液态制冷剂，更换加注罐时，关闭高低压两侧的阀门，更换后，打开驱气阀从中部的软管（绿色）和歧管压力表中放出空气再继续加注；直到低压表到大约 0.98MPa（1kg/cm^2），加注后，关闭阀门。注意：一定不要让压缩机工作，空调压缩机运行时，不从低压侧加注将导致空调压缩机缺油拉伤；也不要打开低压侧阀门，制冷剂在空调压缩机内通常为气体状态，如果从高压侧加注而低压侧阀门开着，液态制冷剂进入低压侧，此时若空调压缩机开始工作就会出现液击而损坏。

9）检查有无漏气情况。

10）关闭高压侧阀门后，启动发动机并运行空调，打开歧管压力计，从低压侧补充加入气态的制冷剂。注意：低压侧加注制冷剂时，若制冷剂罐倒置将使空调气以液态进入压缩机，压缩液体将损坏压缩机；发动机工作时不要打开高压侧的阀门，这将导致高压气回流至加注罐，造成破裂。

11）根据歧管压力表的压力显示检查制冷剂的加注量：低压侧：0.15~0.25MPa（1.5~2.5kgf/cm^2）；高压侧：1.37~1.57MPa（14~16kgf/cm^2）。注意：加注过量，也将导致制冷不足；歧管气压计所示压力随外部空气温度和海拔而有轻微的变化。

12）制冷剂加注量符合要求后，关闭低压侧阀门并关闭发动机，等一会儿再次检查制冷剂的加注量是否合适，空调系统运转是否正常。

计 划

一、根据导向知识与技术信息，在表 8-1 中列出工作计划。

表8-1　维修汽车空调计划

序　号	工作步骤	工具/辅具	注意事项
1			
2			
3			
4			
5			
6			
7			
8			
9			
10			
11			

二、计划要点参考见表 8-2。

表8-2　维修汽车空调计划要点

序　号	工 作 步 骤	工具/辅具	注 意 事 项
1	查阅基础资料	维修手册、互联网等	
2	认真观看汽车空调并拍照留存	技术资料、数码相机、测量仪器	详细准确
3	确定维修项目、方法和预算	计算机	与客户及保险公司协商
4	拆卸保护（详细）	车间工具与设备、数码相机	记录密码和调整参数后断开蓄电池接地线
5	检查维修（具体详细）	工具与设备、数码相机	视情修理
6	检验		
7	费用核算	计算机	
8	交工		
9			

实 施

一、物质准备：待维修空调的汽车或实验台、拆装工具、检测设备、选装空调配件、技术资料、数码相机和计算机。

二、学生分组：3~5 人一组，合作完成空调检查和维修工作。

三、在表 8-3 中记录主要工作步骤。

四、教师检查记录学生表现，特别是安全事项。

表8-3 维修汽车空调记录表

品牌	车型	制造日期
损坏原因	送修方	投保情况

序 号	工作照片	工作内容	技术参数	工具/辅具	材 料 费	工 时 费
1						
2						
3						
4						
5						
6						
7						
8						
9						
10						
11						
12						
13						
14						
15						

展 示

一、最后修订完善个人计划和实施记录。

二、展示记录。

三、演示关键工作步骤。

检 验

一、检查比较工作记录。

二、组内比较互评。

三、各人自评经验教训。

四、教师讲评。

五、总结打分。

工作任务 9

熟悉维修和改进汽车抗碰撞安全系统

导向

一、车间任务

一辆汽车发生碰撞事故，安全气囊和安全带起爆，除维修之外，车主想了解其汽车的安全情况，请熟悉汽车后为其讲解此车的抗碰撞安全系统，并提出维修改造建议。

二、学习目的

（一）了解汽车安全系统作用。

（二）了解汽车抗碰撞安全系统的功能、组成、工作原理和检修知识。

（三）学会安全带、安全气囊的检修技能。

三、基础知识

（一）交通事故。由于国情不同，世界各国的交通规则和交通管理规定也不同，对交通事故的定义也不尽相同。《中华人民共和国道路交通事故处理办法》第二条规定“本办法所称道路交通事故（以下简称交通事故），是指车辆驾驶人员、行人、乘车人以及其他在道路上进行与交通有关活动的人员，因违反《中华人民共和国道路交通管理条例》和其他道路交通管理法规、规章的行为（以下简称违章行为），过失造成人身伤亡或者财产损失的事故”。此外，盗窃、抢劫、打砸、放火、爆炸等故意违法犯罪活动，战争和其他人为事故、以及地震、台风、山洪、雷击等自然灾害，也会导致汽车毁坏或损伤的事故。

1. 1770 年，法国的炮兵工程师，尼古拉斯·古诺制成的第二辆蒸汽汽车，在般圣奴兵工厂附近拖着一门大炮试车时，由于转向盘过于笨重，致使操纵失灵，下坡时撞到兵工厂的墙上，弄得支离破碎，面目全非，这是记录中的世界上第一起机动车碰撞事故。

2．自美国妇女凯利丝被撞身亡成为世界第一次有记载的交通死亡事故至今，汽车作为人类必不可少、最主要的交通工具，在给人类带来极大方便的同时，也给道路交通带来了很大的安全问题，全世界已有3 000多万人死于交通事故，远远高于同期死于战争的人数。数据显示，2009年，中国汽车保有量约占世界汽车保有量的3%，但交通事故死亡人数却占世界的16%，造成67 759人死亡、27.5万人受伤，直接财产损失9.1亿元；2010年和2011年，交通事故造成死亡人数分别是65 225人和62 387人，已经连续十余年居世界第一。

3．道路交通事故都会引起人员伤亡或财产损失，根据人身伤亡或者财产损失的程度和数额，交通事故分为轻微事故、一般事故、重大事故和特大事故四类。

（1）轻微事故：是指一次造成轻伤1~2人，或者财产损失机动车事故不足1 000元、非机动车事故不足200元的事故。

（2）一般事故：是指一次造成重伤1~2人，或者轻伤3人以上，或者财产损失不足3万元的事故。

（3）重大事故：是指一次造成1~2人死亡，或者重伤3人以上、10人以下，或者财产损失3万元以上不足6万元的事故。

（4）特大事故：是指一次造成死亡3人以上，或者重伤11人以上，或者死亡1人、同时重伤8人以上或者死亡2人、同时重伤5人以上，或者财产损失6万元以上的事故。

4．交通事故有7种形态：

（1）碰撞：指车辆正面部分接近垂直方向与他方运动接触，主要发生压力作用，如图9-1所示。

图9-1　碰撞事故损失惨重

1）碰撞原因。各种道路交通参与者，为了各自的目的分别使用道路，自己了解路况并采用自认为合适的路线和速度。由于种种原因往往并不能全面了解道路情况和其他交通参与者的位置与意图，或者未能掌控好自己的路线或速度，结果在同一时刻到达同一地点，双方发生物理接触，就发生了碰撞事故。

2）碰撞后果。因各种原因造成的碰撞事故后果严重，不仅使得己方车辆遭到损伤，而且同时造成对方人员伤亡或者对方车辆或设施损坏，严重碰撞也引发己方车内人员的伤亡；由于碰撞事发突然，车辆、人员或物品运动的方向乱、速度快而且范围大，若控制不住，会引发第二次、第三次甚至更多次碰撞事故或其他几种形态的事故；其他车辆或人员因躲闪不及或者忙中出错，也会发生后续的事故。碰撞时相对速度越快、对方质量越大或固定越好、接触部位越硬，碰撞作用力就越大，毁伤程度越严重，所以发现碰撞危险后必须果断采取变速变向等正确措施，避免或减小碰撞损失。

3）碰撞方向。

① 由于汽车一般都是前后移动，而且一般前进概率和速度都大大高于倒退，所以前部碰撞概率最高，而倒车时因视线一般不好碰撞概率也较高；汽车侧面碰撞一般都是由于转向或在路口被撞，单纯侧面碰撞概率还是较低的，但与前后面碰撞结合的倾斜碰撞概率较高。

② 也有人统计表明，各个方向碰撞的概率约为：乘用车前部碰撞 65.4%、后部碰撞 13.2%、左部碰撞 11.8%、右部碰撞 9.6%，商用车前部碰撞 59.4%、后部碰撞 23.0%、左部碰撞 11.3%、右部碰撞 6.2%。

③ 其实危险性受到驾驶习惯和路况等影响，各地各个方向碰撞的概率稍有差异，例如美国各个方向碰撞的概率如图 9-2 所示。

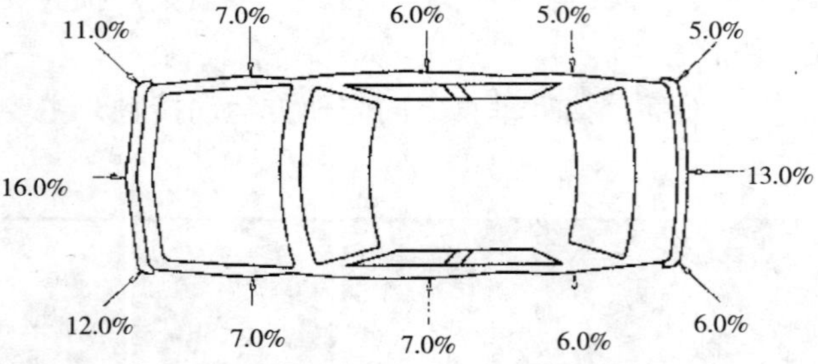

图9-2　碰撞事故的概率分布图（美国）

④ 前部碰撞因作用力大造成的人员伤亡最多，其次是侧面碰撞，再次是追尾碰撞和车辆翻滚，各种碰撞事故死亡率的分布如图 9-3 所示，车辆的安全系统的投资就优先在这几方面分配。

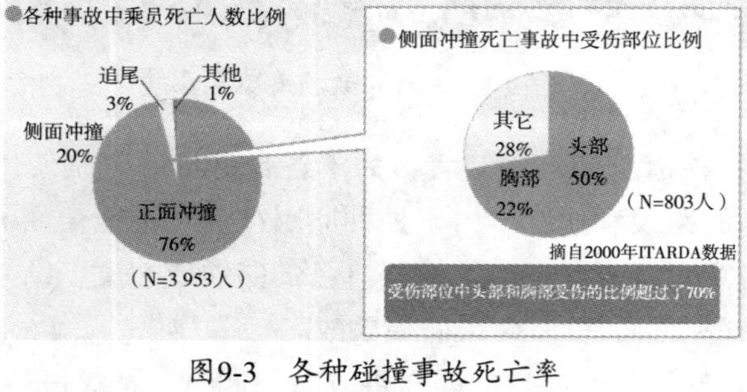

图9-3　各种碰撞事故死亡率

4）按照碰撞接触面积不同，碰撞还可以分为：占整个面积的正面碰撞、两表面交接处的倾斜碰撞、中间局部的杆式碰撞和小型汽车高处首先接触的碰撞。

5）汽车碰撞事故，可以分为四个发展阶段：

① 正常行驶阶段。驾驶员和其他道路交通参与者，根据交通规则和具体路况，从容选择安全的路线和速度，保持足够的安全距离，无碰撞危险。良好的视野、配合各种辅助设施，再加上可靠的驱动、转向和制动系统，可以安全行驶。

② 出现碰撞危险阶段。因为种种原因，汽车与其他车辆、人员或物品的距离缩小到危险程度，或道路出现沟坎等不宜按现有方向或速度行驶的情形，如果驾驶员及时发现并采取改变路线或车速等紧急措施，仍然可以完全避免碰撞或者减小碰撞损失。

③ 碰撞发生阶段。按照时间先后顺序和对驾乘人员的影响，还可以把碰撞车祸划分为三个步骤：

A．首先是汽车与障碍物发生碰撞，此时汽车与其他车辆、人员或物品接触碰撞。双方产生力的作用和能量交换，碰撞双方的运动方向或速度发生突然改变，出现难以控制的平移、旋转甚至翻滚，极容易引发车辆内外的后续碰撞；接触部位发生不同程度的弹性或塑性变形，甚至立即断裂散落；碰撞双方内部组成部分之间，将先后发生相对运动而产生变形或断裂损坏，逐渐消耗碰撞能量，甚至局部被甩离汽车。此碰撞不仅将能量转移或消耗掉，还为安全气囊等主动工作的被动安全系统提供启动信号，可减轻甚至避免后续碰撞步骤。

B．然后是人体与汽车内部的车窗玻璃、方向盘、仪表盘、座椅、踏板或装饰件等接触，产生第二步甚至更多次的碰撞，挤伤、拉伤、刺穿与骨折等在此时出现。抓牢的扶手、系好的安全带、正在退缩的安全气囊、或者主动头枕与智能座椅，以及其他柔软的车内物体等，可以减轻对人体的伤害；而坚硬锐利的物体，包括脸上眼镜、腕上手表、衣物饰件或口袋内的杂物，则会加重伤害。若人体被严重回弹、驾乘室发生溃缩或后方人员物品前冲，还可能发生反向碰撞甚至直接被挤压伤亡。

C．最后撞击是人体脑和内脏与忽然停下的人体外部构架相撞，发生挤压和撕扯，从而造成致命的大出血等“内伤”，减轻此步伤害的办法只能靠缓和冲击。另外这时身体停止而头部继续运动还可能折断颈椎，自由状态的四肢也可能拉伤或撞向车内物体，应设法阻挡头部和四肢相对于躯干的运动。

④ 碰撞结束阶段。

A．碰撞双方分开或纠结到一起后，碰撞过程已经结束，但由于剩余动能未能释放完，即使双方都采取紧急制动措施，往往还会运动一小段时间才能停下来，在此期间车辆与路面和其他物体摩擦或再次撞击，内部也会出现新的损害。碰撞后自动停油、断电和开锁的装置可以帮助减小后续损害。

B．停车后，由于伤病员可能继续出血或其他伤病继续加重、车内油料泄漏等可能进一步引发起火爆炸、其他车辆也可能闯入现场引起下一起车祸，危险并没有解除。这时必须尽快停车，马上安全转移车内人员、抢救伤病人员，开启或设置警告信号，在保障安全的前提下采取措施消除车辆和物品起火爆炸或进一步损坏的危险。

C. 危险消除后要及时事故处理。发生碰撞事故，必须及时向保险公司报案，如有人员伤亡还要向交管部门报案、向医护部门或消防人员求助。若对方逃逸，应尽量多地收集其车辆和人员信息立即报警，然后抢救人员、保护现场、寻找证据以帮助交通民警勘查。双方的停止状态、运动痕迹、碰撞部位和散落物的位置，是分析判断事故过程、责任，确定赔偿方案的重要证据，必须保护好现场，因抢救伤员需要变动现场的，应当标明或记录受伤人员或必须移动的车辆或物品的位置；另外还要收集对方人员身份证件、驾驶证件及有无不宜驾驶车辆的饮酒等行为证据，车辆的基本信息、投保情况和损伤程度，道路情况和其他交通参与者的相关证物、证言等。若无人员伤亡，在双方充分收集证据并征得交通民警和保险公司同意后，除非车辆损坏无法移动，应及时清理现场，撤离到不影响正常交通的位置，然后自行协商赔偿事宜或等待交通民警处理。

（2）刮擦：也叫刮蹭，指机动车侧面部分接近平行方向与他方运动接触，主要发生切向力作用，如图 9-4 所示。刮擦作用力较小，虽然损伤深度一般也较小，但因不易警示驾驶员停车，划痕损伤长度往往较大。刮擦与碰撞只是从角度分的，并无定量的区别，有时对一方属于刮擦对另一方却是碰撞，因此在一定意义上也可以把刮擦看作小角度的碰撞。

（3）碾压：指机动车对弱者推碾或压过，如图 9-5 所示。一般碾压属于之前先有碰撞或刮擦现象，此种形态下，虽然机动车及车上人员受损较小，但被碾压者由于防护较弱伤亡常常较重。

图9-4　刮擦事故

图9-5　碾压事故

（4）翻车：指机动车一侧车轮或所有车轮同时离开地面的事故，如图 9-6 所示。翻车往往因碰撞引起，也有因快速急转弯或道路不平造成的，一般都突然离开原车道，除有时砸伤其他行人车辆或物品外，更常常被其他车辆碰撞引发次生事故，而这些都需由翻转的车辆负全责。

图9-6　翻车事故

（5）坠车：车辆落于路面高度以下地点的事故，如图 9-7 所示。车辆坠车有一个离开地面的落体过程，受重力加速度影响，撞地速度快，还常常造成爆炸失火等群死群伤的重大甚至特大事故。

图9-7　坠车事故

（6）爆炸：车内有易燃易爆物品，因振动等原因引起，如图 9-8 所示。爆炸的车辆本身一般损毁严重，往往还会引发多车失火等事故，爆炸和失火车辆往往报废，在拥堵地段更会造成特大事故。

图9-8　爆炸事故

（7）失火：车辆行驶过程中，因人为或车辆原因引起车辆火灾，如图 9-9 所示。失火车辆由于存有燃料、塑料等易燃易爆品，往往蔓延很快，有时还会引发爆炸。无论车辆已经失火还是刚冒烟都必须立即组织车上人员安全疏散，如有可能应尽量驶离危险地段；其他车辆和人员也应主动离开足够的安全距离，再施救或协助报警；只有确认火情较小时，才可以小心地用车载灭火器通过缝隙灭火，还要注意不可过早过大打开车门或罩盖，尽量避免空气进入助燃；若火已烧大，就要迅速逃生再向专业消防人员求助。

图9-9 失火事故

5. 汽车发生交通事故，造成车辆和物品的损伤甚至毁灭损失，可以量化成一定数额的钱款；但黄金有价人无价，同时引发的人员伤亡却不是金钱所能弥补的，但为了提供一个补偿的参考标准，《最高人民法院关于确定民事侵权精神损害赔偿责任若干问题的解释》第十七条规定："受害人遭受人身损害，因就医治疗支出的各项费用以及因误工减少的收入，包括医疗费、误工费、护理费、交通费、住宿费、住院伙食补助费、必要的营养费，赔偿义务人应当予以赔偿。受害人因伤致残的，其因增加生活上需要所支出的必要费用以及因丧失劳动能力导致的收入损失，包括残疾赔偿金、残疾辅助器具费、被扶养人生活费，以及因康复护理、继续治疗实际发生的必要的康复费、护理费、后续治疗费，赔偿义务人也应当予以赔偿。受害人死亡的，赔偿义务人除应当根据抢救治疗情况赔偿本条第一款规定的相关费用外，还应当赔偿丧葬费、被扶养人生活费、死亡补偿费以及受害人亲属办理丧葬事宜支出的交通费、住宿费和误工损失等其他合理费用。"第十八条规定："受害人或者死者近亲属遭受精神损害，赔偿权利人向人民法院请求赔偿精神损害抚慰金的，适用《最高人民法院关于确定民事侵权精神损害赔偿责任若干问题的解释》予以确定。"

（二）安全性能。造成汽车碰撞等事故的原因十分复杂。既有人的因素，也有路况、气象等环境因素，还有车辆自身的因素。要想保障安全，避免事故发生，就要从各个方面努力。

（1）人的安全性能。路是人走的，车辆也是人驾驶的，所以人，特别是汽车驾驶员才是汽车安全行驶的关键。

1）人的反应时间。道路出现危险后，交通参与者必须经过一段时间才能规避，在此期间，危险已经有新的发展，往往更严重了。因为人不一定第一时间感知危险，要通过调整本身感觉器官才能形成感觉，再传入大脑形成知觉，还要经逻辑分析判断出危险，又要确认应该采取的措施，然后才能调动肢体产生动作，此段时间快的人只需半秒，而有人要一秒半，还有人惊呆后长时间原地不动；如驾驶汽车还要等汽车相应系统作出反应，这样才能开始规避。所以最好事先受到过相关教育和训练，使用道路过程中随时全面注意路口，不要被与行进无关的事情分神，要保证自身的身心健康，以便能够在发现危险时及时作出正常反应。

2）无论机动车驾驶员、非机动车驾驶员还是行人，经过教育和训练，都能够做到：提前做好自身安全检查和调整，选择安全的路线和车速，行进中随时全面关注路况，发现危险后及时采取正确措施避开或减小损失。

3）安全的乘车人能够做到：不乘坐危险人员驾驶或存在事故隐患的汽车；上下车时注意避让其他车辆，乘车时保护车上安全设施，学会正确使用座椅、安全带、灭火器等，行车中不把身体任何部位伸出车外、不干扰驾驶员还能够帮助注意路况车况；有危险时会采取安全措施预防伤害，事故发生过程中固定好自己不惊慌失措，事故后积极自救互救，积极配合事故的调查处理。

4）执法和其他各个管理部门的广泛宣传教育和严格管理，帮助广大交通参与者形成高度安全意识和良好行为习惯，是行车安全的最好保证。

5）其他的交通参与者和有关人员，发现危险时可以提醒相关人员注意，也可以主动疏散、积极救援或帮助报案，有条件的还可以提前教导交通参与者形成良好交通习惯，劝止相关人员酒后驾驶、闯红灯等不安全行为习惯。

6）汽车制造和维修企业合作，能够帮助驾驶员，尽可能地消除汽车故障隐患、确保汽车的良好技术状态。

7）保险企业在出现事故后及时给付保险赔偿金，帮助支付人员救治和车辆、物品维修或重置费用，减少损失。

但恰恰是最关键的人是最不稳定安全的，如果驾驶员或其他人员存在生理或心理不适，不遵守《中华人民共和国道路交通安全法》，如图 9-10 所示为危险驾驶，或者紧急情况下反应不及时或手忙脚乱等，都是危险的。

图9-10　危险驾驶

（2）环境的安全性。环境安全为所有交通参与者提供帮助，环境的安全性差时则成为引发许多重特大交通事故的罪魁祸首或帮凶。

1）气象安全性。

① 晴朗的白天视线良好，阴天和夜晚视线变差。

② 而雨、雪、雾、霾和扬沙天气，不但严重影响视线，而且会造成地面打滑，大雨会淹没甚至冲毁或掩埋道路，还常常引发汽车本身的故障，也影响到人的情绪和行为习惯。

③ 无风天气没有沙尘，但容易凝聚雾霾；顺风天气肯定帮汽车省油但影响行人和非机动车对身后车流的观察；而顶风不但费油，还容易把杂物吹到风挡玻璃上，至于侧风容易把树枝和其他杂物突然吹到车前，严重时还可能吹倒树木、广告牌或吹落其他大的杂物阻挡交通，砸伤车辆行人，甚至直接吹得汽车偏离路面。

面对自然现象，人们除了保护环境外，也可以采取一些工程措施，例如路灯在阴暗天气给所有交通参与者提供更好的视线，特别是隧道照明灯免除了驾驶员白天频繁开闭前照灯的烦恼。

2）地形安全性。平原地区的主干道路大多平直宽敞，但往往比较拥堵，而行经老旧城区和村庄内部时则宽窄不一、杂物连连、凹凸不平还有许多死胡同；而山区道路往往依山傍水、狭窄盘旋、险坡连连，经常滑坡落石。

3）道路安全性。道路是交通的载体，平直、宽敞的道路，视线良好、规避空间充裕，是汽车安全运行的最佳环境。

① 多数车祸都是由于道路凹凸不平、复杂交叉或拥堵贴近，使人掌控困难才发生的。

② 路口是事故高发地，不但因为不同方向的汽车路线交叉，更因为有建筑物或其他车辆阻挡造成的盲区，如图 9-11 所示。当然，道路也不能一直笔直平坦，因为过分单调也会造成驾驶员疲劳麻木，反而也会出事故，所以高速公路要有意增加一些转弯。

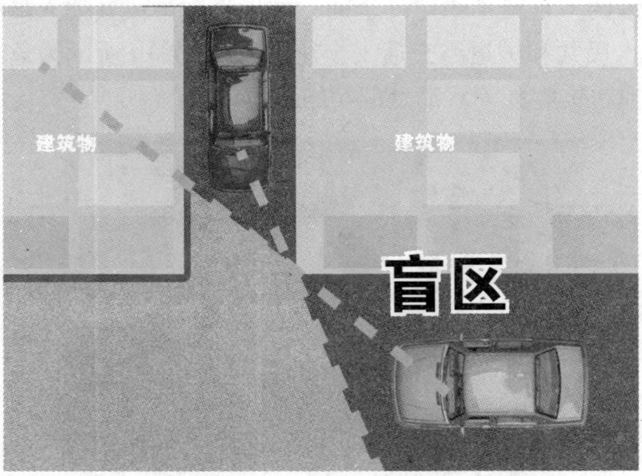

图9-11　路口盲区

③ 健全的道路信号引导和指挥系统，立交桥、隔离带、护栏、行人过街天桥或隧道，将车辆或人员在空间和时间上分离开来，避免混乱交叉，并提供一缓冲地带，如图 9-12 所示立交桥，更是大家的路口保护神。

图9-12　立交桥

④ 道路属于公共资源，每天无数的交通参与者使用道路，天长日久道路难免损坏，再加上其他人为破坏和自然损毁，需要相关部门及时有效地维护，保障道路清洁平整，消除敞口井、坑洞、遗撒砂石等道路隐患，保证交通信号和各种安全设施的齐全有效和及时更新换代。

（3）汽车本身安全性能。人不太可靠，道路又危险重重，要保证行车安全，就要求汽车这个高科技的产物本身具备更多更强的安全性能。汽车安全性能是指汽车本身具有的，能够防止或者减小车上人员、物品和汽车自身损伤，以及防止或者减小车外其他人员、车辆或物品损伤的性能。本工作任务主要学习抗碰撞安全性能，下一工作任务再学习防盗抢安全性能。汽车安全性能一般根据发挥时机分为主动安全性能和被动安全性能两大类，具备相应功能的系统称为主动安全系统和被动安全系统。汽车安全如今越来越成为一个必须综合考量的问题，各种安全装置有互相结合的趋势，如图 9-13 所示。

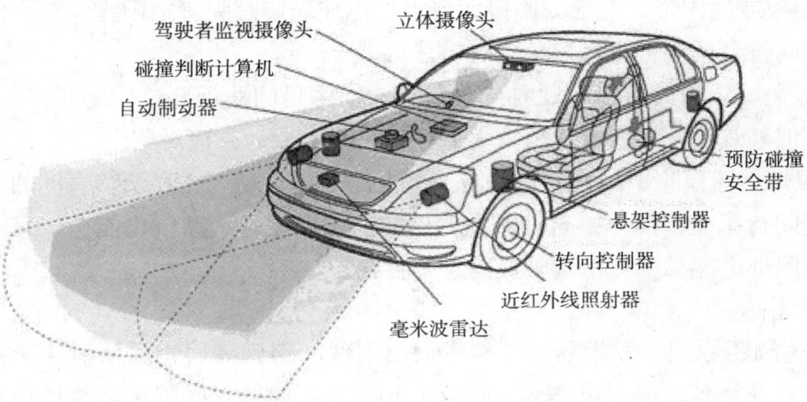

图9-13　车辆综合安全系统

（三）主动安全系统。在正常行驶阶段和出现危险阶段，通过事先防范而避免事故发生或减小损失。又可分为感觉安全系统、操作安全系统和环境安全系统。

1. 感觉安全系统。帮助人清楚了解路况和自身情况，从而清醒判断、及时采取恰当措施早早避开危险。其实各种舒适系统在保障驾乘人员感觉舒适的同时，也保障了行车安全。

（1）视觉安全系统。人的眼睛是信息采集的主体，大部分路况信息都靠视觉采集，视线好，才能提早发现事故迹象及早避免。

1）前视方面。

① 风挡玻璃。宽大的风挡玻璃，是驾驶员观察路况的主要途径。

A. 平头或短头驾驶室和整体式曲面风挡玻璃，使驾驶员前方视野开阔、清晰、失真小。

B. 高大汽车如商用车的驾驶员，坐得高就可以越过其他车辆、行人或隔离带等看到远处的路况，而低矮车辆的驾驶员不易发现隐蔽的危险。

C. 驾驶室驾驶员头部前移，可在风挡玻璃尺寸不变的情况下进一步增大视野，驾驶员头部上下左右移动也可看到更多路况。

D. 由于驾驶员靠左，所以当车前有汽车遮挡时，驾驶员观察右前方更困难，需要副驾驶座位的乘客帮助或借助摄像头等。

E. 安全玻璃不易破碎，即使破碎也不产生尖锐的碎片而且碎片大部分不乱飞。

F. 区域钢化玻璃破碎时，仍在视区内保留有一定数量的形状规则的大碎片，依然可以提供一定的能见度和视野。

G. 玻璃镀膜结合殊氟素离子，并添加特别的耐磨剂，使其在前挡玻璃上面形成一层超薄的特殊镀膜层，产生较强的拒水效果，因而雨水落在车窗玻璃后能迅速结成水珠并被行驶产生的风力吹走，车速的加快，这种除水效果也更为明显。

② 雨刮器、喷林器和雾灯让汽车在雨雾天也能看清路况；前照灯清洗器保障了雨雪沙尘天气中照明。

③ 遮阳板或遮阳帘，配合太阳镜，再加涂色玻璃或贴膜遮挡阳光，对面汽车的前照灯照度和方向符合法规，也可避免驾驶员炫目。

④ 盲区镜。让驾驶员能直观看到车前和两前侧角的贴近部位。比起雷达和摄像头，造价低廉，但外观尺寸大、空气阻力大，往往自身会成为碰撞对象。

⑤ 前照灯。让黑暗中的驾驶员能看清前方路况，自动点亮和调整亮度的前照灯使穿越涵洞和夜间行车变得简单，自动调整俯仰的前照灯在起伏路段仍能提供有效照明。对面车辆的前照灯也能早早提示驾驶员注意其存在。

⑥ 测距雷达。

A. 雷达测距原理。发生器不断地发射出射线，遇到障碍物后反射回来，接收器接收到反射线，并将其转换为电信号；接收时刻与发射时刻比较得到射线传播时间，射线传播时间与传播速度乘积的一半即为距离；根据不同时间的距离可以计算出相对速度，而依据多普勒原理，用回射线频率的变化，就可以直接计算出目标对雷达的相对速度；计算机根据距离和相对速度及本身速度，就可分析出应采取什么方式避险。

B. 测定汽车的安全距离。目前一般采用的技术有超声波测距、微波雷达测距和激光测距三种。超声波以音速传播，速度慢、直线性差、作用距离近，不适应高速运行时测距，但由于成本低廉而且耐脏污，对环境影响也小，应用较多，主要用于低速的泊车辅助和拥堵辅助系统；微波和激光是光速传播的，直线传播方向性好、距离远，特别适用于高速防撞测距。

a. 超声波雷达系统。如图 9-14 所示，雷达就是根据蝙蝠利用超声波测距和定位发明的，汽车一般采用中心频率为 40kHz 的超声波，灵敏度为 −78dB，探测垂直角度为 55°，水平角度为 120°，测距显示范围为 0.5~9.9m。

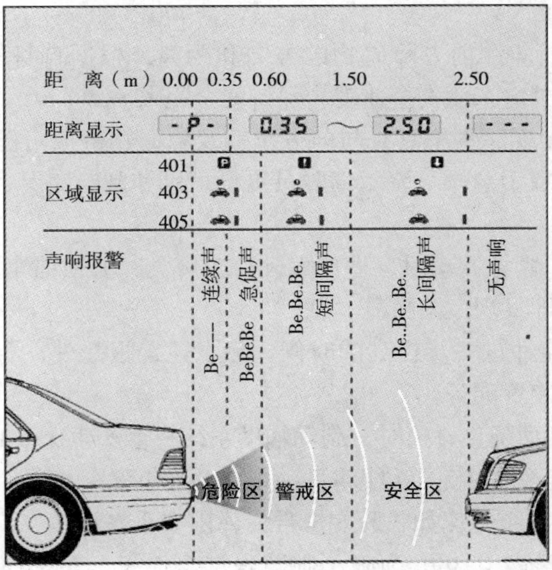

图9-14　超声波雷达

b. 微波雷达。微波发射频率为 24.125GHz，最大作用距离达 150m，作用距离不小于 100m 时，误差为 ±0.5m；但微波对电磁环境影响大，特别是对微波通信干扰较大而受到限制。

c. 激光雷达。最早的前方用激光雷达都是发出多股激光光束，并依靠前行车反光镜的反射时间来测定其距离，检测距离约 100m，最大检测宽度 35m 以上，三个激光束中的左右激光束，取 35m 以上，宽度控制在 3.5m，中央激光束的检测距离取 80m 以上，这样就能够更早地检测插入车流的车辆，并发出警报，同时它还能抑制弯道上的标识物而发出报警，使之达到最优状态。

由于要对前方车辆进行辨别，因而开始采用扫描式激光雷达，如图 9-15 所示，分辨率为 4cm，角度为 0.1°~1°，探测距离 0.3~200m，不但至前方车的距离可测，而且其横向方向的位置也可以检测出来，具有240°的宽视角，进一步发展可使扫描角度成360°。激光扫描仪宽阔的水平视野，允许快速、容易地评估状况，即使与目标物重叠的宽度仍然是最小的；计算考虑到车流占用宽度和左右移动选择，车辆会用最大制动力停止；大视野能及时扫描、检测车辆切入和快速侧面的速度。

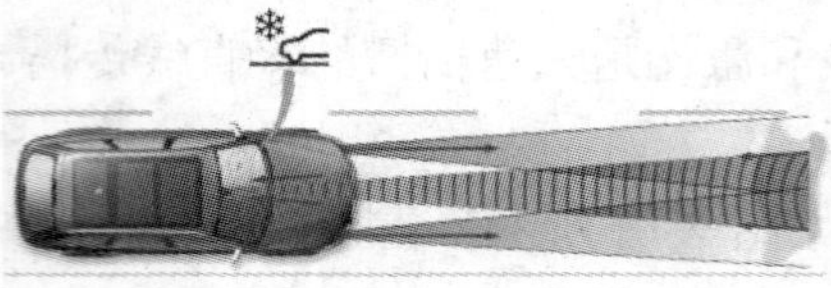

图9-15　扫描式激光雷达测距

C. 作用

a. 测距雷达不断监测前方障碍物的方向和距离，根据自身的车速、前车的距离、角度及道路等情况，判定车辆安全速度，保持安全距离。

b. 当系统判断发现，本车具有与前方车辆及障碍物碰撞可能性的时候，仪表台上会有鸣响和闪烁灯光或示意图，警示驾驶员更早识别和判断路况，或者自动降低发动机转速。

c. 当前面的车子紧急制动时，即使驾驶员未警觉，哪怕前车制动灯损坏，“车距监控防撞系统”也会立即发现危险报警。

d. 当碰撞的可能性进一步提高的时候，除上述警报之外，有的汽车还会自动进行悬架控制和制动辅助装置准备。

e. 当驾驶者踩制动防止碰撞时，制动辅助系统将会产生比平时更大的制动力。

f. 如果最后碰撞不可避免，系统将进一步自动加大安全控制，制动器自动进行制动，提前300ms启动安全系统，比如收紧安全带，弹出安全气囊。

g. 若前方无障碍物（100m为限）则警告灯会熄灭，车子便会加速至预设的巡航速度。

h. 自动跟随式巡航系统，选定好跟随的汽车以后，被跟随的汽车就成了后面汽车的“目标车”，无论是加速、减速，还是停车、启动，后面的汽车都能在瞬间之内予以模仿；如果前面的汽车在行驶一段时间之后，不再适合于自己的“目标车”，驾驶者可以重新选择另一辆“目标车”。

i. 交通堵塞辅助。对时速为0~30km/h的典型交通堵塞来说最为理想。在道路拥挤和狭窄地段移动车辆时，激光扫描仪检测车辆前部0.3~30m范围，分析目标外形、速度和肢体移动，能可靠地识别人和其他物体，也能计算出事故范围和报警，有效减少前方碰撞事故的发生。还能使驾驶员在路上消除不断停车、起步操作的烦恼，驾驶员只需要掌握方向。

⑦ 摄像头。摄像装置如图9-16所示，安装在汽车两侧或车顶等处的前向摄像头、

安装在车后的倒车摄像头以及侧视摄像头，有些车还配备车内摄像头，使驾驶员能够坐在原位置只需看显示屏，就能一目了然地从其他视角了解更多路况信息，特别是绕过本车和其他车辆，提前看到隐蔽处的汽车或行人，方便地采取安全措施。现在摄像头大都附带夜视功能，光线暗时也能工作。另外摄像系统与汽车行驶记录仪结合，交通违章、交通事故或治安案件等被摄像系统记录后，可以重现其真实过程，为后续处理提供铁证。

图9-16　摄像头

⑧ 夜视仪。有夜视性能摄像系统，如图 9-17 所示，不但可以在不宜开灯的情况下能提供路况，而且夜视仪能显示比同时打开的前照灯照射范围还远数倍的情况；更让人高兴的是在雨雪雾霾和沙尘天气也能提供路况，被动式红外夜视仪还可帮助驾驶员“透过”障碍物，发现后方的汽车和行人。

图9-17　夜视系统

⑨ 导航仪。

A．必要性。

a．提供地图服务。随着社会经济的飞速发展，人们活动的区域越来越大，各地道路也日新月异，人们常常要去往陌生地点或行经不熟悉的路段，迷路情况屡有发生，而驾驶员往往不可能专门带着向导出行；导航仪通过图像和语音提醒驾驶员，除了提供高分辨率电子地图、实时航拍地图甚至三维地图供查询外，还提供实时定位路线规划、偏航提醒和路线自动调整等服务。

b. 导航仪让驾驶员随时了解汽车的位置、方向和速度，甚至雨雪雾霭天气或因拥堵等看不清地标的情况下，也能了解这些信息，避免走错路线。在此基础上发展出了超速提醒、疲劳提醒、偏航提醒和路线自动调整等服务。

c. 导航仪会提前数次用语音提醒驾驶员，准备转向改变道路，或者应当变更到特定的某个车道。驾驶员不需要过多观察路标，只需专注于观察周围路况和操控汽车沿提示路线行驶。

d. 导航仪可提醒驾驶员前方有限行路、限制转弯路口、限速地段、监控摄像头等管理信息。

e. 导航仪可以随时帮助驾驶员寻找附近加油站、停车场、服务区、便利店或公共厕所等服务地点，提供它们的方向、距离和路线。

f. 导航仪的联网实时路况地图或交通广播，还可告诉驾驶员附近哪些道路拥堵哪些道路畅通，以便选择绕道行驶。

g. 导航仪有跟踪定位、网上寻车、偏离区域提醒、遥控停车等功能。

h. 导航仪也能帮助乘客和行人了解实时位置和路线。

i. 导航仪还有视频播放、电子书、MP3、游戏等附加功能。

B. 导航仪分类。

a. 车载 DVD 导航仪。如图 9-18 所示，安装在汽车中控台，一般是汽车出厂自带，不过由于价格问题，现在越来越多人选择自行购买安装此类导航仪。由于是内嵌式的，并且专车专用，所以对汽车内部装饰的一体性很好。缺点就是安装不方便，不具便携性以及价格偏高。

图9-18　车载导航仪

b. 便携式导航仪。外观和普通 MP4 完全没有区别。弥补了车载 DVD 导航仪的缺点，配置摆放灵活性大大提高，一般是靠一个支架吸盘吸附在前挡风玻璃上。地图升级，信息更新等十分方便。一般都有内置电池，不过因为 GPS 模块十分耗电，成本控制，加上也没有长时间电池续航的需要等因素，便携式导航仪一般都不具备很长时间的电池续航能力，一般在 2h 以内，一般依靠汽车点烟器供电。

c. 手持式导航仪。外观众多，类似仪器，对 GPS 定位精度要求较高，适用于相关专业领域以及 GPS 爱好者，价格较高。

d. GPS 导航手机。现在市面上的导航手机分为两类，一类是真正的通过太空中的卫星进行 GPS 导航，误差 3~5m；另一类是通过基站和网络进行粗略的导航，称为

A-GPS，这种导航没有真正的通过卫星 GPS 导航的精确，一般定位误差为 100m。

⑩ 行车记录仪。俗称汽车黑匣子，与行车电脑等配合，可以记录车辆技术状态、驾驶员信息、行驶路线、实时车速、操控动作、声音、录像等数据，具备定时上报、实时定位跟踪、区域限速、越界报警、轨迹回放、紧急报警、远程断油断电、信息调度、油量统计、图像监控、实时定位跟踪、疲劳报警等功能，能够为运营事件的调查处理提供证据。

⑪ 汽车独特的外形、鲜明的色彩、个性化的外饰、反光条、专用警示灯和其他灯光信号等，可提醒其他交通参与者更多注意本车；但吸引别人过分长时间关注，有时反而引发碰撞事故，所以也应注意简洁。

2）侧视方面。

① 偏后、细长或者镂空的 A 立柱，配合曲面风挡玻璃，以及靠后的长头驾驶室，可以保障对汽车左右侧前角部的观察；但要更早发现侧面障碍物前方的路况，靠前的平头驾驶室和大尺寸的侧窗玻璃更有效；细长或者镂空的侧面立柱，可保障侧窗视野的连续性。

② 两侧后视镜和盲区镜，更大的作用是减小了侧面盲区，汽车侧向摄像头也可提供侧面图像。

③ 车门灯、踏步灯和延时关闭的前照灯，方便夜间上下车。

④ 越线警示系统。该系统也是通过一台摄像机监测车辆在车道线之间的位置，当驾驶员无转向动作（如打转向灯）而汽车有自行越线危险时，提醒驾驶员或者自动调整方向保持车道。

⑤ 转向辅助前照灯。平时前照灯基本照向前方，对侧面照射受到法规限制，范围很小，以避免对对面车辆和行人的干扰并节省能量；但车要转向时，无法照亮内侧路面，容易引发事故。随动转向的前照灯，能够根据转向盘转动角度、车辆偏驶率和行驶速度，自动调整前照灯照射方向，保持与汽车即将行驶方向的一致；而转向辅助照明灯更简单，与转向信号灯并联，在打开转向信号灯或转向盘偏转到一定角度时，都可点亮内侧辅助照明灯照清道路，转向盘回正后自动熄灭。

⑥ 侧向摄像头。与前后摄像头配合，能够提供 360° 无盲区视野，在拥堵环境特别有用。

3）后视方面。据初步调查统计，15% 的汽车事故是由汽车倒车时“后视”效果不良造成的。因此，增强汽车的后视能力，对于提高行车安全，减轻驾驶员的劳动强度和心理压力，是十分重要的。

① 布置在车外的两个后视镜，是驾驶员了解后方情况的主要途径，但恰恰不能提供汽车正后方的情况。

② 车内后视镜可以补充汽车正后方的情况，但无法看到近处下方的路况。

③ 可调式后视镜，可以让驾驶员眼睛处于不同位置都能看到适当的侧后方范围。

④ 防炫目后视镜电化层使反射率根据后方光线的入射强度自动持续变化，以防止炫目。它由一面特殊镜子和两个光敏二极管及电子控制器组成。电子控制器接收光敏二极管送来的前射光和后射光信号，如果照射灯光照射在车内后视镜上，如后面灯光大于前面灯光，电子控制器将输出一个电压到导电层上。导电层上的这个电压改变镜面电化层颜色，电压越高，电化层颜色越深，此时即使再强的照射光照到后视镜上，经防炫目车内后视镜反射到驾驶员眼睛上则显示暗光，不会炫目。当车辆倒车时，防炫目车内后视镜防炫功能被解除，右外后视镜自动显示地面情况。倒车雷达帮助检查车后有无障碍物及障碍物的距离。

⑤ 采用真空电镀技术加大了镜面的密度，能够减少水珠的附着，从而达到不阻碍视野的功效，这使得驾驶者开车时不再需自己动手拭擦后视镜上的水珠。

⑥ 后方雷达。也称倒车雷达，在中高档乘用车上已经普及，帮助驾驶员确定后方有无障碍物，还能提示障碍物的距离，避免倒车时发生碰撞。另外车后有被追尾危险时，远距离后方雷达也可以发现并自动打开制动灯，提醒后方车辆注意，同时内置在座椅头枕中的传感器自动检测头部位置，在碰撞前使“预防碰撞智能头枕”移动到恰当位置，从而减轻追尾时引起的颈椎扭伤。

⑦ 后方摄像头让驾驶员更能身临其境。

⑧ 制动灯、转向灯、示廓灯可以提醒后方的交通参与者注意本车动向。频闪制动灯控制器在紧急制动时，在微秒级的时间内接通闪光制动灯控制器，并使其启动；制动灯连续发出闪光信号，以警示后方车辆采取避让措施，从而最大限度地降低事故发生的概率。为达到既能警示后车注意，同时又保留已经延用了近百年的传统制动信号，驾驶者每次踩下制动后，制动灯都会频闪 5 下，然后长亮。在能见度不佳的暴雨天，它的存在，更为后车起到提醒作用。

4）车内方面。

① 警示灯。色彩鲜明、简洁形象，再配合警告声，及时提醒驾驶员注意。

② 指针式仪表。直观简洁，便于对重要参数的定性观察。

③ 显示屏。位置适当、内容丰富、数据精确，而且也能以图形方式显示，方便了驾驶员。

④ 相对独立的驾驶室和简单朴素的装饰。都可避免对驾驶员视线的干扰。

⑤ 驾驶员疲劳警示控制系统。该系统由一个摄像头、若干传感器和一个控制单元组成。摄像头装在风挡和车内后视镜之间，不断测量汽车与车道标志之间的距离；传感器记录汽车的运动；控制单元储存该信息并计算是否有失去对汽车控制的危险。如果评估的结果是高风险，即通过声音信号向驾驶员发出警示。

（2）听觉安全系统。

1）喇叭和专用语音报警器，可以提醒行人和其他车辆注意本车的来临、转向和倒车。

前车向后溜车时也可鸣喇叭。

2）驾乘室隔音需适度，既要减少车外噪声，也要能听到车外的警示声。

3）乘员使用的音像系统可由驾驶员强行控制或与驾驶舱相对独立，以免干扰驾驶员。

4）发动机舱隔音必须良好，不但对本车有利，也减少了环境噪声污染；采用后置发动机驾驶员几乎听不到发动机声，对乘客干扰也很小。

5）传动系、行驶系、制动系和转向系，以及车身电动机构，也应得到噪声控制和隔离。

6）当汽车的某些关键系统存在故障或隐患时，比如轮胎气压降低、制动气压过低、安全带未系、偏航等，特别是距离过近出现碰撞危险时，车内警报声应提示驾驶员。

7）轮胎防爆系统 RSC。系统中包含的轮胎压力监视器（TPI）通过不断比较各个轮胎的转速而对各个轮胎的气压进行监视。在车速超过 15km/h、轮胎压力下降幅度超过 30% 时，如果某个轮胎的转速发生不规则变化，系统将通过警告灯和声音信号提醒驾驶者注意。RSC 轮胎与传统轮胎的不同之处包括防爆特性、加强的侧壁、附加的气门嘴条带和高耐热性的合成橡胶材料。即使在轮胎压力完全消失的情况下，RSC 仍能够使驾驶者以中等车速继续驾驶车辆，而无需因轮胎漏气而不得不在一些有潜在事故风险的地点停车，例如狭窄而危险的位置、弯道上、高速公路上的施工路段、隧道中等。驾驶者可以将车辆驾驶到不太远的维修中心（不必一定是最近的维修中心），然后由维修车间的技师以更为稳妥的方式对轮胎进行更换，从而避免了由于亲自更换轮胎而占用的时间和带来的不便。最后，但也同样重要的一点是，车辆上不再需要放置备胎、汽车千斤顶以及其他更换轮胎所需的工具，这意味着车辆负载质量减轻，能够提高车辆性能，降低耗油量。

（3）触觉安全系统。

1）车上运动部件和高温或低温部件，应带安全防护罩。

2）手触摸的各个操控部件，都不能有尖角和锐边，不得相互干涉，相邻部件应有不同触感。

3）转向和行车制动系统应带有助力装置，最好助力程度可调节，并应提供路感反馈。

4）加速踏板阻力适中，变速杆自锁力适度，驻车制动杆带自动锁止装置。

5）其他按钮、旋钮和调整杆等，应手感适度、操作轻便而且自锁可靠。

（4）嗅觉安全系统。

1）燃油泄漏、排气不良、或汽车零部件发热烧蚀时，所发出的异常气味，驾驶员嗅到后能够警觉。

2）车上应配备灭火器，最好有自动断电断油功能，汽车应尽量采用阻燃材料制造，至少要减少燃烧产生各种有毒有害气体的量。

3）车外的尘土花粉，发动机的尾气、摩擦衬片的碎屑和气味、内饰件中的尘螨和挥发出的甲醛等气体、人身发出的各种气体，对驾乘人员都有毒害作用或影响，空调通风系统必须既要具备除异味功能，又要能让极少量异常气味适度传入引发警觉。

4）酒精检测系统可防止酒驾。当驾驶者按下遥控器上的“开门”按钮，酒精浓度感应器也随之启动，然后驾驶者对着小管口吹气，让气体通过吹管内部所含一组如同针头般大小的感知器，气体在经过判读后，结果会经由感应器上的小绿灯或小红灯显示出来。当显示绿灯时，钥匙将讯号传送至车辆的电子控制系统，也就是通过酒测，可以上路了；但是如果酒精超标，测试结果为红灯，车辆将维持在锁定状态，即使钥匙插入钥匙孔也无法发动车子。

2. 操控安全系统。帮助驾驶员可靠地控制行驶路线、车速或与前车的距离，在空间上或时间上与对方分离，就能避开碰撞危险。主要依靠转向系、制动系、行驶系和传动系与发动机。

（1）绕过危险的汽车转向系。

1）道路并不都是平直的，一般都有弯曲，在复杂路段更加曲折，为顺利到达目的地，还要经常改换道路，这要求汽车转向系必须灵活可靠，为避免因驾驶员疲劳影响安全，目前汽车都配置动力转向助力装置。

2）当旁边有空闲道路可供躲避时，驾驶员可迅速改换安全路线行驶，但是前提是必须事先确认有路可躲！因为在原路即使制动不及时造成碰撞，还要根据事故原因划分责任，而且汽车抗前方碰撞的能力更大些；若躲避后与在新道路内正常行驶的车辆行人相撞要负全部责任，而且总损失可能大得多。

3）转向绕路时，汽车横向移动距离不需要太大，往往只需一个车道宽甚至十几厘米就足够躲开危险了，配合制动减速，时间充裕得多，而且不需要转太大角度，一般不致于翻车，甚至乘客基本无感觉，可以说安全又舒适。

4）要让驾驶者能够在难以控制车辆的慌乱情况下把车辆安全地带离危险地带，以及将处于失控边缘的车辆给安全的带回到正常的行驶路线，或是预防车辆在极度操控时达到失控状况，必须保证方向不失控。

5）车身电子稳定系统。英文全称是 Electronic Stability Program，简称 ESP，是博世（Bosch）公司的专利。德国博世 ESP 系统包含 ABS（防抱死制动系统）及 ASR（防侧滑系统），是这两种系统功能上的延伸，也有公司称为“汽车动态控制系统（Vehicle Dynamics Control，简称 VDC）”。因此，ESP 称得上是当前汽车防滑装置的最高级形式。ESP 系统由控制单元及转向传感器（监测方向盘的转向角度）、车轮传感器（监测各个车轮的速度转动）、侧滑传感器（监测车体绕垂直轴线转动的状态）、横向加速度传感器（监测汽车转弯时的离心力）、加速踏板传感器、制动踏板传感器等组成。控制单元通过这些传感器的信号对车辆的运行状态进行判断，进而发出控制指令。ABS 及 ASR 的汽车只能被动地作出反应，而有 ESP 的汽车则能够探测和分析车况并纠正驾驶的错误，防患于未然。ESP 不但控制驱动轮，而且可控制从动轮。ESP 对过度转向或不足转向特别敏感，如后轮驱动汽车转弯太急离心力过大或驱动轮驱动力过大，造成附着力不足，出现向外侧甩尾的过多转向情况，此时 ESP 便会刹慢外侧的前轮来稳定车子；在前轮驱动常出现的转向过少时，为了校正循迹方向，ESP 则会刹慢内后轮，从而校正行驶方向；若由于加速过快而方向不稳，ESP 还会同时减小发动机输出的功率。同样当一边制动一边转向的时候 ESP 也会控制某些车轮增大制动力或者减小制动力让车子按照驾驶员的意图行进，从而校正行驶方向。当然，任何事物都有一个度的范围，如果驾车者盲目开快车，任何安全装置都难以保全；然后电脑就控制左后轮制动，产生一个拉力和一个扭力来对抗车头向右推的转向不足趋势。在博世公司之后，也有很多公司研发出了类似的系统，如日产研发的车辆行驶动力学调整系统（Vehicle Dynamic Control，简称 VDC），丰田研发的车辆稳定控制系统（Vehicle Stability Control 简称 VSC），本田研发的车辆稳定性控制系统（Vehicle Stability Assist Control，简称 VSA），宝马研发的动态稳定控制系统（Dynamic Stability Control，简称 DSC）等。它们虽然不完全相同，但基本上大同小异。

6）随速助力转向，这种助力转向的优点是，在低速行驶（如停车入位）时助力大，方向盘比较轻，操作灵活；而在高速行驶时助力小（这一点对安全是至关重要的），方向盘感觉比较重，会觉得车辆很稳，好掌握，不发飘。这个系统还有一个很大的优势，就是减小了助力系统的负荷，进而使得发动机省油。

7）翻车警告系统。当驾驶员在货车转弯和变换车道时速度过快的话，测力传感器便会触发驾驶室中的蜂鸣器和闪烁灯。如果这些还不能促使驾驶员减速，货车便会通过电子设备将发动机的速度降到空转。该系统还可以启动人们所熟知的发动机制动系统，即使驾驶员没有使用制动器制动，制动系统也可以利用发动机气缸中的压缩空气来降低货车的速度。

8）辅助泊车系统。泊车时，由于空间狭小，视野不良，操作难度大，很容易造成刮蹭事故，许多人驾车时比较害怕倒车泊车，新手更是如此。

① 车窗玻璃、后视镜、盲区镜、雷达、摄像头等和其他人员都可提供辅助。

② 自动泊车系统。如图 9-19 所示，借助雷达或摄像头工作，只需将车辆停在想用来停放车辆的车位前侧方，启动自动泊车系统后，车辆就会提示驾驶员或自动操纵方向盘甚至换档杆和制动器，将车辆引导至最佳位置。

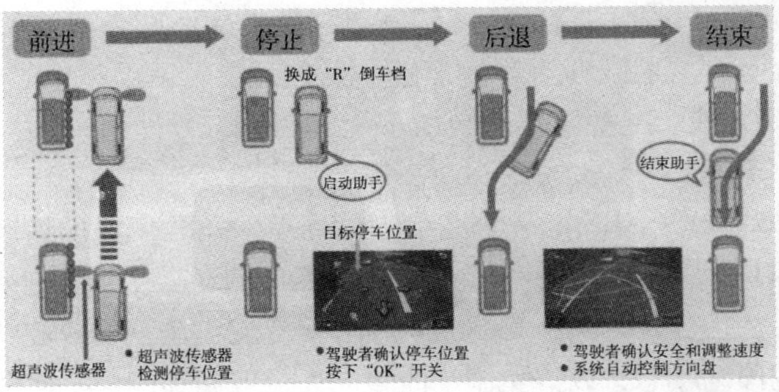

（a）

图9-19　自动泊车系统

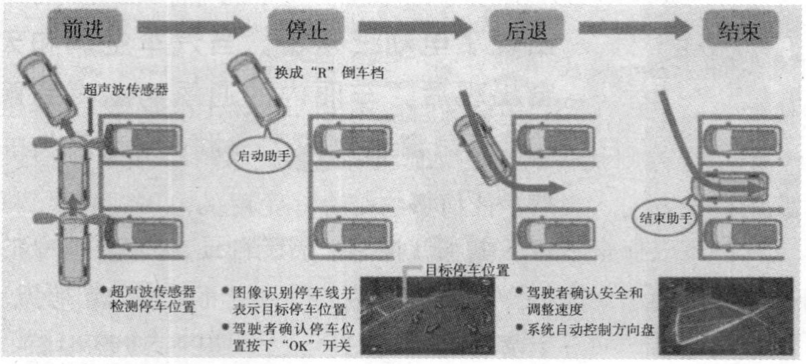

（b）

图9-19　自动泊车系统（续）

③ 遥控泊车系统。如图 9-20 所示，在车外安全方便的地点观察和控制，而且行驶方向有障碍时会自动停车防止碰撞。

图9-20　遥控泊车系统

（2）避免进入危险位置的汽车制动系统。在发现行驶方向有碰撞或其他危险时，如果汽车提前减速或停住，与前车拉开距离，不仅有机会避免碰撞，即使仍然发生碰撞，也可以减少碰撞时自身的动能，减轻碰撞程度，从而减少双方的损失；下长坡时为了避免车速过快不易操控，也要限制车速；另外还要保证已停止的汽车可靠地停放，这些都要依靠制动系统。配备防抱死制动系统、制动力分配系统等，可以保证制动更加可靠。

1）防抱死制动系统（ABS）。ABS 是 Antilock Brake System 的缩写，即“制动防抱死系统”，如图 9-21 所示。在没有 ABS 时，如果紧急制动会使轮胎抱死，造成跑偏或甩尾，制动的距离往往也变长。ABS 是通过控制各个车轮制动器的收放，使其不至于抱死而处于临界抱死的滚动状态，以避免制动时转向失灵或制动侧滑，保证制动时方向可靠性和接近最大的纵向制动效能。

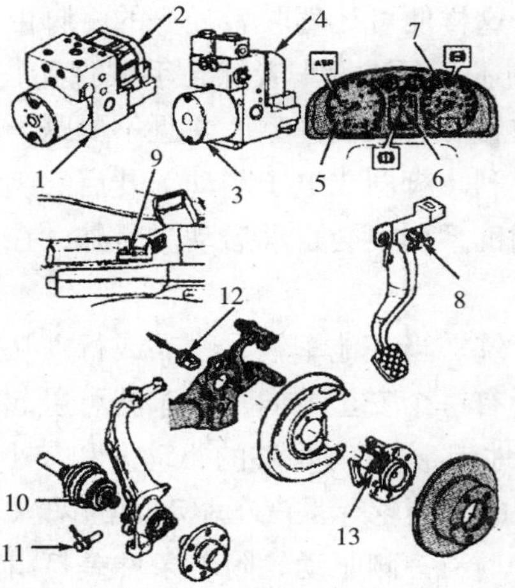

1—ABS液压单元；2—ABS控制模块；3—带EDL或EDL/TCS的ABS液压单元；4—带EDL或EDL/TCS的ABS控制模块；5—TCS指示灯；6—制动警告灯；7—ABS警告灯；8—制动灯开关；9—数据线接头；10—前传感器齿圈；11—前轮速传感器；12—后传感器齿圈；13—后轮速传感器

图9-21　防抱死制动系统（ABS）

2）电子制动力分配系统（EBD）。EBD的英文全称是Electric Brakeforce Distribution，中文直译为“电子制动力分配”。汽车制动时，如果四只轮胎附着地面的条件不同，就容易产生打滑、倾斜和侧翻等现象。EBD的功能就是在汽车制动的瞬间，高速计算出四个轮胎由于附着不同而导致的摩擦力数值，然后调整制动装置，达到制动力与摩擦力（牵引力）的匹配，以保证车辆的平稳安全。当紧急制动车轮抱死的情况下，EBD在ABS动作之前就已经平衡了每一个车轮的有效地面抓地力，可以防止出现甩尾和侧移，并缩短汽车制动距离。EBD实际上是ABS的辅助功能，它可以改善提高ABS的功效。

3）自动驻车系统。自动驻车英文名称为AUTOHOLD，是一种自动替你拉手刹的功能，启动该功能之后，比如在停车等红绿灯的时候，就相当于不用拉手刹了，这个功能特别适用于上下坡以及频繁起步停车的时候。传统的手刹在斜坡起步时需要依靠驾驶者通过手动释放手制动或者熟练的油门、离合配合来顺畅起步。而AUTOHOLD自动驻车功能通过坡度传感器由控制器给出准确的驻车力，在起动时，驻车控制单元通过离合器距离传感器、离合器啮合速度传感器、油门踏板传感器等提供的信息通过计算，当驱动力大于行驶阻力时自动释放驻车制动，从而使汽车能够平稳起步。就算平时在市区行驶的塞塞停停，只要你启用AUTOHOLD功能，便会启动相应的自动驻车功能。聪明的AUTOHOLD自动驻车功能可使车辆在等红灯或上下坡停车时自动启动四轮制动，即使在D档或是N档，你也无需一直脚踩制动或使用手刹，车子始终处于静止状态。当需要解除静止状态，也只需轻点油门即可解除制动。这一配置对于那些经常在城市里走走停停的车主来说确实实用，同时也减少了大家由于麻痹大意造成的一些不必要的事故。

4）上坡辅助系统（Hill-start Assist Control，HAC），是在ESP系统基础上衍生开发出来的一种功能，它可让车辆在不适用手刹情况下在坡上起步时，右脚离开制动踏板车辆仍能继续保持制动几秒，这样便可让驾驶者轻松的将脚由制动踏板转向油门踏板，以防止溜车而造成事故，并且还不会让驾车者感到手忙脚乱。上坡辅助系统的启动条件：首先，排档杆未处于P档位置（自动档车型）并且不要踩下油门踏板；此时车辆还需处于静止状态；操控者未将手刹（脚刹或电子制动）开启。满足以上这些条件时，操控者进一步踩下制动踏板上坡辅助系统便会自动启动。另外，在坡路上倒车时该系统同样起作用。

（3）逃离危险的动力系统。当其他车辆、物品或行人从某方向慢速袭来，或者有起火爆炸等严重情况时，只要有一个安全方向，汽车就可以起步加速，逃离极度危险的地带。汽车要通过或远离危险地带，必须有足够的驱动力和较小的行驶阻力，强劲的发动机、可靠的传动系统和附着良好的驱动轮等是汽车驱动力的来源。

1）电子差速器（EDL）。当一侧驱动轮附着条件差打滑时，由于普通差速器总是将驱动力矩平均分给两侧车轮，结果造成未打滑的另一驱动轮也无法得到大于打滑侧驱动力，电子差速器（EDL）适度制动打滑一侧驱动轮，另一侧的驱动力矩就将在打滑侧驱动力矩基础上，再增大一个等于上述制动力矩的值，使总体驱动力增大。

2）牵引力控制系统（TCS）。也称防滑驱动系统（ASR），当驾驶员在光滑路面上过分踩下油门时，会造成车轮的过分滑转，不但无法尽快加速，还容易自行改变方向。牵引力控制系统（TCS）也称防滑驱动系统（ASR），通过自动施加部分制动或减少发动机功率输出的方式可使车轮的滑动率保持在最佳范围内，由此可防止驾驶员过分踩下油门踏板所带来的负效应，获得较好的行驶安全性及良好的起步加速性能。它的另一优点是可减少轮胎及动力传动系统的磨损。依靠电子传感器探测到从动轮速度低于驱动轮时（这是打滑的特征），就会发出一个信号，调节点火时间、减小气门开度、减小油门、降档或制动车轮，从而使车轮不再打滑。它和ABS可共用车轴上的轮速传感器，并与行车电脑连接，不断监视各轮转速，当在低速发现打滑时，TCS会立刻通知ABS动作来减低此车轮的打滑。若在高速发现打滑时，TCS立即向行车电脑发出指令，指挥发动机降速或变速器降档，使打滑车轮不再打滑，防止车辆失控甩尾。此系统也可以兼有巡航控制功能。

3．环境安全系统。主要是减轻对环境的破坏。

（1）汽车对不可再生的化石燃料的消耗和对大气的污染问题日益凸显，不但各地政府不断制定日益严格的法律法规加以限制，而且油耗多费用高，尾气污染首先危害而且危害最多的是本车人员，所以汽车节能减排技术也是安全技术之一。

（2）汽车和零部件报废拆解，以及汽车维修过程中，产生的废气、废水和不可再利用的废物，都严重污染环境，必须采取措施提高回收利用率、积极治理污染。

（3）汽车运转噪声和电磁波等，对车内外人员和设备都有危害，许多汽车已经采取了许多降低排放量和隔绝的措施。

（四）被动安全系统。是在事故发生时或发生后才起作用，保护双方车辆、人员或物品，减小事故损失。由于国际汽车界对于被动安全已经有着非常详细的测试细节的规定，所以在某种程度上，被动安全是可以量化的。但在这方面不同的公司有不同的强调侧面。当然并不是说事故发生时或发生后起作用的只是被动安全系统，有些主动安全系统，比如制动和转向系统，到事故发生时仍可继续起作用。

1．新车碰撞测试 NCAP 是对汽车抗碰撞被动安全系统性能好坏最直观的测试，全称为 New Car Assessment Program，简称 NCAP。一般由政府或具有权威性的组织机构，按照比国家法规更严格的方法对在市场上销售的车型进行碰撞安全性能测试、评分和划分星级，向社会公开评价结果。由于这样的测试公开、严格、客观，为消费者所关心，也成为汽车企业产品开发的重要规范，对提高汽车安全性能作用显著，每次 NCAP 的结果发布都是对企业与产品的衡量和考验，成为促进企业提高产品安全性能的动力。

（1）国外新车碰撞测试。

1）1978 年，作为美国政府部门汽车安全的最高主管机关，美国高速公路交通安全管理局（NHTSA）就开始对国内常见车型进行碰撞测试，利用假人模拟驾驶员和乘客体验对人体的损伤轻重。当时的测试方法很简单，让汽车以 56km/h 的速度正面撞向一个固定墙壁，如图 9-22 所示，随后结果公布给消费者以作参考。从此以后，世界各大厂商开始注重车辆的安全结构，其他国家和地区也效仿此标准制定了自己的 NCAP 程序，现在汽车的安全性和碰撞标准日益提高，很大程度上归功于 NHTSA 的测试。

图9-22　新车100%正面碰撞

2）NHTSA-NCAP 的侧面碰撞也很著名，不像其他国家垂直碰撞，而是用试验车以 62km/h 的速度，从 27° 的角度冲向车身的驾驶员一侧，模拟典型的十字路口碰撞事故，如图 9-23 所示，这种交通事故在现实中很普遍，因此该试验很有代表意义。

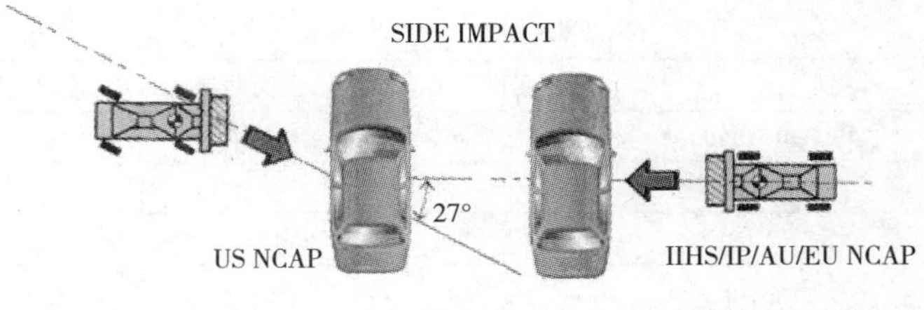

图9-23　27° 侧面碰撞与垂直侧撞

3）翻滚试验，如图 9-24 所示。

图9-24　翻滚试验

4）在实际交通事故中，还有一种交通事故形式发生的比例很高，就是汽车撞在树上或电线杆等柱状物，这种碰撞形式的致死率和重伤率都很高，2009 年起，NHTSA-NCAP 新增加了柱碰试验：试验车辆以 32km/h 的速度和 75° 的角度，撞击静止的直径为 25cm 的柱壁障，如图 9-25 所示，NHTSA 认为这种试验形式能更好地模拟实际路面上的交通事故。现在很多 NCAP 机构都在探讨采用柱碰试验的可能性。

图9-25　柱状物碰撞

5）主动安全辅助设施被列为加分项，ESP（车辆稳定系统）、FCW（前碰预警系统）、LDW（变道警告系统）列为其新的考核项目，见表 9-1；另外，安全带提醒和侧面、头部安全气囊被列为额外的加分项目。

表9-1　NHTSA 新标准新车撞击测试结果

品　牌	车　型	正面撞击	侧面撞击	翻滚风险	总体评价
Audi	A4 Avant Wagon	4	5	5	4
Audi	A4 FWD	4	5	5	4
Audi	S4 FWD	4	5	5	4
BMW	5系	4	5	5	5

续表

品　牌	车　型	正面撞击	侧面撞击	翻滚风险	总体评价
Chevrolet	Malibu FWD	4	5	4	4
Ford	Fiesta嘉年华	4	5	4	4
Hyundai	Sonata 新索纳塔	4	5	5	5
Infiniti	M37	4	5	4	4
Nissan	Versa颐达	3	2	4	2
Subaru	Legacy力狮	4	4	5	4
Subaru	Outback傲虎	4	4	4	4
Toyota	Camry凯美瑞	3	3	4	3

6）面对更为苛刻的碰撞要求，之前在旧版标准中成绩较好的车型却显示出了一些不足，它们其中大部分由 5 星下降到 4 星，而美国的中型车销量冠军在新的测试中仅仅得到了 3 星的评价，日产 Versa（美版颐达）整体的评分最低，成绩仅为 2 星，这与它 ESC 为选配也有关系。当然，还是有部分车型经受住了新标准的考验，在首批送测的 55 辆新车中，宝马新 5 系和现代索纳塔 YF 都获得了 5 星的最高评价。

7）现在的新车碰撞测试今非昔比，随着时代的发展碰撞项目和测试标准也在不断升级，除了新车碰撞标准的鼻祖 NHTSA 之外，美国比较有名的还有 IIHS 测试。其他国家还有欧洲的 Euro-NCAP、日本的 J-NCAP、澳大利亚的 A-NCAP、拉丁美洲的 Latin NCAP 和中国的 C-NCAP。各国 NCAP 在组织实施方式、试验规程和评分方法上都有明显不同，这与各国在法规体系、道路交通事故统计和车辆状况等方面存在的差异密切相关。

8）美国公路安全保险协会 IIHS（Insurance Institute for Highway Safety）也是世界安全标准的重要组成部分。与国内碰撞测试不同的是，IIHS 只会选择最低配车型进行测试，如果厂家有要求，可以对选装后的高配车重新测试，但是成绩必须与低配车型一起公布。IIHS 以优秀（Good）、良好（Acceptable）、及格（Marginal）、差（Poor）四个级别分级评定。评测项目包括：前端侧角碰撞、侧面撞击、车顶强度测试和追尾对颈椎的影响。除了基本的测试之外，IIS 还时常会进行一些特殊的碰撞，比如会进行车辆的对撞来评测安全性能，以及 128km/h 的时速撞向不可移动固体墙，这都让我们看起来非常过瘾，但这也遭到了部分厂商的不满。IIHS 具有车顶强度试验，如图 9-26 所示，对车顶强度有着自己的评判标准，方法是，使用金属板以一定的角度和速度撞击车顶，然后测量车顶凹陷程度。评为“G”的条件是凹陷不超过 5 英寸，并且车顶必须能承受超过 4 倍于车重的碰撞力度。达到相同凹陷程度所能承受的强度为车重的 3.25 倍以上 4 倍以下时，评价为“A（Acceptable：允许范围内）”；2.5 倍以上 3.25 倍以下时，评价为“M（Marginal：允许范围最底线）”；不到 2.5 倍时，评价为“P（Poor：差）”。

图9-26 车顶强度试验

9）众所周知，Euro NCAP 的名气在全球是最大的，像日本、中国和澳大利亚等地制定碰撞标准时很大程度上都参考了欧洲测试项目，其中的测试项目也已经被人熟知。目前欧洲速度似乎有些保守，正面碰撞已经取消了 100% 重叠的正面碰撞项目，因为这在现实中大部分情况下不会发生，只保留了 40% 重叠的可变形壁障碰撞，速度为 64km/h；垂直侧面碰撞移动障碍的速度为 50km/h；柱状侧碰试验速度为 29km/h，固定硬度柱体直径 254mm；追尾测试（挥鞭效应），模拟车辆的追尾情况，并通过对驾驶员颈椎的保护来判断车辆的安全标准，主动头枕和座椅的设计在此碰撞中似乎能体现出价值；车辆在碰撞时对于行人的保护也是 Euro NCAP 考察的重点，车辆会以 40km/h 的速度撞向行人，结果以不同的颜色展示出来，这意味着，厂商在设计车辆时务必需要对车辆前部的结构进行优化，这样才有可能在 Euro NCAP 中获得高分。

10）日本车在全球汽车市场中占据了很高的地位，这在一定程度上也催生了日本汽车安全碰撞标准的诞生。J-NCAP 是由国家出资，国土交通省委托 NASVA（独立行政法人自动车事故对策机构）来进行的，它与 1995 年开始进行正面评价，1999 年开展侧面安全评价，试验结果每年春天进行公布。J-NCAP 很大程度上借鉴 E-NCAP 的规则，但又在此基础上加入自己的特色。J-NCAP 的碰撞项目速度普遍高于欧洲标准，包括正面 100% 重叠率的刚性壁障碰撞（55km/h），速度与欧洲标准相同的 40% 重叠率的可变形壁障碰撞（64km/h），侧面采用欧洲 ECER95 碰撞形态，速度为 55km/h；另外，行人保护（44km/h）和儿童座椅的速度（55km/h）在欧洲标准中也能见到，但日本的 J-NCAP 多了独有的 100km/h 行驶时的突然刹车的距离测试，并分别在干燥和湿滑的路面上进行；此外独特的 6 星评价体系也是它的特点之一。

11）表 9-2 是 5 个主流碰撞标准的简单总结，由此可以看出车辆的正面偏置碰撞和侧碰是每项标准都有的，而不同标准都有自己的一些特色，无论如何，这都是为了保护车内成员和行人的安全。虽然碰撞测试不能完全模拟真实情况下的交通事故，但在一定程度上越严格、越烦琐越好，例如凯美瑞在美国的 NHTSA 测试中仅为 3 星，而在 CNCAP 中的测试为 5 星。目的就是为了让大家更加清楚地了解各个碰撞标准和知晓其中的不同，当然，安全驾驶永远是最重要的，安全碰撞只是一个辅助的参考标准而已。

表9-2　各种新车撞击测试

	美国NHTSA	美国IIHS	日本J-NCAP	欧洲E-NCAP	中国C-NCAP
碰撞标准	56km/h正面碰撞	正面侧角碰撞64.4km/h	55km/h正碰	40%正碰，速度为64km/h	100%正面碰撞，50km/h
	27°侧面碰撞，速度为61.8km/h	侧碰49.8km/h	64km/h 40%正碰	侧碰，速度为50km/h	40%正面碰撞，速度56km/h
	75°柱状测试	挥鞭测试	55km/h侧碰	行人保护，速度为40km/h	侧面碰撞，速度为50km/h
	挥鞭测试	车顶强度测试	100km/h-0刹车距离测试	挥鞭测试	安全带提醒、侧气囊、气帘加分
	翻滚试验	车辆对撞、高速碰撞（非必须）	行人保护，速度为44km/h	儿童碰撞保护	
	ESP、FCW、LDW为加分项		儿童碰撞保护，速度为55km/h		

（2）中国新车碰撞测试C-NCAP（China-New Car Assessment Program）。

1）中国汽车技术研究中心，是目前国内唯一具有独立性的综合性汽车科研机构，是政府授权组织，制定中国汽车标准法规和参与国际协调的核心技术机构，在国内外汽车业界有很高的知名度。中国汽车技术研究中心在深入研究和分析国外NCAP的基础上，结合我国的汽车标准法规、道路交通实际情况和车型特征，并进行广泛的国内外技术交流和实际试验确定了C-NCAP的试验和评分规则。

2）汽研中心自1999年开始，已进行过几千车次的实车碰撞试验，在国内公认具有最为全面的汽车碰撞试验专业经验和技术，试验能力和条件在国际上也获得同行认可。

3）汽车企业普遍对C-NCAP的推出表示重视，认为对提高汽车安全性很有意义，也符合中国实际，肯定会成为企业产品开发的重要依据。C-NCAP在筹备过程中就已受到国外的关注，一些国外公司已经开始对应C-NCAP进行深入研究和试验，国外NCAP机构也对C-NCAP结合中国情况的试验和评分规程给予肯定。

4）C-NCAP是将在中国市场上购买的新车型，进行碰撞安全性能测试，评价结果按星级划分并公开发布，旨在给予消费者系统、客观的车辆信息，促进企业按照更高的安全标准开发和生产，从而有效减少道路交通事故的伤害及损失。

5）与我国现有汽车正面和侧面碰撞的强制性国家标准相比，不仅增加了偏置正面碰撞试验，还在两种正面碰撞试验中在第二排座椅增加假人放置，以及更为细致严格的测试项目，技术要求也非常全面。C-NCAP对试验假人及传感器的标定、测试设备、试验环境条件、试验车辆状态调整和试验过程控制的规定都要比国家标准更为严谨和苛刻，与国际水平一致。今后，C-NCAP还将随着技术的发展进行完善。

6）在碰撞安全标准方面国内起步较晚标准较低，欧洲、日本的测试标准都会由国家、行业协会、消费者等共同制定，C-NCAP很大程度上借鉴了欧洲Euro NCAP碰撞标准，但C-NCAP是机构自身制定的，碰撞内容更加简单，速度方面也要求更为宽松，在所有主流碰撞标准中，它的速度要求是最低的。另外C-NCAP不是由机构出资或政府的拨款进行，而是汽车厂商出资（包括三辆车和测试费），公平性值得怀疑；而且作为选配装置的安全带提醒和侧气囊等是C-NCAP的加分项，因此送测车辆的配置起到很关键的作用，在一定程度上显得不太合理。

7）C-NCAP 要求对一种车型进行车辆速度 50km/h 与刚性固定壁障 100% 重叠率的正面碰撞、车辆速度 56km/h 对可变形壁障 40% 重叠率的正面偏置碰撞、可变形移动壁障速度 50km/h 与车辆的侧面碰撞三种碰撞试验，根据试验数据计算各项试验得分和总分，由总分多少确定星级。评分规则非常细致严格，最高得分为 51 分。

① 正面 100% 重叠刚性壁障碰撞试验（50km/h），满分 16 分。

② 正面 40% 重叠可变形壁障碰撞试验（56km/h），满分 16 分。

③ 可变形壁障侧面碰撞试验（50km/h），满分 16 分。

④ 两个加分项：安全带提醒装置满分 2 分，侧面安全气囊和气帘 1 分。

8）碰撞星级共划分 6 个等级，见表 9-3。

表9-3　C-NCAP新车撞击测试星级评定标准

星　级	总　分
5+级	≥50分
5级	≥45且<50分
4级	≥40且<45分
3级	≥30且<40分
2级	≥15且<30分
1级	<15分

9）某汽车的测试结果如图 9-27 所示。

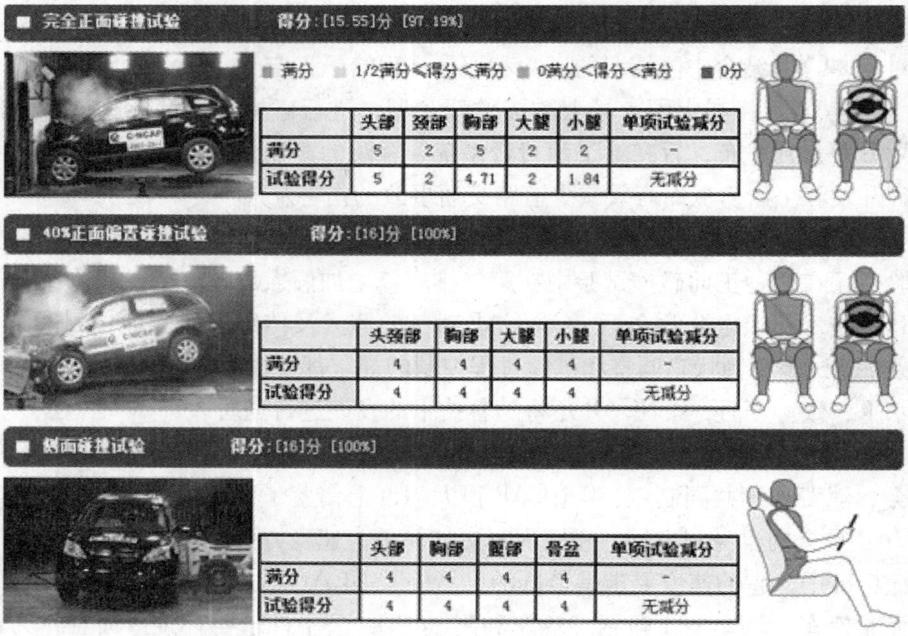

图9-27　某新车撞击测试结果

10）C-NCAP 主要针对乘用车（M1 类），并且是近两年内新上市且销量排名前列的车型。

① 小型乘用车——车长小于 4m，包括小型 MPV。

② A 类乘用车——两厢式乘用车及长度小于等于 4.5m，或排量不大于 1.6L 的三厢式乘用车。

③ B 类乘用车——长度大于 4.5m 且排量大于 1.6L 的乘用车。

④ 多功能乘用车——MPV（座椅多于 2 排）。

⑤ 运动型乘用车——SUV。

2．车身安全系统的两个学派。人乘坐汽车相当于“铁包肉”，汽车车身先于本车驾乘人员与对方车辆、物品或人员相碰撞，成为驾乘人员最重要的一道安全装甲。依照理念不同，车身安全系统存在“硬防护学派”与“软防护学派”之争，值得注意的是，软与硬的两派近年来一直在互相靠拢，两者的分歧也越来越小。

（1）车身被动安全之“硬防护学派”。

1）以德国车为代表的欧洲车是“硬防护派”的代表，大量采用整块钢板一体冲压成型或高质量激光焊接的部件，并安装了侧门防撞梁，如图 9-28 所示，其强度和刚度很高，特别是在与“软防护派”车相撞的事故中，“硬防护派”车可能表现出实验室里无法测试出的牢固度，这其中当然有偶然的成分，也有那些百年老厂的经验与智慧的因素在其中。

图9-28　侧门防撞梁

2）进行碰撞试验的都是设想两辆相同重量级的车相撞，但现实生活中，真正发生的碰撞事故往往是不同尺寸不同质量的车，不同汽车碰撞时，就像石头与鸡蛋相碰，往往都是较硬的汽车基本无恙甚至毫发无损，而软弱的一方则早已惨不忍睹，如图 9-29 所示。因为硬的、大的和较重的车会把更多的能量释放到较小的车。另外大车的保险杠相对较高，碰撞事故发生时，大车的保险杠会撞击到小车的保险杠之上，造成后者车体变形，这种气力冲进小车的脆弱部分会造成重大人身伤害。因此小车相对来说安全性能差一些，在马路交通事故中小型汽车乘员的死亡率几乎是大车的一倍。

3）汽车的驾乘室必须具有足够的强度和刚度，避免直接将乘员夹住甚至直接挤死，留下逃生或被救的机会。

图9-29　汽车对撞

4）物理学理论根据。

① 如果双方碰撞时间极短，外力可以忽略不计，那么碰撞前后动量守恒，也就是虽然双方受碰撞力的作用速度会改变，但碰撞前后各方质量与各自速度乘积的和不变，即

$m_1 v_{1\text{原}}+m_2v_{2\text{原}}=m_1v_{1\text{现}}+m_2v_{2\text{现}}$

那么双方速度变化值之间的比例是

$v_{1\text{变}}/v_{2\text{变}}=(v_{1\text{现}}-v_{1\text{原}})/(v_{2\text{现}}-v_{2\text{原}})=-m_2/m_1$

可以看出双方速度变化的绝对值与本身质量成反比。

② 如果双方碰撞时外力可以忽略，同时能量转换也可以忽略，那么碰撞前后动能也守恒，也就是碰撞前后各方质量与各自速度平方的乘积一半之和相等，可以看成双方发生的是完全弹性碰撞。即

$$\frac{1}{2}m_1 v_{1\text{原}}^2+\frac{1}{2}m_2v_{2\text{原}}^2=\frac{1}{2}m_1v_{1\text{现}}^2+\frac{1}{2}m_2v_{2\text{现}}^2$$

也就有

$(v_{1\text{现}}^2-v_{1\text{原}}^2)/(v_{2\text{现}}^2-v_{2\text{原}}^2)=-m_2/m_1$

③ 将动量守恒和动能守恒两方程联成方程组求解，就可以得出

$(v_{1\text{现}}^2-v_{1\text{原}}^2)/(v_{2\text{现}}^2-v_{2\text{原}}^2)=(v_{1\text{现}}-v_{1\text{原}})/(v_{2\text{现}}-v_{2\text{原}})$

$(v_{1\text{现}}^2-v_{1\text{原}}^2)/(v_{1\text{现}}-v_{1\text{原}})=(v_{2\text{现}}^2-v_{2\text{原}}^2)/(v_{2\text{现}}-v_{2\text{原}})$

$v_{1\text{现}}+v_{1\text{原}}=v_{2\text{现}}+v_{2\text{原}}$

$v_{2\text{现}}=v_{1\text{现}}+v_{1\text{原}}-v_{2\text{原}}$

④ 带入动量守恒方程

$(v_{1\text{现}}-v_{1\text{原}})/(v_{1\text{现}}+v_{1\text{原}}-v_{2\text{原}}-v_{2\text{原}})=-m_2/m_1$

$v_{1\text{现}}-v_{1\text{原}}=-m_2/m_1(v_{1\text{现}}+v_{1\text{原}}-2v_{2\text{原}})$

$=m_2/m_1(2v_{2\text{原}}-v_{1\text{现}}-v_{1\text{原}})=2v_{2\text{原}}m_2/m_1-v_{1\text{现}}m_2/m_1-v_{1\text{原}}m_2/m_1$

$v_{1\text{现}}=[2v_{2\text{原}}m_2/m_1-v_{1\text{原}}(m_2/m_1-1)]/(1+m_2/m_1)$

$=2v_{2\text{原}}m_2/m_1/(1+m_2/m_1)-v_{1\text{原}}(m_2/m_1-1)/(1+m_2/m_1)$

⑤ 可以进一步得出本车碰撞后的车速

$v_{1现}=2v_{2原}m_2/(m_1+m_2)+v_{1原}(m_1-m_2)/(m_1+m_2)$

⑥ 碰撞时，对本车人员的影响和伤害是最重要的，不是本车速度而是本车速度的变化值，也就是 $v_{1变}$。

$v_{1变}=v_{1现}-v_{1原}$

$=2v_{2原}m_2/(m_1+m_2)-2v_{1原}m_2/(m_1+m_2)$

$=2(v_{2原}m_2-v_{1原}m_1)/(m_1+m_2)$

$=2m_2(v_{2原}-v_{1原})/(m_1+m_2)$

⑦ 由此可以看出：

A．双方原速度差（要考虑方向）$(v_{2原}-v_{1原})$ 越小，新旧速度差也越小，人员伤亡要轻些。追尾时，双方原速度方向相同，要减小原速度差，后车必须尽可能减速，前车如有条件不宜制动，最好还能够加速逃离。

B．对撞时，双方原速度方向相反，原速度差是双方速度绝对值之和，双方都必须减速，甚至先停车的一方如果倒车躲避损失会更小。

C．当双方质量 m_1 与 m_2 相等时，$v_{1现}=v_{2原}$、$v_{2现}=v_{1原}$，双方交换速度。

D．在速度差不变的情况下，本车质量 m_1 越大或者对方质量 m_2 越小，本车速度变化值就越小，对本车人员的影响和伤害也就越小，或者说，重车与轻车相撞时，重车损失小于轻车。

E．这里还有一个在相等碰撞力的作用下，一方刚度和强度越大，变形量和破裂程度也较对方越轻的道理。

F．所以总质量较大、表面车身钢板较厚或骨架较硬的汽车，在碰撞总质量较小、表面车身钢板较薄或骨架较软的汽车时，总会把自己大部分能量传递给对方，而只接受对方的一小部分能量，自身速度变化小、内部变形量小而且人员损伤轻，显示安全性自然更高。

G．当然，当己方负有事故责任时，本方也要按责任比例承担对方损失额，但终究本方人员得到了更好的保护。而且当对方是无人的车辆或低价值物品时，总损失也会小很多。

H．相反情况，比如当汽车冲撞行人时，在速度差不变的情况下，汽车质量 m_1 越大或者行人质量 m_2 越小，汽车所受损失越小但行人伤亡会更惨重。

I．当撞击几乎原地不动的建筑物时，将以相反方向几乎等于原速度值的速度弹回，自身质量作用极微小。

5）汽车大部分零部件采用钢铁等硬金属制造，特别是车架、车身骨架、车桥、发动机和变速器等，这些都为汽车乘员和车辆本身提供了重要保障，为了进一步加强这一保障，汽车驾乘室和四周还专门作了强化，比如前后保险杠和车门防撞钢梁等。

（2）被动安全之“软防护学派”。以日本的丰田汽车公司为代表，认为不应把汽车做得过硬，相反驾乘室以外部分应该稍软一些，汽车的前后结构即要尽可能多地吸收撞击能量，又要控制受压各部件的变形形式和程度，防止车轮、变速器等刚性部件侵入驾驶室。让汽车“舍己救人”，通过自身的匮缩变形消耗掉一部分能量，碰撞后双方的剩余总动能就会减小，从而双方碰撞后速度变化值就比完全弹性碰撞时减小，车上乘员的损伤也能进一步减小，如图 9-30 所示。此外，汽车内部与乘员或货物的接触部件也应吸收碰撞能量。

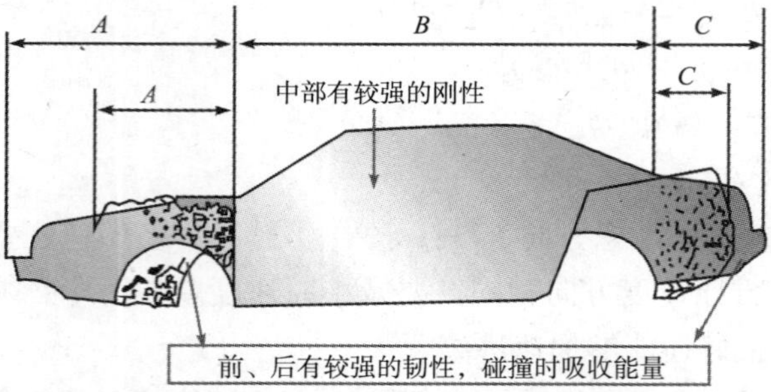

图9-30　乘用车车身各部分的力学特点

1）完全弹性变形碰撞时，动能转化为弹性势能后还要重新转变为动能将双方弹开；而如果发生完全塑性变形，碰撞后双方结合在一起，大部分动能将被变形所消耗，不再回弹开来，相当于减小了一半的损伤过程。

2）塑性变形实际上都是在弹性变形之后继续进行的，变形量继续增大，双方接近的时间也进一步延长。材料强度越低、截面尺寸越小、横向杆件距离固定端越远，或者说越软，同样撞击能量下变形量就越大，碰撞持续时间越长。

3）动量是与冲量相互转换的，改变相同动量所需的冲量相同，就是说力与时间的乘积也相同，碰撞力的大小与时间成反比；双方碰撞时间越长，碰撞力也就越小，所造成的伤害也越小。这就像人跳高时落在软垫上可减轻损伤一样。

4）双方碰撞时间越长，被制动摩擦力等其他作用力所消耗的动量就会多一些，剩余动量就会减小，也可以减少双方损失。

5）汽车并不是刚体，车上的乘员和货物更不都与汽车道路坚固连接在一起，其实是由碰撞部位开始逐渐相互运动依次变形的，如图 9-31 所示。

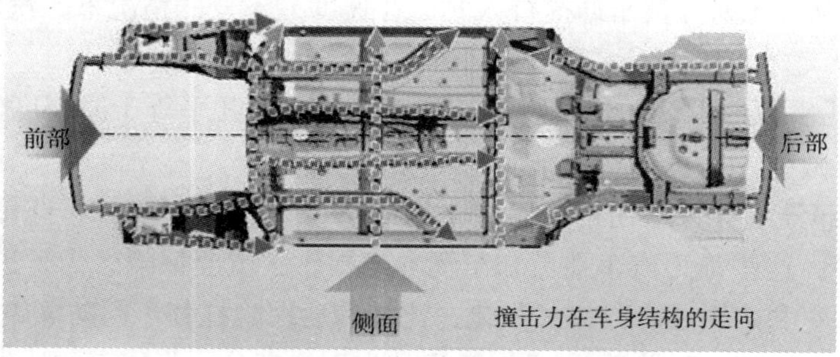

图9-31　碰撞传递

6）不同方向和大小的冲击力，由不同部位承受，因而各部分构件的刚度和强度要求不一样，如图 9-32 所示，经过精确设计变形吸能区的乘用车，可以准确预测在发生碰撞时车身的变形方向和程度。

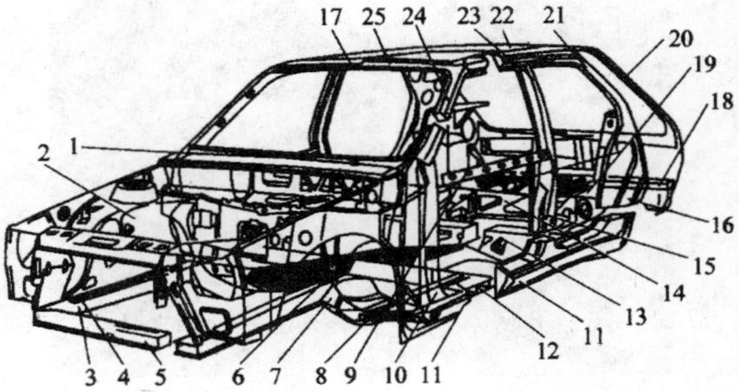

不同刚度车身构件的使用位置(不同方向冲击部位)

来自正面的冲击	来自横向的冲击	来自追尾的冲击	翻车时
1—前围横隔板	1—前围横隔板	6—底板中呈隧道状增强部位	17—焊接顶盖前横梁
2—前挡泥板	4—安全部位	11—双重门槛加强板	21—后柱上段
3—吸收冲击的前纵梁	5—前横梁	16—后柱下段	22—顶盖后横梁
4—安全部位	10—前门柱下段	18—后横梁	23—中柱上段
5—前横梁	11—双重门槛加强板	19—后围墙板	24—前柱上段
6—底板中呈隧道状增强部位	12—前座椅下横梁	20—背门框架	25—顶盖前加强筋
7—焊接侧构件	13—后座椅下横梁	□ 受冲击容易变形的部分	
8—横侧构件	14—后悬挂用横梁	■ 受冲击难以变形的部分	
9—前门加强梁	15—中柱下段		
10—前门柱下段	16—后柱下段		
11—双重门槛加强板	17—焊接顶盖前横梁		

图9-32　经过精确设计变形吸能区的乘用车

7）科学家在研究了数百起造成驾驶员死亡的车祸后发现，一辆速度 88km/h 的汽车从相撞到导致驾驶员死亡只需短短的 0.7s。

① 在第一个 1/10s，汽车前保险杠和“前脸”被撞毁；

② 在第二个 1/10s，虽然汽车大架已经停下来，但汽车的其他部件仍然在以 88km/h 的速度前行，这时驾驶员出于本能伸直双腿支撑，但双腿在膝关节处断裂；

③ 在第三个 1/10s，方向盘开始破碎，且方向盘轴已接触到驾驶员的胸腔；

④ 在第四个 1/10s，汽车前轮损毁，车体开始支解；

⑤ 在第五个 1/10s，驾驶员的躯体被方向盘轴刺穿，肺部开始出血；

⑥ 在第六个 1/10s，冲击来得更加剧烈，汽车大架挤压成原来的一半大小，驾驶员的头撞上了挡风玻璃；

⑦ 在第七个 1/10s，方向盘轴、车门断裂后挤压着驾驶员，但这已经不会再对驾驶员造成任何痛苦——因为他已经死了。

8）在这一思路的指导下，发生碰撞事故时车内乘员的保护主要通过车体结构的溃缩变形实现。

① 汽车前后以及侧面加装的“防撞杠”等，具有代替车体吸收碰撞能量的功能，特别是大货车侧面和后部加装的栏杆，如图 9-33 所示，可大大减轻乘用车碰撞的损失。

图9-33　碰撞防护栏杆

② 在车身外表面衬装的塑料或胶质饰板，如图 9-34 所示，不仅起到装饰和引导气流作用，也能缓和碰撞时的冲击。

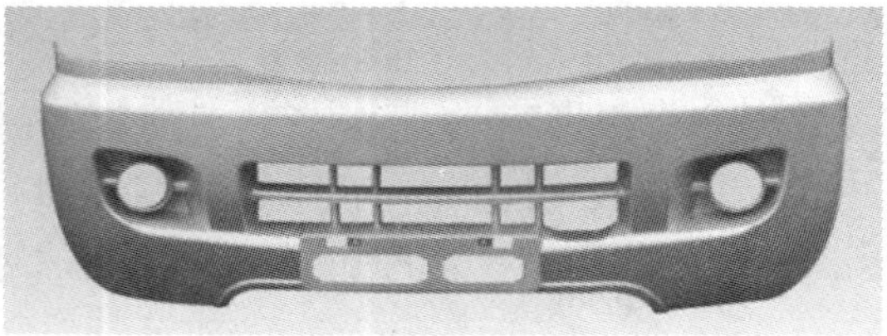

图9-34　外部装饰板

③ 在前后保险杠与外部装饰板之间等部位，铺设大块聚胺酯泡沫塑料，如图 9-35 所示，比起不铺设的汽车，能够吸收更多碰撞能量，这在美国等地已经属于法定装备。具有结构简单、质量轻、成本低，对上下左右各方向的碰撞均有能量吸收能力的特点。如进一步采用蜂窝状能量吸收装置，能量吸收效率更高，但费用大，变形后修复困难。

图9-35　抗碰撞吸能泡沫塑料

④ 有些汽车在纵梁前配置筒状能量吸收装置，通过油的黏性阻尼力抵抗碰撞，如图9-36所示，该装置吸收撞击能量吸收率高，车身部分变形量小，热敏性能稳定，对前面正碰撞的缓冲效果很好。

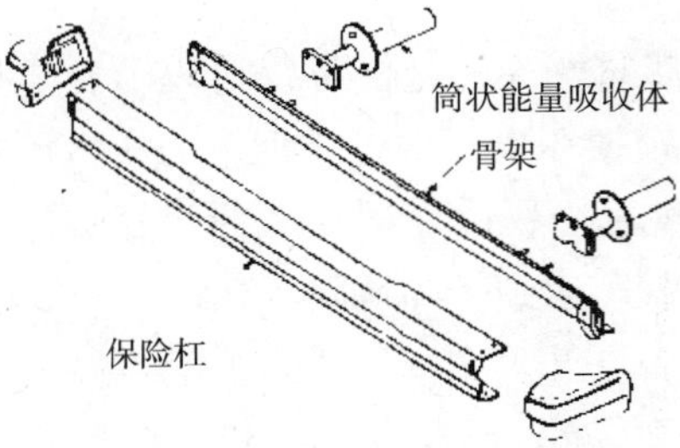

图9-36　前纵梁内配置弹簧和减振器

⑤ 有些汽车将前纵梁分成两段套装，碰撞时前段被挤压变细后穿过后段孔，起到缓冲效果。

⑥ 通过车架部分预先设定的褶皱，如图9-37所示，诱导汽车在特定部位发生塑性变形，能够大量吸收外力冲击的大部分。

图9-37　预设褶皱

⑦ 有些汽车，前置的发动机和变速器总成并不是与车架固定连接，而是采用非牢固连接，就像三明治内面部夹着馅料一样，在严重碰撞时可以脱开自行前冲，而减轻对驾乘室的牵连。

⑧ 汽车车架设计得在严重碰撞变形时下部更多溃缩，把前桥、发动机和变速器翻滚折叠到下方而将中部的驾乘室抬升起来，这样既避免坚硬的发动机和变速器挤压驾乘室，也给了驾乘室更大的缓冲距离。

⑨ 经常致使行人受伤的构件主要有前翼子板、前大灯、发动机罩、车轮、风窗玻璃等，这些构件不应制造得坚硬或尖锐，最好是柔软、平整而光滑。

⑩ 汽车转向盘柱等应采用可溃缩结构，避免直接穿刺驾驶员。

⑪ 车内座椅和装饰件等要采用柔软材料，不仅触感舒适，碰撞时也可以减轻人体的伤害。

⑫ 车内应避免添加尖锐的附件或装饰物。

⑬ 提供的储物空间应方便存放坚硬的随车物品。

3. 车门和车窗，座椅以及扶手、安全带和安全气囊，能够帮助乘员固定自己，可有效防止乘员与车内其他物品碰撞，并防止乘员被抛出车外。

（1）车门除了要有足够强度和刚度外，还必须可靠关好，而逃生救援时又要能方便打开。

1）汽车的大部分车门都向外开，这样不仅可以节省车内空间，而且当碰撞时车门与坚固的边框压紧，即使车锁损坏也不太可能把车门压入车内损伤乘员。

2）如车门未关到位，汽车会通过警报灯或蜂鸣器提醒；一般情况下驾乘人员可以方便地从内部打开车门，但汽车达到较高危险车速后，一般还会进一步自动落下中控锁，防止错误打开车门将人或物品甩出车外，而当车内乘坐学龄前儿童等人员时，还可以锁好设在后门内侧的“儿童锁”，如图 9-38 所示，使车内拉手无法打开车门，确保安全。

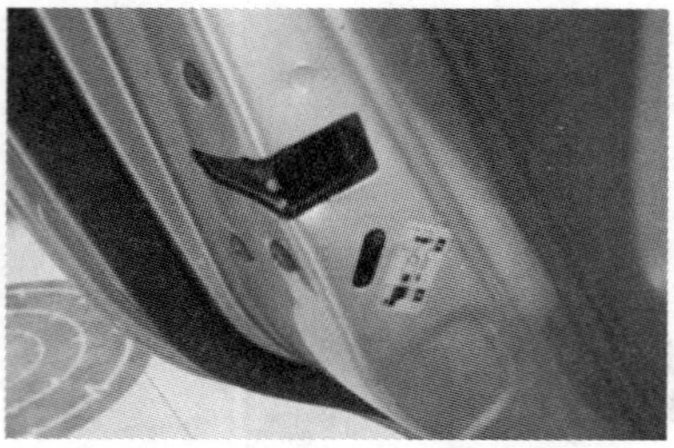

图9-38　儿童锁

3）车门落锁后，无钥匙一般无法从车外打开，但若碰撞后车内人员因伤病无法开门，就难以救援，所以中控锁都可在安全气囊系统碰撞传感器信号作用下自动打开。

（2）安全车窗。

1）安全玻璃。钢化玻璃破碎时分裂成许多无锐边的小块，不易伤人；夹层玻璃共有 3 层，中间层韧性强并有黏合作用，被撞击破坏时内层和外层仍粘附在中间层上，不易伤人。

2）防爆防砸膜应在玻璃内侧，一方面提高抗外部击打的能力，万一玻璃被击碎也会粘住破碎的玻璃碎块，避免碎块飞溅伤人；另一方面发生事故时，若汽车门窗无法打开，或者为了增加更快逃生的通道，驾乘人员可以更轻松地从车内击碎玻璃逃生，注意一般角落比中部更易击碎，如图 9-39 所示。

图9-39　用多功能逃生锤击破玻璃

3）能够开闭的车窗，虽然方便通风和伸手交费，但是危险时有可能将人或物品甩出，所以平时不要打开过多；另外开窗行车也增大油耗和噪声，现在汽车普遍配有空调系统，所以有些汽车的车窗更多改用了成本低廉而且能进一步增加车身强度和刚度的固定玻璃。有的车辆发生某种程度的侧滑时，侧窗和天窗会自动合上，这样事故发生时乘员就没有被抛出车外的危险，同时在侧撞和翻滚时窗框部位有更好的支撑保护作用，同时侧窗和天窗会保留大约5cm左右的缝隙，用于减缓安全气囊弹出时所带来的压力并便于救援。

4）乘用车车速高，车窗一般都是电动的，应能够由驾驶员集中控制锁止，还要有防夹伤功能。

（3）汽车座椅。

1）汽车座椅是驾乘人员固定的基础，骨架必须具有足够强度和刚度；而内部衬垫和面料必须柔软，才能起到缓冲作用。

2）扶手作为紧急自护用品，必须足够坚固，但要圆滑平整，不得有尖锐的棱角。

3）儿童安全座椅。独特的尺寸和结构更可以有效地减少婴幼儿受到的伤害。

4）安全带。当汽车发生碰撞事故的一瞬间，锁止织带防止乘员身体前倾，是有效保护乘员安全的最重要设施。

5）安全气囊。在猛烈撞击事故发生时，安全气囊提前打开，对在惯性作用下的人体头和胸部起缓冲作用。

6）乘员头颈保护系统（WHIPS）。被追尾时，身体在座椅椅背的支撑下随车往前运动，但头部通常与头枕留有一定的空间而没有支撑，在惯性的作用下猛烈后仰，速度极快，像鞭子一样往后甩，形成鞭打效应，导致的结果就是颈椎严重受伤；头颈保护系统会迅速上升并预防性前移头枕，然后整个靠背都会随乘坐者一起后倾，乘坐者的整个背部和靠背安稳地贴近在一起，靠背则会后倾以最大限度地降低头部向前甩的力量，座椅的椅背和头枕会向后水平移动，使身体的上部和头部得到轻柔、均衡地支撑与保护，以减轻脊椎以及颈部所承受的冲击力，并防止头部向后甩所带来伤害。

（4）可压缩式方向盘。在发生车祸时，方向盘自动短裂或弯折，以免刺入驾驶员的胸口。

（5）汽车抗燃烧性能好，可增加逃生机会。

（6）自动报警系统，可以在驾乘人员失去报警求救能力的情况下，自动提供帮助。

4. 行人保护系统。

（1）我国目前尚不发达的社会发展水平决定了许多人并不能乘坐或驾驶汽车出行，而是直接行走或驾驶自行车、其他非机动车或者摩托车，他们常常要与汽车同时使用同一条道路，难免会与汽车相撞。由于这些交通参与者明显轻小，而且得不到足够的外部保护，所以交通事故中行人死亡率一直占第一位，加强对这些易受伤害人员的保护，是降低居高不下的交通事故死亡人数的重要措施。

（2）因为碰撞行人往往造成严重伤亡，损失巨大，所以双方尽量及早发现危险，及时采取措施避免碰撞，汽车主要依靠各种主动安全系统。有些雷达、摄像头或夜视仪，能根据尺寸、形状和速度，自动识别行人或非机动车，警告驾驶员注意，如图 9-40 所示。

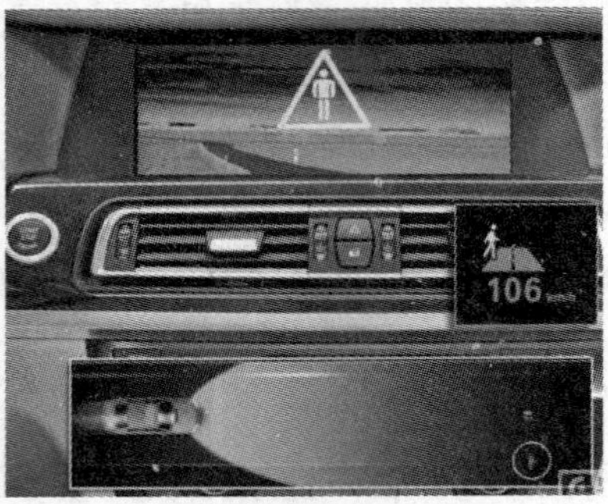

图9-40　夜视仪行人提示

（3）万一碰撞难以避免，汽车表面较柔软的外部附件特别是吸能保险杠，也可减轻行人伤亡。

（4）还可在汽车上安装专用的行人保护装置。

1）能自动弹起的发动机盖。如图 9-41 所示，装置弹升式发动机盖的目的就是在发动机盖与发动机之间保留一个缓冲区，以便阻止行人在被撞击后头部二次碰撞直接砸到坚硬的发动机部件。为达到保护行人的目的，发动机盖的前缘要具有圆滑的表面和柔性（包括在碰撞时前端迅速鼓起或在发动机舱零件和发动机盖前端的排气罩部分留出一定的空间以备变形），发动机盖本身要有 5.0~7.5cm 的变形量，通过变形吸收冲击能量以减少对大腿和头部的伤害。比如福特在捷豹 XK 上采用了爆发式行人撞击引擎盖抬升系统（PDBS：Pyrotechnic Pedestrian Deployable Bonnet System），借助于安装在发动机盖下面的火药，在撞击行人时爆炸，并以 50 倍的惊人重力加速度，在 30ms 的瞬间将发动机盖抬升 5.0~6.5cm，形成一道缓冲区，从而大幅降低了对行人的头部伤害。此外日产也采用了发动机盖弹升技术，在前保险杠内安装了碰撞传感器。如果检测到碰撞到行人，车辆就会自动启动发动机盖弹升控制模块，车内配备的弹射装置便可瞬间将发动机罩提高，以减小碰撞时对行人造成的伤害。

图9-41　自动弹起的发动机盖

2）行人安全气囊是车外安全气囊。工作方式与传统的汽车安全气囊一样，不同的是这个气囊可以对车外面的行人进行保护，或许能保住他的性命。

① 前围气囊。如图 9-42 所示，作用是对行人提供比自动弹起的发动机盖更好的碰撞保护。该气囊由传感器探测到行人与保险杠发生初始碰撞后触发。在行人翻到发动机罩上滚向前窗这段时间内，气囊完成充气，两个气囊沿前窗底部将左右 A 柱之间的汽车整个宽度完全覆盖，不仅能盖住前挡风玻璃底部，还可以盖住雨刷器摆轴与发动机罩支座等致命的“硬点”。不过，气囊不会完全遮挡住驾驶员的视线。

图9-42　前围气囊

② 发动机罩气囊。可以保证儿童头部和成人腿部的安全，与前围气囊配合使用效果更好，如图 9-43 所示。碰撞预警探测相当复杂，该装置集中装入保险杠内，在行人触及保险杠的瞬间，保险杠内藏推板迅速落下，阻止行人被撞倒在车底下，同时，装在保险杠上的传感器被触发，点火回路导通，引燃充气泵内的固体燃料，使得气囊打开。发动机罩气囊在保险杠上方紧靠保险杠处开始展开。碰撞前由一个碰撞预警传感器激发。50~70μs 内完成充气，保持充气状态时间可达数秒。充气后的安全气囊在前照灯之间的部位展开，由保险杠顶面向上伸展到发动机罩表面以上。气囊的折叠模式和断面设计保证了气囊展开时能与汽车前端的轮廓相结合。

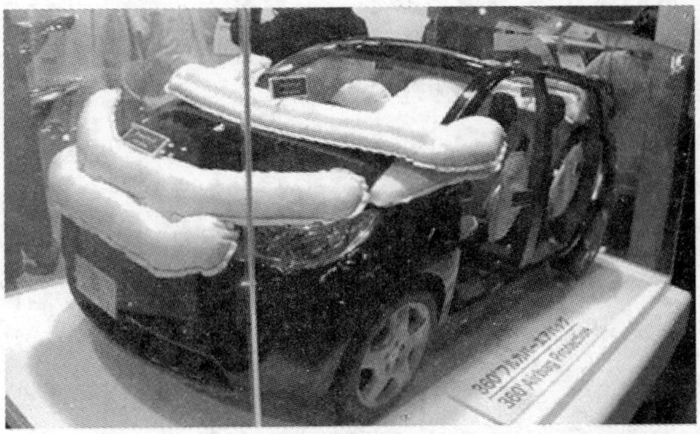

图9-43　发动机罩气囊和前围气囊结合使用

③ 国产 ASADB 行人主动保护防撞安全气囊，如图 9-44 所示，是经过 9 年多的时

间、上千次的研制和试验，现已达到设计要求，经实验证明，汽车行驶后，设定车速脉冲信号达到 50km/h 以上时，电路自动导通，同时安装在车体前的微波雷达探测器导通，当车前方出现障碍物时，能语言提示报警驾驶员、在突发事故或碰撞前能自动刹车或人工刹车，刹车后设定车速仍在 50km/h 以上，并微波雷达探测器探测障碍物距车前 3m 时，主动防撞安全气囊瞬间自动弹出，在车体前后形成充气框架式橡胶气囊，对道路行人、双方车内的乘员、驾驶员、车辆、物体及追尾车辆起到缓冲吸能保护作用，ASADB 行人主动保护防撞安全气囊，造价低廉，可反复使用，有多种控制方式：有全自动、刹车延时半自动和方向盘手动控制。

图9-44　国产ASADB行人主动保护防撞安全气囊

（五）汽车售后加装安全设备问题。

1. 后加装安全设备从理论上看是可行的，特别是已预留接线和加装位置的车型。

2. 从多方面考虑，不建议用户随意加装安全设备。

（1）功能不完善：现在市场上加装的安全气囊的优点是成本低、安装方便，缺点是控制系统不够精密、游离性较大、感知不够准确。在气囊的开发过程中，主机厂要投资上千万元，使用原车做不同速度、不同碰撞状态、不同身高体重乘员的碰撞实验，积累实验数据，控制气囊的起爆速度和起爆时间，避免气囊在车辆发生碰撞后对人造成二次伤害。后加装的安全气囊，由于缺少长时间的匹配试验，可能发生出现事故气囊却打不开或者紧急制动时气囊误开而造成驾驶员受伤。即使在主机厂指定的维修站，使用主机厂提供的配件，后加装安全设备是可行的，但加装的稳定性和可靠性仍不如主机厂。

（2）从成本考虑：后加装的成本已远远超出选装型与标准型之间的差价：加装气囊，需要更换仪表板、线束、电脑、气囊，价格在 6000 ~ 8000 元之间。而现在市场上的同品牌汽车，安装了单气囊的车型只比没有气囊的多出 2000 元。

（3）从工艺质量考虑：在主机厂的生产流水线上，工人在工艺文件的指导下，使用专用的夹具，每天执行同样的步骤，安装操作非常熟练；而维修站的工人可能一年才能碰上一件加装设备的工作，既没有工艺文件的指导，也没有专用的安装夹具。此外，生产流水线的工序安排是按照生产工艺统筹布置，最大限度地保证安装的顺序和质量。

（4）从年检考虑：车管所规定，对已领牌照汽车进行改装包括加装安全设备，按规定应先向登记车管所申报，其改装技术报告经车管所审查同意后，才可以进行改装。改装完之后，还需要经车管所检验，必要时进行试验，合格了才能办理改装变更手续，并不能凭个人喜好任意改动。

（5）从事故保险赔偿考虑：车主给上牌后的车辆加装各种装置，需要通过公安交通管理局车管所批准并经保险公司的核准，还要另外购买附加险中的新增设备损失险，才能确保出现事故后有获得赔偿新增设备损失的资格。一般来说，该附加险的保费大概是新增设备发票金额的1%。如果不经核准擅自加装的安全设备引起车辆事故，原汽车生产厂不再负责索赔，保险公司也可能会以车主擅自改变车辆安全结构为由不作赔偿，而让汽车改装店负起责任也不太现实，到时吃亏的恐怕还是车主本身。

@ 信 息

一、安全带

安全带是发生碰撞事故或实施紧急制动时保障驾驶员和乘客安全的重要工具，被称为汽车的“生命线”。

（一）安全带的重要性。

1. 高速行驶的汽车发生碰撞或紧急制动时，将产生巨大的惯性力，这个惯性力能使驾乘者与车内的方向盘、挡风玻璃、座椅靠背、车门等物体发生碰撞，甚至将驾乘者抛离座位或抛出车外。当汽车以48km/h速度发生正面碰撞时，若无安全气囊及安全带，驾驶员人体与方向盘接触处受力约90 000N，下肢多处骨折，头部和胸部的受伤程度大大超过允许程度，一般死亡在所难免；前排乘员除造成下肢骨折外，面部受伤严重，胸部受伤相对小些，但头部的损伤将导致乘员死亡。

2. 汽车安全带。与其他保护约束设施（如气囊）相比，具有安全可靠，价格低廉，安装简便等优点，被各国生产厂家普遍采用。实证证明：在发生交通事故时，对人们安全起最重要保障作用的正是我们最常见，也是最容易被忽视的安全装置——安全带，如图9-45所示。

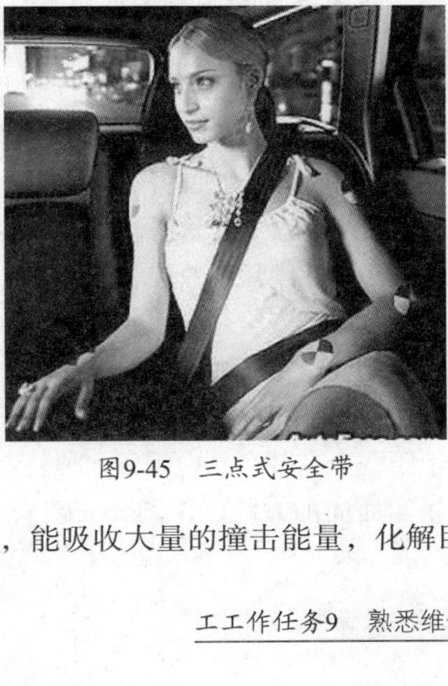

图9-45　三点式安全带

3. 安全带的缓冲作用，能吸收大量的撞击能量，化解巨大的惯性力，并将驾乘人员牢牢束缚在座位上，防止身体与车内坚硬物体碰撞或被抛出车外。

4. 统计数据表明，佩戴安全带使碰撞事故中乘员伤亡概率减小 15% ~ 30%，如图 9-46 所示。

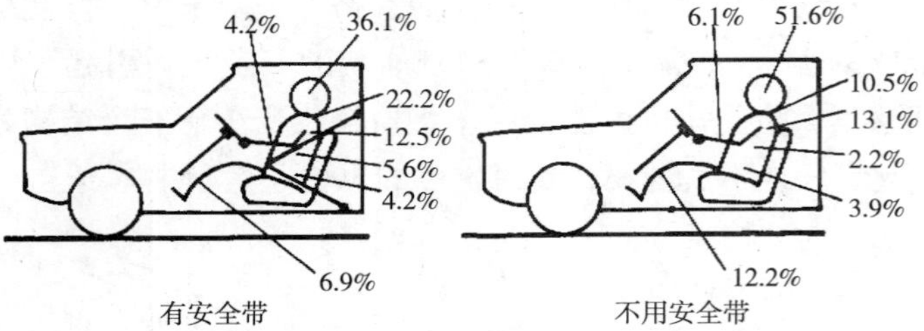

图9-46 安全带减小人体不同部位的伤亡概率

5. 不仅概率减小，伤亡程度也大大减轻，如图 9-47 所示。

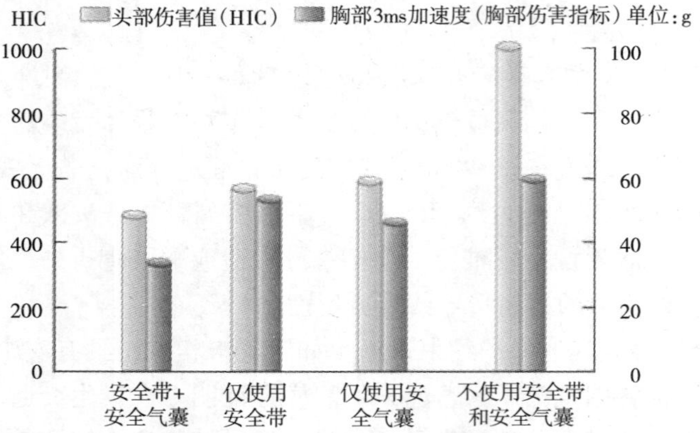

图9-47 安全带减轻人体的伤亡程度

（二）安全带发展历史。安全带又称紧急自动锁紧装置，ELR，Emergency Locking Retractor)。

1. 安全带是于 1885 年问世的，最初是装在马车上为了防止乘客从马车上摔下来 。

2. 1902 年 5 月 20 日纽约的汽车竞赛场上，一名参赛者为了以防万一，用几根皮带将自己和同伴拴在座位上。竞赛时，他们驾驶的汽车碰上了一根从地面翘起的钢轨，而离开道路并冲入人群，造成两人丧生，数十人受伤，而他们却由于皮带的缘故死里逃生。

3. 1922 年，赛车场上的跑车开始使用安全带。

4. 1955 年，美国福特汽车装用了安全带。

5. 1959 年瑞典沃尔沃公司的安全工程师尼尔斯・波林（NilsBohlin）发明了现在通用的三点固定式安全带。

6. 沃尔沃公司也是世界上第一个在其产品中配备此种装置的公司，那一年是 1963 年。

7. 1968 年，美国规定轿车面向前方的座位均要安装安全带。欧洲和日本等发达国家都相继制定了汽车乘员必须要佩戴安全带的规定。

8．我国公安部于1992年11月15日颁布了通告，规定从1993年7月1日起，所有小客车（包括轿车、吉普车、面包车、微型车）驾驶员和前排座乘车人必须使用安全带。《道路交通安全法》第五十一条规定：机动车行驶时，驾驶员、乘坐人员应当按规定使用安全带，摩托车驾驶人及乘坐人员应当按规定戴安全头盔。

（三）安全带的结构。

1．安全带主要由织带、固定点、高度调节器、卷收器和带扣等组成，如图9-48所示。随着C-NCAP要求的日益提高，如果一款车型要在C-NCAP达到三星或者以上成绩，必须使用带有预紧器和限力器的安全带。

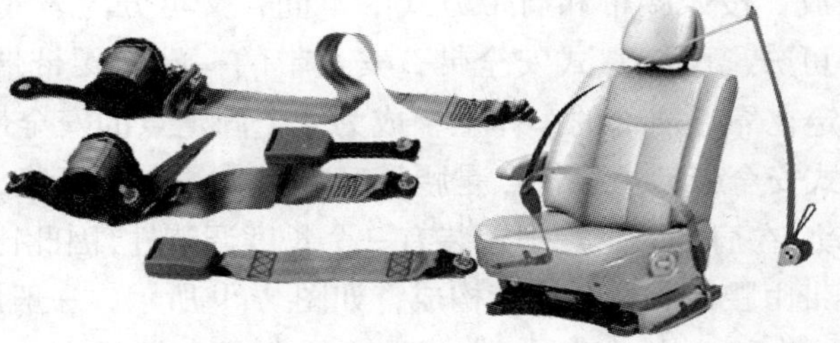

图9-48　两点式和三点式安全带结构

（1）织带。一般采用尼龙织带或高强涤纶材质，宽度一般在48mm左右，厚度一般为1.1~1.2mm；必须通过专门的定型检验，可用普通背包带代替。要能满足高大肥胖的人使用，必须具有足够的长度和抗拉强度；材质要柔软但拉紧时变形量不可过大，一般织带伸长率可在5%~23%范围内变化；此外为长久使用，耐磨性要好，还要适应经常的温度、湿度变化和耐紫外线辐射。

（2）汽车安全带固定点与高度调节器。

1）汽车安全带的端部要可靠固定，一般都固定在车身骨架上，如图9-49所示，少数中排座椅安全带也有固定在座椅骨架上的。

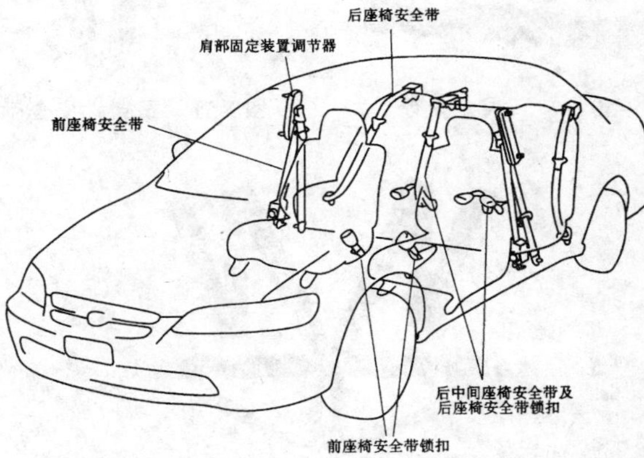

图9-49　安全带在车辆上的安装位置

2）按固定点数不同，安全带可分为两点式、三点式、四点式、五点式和六点式等，此外也有儿童座椅专用安全带、孕妇专用安全带，还有专门的腿部安全带等。

① 两点式安全带。两点式安全带是与车体或座椅仅有两个固定点的安全带。这种安全带又可分为腰带（或膝带）式和肩带式两种。腰带式是应用最广的形式，结构简单、使用方便，从腰的两侧挂到腹部，形似腰带，在碰撞事故中可以防止乘员身体前移或从车内甩出；缺点是乘员上身容易前倾，前座乘员头部撞击到仪表板或风挡玻璃上。肩带式也称斜挂式，可防止乘员躯体上半身前倾，盛行于欧洲，但美、日、澳等国并不采用。

② 三点式安全带。三点式安全带是上述两点式安全带的综合，可同时防止乘员躯体前移和上半身前倾，增强了乘员的安全性，是目前使用最普遍的一种安全带，它由腰带式和肩带式组合而成。按照腰带和肩带方式的不同，又可分为 A 型和 B 型两种：A 型三点式安全带——可分离型三点式安全带，安全带的一端与腰带带扣和锁舌插入同一锁体中，另一端固定在靠近肩部的车体上，成为 3 个固定点的安全带；B 型三点式安全锁——连续性三点式安全带，主要特点是腰带肩带为 1 条连续织带，带扣的锁舌套在织带上并可沿织带滑动，在肩部固定点附近装有一个长度调节件，因此比 A 型带使用方便。

③ 四点式安全带由腰带和两根肩带构成，如图 9-50 所示，一般用于赛车上。

④ 五点式安全带和六点式安全带。比四点式安全带另加一根或两根裆带，如图 9-51 和图 9-52 所示。

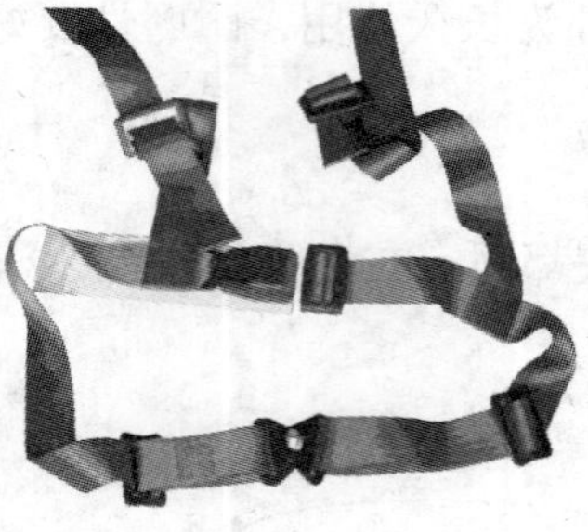

图9-50　四点式安全带

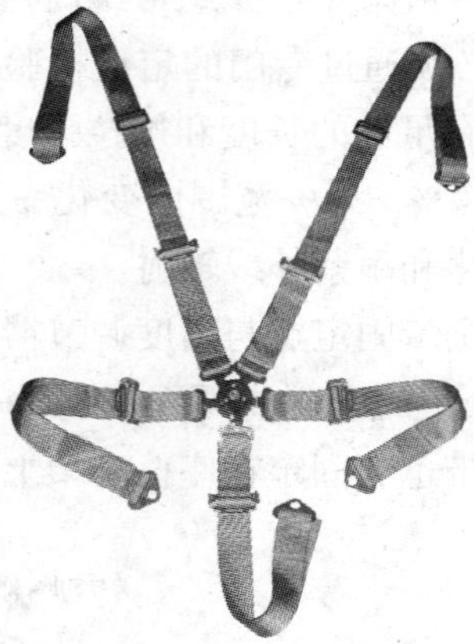

图9-51　五点式安全带

图9-52　六点式安全带

⑤ 孕妇因肚子里有小宝宝，肚子受压危险极大，使用普通安全带必须让开肚子，不太可靠，可以考虑使用孕妇专用安全带。

A．加装如图 9-53 所示专门的胸部安全带。

B．加装如图 9-54 所示固定大腿而让开肚子的安全坐垫。

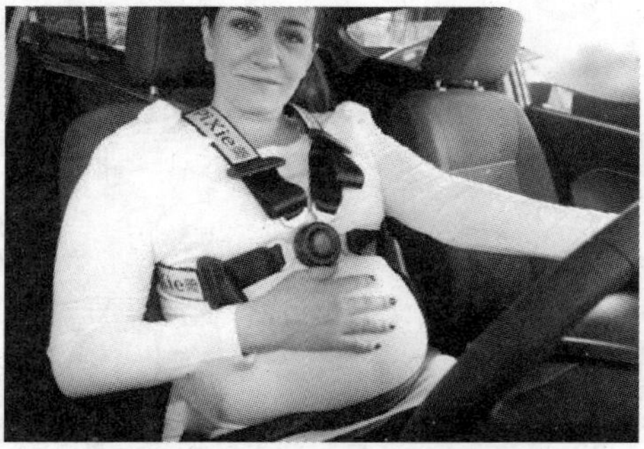

图9-53　胸部安全带示意图

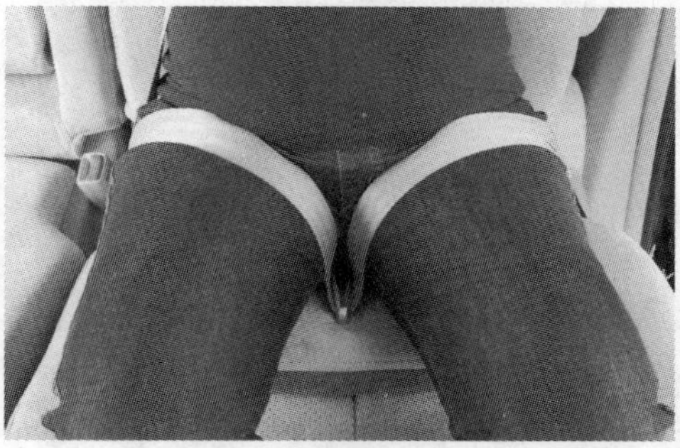

图9- 54　固定大腿而让开肚子的安全坐垫

C．但沉重的肚子前冲的力太大，为避免腰部损伤，可以加一个专门的肚兜分散压力，如图 9-55 所示。

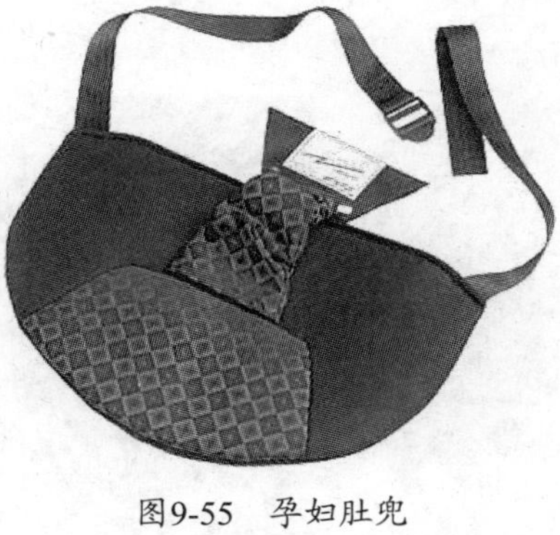

图9-55　孕妇肚兜

⑥ 安装在小腿部位的腿脚安全带，可以进一步保护人的腿脚不受伤，如图 9-56 所示。

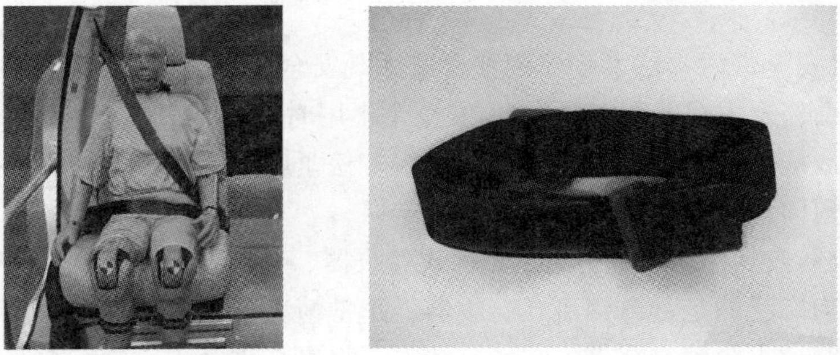

（a）　　（b）

图9-56　腿脚部安全带示意图

3）高度调节器。为了适应不同人的体形和乘坐习惯，更为了保证安全，安全带的上部固定点的高度应可沿导轨调整并锁紧，如图 9-57 所示。

4）自动安全带。有几种形式，其中一种如图9-58所示，可以减少人系解安全带的麻烦，减少不系安全带的危险现象。

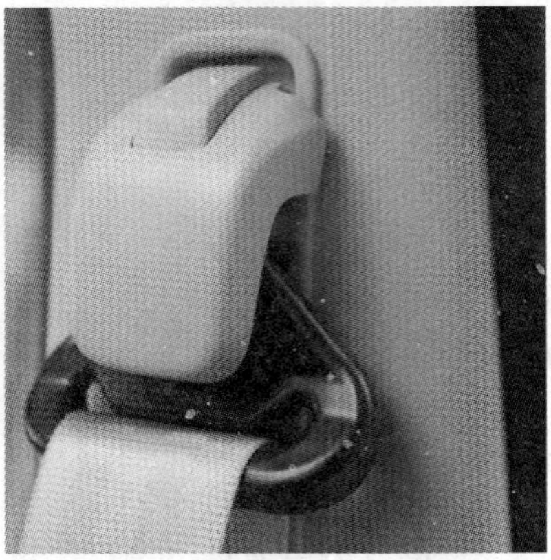

图9-57　安全带上部可调高度的固定点

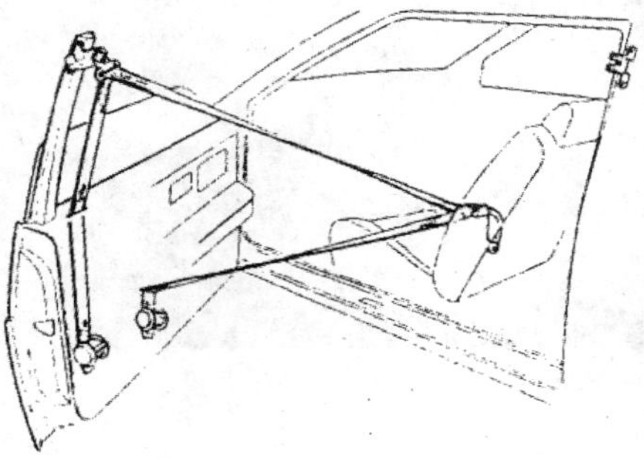

图9-58　自动安全带

（3）安全带卷收器。现在绝大部分汽车安全带都配有卷收器，也称收紧器，如图 9-59 所示。

图9-59　安全带卷收器

1）佩带安全带时，松紧度要调整合适才既安全又舒适，改变坐姿时还要重新调整，而调好后多余部分露在外面容易碍事；安全带不用时，若仍摆放在座椅上，不仅显得混乱，也容易脏污或损坏。卷收器可以自动调整织带松紧度、储存多余的织带，在增加某些机构后还可起到预紧等特定的作用。

2）卷收器按其作用可以分为：无锁式卷收器、自锁式卷收器和紧急锁止式卷收器。目前应用最为广泛的是紧急锁止式卷收器，正常情况它不妨碍乘客身体自由，安全带只以很小的弹簧拉力收紧安全带，在紧急状态下将安全带锁止，约束乘客运动，保护乘客安全。

3）紧急锁止式卷收器。

① 在汽车正常行驶时，卷收器借助卷簧的作用，既能使织带随使用者身体的移动而自由伸缩，又不会使织带松弛；卷收器的卷收力过大会影响乘员佩戴安全带时的舒适性，造成不舒服的压迫感。张力减小装置（Tension Reducer）可以在不削减织带的回卷能力并保持安全带与乘员接触的前提下，尽量减小织带对乘员的压迫感。

② 当紧急制动、碰撞汽车速度急剧变化，或者车辆行驶状态急剧变化时，卷收器内的敏感元件将驱动棘轮棘爪机构或中心锁止机构，锁住卷轴使织带固定在某一个位置上，并承受使用者身体加给织带的载荷，约束乘员。

A．常用的为如图 9-60 所示织带拉出加速度敏感式（又称织带敏感式、离心式）紧急锁止式卷收器。当遇到紧急情况时（急刹车而非碰撞事故），乘员身体同样会快速前倾，这时，控制装置内部的滚轮也会随之快速旋转，在离心力的作用下卡子被带出，这时，就会将旋转的滚轮锁住，安全带也会瞬间被限制，从而实现对乘员的保护，待乘员身体恢复正常坐姿时，安全带也会恢复到原先松弛的状态。

图9-60　织带拉出加速度敏感式紧急锁止式卷收器结构

B．还有如图 9-61 所示汽车加速度敏感式（又称车体敏感式）紧急锁止式卷收器。

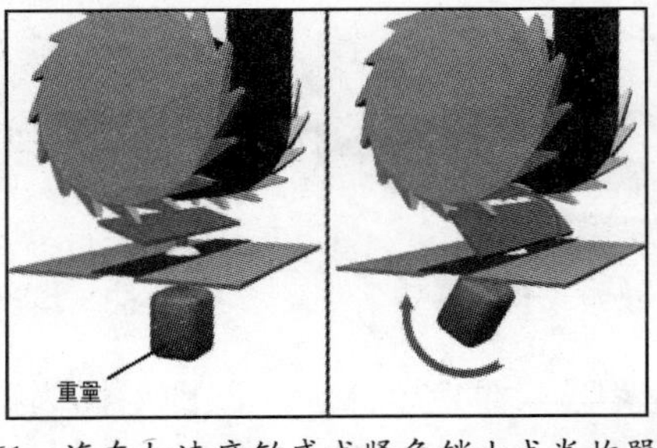

图9-61　汽车加速度敏感式紧急锁止式卷收器结构

C．有对上述两者均敏感的复合敏感式紧急锁止式卷收器，也有的采用中心锁止式紧急锁止式卷收器，还有些汽车采用汽车前部的传感器控制以便更早锁止。

（4）预紧器。

1）由于座椅柔软、乘员身体前倾、衣服松软、卷轴弹力小、锁止缓慢等因素，造成安全带的松弛，碰撞发生到普通安全带紧急锁止而拉住人体时，人体已经前冲一段时间和距离了，相当于人体撞到安全带上，安全带类似于挥动的鞭子击打在人身上，而且留给人的前冲空间已经减小了；更严重的是如果安全带过松，乘员可能直接从安全带下面滑出去或碰到前方物体，甚至碰到正在充气的气囊受到更大损伤。

2）试验结果表明：乘员胸部和头部加速度与安全带的松弛量呈线性增长；松弛量过大还会造成乘员与车身的直接碰撞，尤其是对于乘员空间较小的小型车更是如此。

3）减小织带松弛量可以通过增加卷收器轴的直径、使用织带夹等措施，但在目前，前景最为看好的还是电子控制安全带预紧器。

4）安全带预紧器，一般与安全气囊或车距监控系统配合工作，凭借其系统收集而来的信息，能够提前起作用，消除织带与乘员之间甚至乘员与座椅之间的松弛量，使乘员远离前方物体，及早受到拉力，故而对乘员的胸、腹部起到很好的保护作用。当安全带尚未松弛时，安全带收紧约 50mm，若安全带多少有些松弛的话，安全带最大会收紧约 100mm。另外，安全带的拉紧负荷设置在不会伤害乘客的程度。当碰撞很轻时，安全带预紧器和气囊都不反应；碰撞较重时，安全带预紧器单独起作用以降低更换气囊的损失；碰撞较重时，安全带预紧器和气囊都起作用。

5）预紧器按作用部位可以分为拉紧锁扣式和卷绕收紧器式两种。

① 拉紧锁扣式预紧器，如图 9-62 所示，可同时拉紧肩带和腰带，但拉紧肩带的方向很不合理，不是向后而是向下，而且作用距离短，又占用座椅旁空间，所以较少见；

② 卷绕收紧器式预紧器。如图 9-63 所示，因可作用距离大而且不占用车内空间，应用最多。

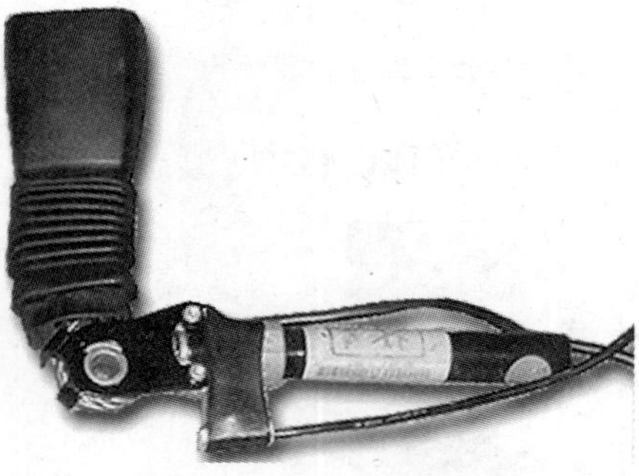

图9-62　爆燃拉紧锁扣式预紧器

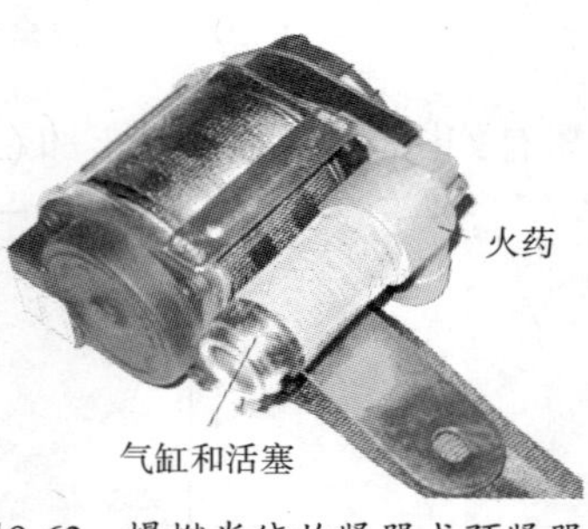

图9-63　爆燃卷绕收紧器式预紧器

6）一般采用爆燃式预紧器，在发生碰撞时，即引燃内部的气体发生剂，瞬间产生的大量高压气体，推动预紧器工作至其被锁止，乘员身体被收紧的安全带固定，这便实现了对乘员的初级保护，从感知事故到完成安全带预收紧的全过程仅持续千分之几秒。安全带收紧器工作时，可能会发出工作声响，且会有少量烟雾释出，这些气体是无害的。这种预紧器结构简单，成本较低，但属于一次性用品，也就是说，经过一次碰撞事故后，这种爆燃式安全带就必须更换了。钢珠式预紧器具有结构紧凑、体积小巧及质量轻等优点，任何车型都可以匹配，因而生产量巨大，所以其价格相对便宜，一致性控制较好，目前占市场份额的 95% 左右，不使用任何活塞，直接用高压气体射出钢球，由钢球推动叶轮旋转，管道末端是一截空腔，用于容留滚过来的球。其他汽车有的用高压气体推动旋转式活塞转动；有的用高压气体推动直线运动活塞，再通过钢丝、钢带或齿条等机构带动卷收器转动。

7）电动机驱动的预紧器。如图 9-64 所示，采用电动机系统预卷，其工作原理是通过雷达装置感应车辆与前方车辆的间距，如果间距小于某一设定值，其 ECU 发出信号控制电动机运动，消除安全带与人体之间的空隙，并且提醒驾驶员紧急刹车或者应急处理。这款安全带最大的特点是可以反复使用，即使危险较小也可以启动而不必担心要更换的费用，这样更安全了，但因自身电动机造价高，而且要求反应更早甚至在碰撞前就能发现危险的传感器，涉及很多主动安全相关的装置（例如探测雷达、计算程序等），因此其整体价格非常昂贵，目前只在一些高端车型上使用，另外真遇到严重碰撞时也应更换，所以应用还不多。

图9-64　电动机驱动的预紧器

8）还有的汽车厂家研制了气囊式安全带充气自预紧装置，如图 9-65 所示。有鉴于以往车身撞击发生时，车内乘客遭受传统三点式安全带压力集中造成的头部、胸部、肩颈上的紧束压伤，特别是儿童与老人容易因此而造成肋骨断裂、肩颈挫伤等，又加上后座并不与前气囊连接，因此气囊式安全带将特别安置于后座位置。利用置于座椅下的低温瓦斯罐，达到充气效果的气囊式安全带，可以在 40ms 内完成安全带内管状囊的气体塞填，充气膨胀后，安全带与乘客驱体的间隙缩小，在车身发生侧撞与前撞的情况下，形成紧密的包覆与固定。

图9-65　气囊式安全带

（5）限力器。

1）理想的安全带作用过程是：首先及时收紧，在事故发生的第一时刻毫不犹豫地把人“按”在座椅上。然后，适度放松，待冲击力峰值过去，或人已能受到气囊的保护时，即适当放松安全带，避免因拉力过大而使人肋骨受伤。

2）安全带系统的锁止器锁止，安全带拉住人体后，只剩下织带与人体和人衣物起缓冲作用。由于传统安全带锁止晚，剩下的空间小，为保证拉住人体，安全带弹性只能差一些，这样作用时间短造成力量大，大部分动能被人体自身吸收，伤亡仍然很严重。

3）预收紧装置帮助安全带提前收紧，就有了更多的缓冲空间，就可以采用限力器，可以在拉住人体之后，适度放松安全带，延缓安全带的能量吸收时间，将作用于安全带的力限制在一定程度内，对乘员施加比较均匀的约束力，从而降低安全带对人体造成的伤害或不适感，如图 9-66 所示。受力峰值过去后，希望安全带的张紧力度马上降低，进一步减小乘员受力，这份特殊任务也由安全带拉力限制器来完成。但目前安全带预紧器和限力器的智能化程度较低，还不能根据人员的体重、坐姿等调整作用程度，最好的汽车可以临近危险时调整人的坐姿到标准状态。

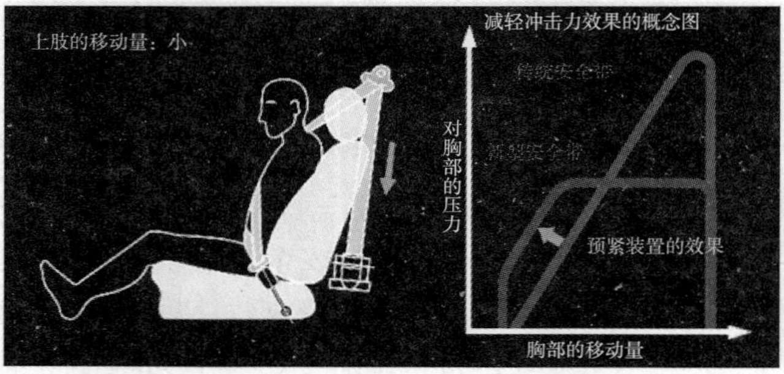

图9-66　预紧限力安全带与普通安全带冲击力比较

4）限力器多采用扭转棒式，如图 9-67 所示，可以在收紧器轴芯里边安装一根钢质扭转棒，当负荷达到预定情况时，扭转棒即开始扭转，这样就在一定程度上放松了安全带，实现了安全带的拉力限制功能。避免因拉力过大而使人肋骨受伤。

图9-67　扭转棒限力器

5）也有汽车安全带采用限力板式限力器，结构及其工作过程如图 9-68 所示，主要由限力板、卷筒和固定轴等组成，吸能多、回弹小，效果好。

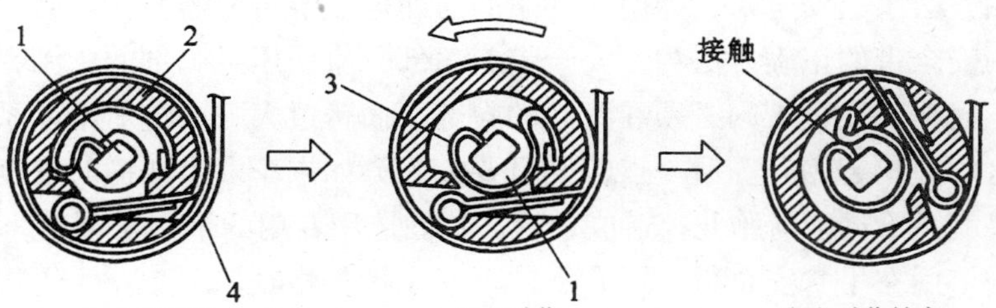

（a）未动作　（b）动作　（c）动作结束

1—固定轴；2—卷筒；3—限力板；4—安全带

图9-68　安全带限力器及其工作过程

（6）带扣。作用是能够方便地连接与断开安全带，而在事故发生时，可以尽快让乘员解脱安全带，逃离汽车。为避免驾乘人员忘记系好安全带，大部分汽车安全带带扣装有带扣通断传感器和乘客体重传感器，若检测到座椅上有人而安全带带扣未扣好，则用警示灯和蜂鸣器提醒。但有些人由于怕麻烦、盲目自信或有其他顾虑，不愿系安全带，直接把安全带缠绕在座椅上而不绕在自己身前，还有人直接把没有织带的空卡扣插在插槽，这些都是掩耳盗铃，骗得了汽车、骗得了自己也可能骗得了交通民警，但骗不了死神！

（四）正确地使用维护汽车安全带。安全带在汽车发生碰撞等交通事故时，虽能降低和保护驾乘人员受伤程度和不至伤亡，但是必须正确使用，否则会大大降低其作用。

1. 为了自己生命安全和家庭幸福，无论在城市道路、高速公路，还是在低等级公路，无论是驾驶人还是乘车人，只要能坐在座位上，而且配有安全带，都要按规定系好安全带。

2. 要正确使用汽车安全带。

（1）每套安全带只能一个人使用，严禁双人共用。

（2）先调整座椅，使身体能够坐直，不要让座椅靠背过于倾斜，否则安全带将不能正确地伸长和收卷。

（3）系安全带时不应穿过厚的衣服或怀抱物品，不要让安全带压在坚硬的或易碎的物体上，比如，衣服里的眼镜、钢笔或钥匙等；也不要让安全带与锋利的刃器摩擦，以免损伤安全带。

（4）腰部安全带应系得尽可能低一些，正确位置应该是紧贴在髋骨的下部，与股骨部位正好接触上，不要系在腰部，这样在碰撞时，碰撞力就作用在盆腔的骨骼上，并且身体不太可能滑到腰部安全带下面。肩部安全带不要放在胳膊下面，应斜挎胸前。

（5）抓住安全带头部的锁舌，沿着身体往下拉安全带，注意安全带不能扭结，并且不要拉得太快，因为这样安全带可能会锁死。将锁舌插扣到搭扣中，直到听到喀哒一声响。

（6）往上拽一拽锁舌，检查是否锁住。安全带的扣带一定要扣好，防止受外力时脱落而不能起到保护作用。

（7）检查搭扣上松开按钮的位置，这个按钮必须能够方便地触及，以便紧急情况需要时能够解开安全带。

（8）孕妇务必系上安全带，即使在怀孕的后期也需要，但需要注意必须正确系安全带。孕妇使用安全带的正确方法为：安全带斜角部分应该压过胸部的中间，并尽量靠近臀部的下方，而腿部安全带则必须在隆起的腹部下面跨过大腿，绝对不能系在孕妇的肚子上，因为这样会伤害胎儿。后一点特别重要，因为如果车发生碰撞时安全带在腹部前部滑动，结果就会给母亲与胎儿都造成伤害。最好选用专用的孕妇安全带。

（9）摘法：用左手拿安全带，用右手按下安全带扣将其摘下。左手慢慢将其送回。摘安全带时，不要将摘下的安全带马上撒手，以防安全带金属扣弹回，打碎玻璃或伤到人。所以，必须手拿安全带将其慢慢送回。

3．应该经常检查安全带，有损坏时要及时更换。

（1）检查固定座椅安全带的螺栓是否拧紧以及螺栓周围是否涂上了密封胶。

（2）检查锁扣是否闭锁可靠、开闭自如。

（3）检查卷收器能否慢慢拉出、快拉锁紧和自动卷收。

（4）检查安全带本身有无开裂、卷折或严重磨损。

4．预紧式安全带特别应注意：

（1）不能对预紧式安全带系统的任何部件或线路进行任何未经授权的改动，这是为了防止预紧式安全带意外动作，或损坏预紧式安全带系统。

（2）当预紧式安全带启动时，会听到相当大的响声，随后会冒出烟雾，此烟雾无毒，也不是着火，但请注意不要吸入，否则会刺激呼吸道或导致窒息，对于那些曾有过呼吸困难的人应立即到空气清新的地方。

（3）预紧式安全带在启动后便无法再次使用，必须与收紧器和扣环一起更换。

（4）如果汽车遭受撞击，但是预紧器没有启动，务必让专营店检查预紧器系统。

（5）预紧式安全带系统及其周边的维修工作应该由专营店完成，预紧器的报废处理也应该由专营店完成。

二、安全气囊

（一）安全气囊的作用。

1．辅助约束系统。英文为 Supplemental Restraint System 或 Supplemental Inflatable Restraint System，简称 SRS，它有两个部分：一是前述座椅安全带的预紧限力机构；二是安全气囊系统。

2．在车辆发生严重碰撞事故时，车内靠近碰撞部位方向上的气囊或气帘，可以在人体将要碰到车体之前，自动充气挡住人体，然后慢慢排气缓冲，将人体所受撞击时间延长，撞击力减小并均匀地分布，防止脆弱的驾乘人员肉体与车身产生直接碰撞，从而大大减少受伤的可能性，有效保护车内成员的生命安全；车外的气囊还可以有效减少车前人员的生命危险。

3．一定要注意安全气囊只是一种辅助安全系统，为避免轻易起爆增大频繁更换的成本，都设计为只有在一定车速以上而且有足够碰撞程度或危险时才工作，或者说并不是逢碰必爆；另外由于气囊需要一定的反应时间，一般都是与安全带配合工作，只有系好安全带，在安全带拉住人体之后安全气囊再进一步缓冲。若人乘坐时离气囊过近，或者未系好安全带，就有可能与正在急速打开过程中的气囊发生猛烈碰撞，而且产生的灼热气体也会灼伤人，反而加重损伤。

4．智能安全带和气囊系统采用可变容积的气囊和带两级预紧器的新型安全带，能够按照程序判断撞车事故的严重程度。不严重时，第一级预紧器拉紧安全带，同时计算机系统计算出充气量的多少；事故严重时，第二级安全带预紧器被触发，并能自动识别乘客的体重、体态、高度、座位是否有人以及安全带使用情况的差异。

5．在汽车安全带领域从业多年的德国专家朱尔根·海克称，安全带的安全作用是安全气囊的3~4倍。并且在发生碰撞事故时，安全带起到的保护作用是90%，加上安全气囊后是95%，而如果没有安全带的帮助，安全气囊的这5%功效都很难说。

（二）安全气囊的发展历史。

1．使用安全气囊来保护汽车乘员的想法最先产生于美国。自学成才的宾夕法尼亚州工程师J.W.HETRICK（约翰 - 赫特里特），在1952年的一次事故中，他为躲避一个障碍物而猛打方向盘进行制动，他和妻子都用手臂本能地保护坐在前座中间位置上的女儿。这次事故后他意识到必须有一个更好的方法来保护乘员，两周之后他绘好了设计图纸交给了代理人，这份图纸确定了今天安全气囊的雏型。

2．1952年，美国汽车生产者联合会在理论上阐述了这样一种汽车安全系统的必要性。

3．1953年8月18日，约翰 - 赫特里特取得了第一个美国安全气囊（“汽车缓冲安全装置”）的专利权。

4．到了1980年，德国默谢台斯公司开始实现这种设想，它在自己生产的部分汽车上安装了安全气囊。

5．但是直至1984年汽车碰撞安全标准（FMVSS208）在美国经多次被废除后又重新被认可并开始实施。

6．随着整车被动安全重要性的深入人心，车内安全气囊越来越多，在一些高档豪华车中出现了高达三十几个气囊。

（三）安全气囊系统结构。安全气囊可分为机械式和电子式两种。其中机械式安全气囊工作不需要ECU控制，直接由发生器内部的碰撞传感器触发撞针式引爆装置工作，其结构简单造价低廉，但性能较差，基本已经被电子式所取代。电子式是指安全气囊的工作，由传感器产生的电信号传导给ECU，从而由ECU发出气体发生器是否工作的指令的装置，各车型电子式安全气囊系统采用的部件结构、数量和安装部位各有不同，大致都是由气囊组件、安全气囊电脑（SRS ECU）、传感器和安全气囊指示灯四部分组成，如图9-69所示，各部分之间采用专用导线连接。

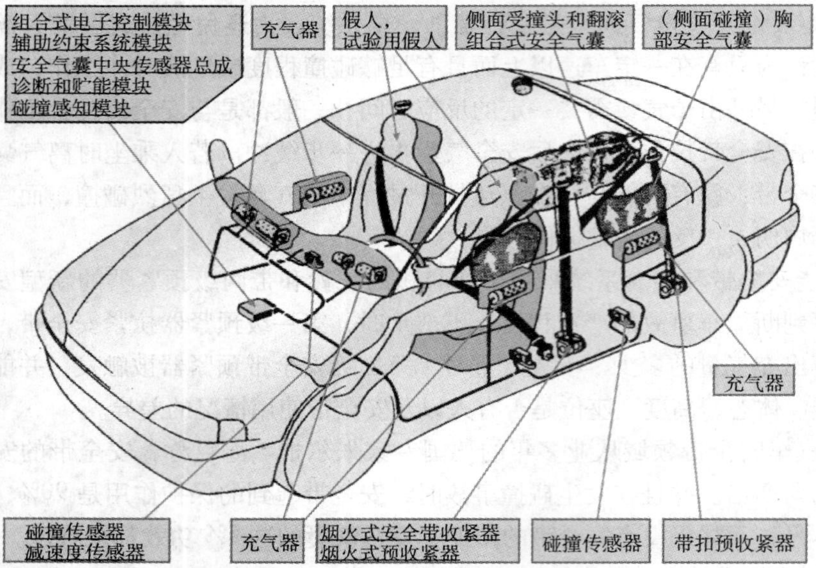

图9-69　安全气囊系统

1．气囊组件。

（1）目前气囊系统按是否需要安全带配合，分为两种标准。

1）依靠安全带配合使用的安全气囊系统。主要靠安全带对乘员起保护作用，只有当发生高速碰撞时，才启动气囊对人进行保护，主要保护头部，体积较小，充气快，故而造价低，目前较普及。20km/h 以下正面撞墙时，气囊不点爆；30km/h 以上正面撞墙时，气囊一定点爆；20~30km/h 之间为点火的模糊区，气囊可点爆也可不点爆。

2）单独起保护作用的安全气囊系统。不要求安全带起作用，设定的碰撞车速较低，气囊的体积较大，气囊能保护人的头部和胸部。但因充气量大，充气时间长，启动时刻必须早，气囊的造价高。美国标准车必须符合此要求。一般规定：12.8km/h（8mph）正面撞墙时气囊不爆，20.9km/h（3mph）正面撞墙时气囊要点爆。

（2）按照作用方向和人员不同，主要分为以下几种。

1）汽车大部分严重碰撞发生在前方，所以前方安全气囊最受重视。

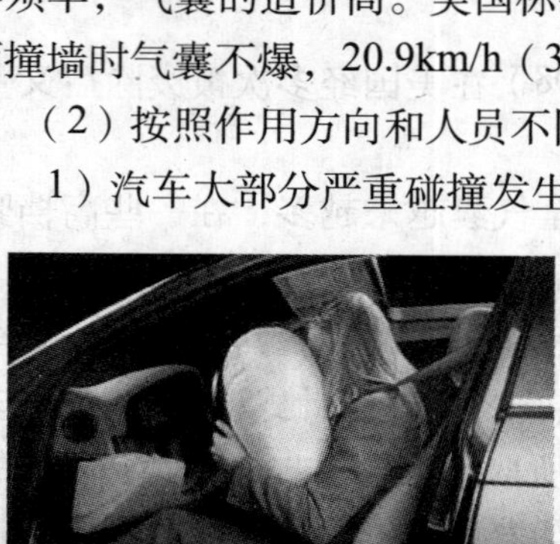

图9-70　驾驶员前方安全气囊保护人体

① 驾驶员用前方安全气囊。如图 9-70 所示，是采用得最广泛的一种安全气囊，在汽车发生正面碰撞时，对乘坐概率最高的驾驶员起保护作用，它装在转向盘中心处。分美式和欧式两种：美式气囊的设计是假定驾驶员没有佩带座椅安全带而汽车相撞时起保护作用，其体积较大，约 60L；欧式气囊的设计则假定驾驶员已佩带座椅安全带，其体积较小，约 40L。

② 前排乘员用安全气囊。如图 9-71 所示。

A. 配置比率仅次于驾驶员用前方安全气囊，首先是由于在乘员座位中此座位舒适度最高，使用率很高；其次发生前方碰撞事故特别是追尾时，驾驶员往往会本能地以自己为中心选择转向，如朝道路中间方向躲避，前排乘员就成了受伤害最大的座位，很可能会与仪表板、前风窗玻璃、窗框及门框等发生碰撞，甚至冲出窗外。

B. 前排乘员用安全气囊位于仪表板右侧、杂物箱的上方，因这里与人体之间的距离较大，所以气囊也必须较大，美式副驾驶员侧气囊容积一般为 120~160L，欧式副驾驶员侧气囊容积一般为 60~80L。

C. 强烈建议不要让儿童乘坐此座位，如果不得不使用，也要关闭此安全气囊。因为如果幼小的儿童使用前排座椅，因其身体不同于大人，头部位置低，而且很容易从安全带下方滑脱，安全气囊可能只从其头上方错过，无法接触人体，起不到缓冲作用；即使碰到安全气囊，因缺乏安全带的缓冲，人体前冲快，此时再遇膨胀中的安全气囊，往往被击伤。另外，若此座位空闲但引爆此安全气囊就会造成浪费，所以此气囊应能关闭，有的车型手动关闭，一般都用体重传感器自动选择。

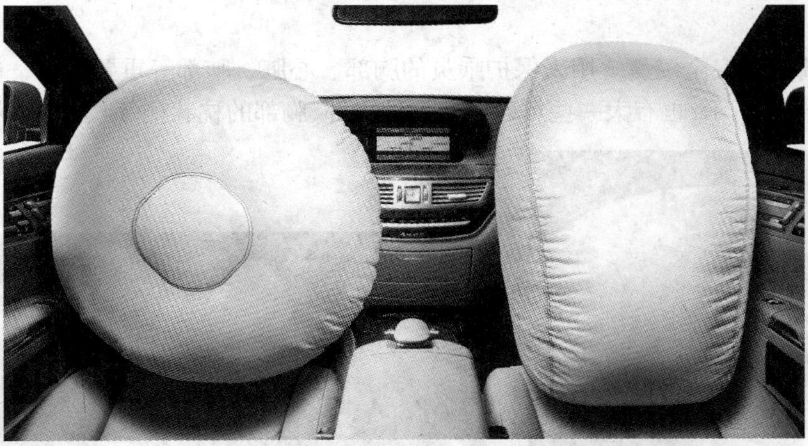

图9-71 驾驶员和副驾驶员安全气囊

③ 后排座位安全气囊。通常后排座不设置安全保护装置，但近年来后排座乘员的安全防护逐渐受到重视，已较普遍地在后排座上安装了安全带，并开发和配备了后排乘员用安全气囊（包括后排乘员用防侧撞安全气囊）。后排乘员用安全气囊的容积一般可达到 100L，其结构与其他安全辅助气囊系统基本相同，大多数安装在前排座椅靠背中，气囊引爆后在后排座乘员与前排座椅之间形成防护气垫。

④ 下肢用安全气囊。如图 9-72 所示，也称腿脚安全气囊，发生碰撞时，能够有效地防止驾驶员的下肢、小腿和膝部与各种踏板、操纵杆等发生碰撞，对驾驶员的下肢、小腿和膝部进行保护。它由一个 13L 的安全气囊和气体发生器组成，安装在仪表板下部的前围板上，其结构与其他安全气囊的结构基本相似。

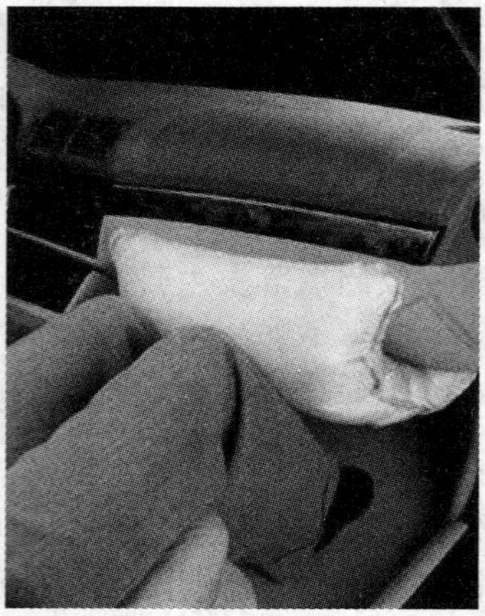

图9-72　脚部安全气囊

2）防侧撞安全气囊。汽车遭遇侧撞时，缓冲空间要小得多，伤残率也很高，所以高级车辆还配备防侧撞安全气囊。根据使用要求不同，侧面防撞用安全气囊可以装在车门上横梁中、车门内板中或座椅侧面，侧面防撞用安全气囊的体积由于空间的限制一般都较小。

① 座椅侧面安全气囊。用来保护乘员的胸部、心脏、肺部等重要器官，体积仅 12L 左右，如图 9-73 所示；也有大一些可以同时保护头部、胸部的枕状侧气囊，如图 9-74 所示。

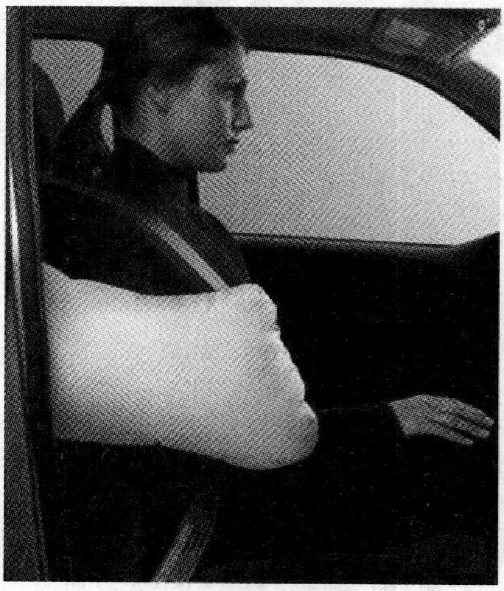

图9-73　座椅侧小安全气囊

图9-74　座椅侧大安全气囊

② 装在车门内板中的侧面防撞用安全气囊，体积为 35~40L，也主要用来保护乘员的胸部、心脏、肺部等重要器官。

③ 侧面气帘。车门上横梁中的侧面防撞用安全气囊，用来保护乘员的头部，常称为侧面气帘，如图 9-75 所示。

图9-75　安全气帘

（3）气囊组件主要由气囊（也称气袋）、点火器和气体发生器组成。

1）气囊。

① 呈袋囊状，气囊的大小和形状必须根据实际情况来确定，如图 9-76 所示；气囊静止时被折叠成包，安放在气体发生器上部和气囊饰盖之间，爆发时迅速充气挤破饰盖涨大；气囊盖表面模压有浅印，以减小冲出饰盖的阻力，并实现定位撕裂；气囊与人体接触后，为加强缓冲，需要快速放气，所以气囊基部设有排气口；同时为避免因压力过大将乘客挤压受伤，气囊设有安全阀，当充气过量或囊内压力超过一定值时会自动泄放部分气体。

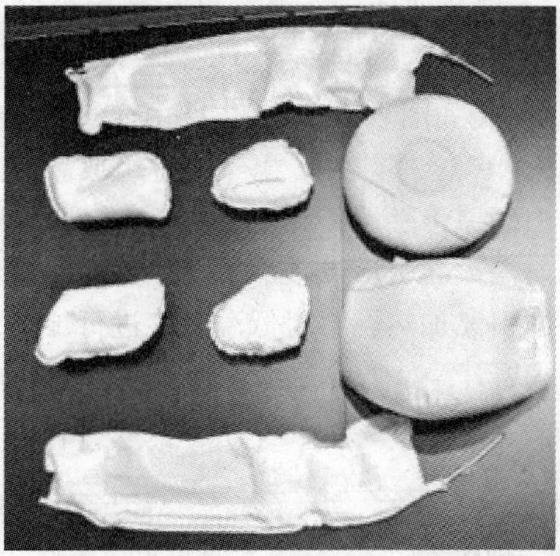

图9-76　气囊形状

② 气囊一般选用抗拉强度很高的聚酰胺材料，它是一种半硬的高分子材料，能承受较大的压力；经过硫化处理，可减少气囊充气膨胀时的冲击力；为使气体密封，气囊内层涂有密封材料；为维持气囊在折叠状态下不粘在一起，避免在爆发时被冲破，表面涂有润滑粉末，爆出时带出对人体无害。

2）气体发生器。又称充气器，用于给气囊充气，按工作原理分：有化学反应式与储气式两种，也有两者复合的。为保证安全，一般都设有带安装支架和充气孔的外壳，还有过滤装置，具体形状和充气量由具体需求决定，如图 9-77 所示。

图9-77　气囊气体发生器外观形状

① 储气式气体发生器。内储高压惰性氩气，点火后爆炸片炸开，气体从出气口排出。气体膨胀要吸收大量热量，需用燃料对气体加热，以避免气体温度过低造成结霜现象，同时还可避免气体压力过低造成气压不足现象。该种发生器尺寸与其他型发生器相比变化不大，结构简单、质量小，点火后无固体残留物，对环境无污染，回收性好，而且噪声相对较小，正在越来越广泛的应用。但高压气体储存危险，而且长时间容易泄漏。

② 化学反应式气体发生器。因体积小巧和易储存而普遍采用。平时以无压力的固态储存，关键时刻利用点火器火药燃烧产生的热量，引起充气剂叠氮酸钠（NaN_3）或硝酸铵（NH_4NO_3）发生化学反应，产生大量气体。此气囊爆发时的音量大约130dB，仍在人体可忍受的范围。

③ 复合型气体发生器。结构如图9-78所示，主要由充气器壳体、端塞、点火器、检查球、密封焊塞、点火火药、点火弹头、爆炸片、出气口等组成。点火器与内装氩气的容器合为一体。当汽车碰撞信号由碰撞传感器传到安全气囊电脑时，电脑立即向点火器发出点火指令，点火器迅速引爆。点火器引爆点火剂后，一方面使冲击销击破爆炸片，使低温氩气冲出压缩筒；另一方面引燃加热燃料对低温氩气进行加热，加热的氩气从出气口冲入安全气囊，气囊迅速膨胀展开。

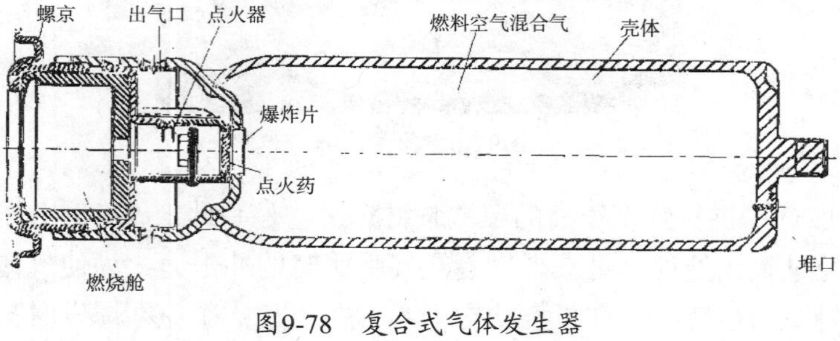

图9-78　复合式气体发生器

④ 由于具体使用时人的体重和碰撞速度不同，若简单采用预订的充气时间和充气量，则可能充气不足或过多，都不利于减轻伤亡，为此许多高级汽车采用双级气体发生器，如图9-79和图9-80所示，根据实际需要同时引爆或仅引爆其中之一，剩下的部分一般稍后自动引爆以避免意外引爆的危险。

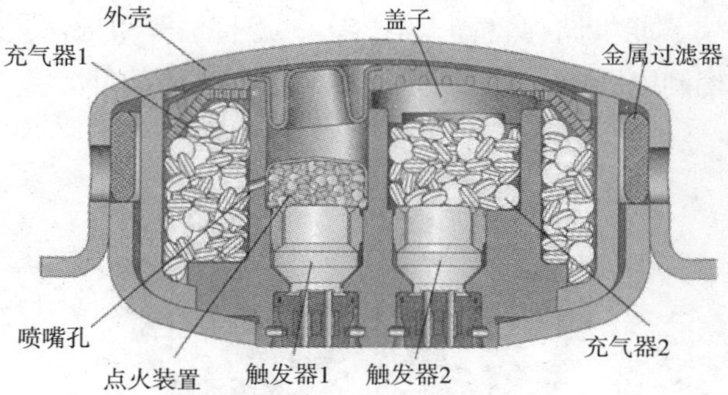

图9-79　盘式双级气体发生器

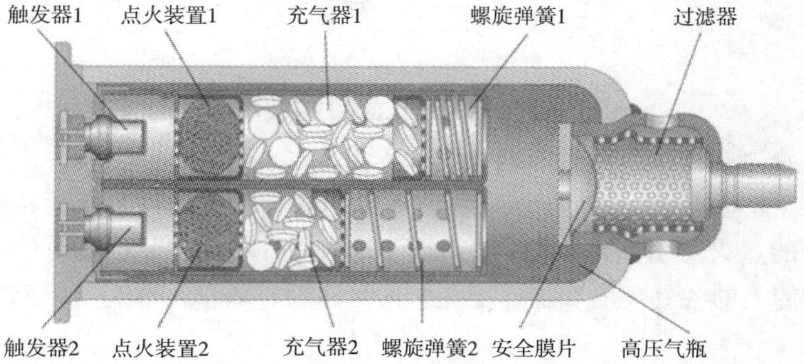

图9-80　桶式双级气体发生器

3）点火器。电子点火器结构如图 9-81 所示，其外包铝箔药筒，安装在气体发生器内部中央位置，其作用是在气囊电路接通时，引爆点火引药和爆炸药，产生热量使气体发生器工作。引出导线与气囊插接器插头连接，插接器中有短路片。当插接器插头拔下或插头与插接器未完全结合时，短路片将两根引线短接，防止静电或误导电将电热丝电路接通而造成气囊误膨胀展开。

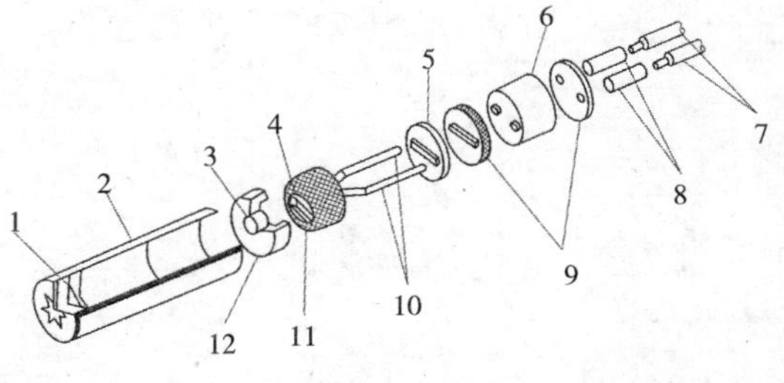

1—引爆炸药；2—药筒；3—引药；4—电热丝；5—陶瓷片；6—永久磁铁；
7—引出导线；8—绝缘套管；9—绝缘垫片；10—电极；11—电热头；12—药托
图9-81　安全气囊电子点火器

4）安全气囊电控电脑（SRS ECU或SDM）。安全气囊ECU是安全气囊系统的核心部件，通常安装在驾驶室变速杆前、后的装饰板下面，其内部结构如图9-82所示，主要由安全气囊逻辑模块、能量储存装置（电容）、连接器等组成。另外安全传感器一般也被制作在安全气囊控制电脑中，如图9-82中贴有黄色标签的部分。

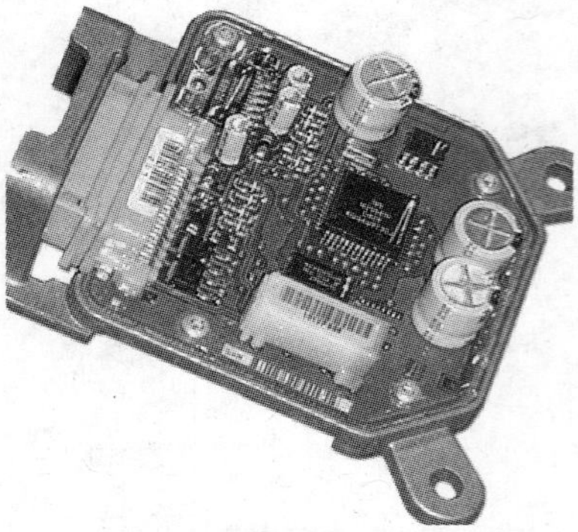

图9-82　安全气囊电控电脑内部结构

① 安全气囊逻辑模块（微处理器）。

A．安全气囊逻辑模块主要用于监测汽车纵向减速度或惯性力是否达到设定值，控制气囊组件中的点火器引爆点火剂，在汽车行驶过程中，安全气囊 ECU 不断接收到各个碰撞传感器传来的各处速度和加速度变化信号，经过数学计算和逻辑判断后，确定是否发生碰撞。

B．当判断结果为发生碰撞时，立即运行控制点火的软件程序，并向点火电路发出点火指令引爆点火剂，使充气剂受热分解释放大量气体给气囊充气。此外还有系统监控、故障报警和故障诊断等功能。安全气囊逻辑模块由模 / 数（A/D）转换器、串行输入输出（I/O）接口、只读存储器（ROM）、随机存储器（RAM）、可擦除可编程只读存储器（EEPROM）和定时器等组成，如图 9-83 所示。

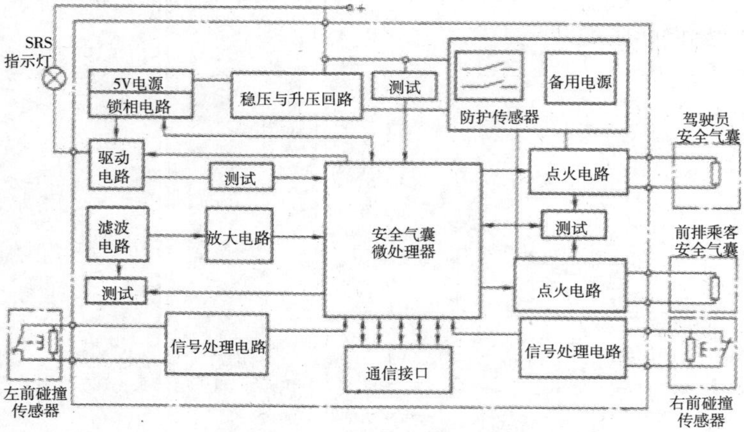

图9-83　安全气囊电控电脑原理图

② 信号处理电路。其主要由放大器和滤波器组成，用于对传感器检测的信号进行整

形、放大和滤波，以便安全气囊 ECU 能够接收、识别和处理。

③ 备用电源电路（VLR）。

A．当汽车蓄电池和交流发电机电源与安全气囊系统之间的电路因事故切断后，若安全气囊系统同时断电，就无法继续起到安全保护作用。

B．必须有备用电源又称为后备电源或紧急备用电源，在与汽车电源之间的电路因事故切断后（一般为 6s），维持安全气囊系统供电，保持安全气囊系统的正常功能。

C．超过一定时间后，备用电源供电能力降低，ECU 备用电源不能保证安全气囊 ECU 能测出碰撞和发出点火指令，点火备用电源不能供给最小点火能量，安全气囊不能充气膨胀。

D．备用电源电路由电源控制电路和若干个电容器组成，在单安全气囊系统的控制组件中，设有一个点火备用电源；在双安全气囊系统的控制模块中，设有两个点火备用电源，即两条点火电路各设一个备用电源。

E．点火开关接通 10s 后，如果汽车电源电压高于安全气囊 ECU 的最低工作电压，那么电脑备用电源和点火备用电源即可完成储能任务。

④ 保护电路和稳压电路。

在汽车电器系统中，许多电器部件带有电感线圈，电器开关多，电器负载变化频繁。当线圈电流接通或切断、开关接通或断开、负载电流突然变化时，都会产生瞬时脉冲电压，即过电压。若过电压加到安全气囊系统电路上，系统中的电子元件就可能因电压过高而导致损坏。为了防止安全气囊系统元件遭受损害，安全气囊 ECU 中必须设置保护电路。同时，为了保证汽车电源电压变化时，安全气囊系统能够正常工作，还必须设置稳压电路。

5）安全气囊传感器。用于感知安装部位汽车的速度和加速度等信号传给安全气囊电控电脑。各汽车制造厂生产的车辆，碰撞传感器型号和安装位置不尽相同，除碰撞传感器以外，有些汽车还装有乘员体重、座椅位置甚至乘员位置的传感器，有的高级汽车还配有障碍物监测和碰撞预警系统，可更早反应；而且碰撞传感器的名称也不统一，例如有些碰撞传感器按照工作原理也称为加速度传感器。

① 按照用途的不同，碰撞传感器分为触发碰撞传感器和防护碰撞传感器。

A．二者结构原理完全相同，唯一区别在于设定的减速度值不同。换句话说，一只碰撞传感器即可以用作碰撞信号传感器，也可以用作碰撞防护传感器，但是必须新设定不同减速度限值，设定原则是碰撞防护传感器的减速度限值比碰撞信号传感器的减速度限值稍小。

B．触发碰撞传感器也称为碰撞强度传感器，用于检测碰撞时的减速度或惯性，并将碰撞信号传给气囊电控电脑，作为气囊电控电脑的触发信号，一般安装于碰撞部位车架上；在安全气囊系统电路中，控制同一安全气囊的各个触发碰撞传感器之间均为并联关系，任意一个都可以独立发回碰撞信号引爆相应安全气囊。

C．防护碰撞传感器也称为安全碰撞传感器，它与各触发碰撞传感器串联，但必须与其中之一同时接通，才可能引爆安全气囊，用于防止气囊误爆。之所以防护碰撞传感器设定减速度小，一方面由于车身变形造成此处减速度较触发碰撞传感器处小，另一方面也可以单独触发安全带预紧器。

D．此外许多汽车车速过低或者座位上体重传感器无信号时也不引爆。

② 按照结构和工作原理不同，碰撞传感器分为机电式碰撞传感器、电子式碰撞传感器以及机械式碰撞传感器。防护碰撞传感器一般采用电子式结构，触发碰撞传感器一般采用机电结合式结构或机械式结构，机械式碰撞传感器已很少见。

A．机电结合式碰撞传感器是利用机械的运动（滚动或转动）来控制电气触点动作，再由触点断开和闭合来控制气囊电路的接通和切断。

a．滚球式碰撞传感器如图 9-84 所示，使用钢球开关和一对触点。在车辆正常行驶时一个具有特定磁力的永久磁铁保持钢球离开触点使开关断开。当车辆发生钢球安装方向足够力量的碰撞时，钢球在惯性作用下，克服永久磁铁的吸力（和球体与滚筒之间空气的粘性阻力），从磁铁上释放，使传感器内的电路触点闭合，发出碰撞信号。

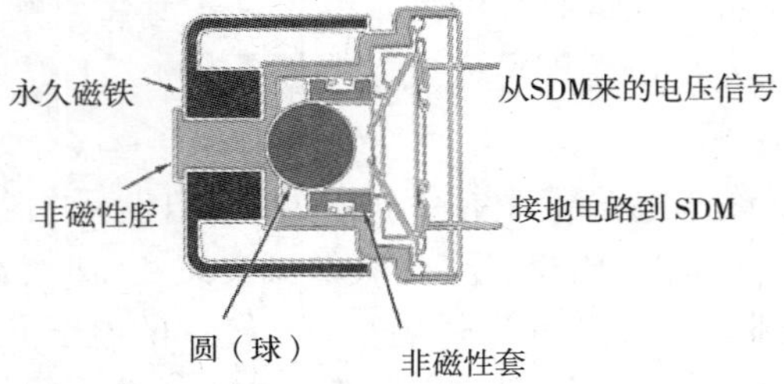

图9-84　滚球式碰撞传感器

b．偏心锤式碰撞传感器如图 9-85 所示。汽车正常行驶时，扭力弹簧将锤、动触头定在止点位置，传感器没有触发信号给中央控制器。当汽车碰撞时，惯性力克服弹簧的扭力而使其产生运动，带动触头转动，使动、静触头接合，传感器向中央控制器发出“接通”信号。

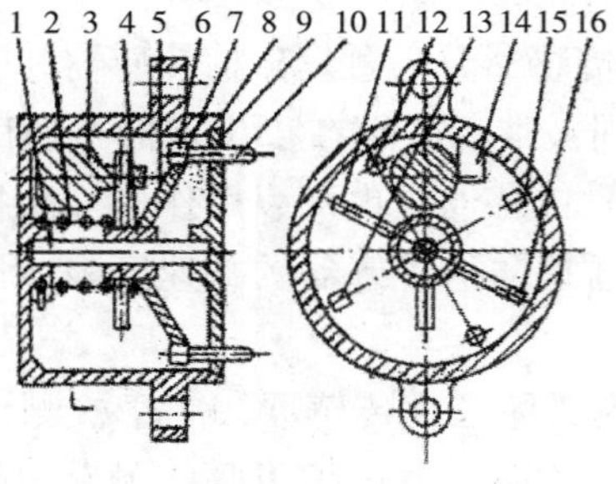

1—芯轴；2—扭力弹簧；3—锤；4—转盘；
5—触桥；6、11、16—动触头；7、13、15—静触头；
8、9—外壳；10、12—插头；14—止位块

图9-85　偏心锤式碰撞传感器

c. 水银开关式碰撞传感器如图 9-86 所示，它是利用水银导电的特性来控制气囊电路的接通和切断，是 1 个水银常开开关，如图 9-86 所示。当发生碰撞时，足够大的减速度力将水银抛上，接通电雷管电路。

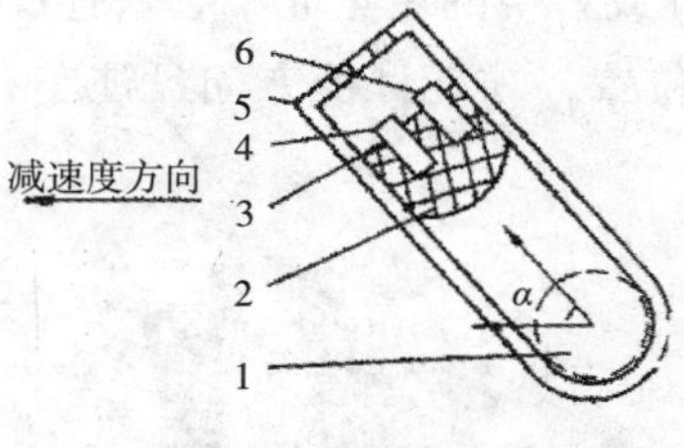

1—水银（正常位置）；2—水银（碰撞位置）；
3—触头；4—接电源；5—外壳；6—接电雷管；
α——安全传感器安装角度

图9-86　水银开关式碰撞传感器

B. 电子式碰撞传感器没有电气触点，目前常用的有电阻应变式和压电效应式两种。电阻应变式固体半导体压力传感器，如图 9-87 所示，它具有稳定性好、应变灵敏系数 K 值大（约 100~150）及压敏电阻效应线性好等特点。其悬臂架压在半导体应变片的两端，当汽车发生碰撞时，半导体应变片在悬臂减速度力作用下发生弯曲变形，受压后的电阻发生变化，电阻的变化引起动态应变仪输出电压发生变化。汽车的速度越大，冲撞后产生的减速度力越大，则输出的电压也越大。由于半导体应变传感器输出特性受温度影响较大，所以半导体传感器要求有稳定电源。

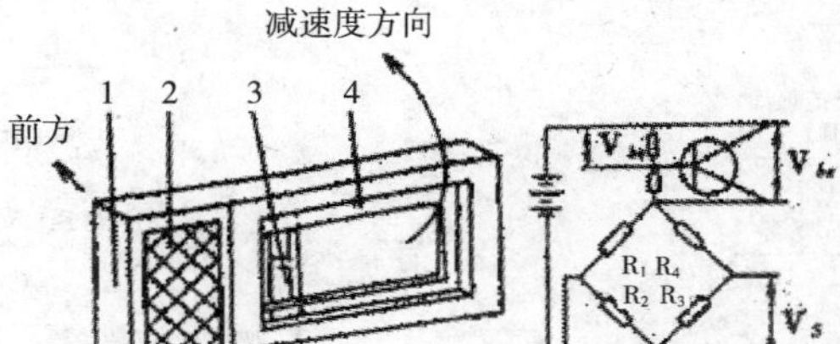

1—传感器加；2—动态应变仪；
3—半导体应变片；4—悬架臂

图9-87　电阻应变式固体半导体碰撞传感器

6）安全气囊指示灯。在刚打开点火开关时闪动数秒后应熄灭，此后再点亮则为故障警示。

2. 安全气囊系统接线。

（1）安全气囊系统中插接器与汽车其他电器系统的插接器有所不同，过去曾采用过深蓝色插接器，目前均采用黄色插接器。

（2）安全气囊系统插接器的端子均镀金，以保证高度可靠性和良好的导电性。

（3）螺旋电缆。如图 9-88 所示，又称时钟弹簧、旋转连接器或气囊游丝等，主要由壳体、游丝状螺旋电缆和转子等组成，电缆的一端固定在壳体上，另一端固定在转子上，用来连接固定线束与转向盘上的驾驶员气囊、喇叭开关等。当转向盘向左或向右转动时，电缆在其裕量内转动，反向松开或者绕的更紧而不会被拖曳。但它的余量也是有极限的，安装时必须注意保证其在中间位置，才能保证方向盘往左右转动到极限位置时，线束既不会被拉断也不会反向折弯。

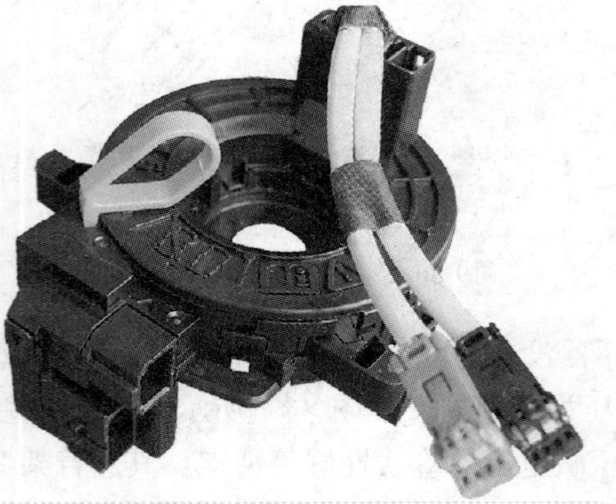

图9-88　螺旋电缆（时钟弹簧）

（4）安全气囊系统插接器具有多种不同的特殊机构，主要有：防止安全气囊误爆机构、电器连接检查机构、端子双重锁定机构、插接器双重锁定机构。一个插接器可有多种不同的机构，如图 9-89 所示。

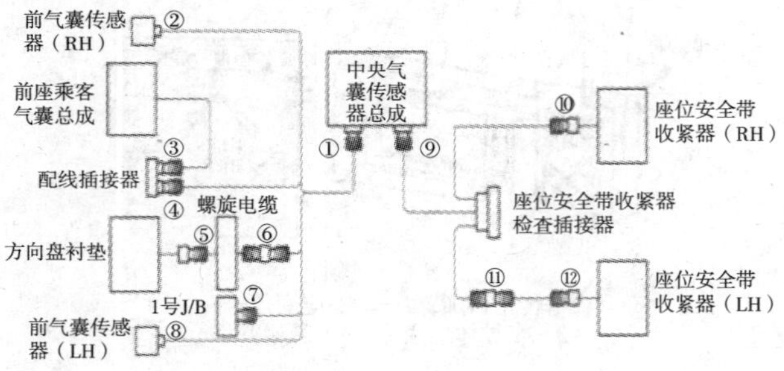

安全气囊系统线路插接器

插接器的应用情况

编　号	名　称	应　用
（1）	防止安全气囊误爆机构	插接器①③④⑤⑥⑨⑩⑪⑫
（2）	电器连接检查机构	插接器①②⑧⑨
（3）	端子双重锁定机构	插接器①②③④⑤⑥⑧⑨⑩⑪⑫
（4）	插接器双重锁定机构	插接器③④⑤⑥⑦⑩⑪⑫

图9-89　安全气囊线路插接器

1）防止安全气囊误爆机构如图 9-90 所示。

这种插接器中有一个短路片机构，主要用于当插接器拔下时，短路片自动将靠近安全气囊点火器一侧插头或插接器两个引线端子短接，防止静电或误通电将电热丝电路接通而造成气囊误引爆。插接器短路片有的设置在插头上，有的设置在插接器上，但短路片必须靠近安全气囊点火器一侧，其作用效果完全相同。在图 9-90 中，短路片设在插接器上，其工作情况如下：

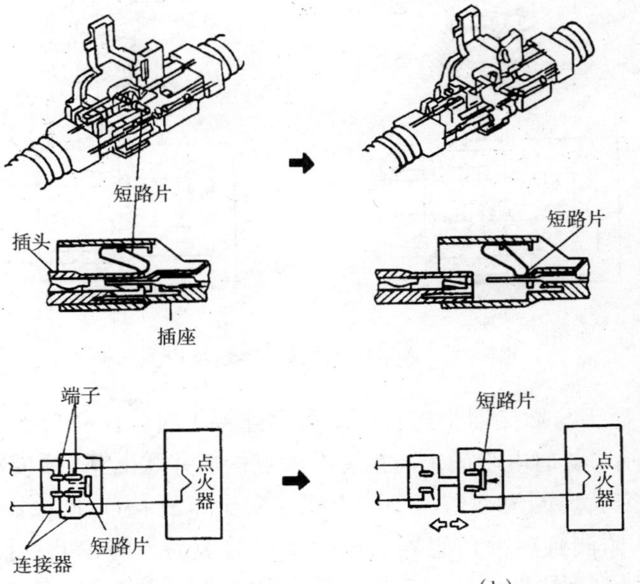

（a） （b）

图9-90　安全气囊线路防误爆机构

① 当插头与插接器正常连接时，插头的绝缘壳体将短路片向上顶起，如图 9-90（a）所示。短路片与插接器端子脱开，插头的引线端子与插接器的引线端子接触良好，点火器电热丝电路的“+”端与安全传感器电路接通，“−”端与前碰撞传感器电路接通，电热丝电路处于正常连接状态。

② 当插头与插接器脱开时，短路片自动将气囊点火器一侧插接器的引线端子短接，使点火器的电热丝与短路片构成回路，如图 9-90（b）所示。此时即使将电源加到气囊点火器一侧插接器上，由于电源被短路片短路，因此点火器也不会引爆，从而防止安全气囊误引爆。

2）电路连接检查机构。用于监测插接器的插头与插接器是否连接可靠。与安全气囊 ECU 连接的插接器采用了电路连接检查机构，其结构如图 9-91 所示。插接器插头上有一个诊断销，插接器上有两个诊断端子，端子上有弹簧片。其中一个诊断端子与碰撞传感器触点的一端相连，另一个诊断端子经过一个电阻与碰撞传感器触点的另一端相连，前碰撞传感器触点为常开触点。插接器电路连接检查机构工作情况如下：

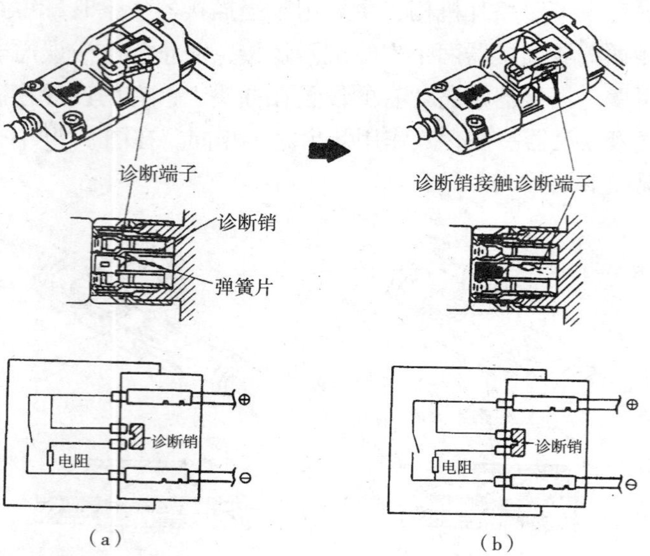

图9-91　安全气囊线路电路连接检查机构

① 当传感器插头与插接器半连接（未可靠连接）时，诊断端子与诊断销尚未接触，如图 9-91（a）所示，此时电阻尚未与传感器触点构成并联电路，插接器引线“+”与“−”之间的电阻为无穷大。因为“+”、“−”引线与安全气囊 ECU 插接器的插头连接，所以当安全气囊 ECU 监测到碰撞传感器的电阻为无穷大时，即诊断为插接器连接不可靠，自诊断电路便控制安全气囊指示灯闪亮报警，同时将故障编成代码储存在存储器中。

② 当传感器插头与插接器可靠连接时，诊断端子与诊断销可靠接触，如图 9-91（b）所示，此时电阻与碰撞传感器触点并联。因为传感器触点为常开触点，所以，当安全气囊 ECU 检测

3）端子双重锁定机构。安全气囊系统的每一个插接器都设有端子双重锁定机构，其结构如图 9-92 所示，主要由插接器壳体上的锁柄与分隔片两部分组成。这种设计使端子由两个锁紧装置（分隔片和锁柄）锁定，可防止端子滑出。锁柄为一次锁定机构，可防止端子沿引线轴线方向滑动；分隔片为二次锁定机构，可防止端子沿引线径向移动。这种端子双重锁定机构也被其他系统的插接器所采用。

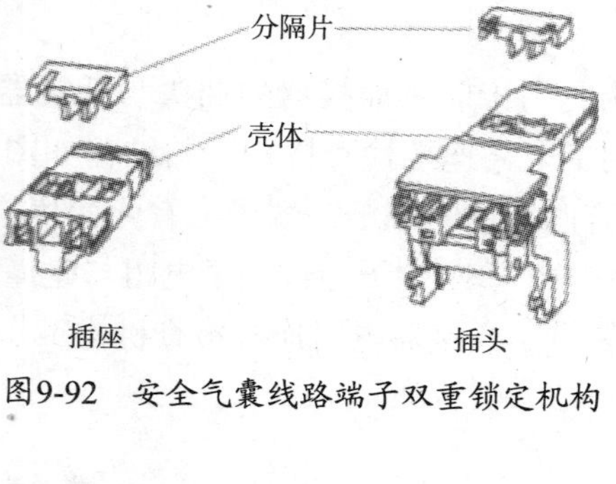

图9-92　安全气囊线路端子双重锁定机构

4）插接器双重锁定机构。安全气囊系统在线束的重要连接部位，其插接器采用了双重锁定机构，用于锁定插接器插头与插接器，防止插接器脱开，其结构如图 9-93 所示，插接器插头上有主锁和两个凸台，插接器上有锁柄能够转动的副锁。插接器双重锁定机构具体锁定情况如下：

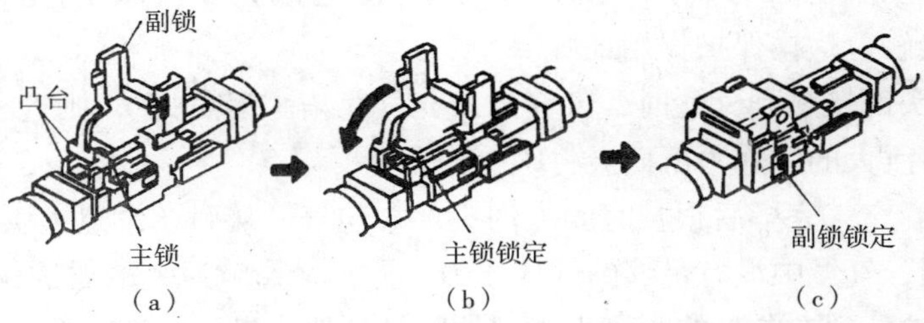

图9-93　安全气囊线路插接器双重锁定机构

① 当主锁未锁定时，插头上的两个凸台阻止副锁锁定，如图 9-93（a）所示。

② 主锁完全锁定。当主锁完全锁定时，副锁锁柄方能转动并锁定，如图 9-93（b）所示。

③ 主锁与副锁双重锁定。当主锁与副锁双重锁定后，插接器插头与插接器的连接状态如图 9-93（c）所示，从而防止插接器插头与插接器脱开。

（四）安全气囊工作过程。

1．在点火开关打开后，安全气囊电子控制器（电脑）进行系统自检并给备用电源充电，同时利用安全气囊显示灯的闪亮警示驾驶员，数秒后自检和充电完毕，若自检正常则安全气囊显示灯熄灭，如自检有故障或行驶中发现故障，则记下故障并重新点亮安全气囊显示灯报警。

2．在汽车行驶中，位于汽车各个部位的各相关传感器不断将信息输入到安全气囊电脑，经其不断地计算、分析、比较和判断，并随时准备发出指令。

3．当发生严重碰撞事故时，安全气囊系统将引爆起到保护作用，以某车对墙面的一次正面碰撞为例，过程如图 9-94 所示。

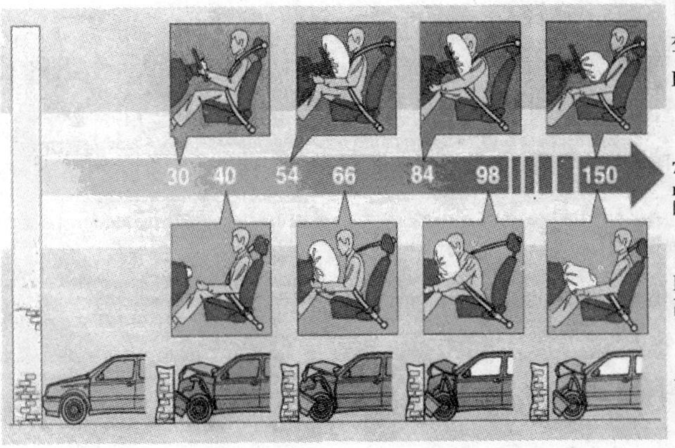

图9-94　安全气囊工作过程

（1）汽车以一定时速接触到墙，记为“0ms”时刻。

（2）因车身自前向后逐步被阻挡产生减速度，并压溃吸收能量，当减速度达到安全气囊系统引爆极限时，碰撞传感器和防护碰撞传感器相继向安全气囊电脑发出碰撞信号。

（3）起爆时间十分关键。

1）对处于正常位置的人，最佳情况下，发生碰撞时，气囊刚刚充满气体后，人的头部即与气囊接触，这样保护作用最好。

2）如果人头部接触到气囊时，气囊尚未充气完毕（迟点火），则气囊不仅不能起到缓冲吸能作用，巨大的爆炸力反而会将人打伤。

3）如果气囊充气完毕后很长时间人的头部才与气囊接触（早点火），由于气囊节流小孔的排气作用，气囊中没有足够的气体压力，同样会影响对人的保护作用。

4）因为驾驶员到方向盘的距离小于副驾驶员到仪表盘的距离，约 30ms 时驾驶员安全气囊就已经开始充气；约 40ms 时副驾驶员气囊也开始充气。此时，正副驾驶员往往仍处于原来坐姿，安全带预紧器在拉紧安全带的同时，还可能将人体少许拉回，瞬间后人体才在惯性作用下开始前摆。

（4）约 54ms 时，驾驶员安全气囊充满；约 66ms 时，副驾驶员气囊充满气，充满气的气囊由于压力很大而且可能仍在被充气，不会马上凹瘪。正副驾驶员身体分别前移，拉长安全带，部分冲击能量被安全带吸收；也正是在安全带牵拉下，即使人体碰撞前稍靠前，这时也不会与正在涨开的安全气囊接触，避免被气囊击伤或烫伤。

（5）约 84ms 时，驾驶员的头部及身体上部才压向气囊，在身体压力的作用下气囊回缩，并且气体开始从气囊的排气口匀速逸出，并吸收大部分冲击能量；约 98ms 时，副驾驶员的头部及身体上部经过更远的前冲才压向气囊接受其缓冲。

（6）结束前冲后，开始重新挺直身体；约 140ms 时，正副驾驶员坐直，这时气囊因大部分气体逸出逐渐凹瘪，前方视野恢复。

4. 安全气囊在下述几种情况下不引爆，可能属于正常现象：

（1）被人为关闭。

（2）相应座位无人，或过分轻小，或者位置过近或过远。

（3）汽车遇到与碰撞传感器设定方向夹角过大（如大于 30° ）的碰撞。

（4）汽车停车或车速低于设计值（20~30km/h）时，前进方向碰撞。

（5）碰撞轻微，或碰撞过程缓慢（如遭遇挤压）时，传感器得不到足够强度的减速度信号。

5. 安全气囊在下述几种情况下有可能意外自爆，除了会造成经济损失，由于点爆时的巨大声响和体积，会对人员造成惊吓，可能引起不必要的事故。

（1）气体发生器受到超过 85℃以上的高温甚至火烧。

（2）车轮高速行驶中遇到深沟高坎而猛烈减速。

（3）从高处跌落。

（4）安全气囊线路或元件发生故障。

（5）维修中未断电进行捶击电焊等作业。

6．若气囊未被引爆，在电源断开后，备用电源慢慢放电，大约 6s 后，因电压下降过多，一般就不能再引爆了。

7．引爆后或储存使用超过有效期（一般 10 年）的安全气囊系统，必须及时由专业维修单位报废和更换。

8．在维修时，如未碰撞可先通过诊断仪连接汽车查阅故障码，如有故障记录或发生了碰撞，为避免意外引爆安全气囊，必须在彻底断开蓄电池一段时间（各车型不同，一般 1~3min，个别要求 10min）后，确保备用电源彻底放完电，才可拆检。

（五）安全气囊使用注意事项。

1．不要在安全气囊处摆放或粘贴任何物品。

2．取下身上的尖锐硬物，最好不使用普通眼镜。

3．轻小的儿童不要使用带安全气囊的座位，而应使用儿童座椅和安全带。

4．调整好座位，保持正常坐姿，不能过分靠近或远离安全气囊，也不要在左右或高低方向过分偏离。

5．系好安全带。

6．注意安全气囊指示灯，当常亮报警后应及时维修，不要冒险再继续使用，因为它不但不能保证碰撞安全，还有可能意外引爆。

7．即使只发生轻微的碰撞，无论安全气囊是否打开，也应仔细检查安全气囊、传感器、安全带收紧器、控制电脑以及电缆、插头等。

（六）安全气囊维修注意事项。

1．安装与维修必须由专业人员来完成，非安全气囊专业维修人员不得进行安全气囊的检查、维修工作。

2．在 SRS 零部件上都有说明标牌，必须严格按照这些注意事项进行。

3．维修过程当中，应戴防护眼镜。已爆开的安全气囊上粘有氢氧化钠等化学物质，极易损伤皮肤，在移动过程当中最好戴橡胶手套。

4．诊断维修 SRS 之前，应首先检查记录各个系统诊断代码。

5．将点火开关打到 OFF（或 LOCK）位置和从电瓶负极端子拆下电缆，等待规定时间（一般 60~180s，有的车型达 600s），直到备用电源彻底放电以后，才能开始拆装工作，以免气囊意外充气爆开。

6．从电瓶上脱开负极端子前，应将各存储系统的存储内容和密码作好记录，在工作结束以后，应对音响等系统重新设置，重新输入密码并调准时钟。检查安全气囊过程中切勿测量点火器的电阻，可能造成气囊的爆开。系统其他元器件检测试验时，可使用电阻器模拟点火器。

7．当用电弧焊时，应先将安全气囊及安全带收紧器的连接器脱开才可开始工作。

8．安全气囊传感器对碰撞冲击很敏感，所以在对汽车进行维修作业，若有可能对传感器造成冲击时，应先将传感器拆下，以免安全气囊不必要的突然展开，待维修竣工后再装好。

9. 应使用高阻抗仪表诊断系统故障，不可使用检测灯，电压表和欧姆表，以免造成气囊误爆。

10. 气囊系统经 10 年后必须送维修厂更换，更换日期一般贴在工具箱的标签上或在遮阳镜的下面。

11. 气囊系统只能工作一次，发生事故被引爆后的气囊组件必须更换，为安全起见，气囊系统的所有元件一般也需更换。

12. 当车辆报废时，在报废前应使用专用工具使安全气囊爆开或让安全带起作用，这项工作应在远离电场干扰的地方进行。

13. 即使只发生轻微的碰撞，而且安全气囊并没有张开，也应仔细检查安全气囊、传感器、安全带收紧器、控制电脑以及电缆、插头等。

14. 如果传感器、安全气囊、安全带收紧器、控制电脑等元件的紧固件已经脱落或其外壳、托架、连接件有裂纹、凹陷或者有其他缺陷，都应予以更换。

15. 安全气囊系统元器件要保证原厂包装，单独、恰当的运输，妥善保管，避免受到磕碰和振动。安全气囊组件和安全带收紧器有火药、传爆管等易燃易爆物品，不要让它们直接暴露在 85℃以上的高温热空气中，否则将会造成严重后果。

16. 安全气囊及安全带收紧器上不能沾油和水，不能涂润滑脂，也不得用任何类型的清洗剂清洗，安全气囊及安全带收紧器应存放在湿度不高并远离电场干扰的地方，也不可放置在高温环境或阳光曝晒的地方。

17. 不要分解和修理中央传感器、安全气囊控制电脑、车前传感器、安全气囊、安全带收紧器，以供重新使用，也不可使用其他车上的安全气囊配件。

18. 拆装和维修安全气囊组件时要避免意外引爆出现危险，必须确保气囊饰盖一面无任何人体或其他物品，搬动和存放时此面应向上；存放时气囊饰盖一面必须留出足够空间，不可重叠堆放气囊组件，也不可在气囊组件上放置任何物品。

19. 方向盘必须正确地装入转向柱内，否则会引起电缆接触不良，同时，螺旋形电缆应处于中间位置，否则极易在打方向盘时遭到损坏。

20. 安装传感器时，传感器上的箭头应指向车辆规定方向，有些传感器定位螺栓是经过防锈处理的，当传感器拆下时，最好换用新的定位螺栓。

21. 在接上连接器时务必将各种锁止机构可靠锁住，以防连接器松脱或者出现一些失灵代码。

22. 在系统维修工作完成后，应检查 SRS 警告灯，看系统工作是否正常。

计 划

一、根据导向知识与技术信息，在表 9-4 中列出工作计划。

表9-4 安全系统检修计划

品 牌		车 型	制造日期
图片编号	缩略图	文字说明	拆装注意事项
1			
2			
3			
4			
5			
6			
7			
8			
9			
10			
11			
12			
13			
14			
15			

二、计划要点参考见表 9-5。

表9-5 安全系统检修计划要点

序 号	工 作 步 骤	工具/辅具	注 意 事 项
1	查阅基础资料	仪器使用说明书、互联网等	
2	认真观看测量汽车并拍照留存，必要时拆开	技术资料、数码相机、测量仪器	详细准确
3	确定维修项目、方法和预算	电脑	与客户及保险公司协商
4	领取备件		
5	拆卸保护（详细）	车间工具与设备	
6	检修（详细）	车间工具与设备	
7	安装调试（详细）		
8	装复检验	车间工具与设备	
9	费用核算	电脑	
10	交车		

实 施

一、物质准备：事故后汽车、车身拆装工具、检测设备、钣金设备、涂装设备、技术资料、数码相机和电脑。

二、学生分组：3~5 人一组，合作进行“认真观看汽车并拍照，必要时结合拆开”，其他应独立完成。

三、修订共同计划。

四、合作实施并记录表 9-6。

表9-6 汽车的检修记录表

品 牌		车 型		制造日期		
损坏原因		送修方		投保情况		
序 号	损坏情况	零部件编号	维修方法	维修效果	材 料 费	工 时 费
1						
2						
3						
4						
5						
6						
7						
8						
9						
10						
11						
12						
13						
14						
15						

检 验

一、检查比较工作记录。

二、组内比较互评。

三、各人自评经验教训。

展 示

一、最后修订完善个人计划和实施记录。

二、展示记录。

三、演示关键工作方法。

四、教师讲评。

五、总结打分。